民家は生きてきた

伊藤ていじ

鹿島出版会

民家は生きてきた

内藤　廣

民家は遠くなりつつある。一九六三年に刊行されたこの本のタイトルも、すでに「民家は生きている」でもなく、「……生きていく」でもなく、「……生きてきた」となっている。その場所での暮らしと不可分である民家という存在が、遠ざかりつつあること、その生命がそう遠くない将来、実体を失って滅びていかざるを得ないこと、それゆえ、その後ろ姿を留めておきたい、という著者の眼差しがタイトルに垣間見える。

一九五五年、五歳の時にわたしの家は横浜から鎌倉へ移った。北鎌倉の山寄りの小高い台地をはずれたところだが、周りの家は藁葺き屋根の農家ばかりだった。いっしょに遊ぶ近所の友達の家は、みな藁葺きだった。周囲にモダンな住宅は少なかったから、新品の近代住宅に移り住んだわたしは、たいそう肩身の狭い思いをしたのを子供心に覚えている。どの家にも井戸があり、くみ取り便所があり、畑には肥溜めがあった。その家の主が亡くなると、数日を経ずして背広姿の男が数人訪れてきて、家の人となにやら相談をしていた。相続と不動産の話だったのだろう。山裾近く木々に埋もれるように建っていた藁葺き屋根は、一〇年もしないうちに瞬く間に新建材の外壁で覆われた二階建ての家に変わっていった。農家は入会地だった山林を切り分けて売り、畑地を売り、家を建て替え、たくさんの借家やアパートを建て、大小さまざまな地主となり大家となっていった。同じようなことは、程度の差はあれ全国津々浦々で起きていたはずだ。

住まい、とくに民家は、まさしく暮らしの延長に現れるもので、その形式が暮らしの在り方や風土とあまりに見事に結び合っていたために、かえって暮らしが変わることに耐えられない。農業の在り方の延長に農家があり、漁業の在り方の延長に漁村集落はあったのである。農家が地主となって農家でなくなり、漁師が遠洋漁業に重きを置いて沿岸漁業を止めた段階で漁村の住まいは変わってしまう。変わらず残っているのは、住まい手がおそろしく意固地か、豊かか、変わり者である場合に限られる。

近代はそうして津々浦々に染み込んでいき、生活の細部まで入り込み、暮らしのビジョンを変え、生き方を変え、死に方までも変容させてきた。これに抗うことは不可能に近い。自給自足の生活、電気を使わぬ生活、電話を使わぬ生活、自動車を使わぬ生活、そんなものに耐えられる現代人などいない。だから、「生きている民家」は「生きていた民家」にならざるを得ず、それゆえ、「民家は生きてきた」と総括せざるを得なかったのだろう。鋭利で透徹した眼差しは、当然このことを見抜くが、そこに、郷愁と無念の思い、「これもしかたないか」という締念、無関心である建築界への怒り、そんなものが言葉の裏側に透けて見えるような気がしてならない。

対談集『著書解題』のインタビューをするまで、伊藤先生とはパーティーで数回お目にかかっただけだった。なにもかも見通されてしまうような気がして、近づきがたい感じがしていた。こちらの俗な心理など一瞬で見通してしまう高僧のような澄んだ目線。それは、真におそろしい精神の有り様を見るような気がしていた。

しかし、時代をつくってきた名著を俎上に載せる本の企画では、『民家は生きてきた』をはずすわけにはいかない。バナキュラーな建物に向けられた目線は、曇りが差してきた六〇年代後半の近代建築に疑問をもち始めた建築界に大きな影響を与えた。閉塞しかけた建築界と行く先の見えない民俗学とに橋渡しをしたといってもよい。当時、反体制な気分の若者たちにとっては、前向きに近代建築を語ることはかっこ悪いことだった。さりとて抜きがたい建築への情熱はある。そのはけ口をさがしていた。その行き着く先のひとつが、バナキュラーに向かう視線であり、そのとば口を見せてくれたのがこの本だった。

磯崎新と川上秀光とともに「八田利也」という架空のキャラクターをつくり出した。その八田に語らせる諧謔に満ちた『現代建築愚作論』は学生時代の記憶に残る書物だ。これもまた、不満分子の別のはけ口をつくり、話題になった本といってもよい。若者諸君、いろいろあると思うけど、世の中、真正面から見るもんじゃないよ。斜めから見ると意外に面白い。そんな風に語りかけているようだった。その仕掛けの首謀者が伊藤ていじという人だと知ったのは、ずいぶん後になってからだ。まさに、建築を目指す若い世代が、現代建築に感じていた胡散臭さを喝破し、鬱屈を吐露したものといえる。今読んでも、そのメッセージ性はまったく失われていない。つまり、世の中も建築界も、あまり変わっていないのだ。

気難しい人なのではないかと構えていたが、直に接してお話を伺うと、わたしの心配はまったくの杞憂だった。軽妙洒脱な語り口で自らの生きてきた道程をざっくばらんに語ってくださった。岐阜の大地主であった生家のこと、結核で生死の境を生き延びた学生時代、その後の六〇年代、渡米したころのこと、話は多岐に渡った。しかし、なんといっても印象に残っているのは、民家を探し歩いていたころのことだ。どういうわけか、地図を見ていると、ここに行けばよい民家に出会える、という勘が働くんだよ、と楽しそうにいわれていた。

一方、聞き手であるわたしのほうは、民家に向けられた慈しむような目線、それとは正反対の現代建築に対する厳しい目線、これらが先生の中でどのような位置取りをもち、関係づけられ、バランスをとっているのか、それが知りたかった。『民家は生きてきた』も『現代建築愚作論』も、様相を極端に異にする書物だ。かたや、過ぎ去るものへの惜別の辞であり、もう一方は、生々しい人の欲に対する侮蔑の紙つぶてである。そして、いずれも建築の本流からは遠い。それがわたしも含めた当時の若者を虜にした所以だ。

やはり、コインの表と裏なのだろう。これらはお互いを補完し合い、同期している。現世の欲得にとらわれた人間では、あのように民家に没入することも、現代建築を突き放すこともできまい。稚拙な希望と禍々しい嘘に塗り固められたあの時代に、徹底してアウトサイダーたろうと決意した人にしか扱えない領域だ。

3・11では、無数の家屋が一瞬にして流され、一万六〇〇〇人の方が亡くなった。家を失い家族を失ったおびただしい数の被災者を生み、福島では家も家族も在るのに故郷を失った多くの人たちがいる。これほどのことが起きないと正気にもどらないのがこの国の悲しいところだが、まさしくこれを契機に、次の時代は戦後の夢から目をさまさざるを得まい。建築家は、はたしてそのことが分かっているのだろうか。

頁をめくると、陸前高田の気仙大工の記述がある。昭和三三年八月七日現在、高田市内で弟子を養成できる資格があると登録された親方大工は三八三人、その弟子は四四六人、とある。この記述を読むと、今となっては遠い昔の夢を見るような不思議な気持ちになる。徐々に遠ざかっていたものが、いきなり消去された。大きな災害は、持続的で緩やかな時間の流れを情け容赦なく切断する。

また、奥羽の気温は低く、したがって耕作期間が短く、水分が多く肥料としては遅効性の牛糞より、水分が少なく発酵性が高く即効性のある馬糞が適していた。それゆえ、近畿地方以西では、家畜として稲作に向き食料にもなる牛が多く飼われていたが、奥羽では牛よりも馬のほうが好都合であった……というくだりでは、なぜ東北の馬屋や曲屋《まがりや》が民家の特徴になったかを知った。東北は牛ではなくて馬文化圏なのである。その洞察の深さに驚くと同時に、相馬野馬追の風景を思い浮かべ、馬とともに暮らしてきた東北の風土を想った。

いくつかの立場で三陸の復興に関わることになった。多くの矛盾を孕んだまま、遅々として復興は進まない。この事態を俯瞰して強く感じていることは、この国の一九六〇年あたりにその素因があるということである。戦後、焼け跡から立ち直り、これから経済成長しようとするまさにその時、さまざまな社会制度が整備された。そして、その時期につくられたあらゆる法律や制度が復興を阻んでいる。思えば、防潮堤の整備も福島の原発もこのころから始まった。われわれは、一九六〇年ごろの亡霊に苛まれているのである。したがって、あの時代を凝視することなしに、これからの未来は語れないはずだ。そしてあのころ、まだ、かろうじて「民家は生きていた」のである。

民家には「システムはあるけれど形が決まっていない」という言葉には、建築に対する哲学的な問いが含まれているし、形式的なスタイルに堕落してしまった近代建築への批判も裏側に垣間見える。さらに、「構造と平面が切りはなせない」のが民家で、切り放せるのがスキヤである、という解釈については、当時にぎやかだった縄文弥生論争や新興数寄屋に対する批判、さらにはこれをその後のモダンとポストモダンの対比に引き寄せて考えることもできる。

「祖先への郷愁としてではなくして、むしろ輝かしい構想力にみちた未来への現代的象徴として民家を保存すべきである……」という警句は、単に民家の保存を訴えた言葉ではない。民家の背景にあるものを凝視し、先人達がそうしてきたように、そこで得たものを勇気をもって今に生かせ、ということなのだと受け止めたい。

そのためには、われわれはまず、民家を凝視する前に、この本自体を凝視するところから始めねばなるまい。

（ないとう・ひろし／建築家、東京大学名誉教授）

民家は生きてきた　目次

四国路 271

西海路 301

概説

民家への関心はすでに明治末年に存在していた。しかし民家にたいする調査活動は、大正五年の白茅会にはじまった。この会は八名で構成され、会長に柳田国男氏をいただいていたことでもわかるように、その調査方法は民俗学的であり、調査自体は民家採集という形で実施されていたのも不思議ではない。そしてそれらは、かなりの業績をあげてきたといってよいだろう。

もちろん民家を建築的な建物として観察し、これを歴史的に掘りさげていこうとする作業は、石原憲治、今和次郎、城戸久、竹内芳太郎、小倉強、蔵田周忠等の諸先輩のなかに若干みとめることができるが、戦後においてもしばらくの間はまだ個人的な努力の段階をでなかった。戦後特にこの数年来、苦難にみちた諸先輩の成果を足がかりにして組織されたグループによる組織的調査が開始された。幸いなことに私もまたこうした仲間たちの努力の一翼を担うことができた。

文字としての民家の初見は『吾妻鏡』の文治二年（一一八六）五月二十五日の条にでてくるものであり、源行家は逃亡して和泉国小木の民家にかくれたとある。しかし中世では民家なる用語はほとんど使われず、近世になって明確な概念用語化し、たとえば『書言学孝節用集』（一六九八）ではこれが用語としてとりあげられている。そして近世においてこの民家なる言葉は、元来幕府の役人が使っていた言葉である。それは年貢をとりたてる土民の家という意味であって、明らかに被支配者の住居にたいする軽蔑の気配さえみとめることができる。しかし私たちが今民家なる言葉や文字に接する時、軽蔑どころかその反対の感じをもっているといってよいだろう。特に最近わが国を訪れる外人の間では、ミンカは崇拝の対象でさえある。なにはともあれ民家の地方的特色を概観し、同時に時代的変化の一般的傾向を略述し、併せてそれらが現代において特に評価される所以を説きたいと思う。

1　数多い地方色

私たちが現在みることのできるような形式の民家の地方的特色が成立したのは、寛文・元禄以後つまりこの二百五十年以来のことであると考えてよいだろう。たとえば、新潟・山形・秋田の三県に多い中門造《ちゅうもん》が民家形式として採用されはじめたのは寛文頃で、元来はむしろ、土地の武士の住居形式であったらしい。都市においても例外ではなく、荻生徂徠（一六六六―一七二八）は『政談』（一七一六―一七三五）巻二のなかで次のようなことをのべている。「本ハ田舎者ニテ麦粟稗等ミソもとらず濁酒をノミ、麻・木棉を織て着、竹薦ノ上ニネタル者スクモを焚く。（中略）御城下ニ来テ後ハ、ミソを食、薪を焚、炭火にあたり、衣服を買、美酒を飲、障子をたて（田舎になし）、天井を張、畳を敷、カヤをツル」と。一方ではまた江戸時代初期だけに行われていて、後までうけつがれることがなかった八棟造《やつむね》という形式もある。全国的にみるとこの八棟造は外観としては一種類ではないが、地方的には一種類である。たとえば奈良県今西一郎・豊田敬高・高木嘉蔵の三家住宅などはその例である。

このように民家が地方的にさまざまの色に染めわけられた理由として、第一に民家は職人による手労働で土地の材料を使用することをあげることができるだろう。マスプロの機械生産材を使用する時、地方がちがっても建物の様式がいかに似てくるか、私たちは身にしみてよくしっている。第二に技術や様式の伝達形式が人間から人間という形で行われていたことにあったことも考えられよう。もちろんテレビ・ラジオはなかったし、また民家の本がでたこともなかった。そして人間から人間へといっても藩が異なると、たったそれだけの理由で接触がむつかしかったことさえある。わずかに助郷《すけごう》の制度、伊勢を主とする参詣、船・駄馬を通じての取引、および屋根葺職人・大工・行商人等の渡り稼を通じて伝達が行われていた。

なにはともあれ私たちが民家の地方色を考える場合、いつの時代で断面をとるかによって、地方色は異なるらしいといえるだろう。そこでここでは今から百年ほどまえの明治直前くらいの時期で、全国的な断面を考えてみたいと思う。

a　畳割か柱割か

建物の平面寸法をきめる時、畳寸法を基準にした場合を畳割といい、柱間隔を基準にした場合を柱割という。したがって畳割の場合には畳寸法は一定しているが、柱の真から柱の真までの長さは必ずしも一定していない。柱割は畳割の逆だと思えばよい。一般に畳割は関西で行われ、柱割は関東で行われているが、畳割があらわれたのはこの四百年くらいのことであり、民家に普及しはじめたのは江戸時代に入ってからのことである。

分布――同じ愛知県出身でも尾張生れの織田信長と豊臣秀吉が西方の京・大坂に向い、三河生れの徳川家康が東方の江戸に定着したという事実は、柱割と畳割の境界線を考える場合けっして偶然ではないだろう。なぜならこの時期はちょうど、柱割と畳割の分布が確立していく時代にもあたっていたからである。これより北では美濃、飛驒、越中が畳割で、東の信州、越後が柱割になる。大ざっぱにいって飛彈山脈にあたる北アルプスと木曽山脈の延長が、両者の境界だと考えればよい。もっとも若干の例外地がある。たとえば山形市や酒田市の町屋のなかには六尺の畳を基準にした畳割のものもあるが、これは近世中期以後京・大坂との取引（米、藍）を通じ、上方《かみがた》文化の交流が多くなり、その影響をうけたものと考えられる。また木曽福島は信州のうちであるが、旧幕時代には尾張藩の重要拠点であったためか、尾張と同様の六尺畳の畳割が行われている。また西国でも高知県、鹿児島県のような辺境地方では、柱割の民家がかなり存在する。上方文化の影響がそれだけおそかったといえよう。一般に畳割の普及は江戸時代になってからのことであるから、関西でもそれ以前の古い民家はすべて柱割である。

畳寸法――畳割では畳寸法が一定しているといっても、地方によって異なる。京・大坂を中心として西へ多いのが六・三尺×三・一五尺畳。この大きさの畳は、いわゆる京間畳であるが、東へはあまり普及していないで、滋賀県のなかほどでとまってしまっている。彦根などでは六・三尺畳と六尺畳とが混在している。西国のなかでも周防（山口県）、安芸（広島県）と肥前とは例外で、前者は六・一尺畳、後者は六・二尺畳で、岡山県では六・三尺と六・一尺とが混在している。また美濃、尾張は六尺×三尺畳、飛驒、越中、加賀、能登は五・八尺×二・九尺畳である。

柱間寸法――また柱割でも一間の長さが必ずしも一定しているわけではない。一間が六尺であるのは、遠州、駿河、相模、信州、越後の諸国と江戸の町屋である。関東平野の農家では、これより長いのが多いが、正確な分布はわかっていない。東北地方へゆくと一間の長さが必ずしも一定していないらしく、六・五尺から五・六尺くらいまでさまざまである。

b　建築構造

瓦葺・板葺の場合――瓦葺と板葺とでは必ずといっていいくらい和小屋形式をとるので、地方色を出すことはむつかしい。わずかに小屋貫《ぬき》のやり方で地方色があるらしいことがわかっているが、これはあまりに専門的にすぎるから省略しよう。ただ瓦葺で登り梁構造を多くとる地方がみられる。これは和小屋では屋根裏を物置にすると頭がつかえて具合が悪いので、梁を棟木（実際は地棟）の方向へのぼらせたものである。倉敷、岡山およびその近在の瓦葺町屋は、近世中期以後ほとんどこの登り梁構造をとっている。もっともこの構造法は、蔵では全国的に採用されている。

草葺の場合――草葺ではサス組とオダチ組とがある。サス組は最も多い形式で、農家は必ずサス組だと思っている人が多いけれど、必ずしもそうではない。稀ではあるが与次郎組もみられる。

オダチはウダツの転訛かと思われるが、棟木をすぐ下からうける束《つか》のことで、丹波地方の方言である。束といっても柱ぐらいの太さがあり、梁の上にのっている。中世においては京、大坂、奈良を中心にした地方、つまり播州、丹波、山城、大和、紀州等にひろがっていた構造法で、大陸渡来の小屋形式の影響かもしれない。奈良時代以後約八百年間の民家形式については、まったくといっていいほどわかっていないので、今のところたしかめようもない。

今大量に残っているのは奥丹波と紀州南部である。口丹波や山城では古民家のなかに稀に存在し、摂津では今はもう箱木千年家一軒のみとなってしまった。一般的にいって江戸時代を通じて、オダチ組はサス組にとってかわられる傾向にあったといえよう。

c　屋根形式と棟飾り

板葺は山国の民家に多いのはもちろんであるが、切妻屋根にかぎられ、明確な地方色を見出すことはむつかしく、しかし信州の本棟造《ほんむね》だけは、特に特色のあるものである。板葺が切妻屋根にかぎられるのは、長板葺のせいで、柿葺《こけら》だと寄棟も入母屋もある。しかし柿葺は明治以後のものが大部分で、近世のものはないといってよい。

瓦葺は、町屋にかぎられるわけではなく、近畿地方の農家では近世後期にすでに存在している。切妻、入母屋、寄棟ともにあり、瀬戸内海沿岸地方の民家では庇《ひさし》の屋根材料として、まとまった形式をとっている。草葺は、サス組でもオダチ組でも、切妻では構造的に不安定なので、ほとんどの場合寄棟か入母屋となる。しかし、甲州の切破風《きりはふ》のように、切妻の草屋根もないわけではない。一般には京都近くに入母屋が多く、近畿から遠くになるにつれて寄棟が多くなると考えてよいだろう。そして歴史的事実を追跡すると、京都・奈良地方の草屋根における入母屋形式は、佐味田古墳出土の家屋文鏡にみられるように、古墳時代からの伝統である。

棟飾りは、同じ屋根形式でもさまざまあり、更に小さい地方色群にわける基準として好都合である。素人にもわかりやすく、民俗学研究者たちがだいたい採集しつくしている。草葺の棟飾りは元来棟を包むためにまわした糸につたって雨もりするのを防ぐためか、高千穂の民家のように自然木の重さで棟をおさえておくためのものであったが、今みるものはほとんど装飾化している場合が多い。一般には前者をハリオオイ（針覆）といい、後者をウマノリという。伊勢神宮ではウマノリをチギ（千木）という。

d　妻入・平入

全国的にみると平入《ひらいり》民家が圧倒的に多いが、妻入《つまいり》民家の多い地方が若干ある。主な草葺の妻入民家は、大阪府北方、京都府、滋賀県北方、福井県等にかなり存在しているが、実際には平入民家もかなり混在している。雪国の町屋や漁村の民家でもかなりの妻入がみとめられ、島根県の平田、新潟県の出雲崎、秋田県の横手等にみられる。

e　呼称法

室、部材等の地方的呼称法の分布に関する成果は、主として民俗学者の努力に負うている。ザシキをオモテ、デイ等といい、オエ（居間）をデエ、オウエ、オイエ、ジョイ、チャノマ等と称し、ネマをヒヤ、ヘヤ、ナンド、チョーダ等と名づける等はこの類であり、建物を類型化する指標としてもかなり役にたつ。

f　「造り」

以上のべたような地方的分類の指標をひとつにまとめ、外観・平面・構造・手法等を総合的にとらえたものが「何々造」とよばれるものである。

主なものを北方からあげてくると、岩手県の曲屋《まがりや》、秋田、山形、新潟県の中門造、江戸を中心とする町屋の店蔵《みせぐら》、長野県の本棟造、天竜川上流地域の撞木造《しゅもく》、飛騨白川と越中五箇山の合掌造、大和・河内の高塀造、四国瀬戸内地方の四方ブタ造、肥前のクド造、肥後の二棟造、薩摩の二つ家造等がある。また主として養蚕の影響をうけ、寄棟造が「甲造《かぶと》」に、切妻造が「切上破風造」に変形した例もみられる。

2　時代的変遷の一般的傾向

a　平面「間取」

類型――大阪府北方の能勢から篠山にかけては通り庭形式の農家があることでもわかるように、町屋と農家の平面を区別できない例もあるが、いちおうここではわけで考える。また江戸の町屋は、ついに一定の平面を確立することはできなかったけれど、中世末期以来通り庭形式の町屋がふつうで、近世初期になって表屋造《おもてや》なる新しい形式が上方で開発され、次第に瀬戸内海沿岸の豪商の町屋形式としてひろがっていく。表屋造とは井原西鶴が小説のなかでしばしば使っている言葉であるが、別の地方的用語（たとえば四国におけるサンガイ造）もある。ここでサンガイは「三蓋」であろう。通り庭形式ではミセと居住部とが一棟のもとにあるのにたいして、これでは両者は別棟になって連結されている。連結部には来客用の出入口があり、そのまえは小さな中庭になっている。規模も大きくなり室も分化しているから、表屋造は通り庭式より進んでいるといえるだろう。

農家の平面形式は元来四系統があったようで、これらがともに四間取（主として田字型）に発展し区別しにくくなる傾向がある。区別しにくくなるだけで、現実には区別できないというわけではない。

ひとつは近畿型ともいわれるべきもので、オダチ構造による柱配置に由来している。つまりオダチ構造では平面の中央列に柱がならばざるをえないので、この柱列を利用し室を前後二室にわけている。千年家がこの例である。これは二つの形で発展し、ひとつは妻入民家の場合に多かったと考えられるもので、室が後方にのび、町屋と同様の通り庭形式となる。現在でも兵庫県篠山・福住および大阪府北方の能勢地方に多くみられる民家はこのなかに入れることができる。他のひとつは平入民家のほとんど全部と妻入民家の一部とがたどっていった方向と思われるもので、四間取平面へと発展する。

第二のものは通常ヒロマ形式といわれているもので、元来近畿にはなく、中部・関東・東北・中国・四国にひろがっていたもので、地方型ともいえるだろう。構造的にはサス組で、簡単な場合は二室であるが、通常は二室のまえに土座または板敷のひろい室がつけられている。近畿型でも二室であるから、区別がつかないのではないかと思われるかもしれないが、近畿型の居室は、二間×四間のように長方形であるのにたいし、後者は正方形またはそれに近く、しかも狭いから区別は容易である。形式的にはヒロマが二分され、機能的には再編が行われて、とにかく四間取へと発展する。

第三のものは山間部にみられるもので室が横に一列にならぶ。大和の吉野地方、九州の椎葉・高千穂地方に多くみられる。これらはおそらく、山の斜面に建てられる結果、必然的にそうなったものではないかと思われる。

第四のものは散在形式といっていたもので、南方型ともいえるかもしれない。カマヤ、マヤを別棟にしているのは、今は薩摩のあたりにだけしかみられないが、この形式は、以前はもっと北方にまでひろがっていたらしい。寛永十年(一六三三)の『肥後人畜帳』をみると、どの民家も例外なく本屋の外にカマヤ、ヘヤ、ザシキ、持仏堂、親ノネマ、子ノネマ、マヤ等ふつうなら一棟のもとにおさめられている室が、別棟の小さい建物となって散在しているから、熊本県もかつては薩摩同様であったと考えてよいだろう。この地方にある二棟造は、本屋とカマヤとを接してつくったものに由来している。肥前(佐賀県)のクド造もおそらく肥後と同様な経過をたどって発展し成立したものであろう。

妻入・平入――妻入と平入のいずれが古いかは明らかでない。三重県志摩半島の泊浦、江向村地方は平入民家地域であるが、鎌倉時代末期においては妻入民家が圧倒的に多かった。また応永四年(一三九七)京都嵯峨の近くの植松庄にあった琳阿弥の住居は、妻入であった。こうしてみると近畿地方の一般的傾向として、平入民家は多くなったと思われる。

土座・板敷・畳敷――土間の上にモミガラを敷き、その上にムシロなどを敷き居室としたものを土座という。滋賀県伊香郡地方では今でも若干残っているが、かつては雪国地方では一般的に存在していた。庄屋の家でも土座にしている例があるから、貧しいためではなくして、むしろ保温のための習慣だったようである。しかし一般的には土座、板敷、畳敷の方向をたどって発展してきた。

b　建築構造

小屋組――屋根を支えている三角形の構造体を小屋という。前述のようにサス組とオダチ組とがある。サス組地方は、この何百年来やはりサス組をつづけてきたものと思われるが、オダチ組の地方はサス組に変っていく傾向がある。近世の播州ではオダチ組が行われなくなっている。丹波でも京都に近い方から次第に廃止され、口丹波では古民家に稀にみられるのみであるが、奥丹波では現在でもかなり存在する。

基礎――掘立《ほったて》から石場立《いしばだて》に変ったのはもちろんのことである。この場合全部の柱が一度に石場立に変るのではなく、一部の柱は後まで掘立柱として残される。今豊中市服部緑地の民家集落に移されている信州秋山の民家は幕末に建てられたもので、そう古いものではないが、二本が掘立柱である。また伊豆韮山の江川代官屋敷では、今でもその一本が掘立柱のままで残されている。このように後までも掘立柱が残ったのは、技術的には建物を建てる時、最初の一本は足固めがないと倒れるので、土中にいけたためかもしれない。マヤの角柱が掘立の例は、戦前の武蔵野民家には散見されたようであるが、この方はマヤでは土間を掘りこむため柱の下端がうかないようにいけておいたのかもしれない。いずれにしても近世初期の山陰、北陸、信州、東北の諸地方では、掘立屋が過半数以上存在していた。

柱の下に土台を入れるのは、関西では幕末にいたるも行わないといってよい。時には本屋の下だけまわした例も、稀にはある。土台を入れないのは土台は腐りやすく、根継がむつかしいためと思われる。そのかわり柱の下端を構造的に固めるために地覆《じぷく》という横木を柱間の最下端に入れておく。もっとも大戸口の部分だけは、どこも土台つきである。これは大戸を引く敷居ともいうべきもので、土台ではないかもしれない。宝暦年間（一七五一―一七六三）でいうと、東北地方では土座住居が一般的で、掘立屋も建てられることもあるという時代であるが、地主や豪商の民家では土台つきが行われるようになるらしい。

梁と柱の組み方――これにはサシツケ、折置《おりおき》、京呂《きょうろ》の三種がある。サシツケとは、梁を柱の側面でさしつけてつないだもので、鼻栓《はなせん》または込栓《こみせん》でとめてある。堂宮にはない組み方である。折置とは柱の上に梁をのせるもので、堂宮では飛鳥時代以来のもので、民家でも古い歴史をもっている。サシツケも折置と同様に古いのかどうか、よくわかっていないが、けっして新しいものではない。

京呂とは現代住宅の組み方と同じで、柱の上に桁をのせ、桁の上に梁がのっているものである。この方の歴史は新しく、近世初期の近畿地方にはじまって、次第に普及した。折置と京呂の区別は簡単につく場合もあるが、素人には区別しにくい例――京呂にみえても実は折置という場合がよくある。

指物《さしもの》、指鴨居、指木、二階梁、連台《れんだい》、長物《ちょうもの》、平物《ひらもん》、胴差《どうさし》――いずれも同じ部材の地方的名称である。京都などでは同じ指物でも使ってある場所で呼び方を変えているが、構造的な役目は同じである。ふつうの鴨居は高さが一・五寸ほどの薄いものでしかも後入れであるが、指物は高さが一―二尺ぐらいではじめから柱に組みこむ。つまり構造材である。室町時代の千年家にはないが、慶長十三年（一六〇八）の奈良県五条の栗山家住宅にはすでに存在するから、桃山時代にはすでに使われていたことになる。時代がさがるにつれて指物の使用が多くなる。

指物の使用目的はだいたい四つある。第一に一間ごとにならんでいる柱を省略して二間以上の柱間をつくり、便利よくするためである。第二には豪華にみえるので、見映えをよくするための化粧をかねる場合である。座敷廻りに多く使われはじめるのは、この例である。第三は二階をつくるためである。第四には建物がよじれたり、傾いたりするのを防ぐためである。貫《ぬき》や梁だけで固めるより断面の大きい指物で固めた方が効果的なのは、理の当然である。こういう考え方は関東にはあまりなかったらしい。

二重梁――梁を二重に重ねるのは建物のよじれを防ぐためと思われる。民家には筋違《すじかい》や火打がないので、重梁が梁行方向だけにしか走らない手法とくらべると、よじれを防ぐにはかなり効果的である。

柱の省略と大黒柱――古い民家では必ず柱が一間ごとにならぶ（もっとも雪国では、積雪に耐えるため新しい民家でも柱を一間ごとにならべている例も多い）。だから室境にある中柱は往来の邪魔になるし、庭に面した中柱は目ざわりになる。そのため指物や大梁を使って、次第に柱をとりはずそうとする。当然の結果として少なくなった残りの柱に重みがよけいにかかるようになり、特に建物中央部の柱は最も重みがかかる。大黒柱は、このような構造的要請と大黒信仰とが結びついて成立したものと考えられる。このようにしてはじめのうちは柱の太さはわりあいに均等であったが、次第に不均等となり大小さまざまの柱で組みたてられるようになってきたといえるだろう。

c　柱間装置

柱・梁・桁等を組んだ後に、柱と柱の間に壁・建具その他のものが装置される。

壁――土壁と板壁とどちらが古いとは、いちがいにいえない。板の製材は困難であったから土壁より新しいらしいだろうけれども、中世農村の地侍層の住宅には板壁の例がかなりみられる。塗屋《ぬりや》は農家でも行われているが、主として町屋で行われている。京では桃山時代に一般化しているから、それ以前からあったのかもしれない。土蔵造の手法をとり入れ、塗屋より壁を厚くし耐火的にした店蔵は、江戸の発明にかかわるもので、享保以後関東の店蔵として普及していく。

帳台《ちょうだい》構え・納戸《なんど》構え——往時の民家の寝間は、壁にかこまれ真暗である。これは、ふとんがなくスクベ（カラをすぐりとったワラ）のなかにねていて、保温が十分でなかったから、室自体を防寒的にしたものであろう。このネマ（ナンド）の入口は見映えがよいように化粧されていた。ふつう敷居が高く、スクベがはみださないようになっていて、狭い出入口がつけられている。ふとん、こたつ等の普及とともに次第に廃止されていった。農家では今でもみられることもあるが、町屋で完存しているのは今のところ大和今井の今西家住宅だけである。もっとも痕跡だけなら、他の町屋でもかなり残されている。

床の間——近世の民家では床の間は禁止されていたが、実際にはかなり多く実在していた。京・奈良・堺など中世以来の伝統をもつ都市の町衆の住宅では、天文（一五三二）以後床の間はあり、近世になっても禁止されていた気配はなく、かなり普及していた。また庄屋・総年寄のような役家では、その職務柄武士の出入りがあるので床・棚・書院の構えは許されていた。結局問題になるのは一般町人と本百姓層の民家での床の間であるが、近世中期以後地方によって程度の差こそあれ、つけられるようになった。床の間禁止の禁令がでていることは、それ自体床の間がかなり実在したことを証拠だてており、またこの禁令がどれほど守られたかも疑わしい。

開口部——今までの研究にしたがえば、いちおう次のような発展段階が考えられている。一間の柱間のうち半間が袖壁で半間が板戸一枚（溝一本）。次に半間袖壁で残りの半間に板戸と障子各一枚（溝二本）、または袖壁なしで板戸二枚の引違い（溝二本）。次にやはり壁なしで板戸二枚に障子一枚（溝三本）。この場合では雨の吹きこむ時や寒い季節でも室のなかを明るくすることができる。最も新しいのが柱間が一間半以上になって、障子の引違いの外側に、付敷居して雨戸をたてこむ。つまり現在の住宅の開口部の形式と同一ということになる。

d　単位の寸法

一間の長さ――今は一間は六尺ときまっているようであるが、民家を建てる時に使う一間の長さはさまざまであった。前述したように畳割の西国地方でも、以前は柱割で、きまった一間の長さがあった。京近辺の民家では、中世中頃の一間は七尺できわめて長く、次第に短くなっていき、桃山時代には六・五尺となって、以後安定する。つまりこの一間＝六・五尺が京間といわれるものである。六・三尺という規格の京間畳は、八畳間で四寸角の柱を使った場合できる大きさである。千年家は、この一間の長さが短縮する時期に建てられた民家ではないかと想像される。これにたいし東北地方の一間長の短縮期は、上方のような中世ではなく江戸時代で、六・五尺くらいから次第に短くなっていく。

内法高《うちのりだか》――これは建具の高さだと思えばよい。つまり敷居と鴨居の内側の高さである。一般には五・七～五・八尺くらいが使われているけれど、古くはこれより低い。北部信州の少し古い民家では五・六尺の例がみうけられる。しかし大和の今井の町屋などでは近世を通じて一定していなくて、必ずしも高くなったわけではない。しかし中世民家とくらべると、近畿民家内法高も、かなり高くなっている。室町時代に建てられた箱木千年家では五・二―五・三尺くらいで、それに軒の出が大きく低くさがっているから、室内は昼間でもかなり薄暗かった。

棟の高さ・規模――屋根勾配が同じならば、規模が大きくなるにつれて、棟の高さは高くなる。規模は中世民家にくらべると、相当大きくなっている。延慶三年（一三一〇）伊勢国泊浦、江向村地方の民家のうち、最も例の多いのは、なんと二間×二間であった事実によってもわかるだろう。このような中世民家が急速に大きくなった時期がある。京・奈良の町屋では慶長以後で、辺境地方ではこれよりずっとおくれ、近世中期でも二間×三間が最も多い。また関東の農家も養蚕が盛んになるにつれて、急速に大きくなったようである。

e　その他

屋根材料——中世の町屋は板葺または草葺で、これが瓦葺になる傾向をみとめることができる。同じ瓦葺でも、本瓦の方が桟瓦より古い。大坂・和歌山以西の町屋では近世を通じて桟瓦は使わなかったようであるが、同じ近畿でも京都だけは、早くから桟瓦を使用しはじめている。京都での転換期はいつ頃かよくわかっていないが、本瓦葺の唯一（?）の町屋として豊国神社まえに大仏餅屋があったが、今はとりこわされてない。桟瓦は江州で発明されたとも、江戸で発明されたともいわれているが、関東でよく使われた瓦である。もっとも京都でも江戸でも、蔵だけは本瓦葺にしている場合が多かったようである。

古民家の多い地方——古い民家の多いのは、山間僻地かと思われるかもしれないが、実際はそうではない。山間僻地の民家形式は、たしかに古いものを残しているが、建てられた年代はそう古くないのが通例である。

古い民家の多いのは、実をいうと先進地帯で、早く破壊されたのではないかと思われる近畿地方である。近世初期の民家は、他の地方ではまったくみられないか、みられてもまったく稀にしか存在しないが、近畿地方ではしばしば発見される。これは他の地方では、社会的変動期が近世にまでもちこまれ、それを転期として建てかえられる機会が多かったからかもしれない。

また古い民家も階層的には上の方のものに多い。これは、建物がそれだけ上等で、耐用年数が長かったせいかもしれない。つまり近畿の民家は、近世に入ってからは社会的にも安定し、建物も質的に高く、よく残されたということになる。わが国最古の民家は、箱木千年家であると思われるが、ずっとまえに耐用の限界に達しているのにもかかわらず、かくも長く保存されたのは、近世初期においてさえ早くも古いといわれ、代官から千年家の称号をあたえられ、代々の人たちが大事に保存しつづけてきたからである。人間の長寿と同様に、民家の長寿もまた立派な人々の心に支えられているといえるだろう。

3　現代における評価

民家は柱で建てられている。石造でも煉瓦造でもない。民家の現代的評価は、この簡単な事実から出発している。なぜなら現代建築の主流もまた柱の建築だからである。

なるほど今も昔も、民家の様式を模倣または参考にして、デザインの虎の巻にすることが行われている。これもまたひとつの効用にはちがいない。しかし明日の現代建築をつくりだそうとする立場にたつ時には、自ずからまた別の視点がなりたつ。それはおそらく次の二つであると、私は考える。

a　建築構造と平面の一体化

私たちは、ひとつの地方には、一定の平面形式があり、それに応じて一定の建築構造法が成立していることをしっている。間取が悪いからといって、そう簡単に柱を動かすことはできない。柱につながっている構造が、それを許さないからである。だから逆に構造が平面を制約しているともいえるだろう。悪くいえば、この特色が、民家の平面的発展を阻害し、いつまでも便利が悪かったともいえよう。このように構造と平面とがきりはなせない関係でつながっていることは、民家の特色である。

同じ住居でありながら、民家と似ているようで、まったくちがった関係を保っているのが数寄屋である。

数寄屋とは元来茶室の意味であるが、ここでは現在使われている意味での数寄屋である。数寄屋のデザイン法では平面を考える場合、構造方式をほとんど考えなくてもよい。平面をきめておいて後に、構造を考えて、それでおさまるようになっている。つまりどんな平面にでも対応できるほど、構造が発達しているともいえる。このように構造と平面とが分離できるということは、便利な間取つまり機能的な平面がとれることであり、これが現代住宅のモダン・リビングにひきつがれて大いに利用された。また敷地いっぱいに建てられるという利点もある。

数寄屋が現代の木造住宅になるのにたいして、民家はコンクリートや鉄の現代建築につながっている。つまり民家は、現代建築再建の方法を発見する媒体になっているといえよう。

b　デザイン・システムと形

今まで見てきたように民家には実に多種多様の形式がある。私たち日本人は、ごくあたりまえのこととして疑わないけれど、外国人にとっては驚異であるらしい。

しかし、私たちがそれ以上に関心を示すのは、多数の形が存在するにもかかわらず、この形をきめるデザインの方法は、わずかに二つにすぎないということである。単純に考えればデザイン・システムが二種ならば、形はまた二種であって当然と考えられるかもしれない。

現代の私たちが、マスプロの機械生産材をもって、モデュールにしたがって建物を建てていく時、単調化する危険があり、またそうした悲劇を数多くしっている。駅からでて駅前の風景を眺めた時、都市の名前がわからなかったら、どの都市だかわからないくらい特色を失いつつある。そういう時に民家に見出される現代的な哲学は、私たちに勇気をあたえるものだといえよう。民家では「システムはあるけれど形がきまっていない」ということは、示唆に富む現代的性格である。

そしてそれを支えているのが次の構造技術である。すなわち構造は軸組と造作とにわかれ、軸組はつねに一定の基本形式をもち、造作は副構造に支えられて各室をつくりだしていくというシステムである。これは伝統的にはごくあたりまえのことであるが、現代の建築創造の思想はこのシステムを評価しているのである。

c　民家は保存さるべきである

民家は人間がつくったものである。この人間がつくったものにたいして、等しく敬意を払うことは、人間の努力にたいする正当な評価であり、まさに人間的な行為でもある。

しかも私たちがこうした民家を有意義に保存できるかどうかということは、過去の遺産の研究資料的価値の大小よりも、むしろ現代再建のイメージが豊かであるか否かにかかわりあっている。建設のために民家をこわしてよいとする者は、人間の努力にたいする軽蔑であると同時に、それは自らの努力が後世の人たちから侮蔑を招きかねないほど怠慢であることを予想させるものであり、自らの現在の努力への誠実さを疑わせるものである。つまりそれは彼等の建設のイメージが、いかに貧困であるかを告白するものにほかならない。

もし私たちが誇り高き現代人としての自尊心をもっているならば、祖先への郷愁としてではなくして、むしろ輝かしい構想力にみちた未来への現代的象徴または反映として、民家を保存すべきであると考える。そしてその保存方法はひとつである必要はない。現在国指定の民家にたいして行われているように、復原も一法である。ただし百年以上もまえの形式に復原された場合、私たちはもはやそこに住めないという欠点はある。第二は軸組と外観を生かし造作工事の変更、仕上げの改善、設備の現代化等によって、民家を再生させ住みつづけながら誇りをもって後世に伝えることである。第三は、手法としては第二と同様であるが、博物館・旅館・店舗等に用途を変更し、リサイクルさせるものである。それぞれの方式には特徴があり、私たちは選択をすればよいのであり、ひとつの方式に固執する必要はないと思う。

奥州路

1 大川豊家
2 斎藤善助家
3 関清造家
4 奈良恭三郎家
5 黒川悦郎家
6 千葉哲雄家
7 佐々木奥治家
8 高野長英旧宅
9 小野寺豊穂家
10 陸前高田
11 大場光輝家
12 水主（かこ）町
13 大沼作兵衛家
14 蛸井七十郎家
15 田麦俣集落
16 平万吉家
17 相原誠家
18 倉谷村
19 檜枝岐村

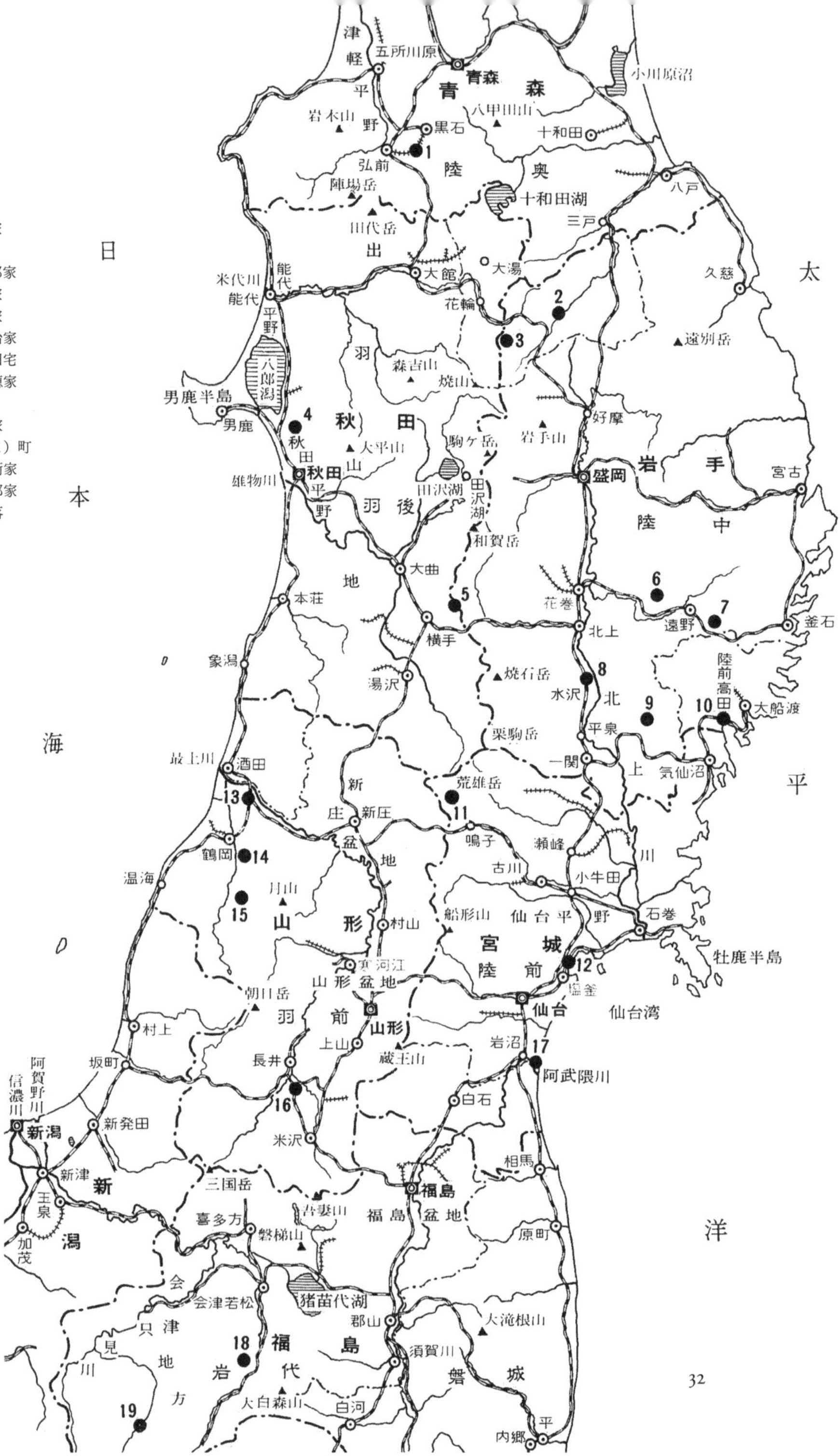

1　奥羽民家のあけぼの

弘治年間（一五五五―一五五七）のことである。川中島では甲斐の武田信玄と越後の上杉謙信とが戦いを交えていた頃のこと、大和国法隆寺在の小泉村から被官、下人を抱えた農民が、秋田県八郎潟の近くの上蚫川《かみあぶかわ》に到着した。この農民こそ現在の奈良恭三郎家の祖先である。これは奈良家に伝わる伝承である。私はある年の夏、先代の盤松氏がご健在の時にこの家を訪れ、静かな時間をすごさせていただき、昔の話をうかがった。

弘治年間の大和といえば、従来の被官・地下層は独立小農民として、成長しつつあり、伝統的な名主農民たちは、専門武士として戦陣をかけめぐるか城下町へさり、ある者は純粋な商人として新興都市へ進出していた時代であった。ひとくちにいえば兵農分離の萠しが相当顕著になりつつあった時代であり、被官・下人を抱えて手作経営をしていた名主農民が、農村から遊離しつつある時代であり、農民の移動の激しい動乱の時代でもあった。こうした時代を背景として奈良家の祖先は、故郷にみきりをつけ新天地を求めて出発した。そしてこれは、戦国時代末期の農村にいかにもありそうなことである。

この時代の奥羽地方は後進地帯であった。小農民独立の動きはほとんどみられず、かつては大和でも行われていた名字・被官を抱えての手作経営はなお可能であった。彼はどういう手づるでこの地をしったかわからないけれど、稲作の企業経営を目ざして、この地に定着した。その後西南二里の未開拓の現住地に移住して、出身地にあやかってその地を小泉と名づけ、出身国の古都の名をもって姓として奈良と称した。この村は現在三十六戸であるが、二十戸は奈良を姓とし、このうち十戸は、血縁分家であり、十戸はニワベッケ（奉公人分家）である。他の十六戸は佐々木、安田、畠山の姓をもち、奈良家の移住とともにこの地に来住した。

こうした開墾を目的とした東北の奥羽への来住者はきわめて多かった。秋田県下千三百六十一戸の旧家中百三十一戸に達し、他の地方にくらべて多いといわなければならない。その出身地は日本海沿岸と近畿地方である。他の大部分は武士の系譜をひくものであり、落人と称する旧家は二百二十八家である。九戸騒動に敗れたりして南部津軽から移住した百十六戸、天文七年（一五三八）甲斐の浅利氏にしたがって大館盆地にきた者、信濃の小笠原氏にしたがって鳥海山北麓に来住した由利《ゆり》十二地頭などはこのなかに入れることができる。

なにはともあれ大和から来住した奈良家が、どんな住居を建てたかはきわめて興味のあることであるが、今はわからない。現存する居宅は十三間×十一間の中門造《ちゅうもんづくり》で、棟札によれば今をさる二百年まえの宝暦年間（一七五一—一七六三）に建設されたものである。中門造は秋田はもちろんのこと山形・会津・新潟地方にひろがっている建て方で、今の大和にはみられない建て方である。もっとも西鶴の小説に角屋《つのや》住まいの大和農民がでてくるから、大和にも鍵型平面の農家がなかったわけでもあるまい。しかし各地から秋田へ来住した者のどの住居も、出身国の農家の面影はなく、秋田地方の民家というひとつの類型に入れることができる。してみるとわれわれが現在みることのできる平面形式は、少なくとも桃山時代以後に形成されたとみてよいだろう。ことに曲屋《まがりや》は幕藩体制下の南部藩地方にしかみられないという事実は、いっそうこの推定を裏書きする。なぜなら南部氏はすでに建久元年（一一九〇）十二月に甲州南部より八戸浦に到着し、以来この地に蟠踞していたけれど、その後盛衰つねならず、江戸時代に支配した現地域を確保したのは、やっと天正十九年

（一五九一）のことだったからである。近畿地方民家の類型化の確定したのが南北時代末期にはじまるのにくらべて、相当おくれるものといわなければならない。

2　馬屋飼のはじまり

実際には奈良家は奥羽に定住したというそれだけの理由で、大和民家とは異なった性格をもたなければならなかったにちがいない。近畿地方以西では家畜として牛が多く飼われていたが、奥羽では牛よりも馬の方が好都合であった。牛は老いれば牛肉ともなり、そのうえ婦女子にも飼育しやすいけれど、馬の方はかん気高く、「じゃじゃ馬」ならしは面倒であるのに、馬を飼わねばならなかった。なぜなら奥羽の気温は低く、したがって耕作期間が短く、ことに亜熱帯性の稲は奥羽にとっては不適性品種であった。『県令須知』によると春耕一日の差は秋穫一升の差があるといわれるほどであった。だから作業工程を早くしなければならず、即効性の肥料を用いなければならなかった。この意味では牛は不適格であった。牛は鈍重であり、牛糞は水分多く遅効性であった。しかし馬は動きが早く、馬糞は水分少なく醗酵性が高く、即効性であった。

だから奈良家も現在のように馬を飼育し、内馬屋か外馬屋かわからないにしても、馬屋をもたねばならなかったにちがいない。佐瀬与次右衛門の『会津農書』によると、外馬屋は寒くて馬がやせるとあるので、内馬屋は衛生上は不潔であるが、馬の労働力確保の点では外馬屋よりすぐれていたことがうかがわれる。岩手大学の森嘉兵衛によると、こうして馬が農民の馬屋に飼われるようになったのは、そう古いことではないということである。

奈良時代にはすでに奥羽の馬は、軍用や駅伝用に使われたが、それは捕えられた野馬であった。しかし陸奥の馬はわが国においては最もすぐれていたとみえ、平安時代の陸奥馬は最も高く上馬で六百束、中馬五百束、下馬で三百束であった。伊勢・美濃の馬が三百五十束、三百束、二百束であるのにくらべると高価であることがわかる（なお明治元年までの陸奥は現在の青森、岩手、宮城、福島県地方を含んでいた）。また源義家が陸奥へ下った際に、清原真衡は日ごとに上馬五十疋をひき、藤原秀衡は上馬五十疋を毎年上進していたし、文治五年（一一八九）には源頼朝は十五間の馬屋を建て、南部駒三十疋を入れたほどであった。

しかし平安末までは馬は農耕にも使われず、馬屋で飼うこともされなかった。源頼朝が武家政権を確立した。そして『南部根元記』によれば建久二年（一一九一）十二月、甲斐の巨摩郡を領し元来は馬取の役をつとめていた南部氏は、一族七十三人をしたがえ六艘の船で八戸浦に着したという。この時以来南部氏領の農業は、新しい時代を迎える。すでに文治元年（一一八五）に奥州五十六郡に四十八地頭をおくや、この時を契機とし馬屋飼《まやかい》がはじまった。つまり関東式農業が普及したのである。彼等地頭は地頭職《しき》なる得分権《とくぶんけん》を確保するために馬耕経営に努力した。野性の馬を運搬・乗馬に使い、耕作しやすいように調教し、馬屋肥えをもって糞蓄経営するために、馬屋で馬を飼いはじめた。かくして奥羽の民家のなかに等しく馬屋が設けられるようになり、今では奥羽民家をみる時、誰でも形としてみてとることのできる大きな特徴のひとつとなっている。

奥羽へゆくと二戸とか八戸とかいった地名や郡名のあることに気づくであろう。これは鎌倉以後南部氏と工藤氏によって、実施された四門《よんかど》制に由来するものであり、平安朝末に設定された糠部《ぬかのべ》郡を東西南北の四門にわけ、それを更に九ケの「戸」にわかち、各戸に軍用放牧場を経営したことにはじまる。これは江戸時代までひきつがれた。一方農民たちは駒（女馬）は召上げられるので駒が生まれると、「殿様馬が生れた」といって嘆き、「がんじょう」（男馬）だけが農民の手に残された。また戦国時代までは農家の馬は農耕用であるとともに、すぐれた軍馬でもあり、『太平記』によると奥州勢の殺到したところは馬蹄にふみにじられ、「草木の一本もなかりける」有様であった。

天明七年（一七八七）古河古松軒が奥州を巡察した際、奥州の民家はどの家でも三—五疋の馬を飼っており、馬のよいこと海内一であると讃嘆している。したがって馬屋の面積も広く、記録にあらわれたうちでも、宝暦十二年（一七六二）から文化五年（一八〇八）にいたる秋田県飯岡、鹿妻、本宮、湯沢、太田地方の民家についてみると、母屋が二十二坪前後が最も多いのにたいして、馬屋は十八坪前後のものが最も多く（『盛岡清家文書』）、馬屋のしめる面積の大きいことがわかる。

3　曲屋・中門造・直屋

このような奥州農家における馬屋の重要性を考えるならば、馬屋のとり方によってその平面形式が類型化できたとしても不思議ではない。小倉強の『東北の民家』は、奥羽地方民家についての最もすぐれた成果であるが、馬屋のとり方によって地域的な特徴のつかめる事実を示している。

母屋は基本的にはいわゆる広間型の間取、またはそれを発展させたものであり、地域的な差はさほど顕著ではない。奥羽民家の平面と立面とに変化をあたえているのは、実にこの馬屋のとり方である。仙台藩領の北部地域であった気仙郡の農家など福島・宮城両県の太平洋岸地方では、ほとんど全部外馬屋にしているが、その他の地方では内馬屋が多かった。われわれはこの内馬屋のとり方によって、曲屋造・中門造・直屋《すごや》造とにわけることができる。

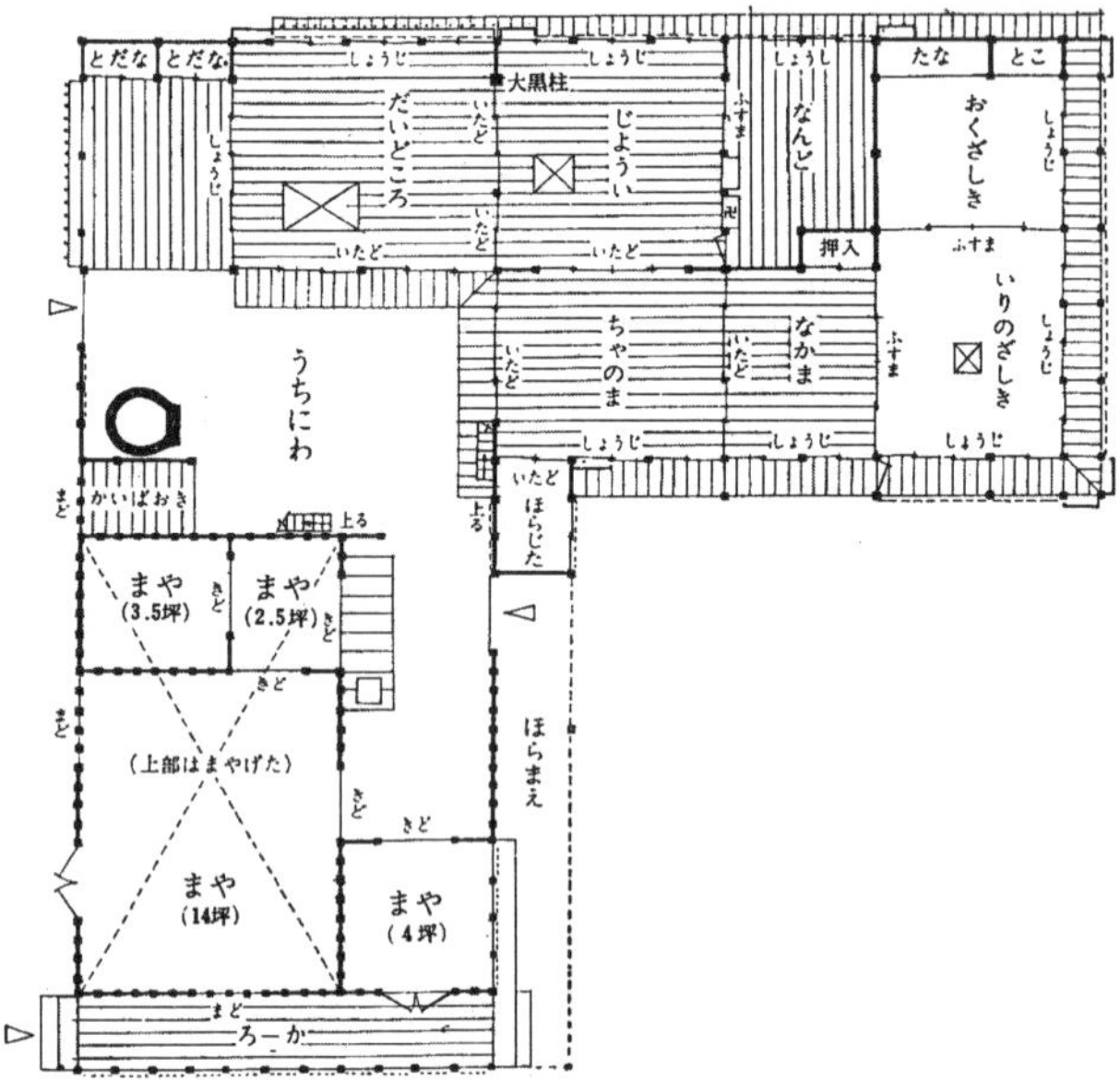

千葉哲雄家住宅（天保１年建設）

曲屋——曲屋は馬屋を前方に突出させ、鍵型の平面になっているもので、旧南部藩領にひろがっており、盛岡から矢幅にいたる間と、釜石線の沿線地方、特に遠野市付近に最もよく残されている。岩手県八戸市における寛文年間（一六六一―一六七三）の火事の届書に、すでに曲屋の文字がみえるから（『上杉修氏所蔵文書』）、すでに江戸時代のはじめから存在したものと考えてよいだろう。

遠野市上綾織の千葉哲雄家の曲屋は、われわれがみてきたなかでは最もすぐれた曲屋のひとつである。山腹にかまえられ、集落全体を見下すことのできるこの居宅は、天保元年（一八三〇）に建設されたものである。曲屋の前端を石の片持梁でもたせ、すぐれた意匠をみせている。当時の千葉家は、十人の作男と四—五人のアネコ（女中）と十八頭の牛馬をもって大規模な手作経営を行うとともに、盛岡城下まで麴商いをしていた。また石垣の上に築かれたこの城郭のような居宅は、盛岡の通う遠野藩主にみえるので、藩主から叱られ、かつては屋敷前方に檜を植えて、屋敷をかくしていた。

中門——屋根伏からいうと曲屋と同様であるが、内部の間取りがちがう。曲屋では突出部は全部馬屋であるが、中門造では馬屋筋に通路があり、ニワや台所へいくにはこの通路を通らねばならない。この突出した馬屋を厩中門《うまやちゅうもん》といい、この名前はすでに江戸中期の正徳元年（一七一一）会津藩の『家世実紀』のなかにみえる。これによると石高に応じて梁間と行間《ゆきま》の制限をしているが、厩中門には事実上、石高による差はなく、二間×二間までとしている。

すなわち

（石高）	（梁間）（行間）	（厩中門）
一石—五石	二　間×六　間	二間×二間
六石—十石	二間半×八　間	同　右
十一石—十四石	二間半×十　間	同　右
十五石—	三　間×十　間	？
二十石—	三　間×十二間	二間×二間

実在する民家についてみると厩中門の梁間は、ほとんど全部が一間から三間までで、前出の秋田市小泉の奈良恭三郎家の五間などは特大に属する。また奈良家住宅は、座敷まえも突出して、全体として凹字型平面を示しているが、かかる形式のものを両中門ともよぶ。福島県『檜枝岐《ひのえまた》民俗誌』（一九五一）によると、この中門造は馬を飼うようになってから特に多くなったものであり、百姓仕事には次にあげる長屋《ながや》より便利だとある。

直屋（長屋）——曲屋や中門のように突出部をもたないので、矩形の平面をもったものをいう。平面の輪郭からいうと、直屋も長屋も同一であるが、ふつうには直屋は曲屋にたいし、長屋は中門にたいして使われる。これは全国どの地方にもみられる形式で、馬屋、ニワ、居室が横に一列にならぶ。岩手県兄川の関家住宅、また山形県田麦俣の民家はこれに属する。会津若松の君島家住宅は、元来長屋であるが、後年馬屋の外側に納屋を突出させて増設したので、現在は中門造のような外観を呈している。

4　オオヤ・地頭の住居

オオヤは本家で、地頭は名子主《なごぬし》である。この地頭は頼朝が全国に配置した地頭とは無関係のもので、室町時代に奥羽の土豪が自らを地頭と称したことにはじまる。オオヤも地頭もともに血縁、非血縁の家族を多数抱え、住居の類型としては同一のものである。

江戸時代はじめの正保二年（一六四五）仙台藩東山保呂羽村の『吉利子丹帳』によると、組頭柳林屋敷では、主人与左衛門夫婦のほかに血縁家族の夫婦が四組もあり、総勢十八人の大家族であった。これが六十六年後の正徳元年（一七一一）になると、家族は更にふえ下女一人をふくめ三十二人にも達した。また同村のそね屋敷の藤右衛門夫婦は前者と異なり、非血縁家族を多数ふくみ、正保二年現在五世帯十七人の非血縁家族（水呑）と五人の下人を合せて二十八人の大家族であった。しかし五年後の慶安三年には水呑、下女、身内が独立して、家族は二十人にへり、六十一年後の正保元年には更に十四人となり、十四人中の非血縁家族は水呑のたった三人となった。

こうした大家族を明治にいたるまで維持した例は数多くみられ、そうした時代に建設された建物を今なおみることができる。岩手県兄川の関清造家住宅はこの一例である。二十間×七間の規模をもつ巨大な農家である。関家は兄川村のいわゆるオオヤであり、兄川村十六戸のうち十四戸はオオヤのカマドッ子（分家）であり、かつては兄川の田畑はすべて関家で一手に手作経営されていた。こうした時代の慶応元年（一八六五）、素材三千石、カヤ四―五万束をもって、親戚の大工がこの建物を建設した。

この家には明治末年においてさえ、四世帯の「内の者」（血縁家族）と「借リッ子」（前借年季奉公人）を合せて二十人余が住んでいた。主食は稗で年間三十五―六石消費され、このうちの七―八石は酒造りに使われた。米作りがはじまったのは大正以後のことであった。二十五・五坪にも達する馬屋には十三頭の馬が飼われ、身内の者や借リッ子は、夏ならば三時半頃におき、夜はもう八時頃にはねた。灯火としてランプはあったが、ランプのでるまえは松の根っ子をこまかく砕いて皿っ子（灯台）にのせ明りとしていた。今はもう身内の者はカマドッ子として独立分家して、一世帯四人家族にすぎない。当時はこの巨大な母屋のほかに、稗や大豆を収納する四間×六間の蔵が二棟と刈草を収納する四間×六間の小屋が二棟あった。

台所は中座敷より一段低く、台所と中座敷との間には建具のないメクラ敷居（会津檜枝岐ではアゲ敷居という）があって、家族のなかにある身分差の厳然たる境界であった。ここはオオヤの主人家族以外の内の者は、たとえそれが主人の弟であり叔父であろうと越えることのできない境界であった。主人家族は中座敷のユルリ

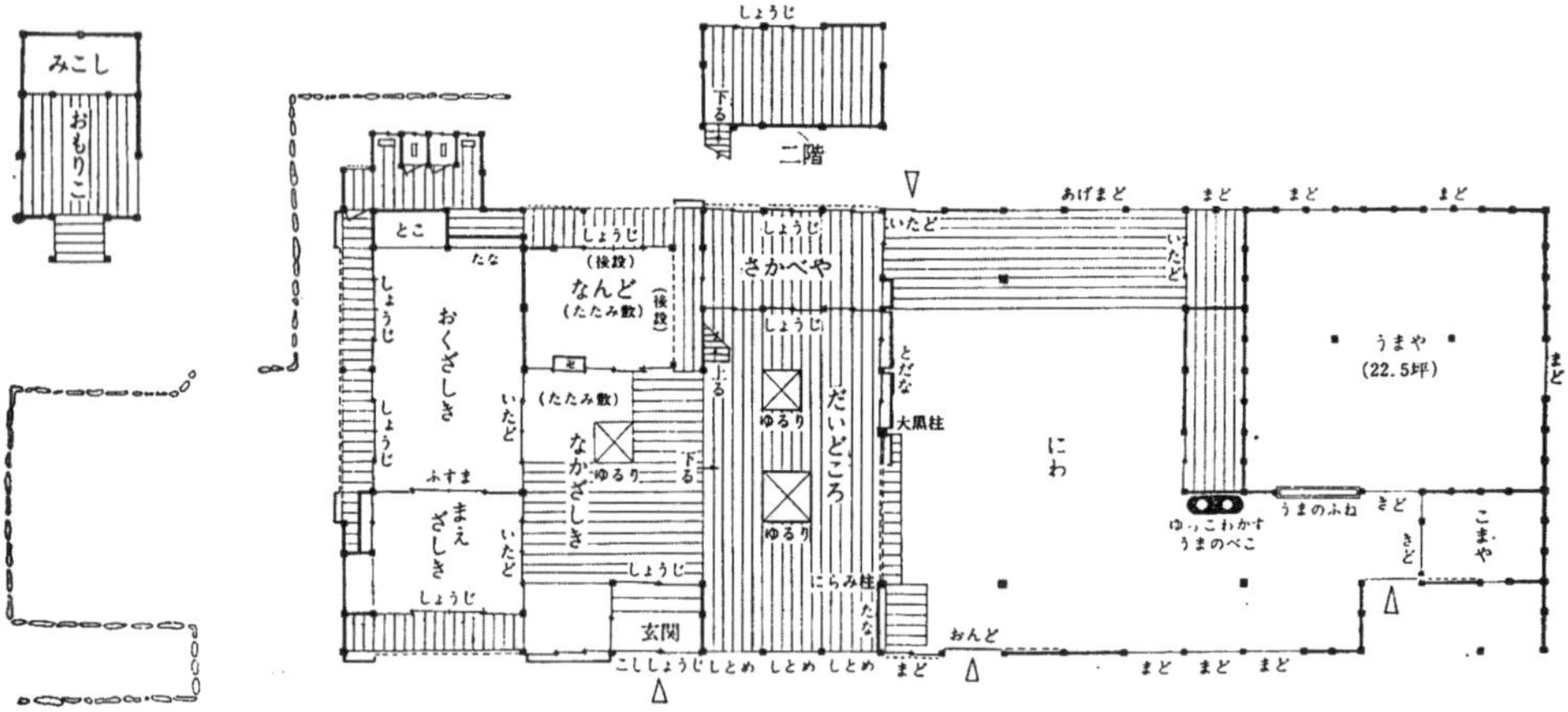

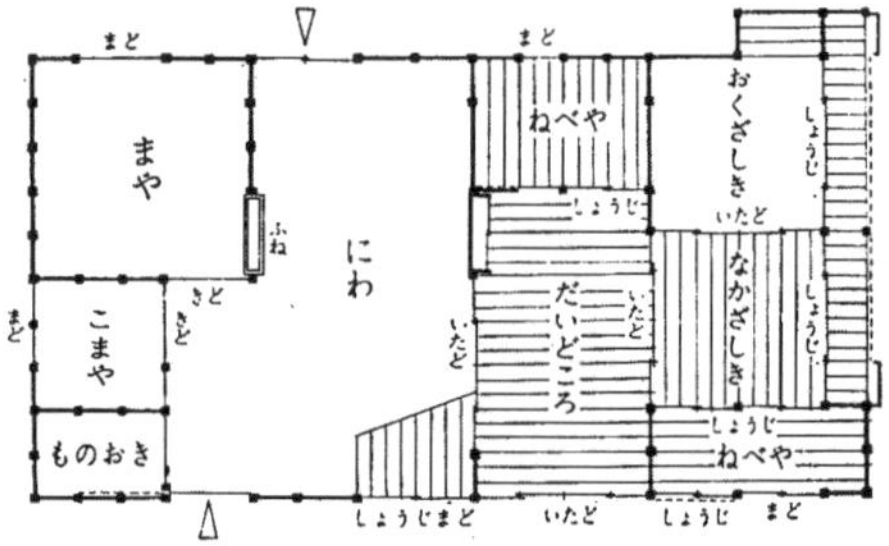

上　関清造家住宅（慶応１年頃建設）
下　カマドッ子の住居（大正３年建設）

を使い、内の者や借リッ子は台所のユルリを使った。しかも内の者や借リッ子のなかにも身分の序列があり、台所にある二つのユルリの使い方にも、区別があった。最も有力な内の者の年寄が、上《かみ》のユルリのヨコザに坐った。このようにオオヤや地頭の家では、さまざまの身分の者を抱えていたので、これに応じて生活空間をわけ、設備を異にしていた。

オオヤ家族は、ナンドにねたけれど、内の者はサカベヤの上にある四坪半の屋根裏に、また、借リッ子夫婦は馬屋ぎわにある一坪半のヘヤに、フェ（稗）を敷いてねた。このように借リッ子のような非血縁家族は、ニワにあるヘヤや馬屋の上にあるヘヤにねていたので、別家して独立するとニワベツケとかウマヤベツケといった。有賀喜左衛門さんが紹介している岩手県二戸郡荒沢村の斎藤善助家住宅は、文政六年（一八二三）に建設されたもので、規模・間取ともに関邸と類似しているが、現在はとりこわされてもうない。関家住宅とちがって斎藤家は同じ大家族でも名子を抱えていた。斎藤家の血縁分家は七戸、孫別家五戸、奉公人分家（名子）、屋敷名子七戸もあり、一町二反の田と二町の畑とを手作し、常備の奉公人のほかにスケ（名子賦役）を利用して南部椀の卸問屋をしていた。明治初年の使用人は四家族で、次三男も結婚して同居していた。このような多数の夫婦のためにヒヤ二、ネマ一、ナンド一が寝部屋となった。

このほか岩手県東磐井郡松川村岩下の鈴木家も名子主で、十四間×七間の母屋、十八間の楼門長屋、三十一の名子屋敷を抱えていたが、昭和初年にとりこわされて今はもうない。紀州の武士で義経の家臣であったが、義経が衣川で戦死後この地に土着したとのことである。菅江真澄（一七五四―一八二九）の『雪の出羽路』にでてくる平鹿郡山内村大松川福万の黒川悦郎家住宅は、文政四年（一八二一）に建設されたもので、百一尺（十六間五尺）×四十一・七尺、百四十坪ある。柱間は六・五尺くらいであるが不均等である。明治三十六年に改造するまでは軒の出は八尺五寸であったが、その時葺替の屋根カヤは実に十万八十四束を要した。明治

文化14年米代川で発掘されたわが国最初の発掘住居（日本常民文化研究所発行菅江真澄未刊文献集二より）

初年には二十一人の大家族であったが、岩崎の合戦で敗戦後の元和年間（一六一五―一六二三）にここに土着した。

宮城県玉造郡鬼首《おにこうべ》村も、「鬼首十七口《くち》」といって十七戸の大家族であったが、これも今はない。大家族時代の建物であった高橋新蔵家住宅は大正年間に焼失し、最後の大家族の建物であった高橋盛喜家住宅も昭和三十三年の春とりこわされてしまったので、さすがの大規模な農家も今はまったく姿を消してしまった。また青森県三戸郡階上《はしかみ》村赤保内《あかぼない》野沢の野沢家も地頭とよばれた開発地主で、奉公人はすべて、血のつながりのある一族の身内の者によって構成され、その居屋は十六間×七間の規模をもち、四つのネマをもっていた。天明七年（一七八七）古河古松軒が奥州随一の民家であると讃嘆した秋田県岩瀬の板場武助の家は、すでにとりこわされ、今はもう切石の井戸と墓石を残すのみである。大家族の住居はけっして白川だけにかぎられていたわけではない。

5　最初の発掘

安永四年（一七七五）四月、秋田県北秋田郡扇田町近くの米代川の川岸が、洪水のため崩壊した。そして土中から四―八戸の住居があらわれた。これは今から百八十年まえのことであり、この間の事情が菅江真澄の未整理の草稿に書き残されている。それらにしたがえば、この住居は天長五年（八二八）の大地震に埋もれたものであろうとのことである。この住居のなかからは、船の札棹、板に墨書きの仏、斧つくりの机、木の鋤、下という字の彫ってある折敷《おしき》、ころび甕それに木の下駄が、粟、稗、藤の実とともにでた。そして発見された材木はすべて槻欅と糸杉・文《あや》杉であった。

これから十八年あとの寛政五年（一七九三）には、米代川の支流である曳欠川《ひかきがわ》（引欠川とも書く。大館の近く）の岸が崩れて、板沢村の市重郎の屋敷畑から五―六軒の家があらわれでた。この家についての詳細はわからないが、これより二十四年後の文化十四年（一八一七）六月、また米代川の洪水で現在の鷹巣町近くの北比内壮脇神村雄勝田の川岸が崩れ、家が二棟あらわれでた。平田篤胤（『皇国制度考』『能代故実記』）と菅江真澄はこの家の記録を残した。この記録こそわが国の発掘住居に関する最初のものであり、登呂や平出の竪穴住居発掘を溯る百四十年まえのことである。

この住居は竪穴（ふかさ四尺）ではあったけれど原始時代の住居ではなかったらしい。元来このあたりは村であり、川底になったのは慶長頃のことであるから、慶長の洪水によって土砂に埋められてしまったものであろう。寄棟の掘立土座住居で、地面以下少々掘りこんだ竪穴であったので、外へでるために長さ四尺の梯子がとりつけられてあった。一棟の方は約十三坪で柱は平たい角（一・一尺×〇・三尺）で、長さは六・二―六・三尺くらいであった。梁は断面が梯形をなし底辺で〇・九尺、上辺で〇・三尺、長さは十七尺より十尺までさまざまであった。出入口は一枚板の両開扉で、板厚は一寸くらいあった。他の一棟は十九尺×十尺ほどで約六坪であった。外壁は板壁であるけれど、今をさる三百五十年まえの慶長の頃に、原始住居をあまりでない農家があったことは、記憶しておいてよいことである。さまざまな記録によると、実際に奥羽では江戸時代後期にいたるまで、掘立土座住居がきわめて多かった。『遠野古事記』によると、宝暦十三年（一七六三）頃の遠野城下の小身者の武士住宅でさえ掘立柱であり、客座敷にも畳を敷かず、家の出入口に戸がなく菅簾《かやま》を編んだ開き戸である有様であった。

また天明七年（一七八七）古河古松軒が奥州を巡行した際、村々の農家はもちろんのこと、山形城下の町屋でさえ貧しき家は大かた土間住いで、秋田県の久保田から大久保のあたりは、「一家も残りなく土間住居」であった。しかしこのように土座住居であるのは、古河古松軒の話によると必ずしも貧しいからではなく、「国風」であったのである。

6　掘立・土座から土台つき・畳敷まで

掘立から石場《いしば》・土台つきへ——石場は「石の合場」の略語と思われるが、近畿地方では石口《いしぐち》といい、地方によっては石盤、鹿子《かのこ》ともいう。礎石の上に直接柱をたてるやり方で、全国どの地方でもみられる。たしかに掘立よりは保存に都合がよい。

堂宮では飛鳥時代に建てられた法隆寺金堂にすでにみられるが、実際にひろまったのはずっと後の平安末期から鎌倉時代のことである。この頃から礎石に円座をつくりだすことがすたれ、自然石が礎石とされるようになった。だいたいにおいて礎石を平らにして石口を施さないやり方は大陸の建築のやり方で、鎌倉時代以後でも大陸の影響をうけた天竺様（大仏様）の建築や、江戸時代の長崎の仏寺建築では行われている。

礎石を平らにして柱をそのままたてた方が都合がよいようであるが、実際はそうではない。石場の方は柱の下端を自然石の凹凸に合せてあるだけに動きにくいし、ぐらつかない。だから大工はよくこういう。「マッチの付木は平らなところにはたたないが、斜めのところはたつ」と。

貞享年間（一六八四—一六八七）に建てられた岩手県北小牛田《きたこごた》の伊藤市郎家住宅はこの地方石場立の最初とのことであるから（小倉強『東北の民家』）、江戸時代中期頃からひろまったものであろうか。文化二年（一八〇五）新庄藩では、石場は家もちによいからとすすめているから、文化・文政以後には相当多くなったものと思われる。

石場につづいてその後「土台つき」となった。ちょっと考えると石場より土台つきの方が仕事がしやすいようにみえる。なるほど柱をたてるのは石場よりらくである。少なくとも柱の心と石の心とを合せなくともよい。しかし実際には土台つきでも凹凸の多いいくつかの石に土石をなじませなければならないから、面倒さは石場と同じことである。土台つきの方がいいことは、礎石のないところでも柱がたてられるし、石垣の端でも柱がたてられることである。だから千葉哲雄家住宅が石垣の端に曲屋が建てられたのも、この土台つきのおかげなのである。

岩手県遠野市の最も古い町屋である村兵《むらひょう》という酒屋の建物は、七代まえに建てたものであるが、すでに土台つきである。また約二百年まえの宝暦年間（一七五一—一七六三）建設の秋田市小泉の奈良恭三郎家住宅も土台つきであるから、土台つきは二百年くらいまえにすでにはじまるとみてよいだろう。宮城県白石市の大工山田仁右衛門さんの話によると、百年まえの民家なら必ず土台はついているとのことである。

土座住居から板敷・畳敷へ——古河古松軒が巡行した十七年まえの天明七年でさえ土座住居が多かったけ

れど、実際には板敷は、往還筋の町屋や村役人の家や豪農の間で行われていた。仙台藩のお触をみても江戸中期の延宝五年（一六七七）には往還筋の百姓屋・大肝煎・村肝煎の座敷の表向きだけには板敷が許されている。『気仙沼本郷旧事記』（一八二二）によると、享保・元文（一七一六―一七四〇）頃までは板敷があったのは、肝煎・検断・役人宿・見世店だけであった。『旧事記』の著者の住宅は元文五年（一七四〇）に建てたものであるが、板敷なのは中の間と座敷だけで、常居《じょうい》はまだ土間であった。

また岩手県東磐井郡松川村でも宝永七年（一七一〇）頃までは板敷のある農家は二十軒中の五軒だけで、その他は掘立土間住いで、入口にネコダとかネコカキというワラであんだムシロをたらしている有様であった。こうして江戸時代末期の文化二年（一八〇五）頃になると、小農民の間でさえ板敷は相当ひろまったとみえ、新庄藩では、「この頃の小百姓の間では掘立土間から板敷にするのがはやっているが、板敷は座敷廻りのほかはまかりならぬ」というお触をだしている。

こうした小農民の板敷に畳が普及するのは、更におくれて、盛岡藩では寛政十一年（一七九九）に障子・襖・簞笥・長持とともに畳を身分不相応のものとして禁止している。また安政三年（一八五六）の『羽後民情録』の「日ぐらしの草紙」によると、秋田県秋田郡大久保村では、天明・寛政（一七八一―一八〇〇）頃まで六十戸余のうち畳を敷いていたのは十王堂と武士宿をする著者の家と作兵衛の家の上屋敷と次の間だけで、この著者は「畳の上に育ったのは俺だけだ」と折にふれ自慢していた。

そして明治に近い天保五年（一八三四）になると、相馬藩では畳敷は容認するが、畳表を制限するという挙にでている。しかしこうした畳もはじめのうちは農民が自ら畳刺《たたみさし》をしていたとみえ、『気仙沼本郷旧事記』の著者の祖父でさえ、初孫祝の振舞用の畳は、千厩《せんまや》表で自ら畳刺をしている。またこの畳でさえ常時敷いていたわけではなく、正月と冠婚葬祭にしか使わない家の方が多い。

7 短くなった一間と万年床

柱間――こうして畳が最近まで使われることの少なかった奥羽民家では、畳に合せて柱間をきめるという上方《かみがた》（近畿）のやり方が普及しなかったのは無理もない。しかしまったくないわけではなく、山形県の町屋ではすでに江戸時代から六尺×三尺の畳に合せる畳割（内法柱間《うちのり》）があらわれており、岩手県気仙大工の関係する建物にも同様の手法のものが多い。しかし奥羽民家に最も多い柱間は真真六尺三寸間である。六尺三寸間は北関東にも行われ、本六《ほんろく》または本間ともいわれている。唯一の例外地域は宮城県南部から福島県東北で真真六尺間で、ある場合には五尺八寸間、五尺七寸間の民家さえ相当ある。このような柱間の分布は奥羽よりむしろ関東に近い。いずれにしてもきまっていないといった方がよいだろう。

しかし古くは奥羽の民家柱間も間のびしており、貞享年間に建設された宮城県栗原郡金成村の千田家住宅も、同県北小牛田の伊藤市郎家住宅も、また岩手県西磐井郡油島村で最も古かった鈴木忠次郎家住宅も六尺五寸であった（小倉強『東北の民家』）。このほか六尺三寸五分間とか六尺六寸間等があり、このように間のびした柱間では今の畳を入れるとすき間がどうしてもできる。このことはおそらく、間のびした柱間は畳の普及しない時代の産物であることを示すものかもしれない。

明治に入ると――ことに東京が巨大都市化し、また鉄道が敷設され、官庁・学校が建設されるようになると民家住宅のなかにも六尺間があらわれはじめた。東京の住宅や鉄道関係工事や役所仕事はすべて六尺間で実施されたからである。それはお役所仕事や東京の住宅の影響とかまねというよりは、もう少しふかい理由があった。それは戦後において特に典型的にあらわれた。

それはなぜであろうか。B29による空襲は東京だけでも八十万戸を焼失させた。これは英国全部がうけた被害に匹敵するものである。かくして東京へ各地の木材が流入した。東北の山々も例外ではない。材木業者たちは東京の規格に合せて十二尺一寸また十二尺二寸材を商品化した。今までの奥羽地方の規格木材は六尺三寸間にふさわしい「丈三《じょうさん》」＝十三尺物であった。十三尺物なら六尺三寸間で仕事はできるけれど、十二尺一寸物では六尺間で仕事をするより仕方がない。自分持ちの山があって、材の長さを任意にできる者はともかくも、買わなければならない者は、たとえ奥羽地方にいても六尺間になることは不可避のいきおいである。戦後特に六尺間が普及したのはこのためである。東京という都市は、単に巨大都市であるというそれだけの理由で、奥羽の民家を変貌させせつつある。封建社会にはみられない貨幣経済社会の著しい特徴であるといえよう。

ネマ――柳田国男氏の『遠野物語』にこんな話がでている。岩手県遠野在土淵村の八卦見《はっけみ》をする家では、ワラ敷の寝床に一本の長い角材を共通の枕として、祖父母・父母・アネコ夫婦と孫を合せて十人がねていたと。また伝承によると陸中胆沢《いさわ》郡の掃部《かもん》の長者は、三百六十人の下男・下女を一本の角材の枕にねかせ、朝になると木の端を大槌でたたいておこしていた。こうした木の枕は多く使われていたとみえ、宮城県北方にある栗駒山東麓の郷士の家では、副業として長木の角材を短く切って枕をつくっていた。

岩手県二戸郡兄川村の関家は、かつてネシキであった。旧の九月末にもなり、そろそろ冷えこむ頃になると、ナンドにフェ（稗）ガラを一尺厚くらいに敷きこんだ。フェガラの上に薄い木綿の上敷を敷き、その上にねた。かけるものといえば比較的厚い布であった。このフェガラは旧の三月にとりだされ、畑にすてられ肥料となった。

米をつくるところではフェではなく稲ワラを敷き入れた。だからナンドへの敷居は一段高くなり、ワラクズやフェガラがはみださないようになっていた。この敷居はハジカクシという。窓もなく日のあたらないこのナンドは、戦前には東北の万年床といわれ、不衛生の代表であった。ことに明治末年以後は、ここは結核の温床となった。東京や紡績工場にでかけた次三男や娘たちの多くは、結核に罹って故郷に帰り、万年床を通して家族に結核を伝染させた。せめてナンドに窓でもつけろと東北の各県当局が勧告したのは、戦争少しまえのことであった。ふとんが使われるようになってからも、万年床時代の敷き放しの慣習は改まらなかった。それは習慣ということもあろうし、敷き放しにしておいてもネマは独立していてなんらさしつかえなかったし、それに多忙だろうが、なによりもふとんをしまうべき押入がなかったからである。万年床時代には就寝具はないから、ふとんをしまう押入は必要なかった。

今はもうほとんど敷ぶとんを使っている。しかし万年床と敷ぶとんの間のものとしてクズブトンというのがある。岩手県遠野ではワラのゴンドともいう。今でも使っている人もいるし、町では早くから使っていた。ゴンドは十一月から使われはじめ、五月になるとゴンドのワラはとりだされすてられる。そしてゴンドの皮だけが秋までしまいこまれる。このゴンドも万年床になることはさけられない。なぜならゴンドはたためないから、たとえ押入があってもしまいこめない。

敷ぶとんが使われるようになってからは、ナンドの壁に窓があけられるようになった。ふとんが保温してくれるので、壁で保温する必要はなくなった。実際にはネマであったナンドやヘヤは物置となり、明るい中の間や座敷でねる場合が多くなった。単に寝具が発達したというより、そこには室の使い方にたいする変化もみとめられる。

8　気仙の出稼大工

陸前高田市を中心とする地方――ことに旧小友《おとも》村地方には、大規模な大工集団がある。これが気仙大工である。昭和三十三年八月七日現在、高田市内で弟子を養成できる資格があると登録された親方大工は三百八十三人、その弟子は四百四十六人、失業保険をもらえる資格のある大工が約二千人にもおよぶ。気仙大工は元来堂宮を得意とすると説く人もあるが、現在気仙大工の関係するのはほとんど民家である。しかもこのような大規模な大工集団ができたのは、実は明治以後のことなのである。

明治八―九年東北は凶作にみまわれた。当時お国止《くにど》めといって主要農産物の移出は禁止され、食うに困った気仙郡地方の農村の次三男はミナミ（宮城県）や岩手、江刺、胆沢各郡の米産地へ大工出稼にでかけた。会津の屋根屋が天明の凶作を契機としてひろまったように、気仙の大工も凶作を契機として増大した。幕藩体制下ならばお上《かみ》の許可をとらなければ領国外にはでられなかったけれど、明治維新後は自由に往来できるようになった。それに都市も農村も急速に拡大しつつあり、建築への需要は増大する時代でもあった。そして幕藩体制下ではなく、明治時代に入って気仙大工が大量に輩出されたことは、気仙大工の技術に特異な性格をあたえた。幕藩体制下でも文化・文政後には他領内の大工進出はなかったわけではないが、問題にならないほど少なかった。明治以後、藩の境界がうち破られ、大工たちは宮城県、北海道、東京はもちろんのこと遠く大阪にさえ進出した。このことは気仙大工にさまざまの系統の技術と接触する機会をあたえ、新しい技術の吸収が行われた。かくして雑種の大工技術ができあがった。気仙大工には江戸時代以来からさまざまの流派があったわけではない。むしろ明治以後各地への進出に伴い、さまざまの技術に熟した大工を成長させていったのである。彼等は一定の出稼先をもたなかったし、またふつう伝統的な大工仲間がもっている太子講や匠《たくみ》講をもつことだの、また工匠祖神の手置帆負神を祀ることさえしなかった。こうした気仙大工が大量に輩出されたのには、それ相応の素地があったと思われるが、今はわからない。ただ気仙大工の小野寺家が代々仙台藩に奉公したことと、伝承によれば近江大工の系統といわれていることとである。故意か偶然か六尺×三尺の畳に合せて柱間をきめることとスミサシのつくり方は東近江の大工のそれと同一である。しかし元来仙台藩の堂宮の大工系統は、近江ではなく紀州である。藩主伊達政宗が、紀州伊賀郡根来《ねごろ》住いの鶴右衛門家次と同じ紀州住まいの刑部《おさかべ》左衛門国次を天下無双の名工とほれこんで招聘したのは慶長十年（一六〇五）のことである。こういう意味では気仙大工は藩主流派の堂宮大工とは無縁であったと考えた方がよいだろう。

なにはともあれ明治初年の気仙大工の技術の進歩について実際に功労のあったのは、今は花巻市に入っている矢沢村の藤原金次郎と岩手県東磐井郡大東町興田《おきた》の芦東山《あしとうざん》と山形の彫刻師の三人である。藤原金次郎は算学者であって大工ではないが『規矩的当図解』という本を著した。芦東山は仙台藩の武士で、故あって興田村に幽閉され、むしろ刑法学者として著名であった。

出稼の大工たちは盆・正月になると帰ってきた。陸前高田では五の日（五、十五、二十五日）に市《いち》がたったので、年の暮の二十四日までに帰ってきて、翌二十五日の市で稼いだ金を使うのがしきたりであった。そして十五日の小正月がすぎるとまたでかけた。また八月十五日は市日ではあるが、この日は盆と重なるので、くりあげて十二日が市日となっていた。だから大工たちは十一日までに帰ってきた。そして二十日盆がすぎるとまたでかけた。こうして年に二回帰ってきた大工たちは、新しく覚えた技術やさまざまの地方の出来事を話しあった。つまりこうした形で技術の交流が行われたのである。

9　鉄道とともにきた新手法

明治二十四年東北本線は青森まで開通した。これを祝して翌二十五年仙台で大博覧会が催された。この会場の建物の建設には各地の大工が参加した。気仙大工も参加した。そして気仙大工は新しいスミサシの使い方を覚えた。

スミサシの先は線を引くためのものであり、三寸勾配に切り、幅三分のところを四十八枚に割るのを最もよいとされていた。変ったのはこの先の方でなく尻の方である。元来奥羽の大工の間では尻は斜めに切られ、ベニガラをぬって絵様を描くのに使われていた。しかし家大工は絵様を描いて彫刻する機会はまずないから、この尻は無用の長物に等しいものであった。

しかし博覧会の建設現場で、この尻を金槌で叩いてつぶし、文字や記号を書く大工のいるのをみつけた。今までは番付の記号を描くのに矢立《やたて》を使っていたが、この尻を使えば矢立は必要でなくなった。また真墨《しんすみ》の記号や切断の記号はサシガネを使ってスミサシの先で書いていたが、今度は自由に書けるようになった。スミサシの尻をつぶして字を書くことは、近畿地方や江戸ではすでに江戸時代中頃から行われていた。たとえば正徳年間（一七一一—一七一五）に兵庫県の一乗寺の三重塔を修理した際、すでにスミサシの尻で字を書いている。また『万句合』（一七六二）のなかに「すみさしの尻で大工のお家流」とか「すみつぼで大工の娘文を書き」の川柳がある。

現在奥羽大工の技術的指導者として第一にあげなければならないのは、薄衣《うすい》八百蔵氏である。岩手県和賀郡東和町谷内字町井で匠進堂道場を開かれている。また気仙大工の技術的指導者としては高田市大町の岩崎次郎氏をあげることができる。薄衣氏の著書『工匠指針』（一九三四・盛岡匠進堂）は東北の大工の間に広く読まれているが、これは建築篇、規矩篇、彫刻篇にわかれている。つまり大工たちは堂宮、民家、建具、彫刻(欄間)までやることが志されている。たしかに奥羽地方では一人の大工がなんでもできなければならないという需要があった。たとえば専門の建具職人のいないところでは、大工自ら障子や板戸をつくらねばならなかった。だから東京大工などにくらべたらさまざまの能力をもっていたのは事実である。しかし実際にはなんでもできるということは不幸なことであった。ことに出稼する気仙大工たちは腕は上等であるにもかかわらず、とんでもない失敗をやらかすことがあった。素材の丸太を山から伐りだして角材をとる時、ふつうはマサカリで大ハツリをし、釿《ちょうな》をかけて荒削りをし、そのうえではじめて鉋をかける。しかし気仙大工たちは器用だったので、マサカリで大ハツリをしただけで鉋がかけられるくらいなめらかになった。だが東京ではこれが失敗の因《もと》となった。東京の材はマサカリで大ハツリをすると、木がほぐれてきて、鉋をかけても消えないくらいの「斧きず」ができてしまう場合が多かった。東京の材は故郷の材とちがって悪かったのである。故郷の地方の民家では、こうした質の悪い材ははじめから使いはしなかった。気仙大工の建てた住宅は頑丈だったけれど、斧きずがあるようでは見映えがよくなかった。東京の見栄坊にはふさわしくなかったわけである。

またわれわれは奥羽の民家をみると、上方《かみがた》の民家にくらべて内部造作の悪いことに気がつくだろう。上方では元来が大工の腕のよいところへ、江戸時代の中頃の元禄から専門の建具職人がでてきた。ところが奥羽地方では——たとえば岩手の山間《あい》の町の遠野で専門建具職人がでてきたのは、この二十——三十年のことである。大工のうちで建具細工の上手なのが専門的な建具職人となった。

腕さえよければ建具だって上手にできそうに思われるかもしれないが、実際はそうはゆかなかった。道具が許さないのである。今の鉋は二枚鉋といって、刃の裏に「押えがね」があるが、昔の鉋にはなかった。二枚鉋があらわれたのはおそらく明治三十一年以後のことである。ちょうどその頃葉煙草が専売となって、煙草包丁が必要でなくなる頃だったので、大工たちは煙草包丁を切断して、しかも必要もないのにこれを研いで押えとした。大工が自分でつくらないで、商品としての押えがねを買うようになったのは大正以後のことである。鉋の裏に押えのない時代には障子のようなこまかい仕事をする場合と柱を削るような荒い仕事をする場合とでは、鉋の台をとりかえねばならなかった。細工仕事と荒削り仕事とでは、刃をさしこむ口《くち》のあけ方がちがうのである。「ガリガリのものを削る鉋で障子をつくっていたのでは、どうしてもうまくなかった」のである。

変らなかったのは番付のつけ方であった。これは近畿以東の民家と同一のいわゆる「いろは」と「一二三」の番付（組合せ番付）であった。

10 カヤの屋根葺

上方の農家の屋根勾配は、サスの長さを梁の長さの何分の一にするかによってきめる。しかし明治年間の奥羽の民家は、関東民家同様に上方のやり方とはちがう。サシ（サス）勾配はカネ勾配（一尺勾配）なのである。二本のサスは、直角に交わる。しかし大きい家では、勾配通りみえないのと見映えをよくするために、梁間四間の時に一尺四寸勾配、五間の時は一尺五寸勾配と勾配を強くすることがある。サスと直角にモヤが二尺間隔くらいに渡される。このモヤをヤナカ、ナガキともいい、マサヤネの時には特にチュウロともいう。チュウロという言葉は現在の上方地方には使われていないけれど、江戸時代中頃までは上方でも使われていた。このモヤの上に垂木《たるき》を流す。垂木はノボリタケ・バンジョウ・ホウキ竹・ホケともいう。この上にカヤの下地としてヨシや竹であんだ簀子《すのこ》を敷く。簀子はスダレまたはエツリともいう。エツリという言葉は、『日本書紀』の顕宗天皇時代の室寿《むろほぎ》の歌にもでてくる古い言葉である。カヤはこの上に葺く。スケやユイによってカヤをもちよって葺いていたのは、どの地方も変りはない。岩手県遠野市松崎町高場の浜田与市さんは、昭和十二年四月屋根葺替に立《たて》カヤ九十八駄、横カヤ十二駄、縄二十八丸をもらった。本屋四十一坪半（八間二尺×五間）、馬屋十六坪半（四間半×三間半）の曲屋を葺くに要したカヤは二百九十駄で、このうちもらったのが百二十一駄（四二％）、古カヤ九十七駄（三三％）、自分持ち七十二駄（二五％）であった。このほか浜田さんは九十四人の村人、親戚、知人から六石八斗二升の米・一石一斗七升五合の酒・四十八円の現金、その他粟・酒の魚・醬油等をもらった。

標準の葺厚は一尺四―五寸で、一坪につき五駄を要する。これは昔から変りない。安政年間（一八五四―一八五九）の三本木常百姓の建家調書によっても一坪につき五駄である。麦だと六尺縄〆で三駄必要である。葺厚が二尺以上になると、ふつうは必ず麦を二駄ほど混入し、カヤは十四駄も使うことさえある。カヤのサヤをとって綺麗にしたものをスクロという。立カヤというのはカヤを馬に立積みにした時の積み方で、一駄に六丸積める。横カヤは横積で四丸である。

屋根葺手間は通常一坪一人である。しかし実際には坪一人以上の葺手間を要する。それは棟・軒先・谷・破風・ヒネリ等によけいの手間を要するからである。上屋《じょうや》柱から軒先が一尺くらいはなれている時をハナレスミ、一尺以上はなれている時をヒラワキジという。こうした軒スミの線が直角におさまっている時をマルスミという。しかし一方に下屋《げや》があって他方に下屋がない時、軒スミで軒先が段違いになる。これをシネリ（ヒネリ）、コシカケ・ネジアゲといい、面倒な細工を要するので、一ケ所につき一坪半に数える。曲屋や中門造では屋根が谷になっているところが生ずる。岩手県ではここをホラといい、一間ごとに一坪に数える。

棟（グレ）や破風（ハホ、モヤ）も一間につき一坪に数える。棟の仕上げは最も面倒で、最も大事である。カヤ屋根の美しさの最後のとどめはここでなされる。両側から葺きあげてきたカヤを棟の上であむと、横にカヤがかけられ、これを縄でしめつけ、ケラガヤをきせる。ここからあとは地方によって異なる。福島県、山形県地方には、ツチグレのかわりに、X型の押え木をのせる場合が多い。クラカケ・マタギ・クラ・ニグラなどといい、ふつうは栗の角材を用いる。また岩手県より北にひろがっているツチグレの場合は、クレモチという木の枠を棟にはめこみ、このクレモチのなかに屋根草を植える。この屋根草をヤネグリ・クレ・ツチクレ・モックレ等といい、一種の芝草である。遠野地方では、一尺二寸×二尺を単位として一坪に二十二枚を入れるのを標準とする。またユリの花がいけてあって夏には美しい花を咲かす地方もあり、岩手県二戸郡の山中ではピッピという野草を植える。こうして棟上げが終るとグシ祝が行われる。グシ餅やミカンがまかれるのはこの時である。

11　会津の渡り屋根屋

会津屋根屋とは、福島県南会津郡、大沼郡、耶摩郡一帯の山間部の農村から出稼にでる屋根屋である。気仙大工が凶作によってふえたように、会津屋根屋も奥羽の餓死者数十万におよぶという天明四年（一七八四）の大凶作を契機として増大した。折しも関東地方の農家は、養蚕によって現金収入の多くなる時期で、ユイもスケも崩れ、専門の屋根屋の雇える条件のそろった時でもあった。「八月青田と三十馬鹿とはなおらない」といわれたように、冷害による度々の凶作は、農家の生活をきわめて不安定にした。南会津郡の倉谷集落は、幕末以来葉煙草による若干の現金収入とこの五十年間ほどの間に反収三―四俵から六俵にまで増収するようになったが、平均約三反歩の水田と稗・粟・大豆しかつくれない平均七反歩の畑とがたびたび凶作にみまわれるのでは、どうにもならなかった。多少の田畑をもった地主もいないわけではないけれど、出稼にでなくてよい程度で、商業的経営をして冬の農閑期の余剰労働力を吸収できるほどではなかった。天保八年（一八三七）八月のこの倉谷村の「農間渡世書上《のうかんとせいかきあげ》」によると、余業屋根屋は六人であった。現在山ふかい谷間のこの倉谷集落は約三十戸で、出稼の屋根屋は二―三人しかいない。しかし戦前までは十数人がでかけていた。渡り屋根屋こと茅手の親方の佐々木常三郎さんの話によると、今はもう凶作がなくなったのででかける必要はなくなったとのことである。

佐々木さんは出稼の屋根屋を昭和二十八年以来やめてしまったけれど、それまでは栃木県那須山麓地方にでかけていた。働いている間の常宿をワラジヌギバというが、佐々木さんのワラジヌギバは栃木県那須郡湯津上村湯津上の江崎庄四郎さんの家であった。鉄道の敷かれない頃は峠越えで、一四六八メートルの大峠を越え、中一日を山の三斗小屋で泊って直接に那須へでた。会津若松まで鉄道が敷かれてからは、若松までの九里を一日で歩き、そこから汽車にのり、西那須からは鉄道馬車にのって太田原までゆき、そこからの五里は歩いた。檜枝岐の人たちは尾瀬を通って、また荒海《あらうみ》地方の人は日光街道に沿って関東にでた。岩瀬郡で明治二十年に生まれた森田喜助さんは、鶴沼川沿いに湯本へでて、そこの湯口屋か角屋で一泊し、白河を経て陸羽街道を下った。森田さんのワラジヌギバは湯津上村新宿の午井淵寅蔵さんの家であった。

湯津上村の各集落には幾組かの会津屋根屋が入りこんでいた。岩瀬郡湯本出身の久一郎組は喜助組にひきつがれ、次いで房次組と栄三郎組とに分裂した。また最大の勢力を誇っていた治助組は、幸次郎組、幸四郎組と伝わって、やはり分裂した。また弥一組や、わずか四―五人の五十嵐兄弟組などもあった。

どの親方もそうであったように、佐々木さんも三里四方から四里四方の働き場をもっていた。弟子の多い時は、十四―十五人も抱えていたが、親戚や息子は自分の組には入れなかった。甘やかさないためである。親方といっても、これは一種の世話人で、親方だからといって葺賃が高いわけではない。弟子たちよりは一足先に働き場へでかけ、各農家をまわって、いつ葺きたいかを調べ、仕事の段どりをする。故郷の屋根のスミはトガリスミに葺いたけれど、栃木の農家では土地の習慣にしたがってマルスミに葺いた。世話賃は葺賃の八分から一割とることになっていた。親方になるには、別に家によってきまっていたわけではない。仕事先で人気のある人、かたい人、葺き上手の人、毎年ゆく人が親方になった。今はもうこうした親方も少なくなって、仕事先の村の人が親方となって仕事をとりまとめ、郵便で連絡して屋根屋にきてもらう。

ニホンモチのワラジをはき、サルバカマをつけ、長い着物を尻たぐりして、昔のヤクザがきていた紺木綿の引廻しをまとい、背中には紺木綿の風呂敷に包んだ柳行李を背負っているのが、昔の渡り屋根屋の姿であった。この柳行李のなかには、鋏《はさみ》・鉈《なた》・茅抜《かやぬき》・皮通《かわとお》し・鉤《かぎ》・針・サシヘラが入っていた。勾配をついてカヤ並びをそろえるガギンボウだけは、かさばるので、ワラジヌギバに預けておいた。その後引廻しは赤ゲットーに変り、ワラグツはオカタビから底革のあるイシソコ（大正初年）を経てマルタビ（昭和七―八年）ゴム長靴（戦前）となった。しかし今はもうこんないでたちで歩く渡り屋根屋はほとんどいない。背広姿にリュックサックを背負い、革短靴ででかける。だから屋根屋とみわけるには素人ではちょっとむつかしい。それでも手をみればわかる。昔の屋根屋が会津若松の鬼膏《おにこう》を指にはらなければならないほど手があれていたように、今の屋根屋もカヤあくで黒ずんだ手だけはかくせない。

大正のはじめ頃ならば一円もって家を出ると、十五円もって帰れた。なかには馴染ができて、入聟をしてしまう若者もいたし、故郷に見きりをつけて妻子をよびよせ、村はずれの松林のなかに住いをかまえる人もいた。しかしたいていの者は、年もおしつまると湯津上村に別れをつげ、陸羽街道沿いに白河の町にでて土産物を買った。家族のためには塩引の魚を、妻のためには紺の反物を、お年寄のためにはお茶を、子供のためには駄菓子を、自分のためには下帯を買ったものだった。土産物をみて喜ぶ妻や子供の顔を思いうかべると、稼ぎの苦労も忘れ、吹雪の狂う野道も勇んで歩くことができた。

両毛・武蔵野路

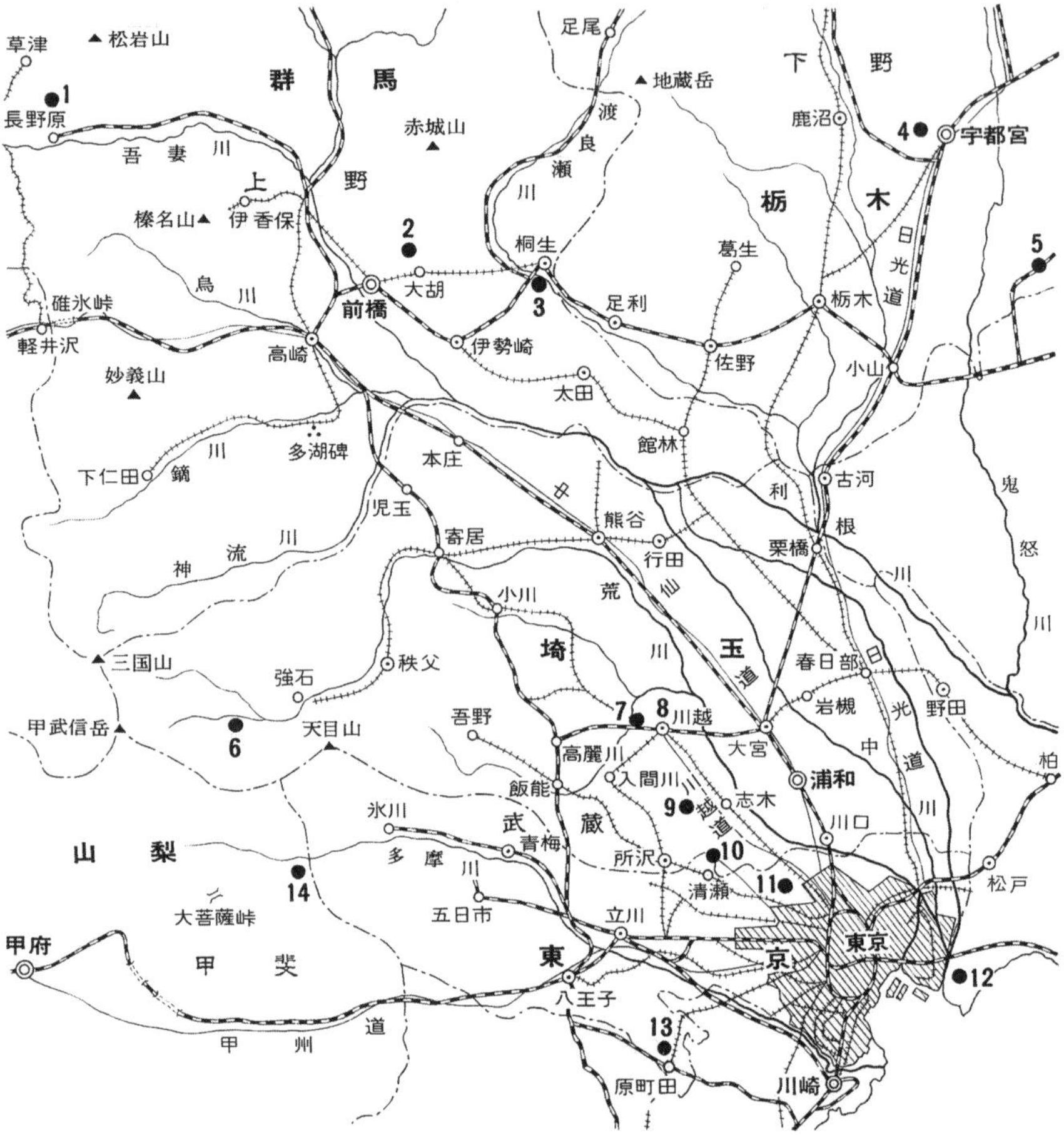

1　関口朝丸家
2　阿久沢丞市郎家
3　彦部敏郎家
4　岩上善次家
5　浜田庄司家
　日下田武家
6　三峰集落
7　牛窪久之介家
8　近長八百屋
　ふかぜん表具店　旧山二
　まちかん金物店
　やまわ瀬戸物店　旧足立屋
　亀屋菓子店
　旧原田米穀店
9　東博宿舎
10　小寺竜蔵家
11　長谷川武範家
12　田島ちか家
13　神倉寿佐家
14　吉野家

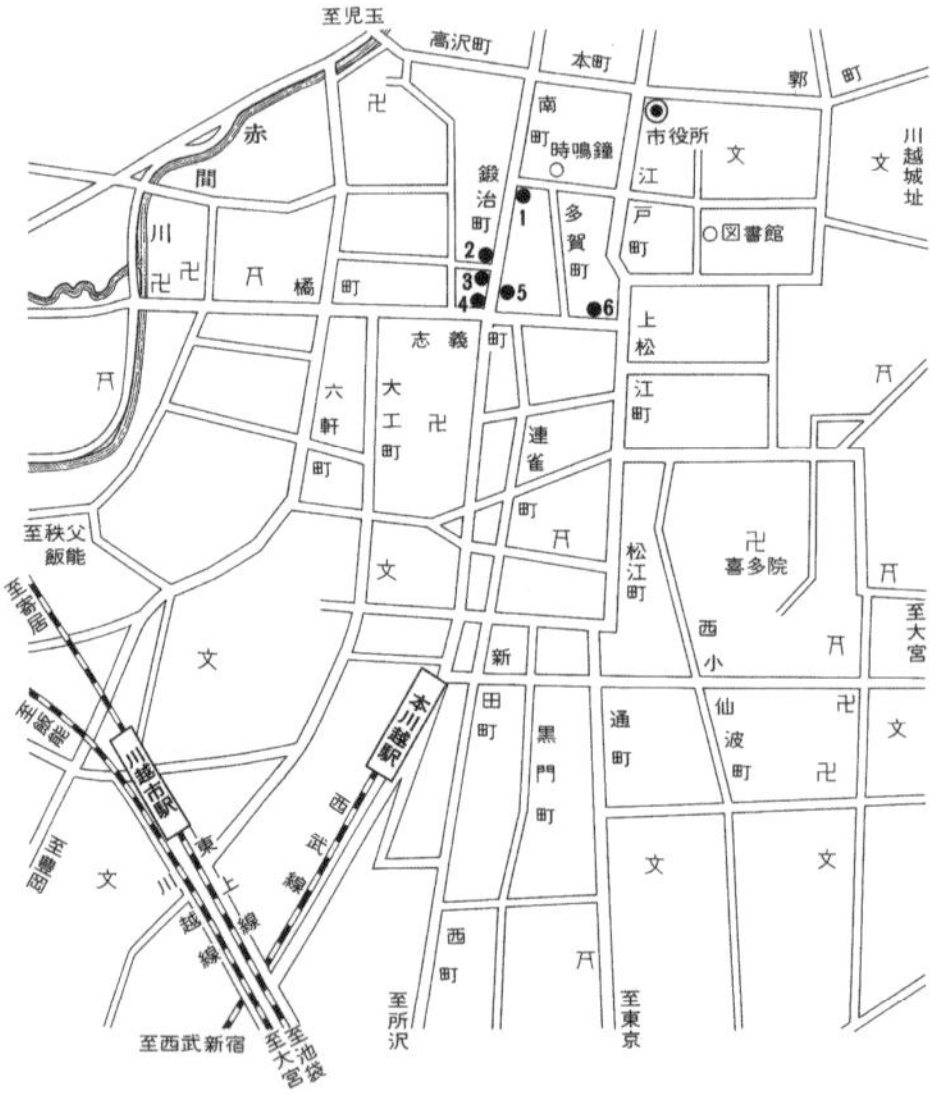

川越市内略図

1　近長八百屋
2　ふかぜん表具店　旧山二
3　まちかん金物店
4　やまわ瀬戸物店　旧足立屋
5　亀屋菓子店
6　旧原田米穀店

1　せがい造と本六

人のいうように上州名物が「かかあ天下に空っ風」ならば、この名物は民家にもあらわれている。空っ風は上州にかぎらず、関東一般のことであり、屋敷の風上に木を植えて、防風林としている。建物と関係なさそうにみえて、ひどく強くつながっているのはこの「かかあ天下」の方である。赤城山の麓の国定村の北方にある村の娘さんは、最新式の毛糸編機でカーディガンらしいものをあみながら「女の人は養蚕をやり、これが現金収入になるから、かかあ天下になったのだ」と教えてくれた。養蚕は東京周辺の蔬菜農家を除けば、両毛・武蔵のほとんど全部の農家がやっていた。わけても上州の北半や、秩父の方では盛んであった。田畑の多い平野部ではなく、山手のほうに養蚕が盛んであった事情には、封建時代らしい理由がある。元禄時代の直前の貞享二年（一六八五）に幕府が年間二十万斤を下らないといわれた白糸輸入を七万五千斤に制限して以来、地方の蚕糸業は次第に発展した。この時以来京都西陣は和糸を主に使用するようになり、文化十一年（一八一四）成田重兵衛が著した『養蚕絹篩大成』によると、江戸中期の産出量は慶長・元和頃の二倍になり、文化・文政頃には四倍にも達した。諸大名も江戸支払用の貨幣がほしいので農家に養蚕をすすめた。しかし、年貢をとりたてる田畑に桑を植えられると、年貢をとりたてるのにさしつかえるので、本田畑《ほんでんばたけ》への桑の植えつけは厳禁とした。したがって桑の植えつけ地は田畑、屋敷の周囲を除けば、新開の荒蕪地に植えるより仕方がなかった。ことに山村の農家では野生の桑である山桑をまだ多く利用していた。山手の方に特に養蚕がひろがったのはこうした理由があったからである。こうした養蚕によって農家に現金が入ることは、農家に大きな影響をあたえた。たとえ職業の移り変りがあっても、現金収入にならない職業の間は建物にたいしそれほどの影響をあたえなかった。江戸に近い武蔵野農家は蔬菜で、そうでない地方は養蚕で商品生産がふえると、建前の大部分や屋根葺の労働は「ゆい」というような村仕事でしなくなった。そうした労働力は、養蚕その他によって入ってくる現金で決済されるようになった。だから以前のように農業経営の単位も村でなく、それぞれの家になってきたともいえるだろう。幕末になって篤農家がでてくるのはこうしたあらわれのひとつである。

村役人をつとめていたような家の家格は、だいたい江戸時代の中頃に確立するが、どの家でも行われる養蚕による現金収入を通して、その経済的基盤は次第に失われてきた。それとともに、それから以後の家格は習慣的には残っていても、薄れてきた。つまり名主と平百姓といった身分の差による建物の差は少くなり、養蚕農家住宅という産業別の建物という色彩が強くなってくる。こうした養蚕地帯にひろがっている建て方に「せがい造」なるものがある。ふつうには「せがい」とは軒下の柱から腕木をだして、ここに小天井を張り、見映えをよくしたものである。また「かぶり屋根」にたいする語ともいわれ、道志七里によると山梨県南都留郡では縁側のことであり、また同県北都留郡七保村では板屋根の農家の場合は二階の窓にあたる部分であり、カヤ屋根の農家では家の側面につけてある三尺幅の棚をさし、南都留郡では二階の濡縁をさしている。いずれにしても縁側を二階にとりつけたようなものをさしている。形の上では梁や桁をまえに突出させる出梁《だしばり》、出桁造《だしげた》と似ている。この「せがい造」は今から三百五十年くらいまえの慶長年間に、京都の有力な町人の住宅の一種として流行しはじめたものであるが、関東地方では元来平百姓には許されていなかった造り方であった。下野の那須地方では、名主以上の造り方であり、郷土や割元庄屋には二重せがいというのがあり、今はダムの水底となった東京都西多摩郡小河内《おごうち》地方の伝承では、五人組頭では両せがい、村役人は三方せがいでつくることができたが、平百姓では許されていなかったということである。小河内村の吉野高栄家住宅は明治五年（一八七二）の建設であるが、二方向に「せがい」をさしだしている。いわばこうした村役人以上にしかできないことになっていた「せがい造」を平百姓が建てて禁令破りをするようになったのも、この養蚕を「てこ」として村の支配関係をつき崩しつつあったからである。はじめのうちの「せがい造」は、こうした身分制度の崩壊の象徴として平百姓たちがつくりはじめていた。しかし後になって、特に二階建の養蚕専用の住宅形式がつくられるようになると、一見すると「せがい」とは似ているけれど出梁造が採用されるようになった。歴史的にみると、北関東の温泉場にある旅館や中山道などの街道筋にあった町屋の出梁造が、農家の出梁造の源流になっているもののようである。

　とにかく「かかあ天下」であるということは、それだけ養蚕によって現金が入り、その財布の紐を「かかあ」がおさえていたことであり、それと同時に農業経営が村をはなれ、個々の家単位でなされることであり、労働力は「ゆい」や「もやい」にたよらないで金で求められるということであった。だから養蚕地帯の農家では屋根の葺替は早くから「ゆい」というような村の労働力交換ではやっていない。武蔵野の農家が、土地の屋根屋に葺いてもらうのにたいして、養蚕地帯の農家は信州や越後や会津といった雪国の渡り職人によって葺いてもらっていた。今でも雪国の屋根屋が村から村へと渡り歩いている。赤城山の麓へまわってくるのは信州や越後の屋根屋であり、西多摩の五日市から小河内にかけて訪れるのは会津の屋根屋であった。彼等は少ないのは一人か二人で、ふつうは二人から四人で、多い時には十数人も組をつくって渡り歩く。渡り屋根屋の出身地が、信州や越後や会津にかぎられるのは、こうした国の冬は雪に閉され、仕事がないからである。しかしそれだけが理由ではない。農村の分解が進まないので、中世におけるような名子賦役《なごぶやく》制の残っている地方からは雪国でも屋根屋はでてこなかったし、また農村の分解が進んで地主が酒造り、醤油作り、油絞り等の村方経営をやっている地方では、村のあまった労働はそこへ吸収されるので、百姓たちは渡りの屋根屋というような出稼にでなかった。いわば大地主もいない小作人もいない、どちらかというと停滞的な雪国の農村から渡りの屋根屋が発生した。

そのカヤ屋根も昭和三十年代を境にして急速に失われていったのには次のような理由が考えられる。第一に農民相互の労働力の提供は各戸単位に割りあてられるので、小さい家の下層農家は割損になってきたこと。第二に兼業農家は兼業収入を失い、仲間への弁当支給がむつかしくなってきた。可燃性で防火上不利でまた維持管理費は瓦屋根より高価になってきた。開墾・宅地造成等によりカヤ場が少なくなってカヤを購入すると瓦より高価になってきた。

ふつうには浜松より関東にかけての民家では、一間は六尺であると思われている。なるほど町方《まちかた》の民家はすべて六尺一間で仕事をしているが、農家は実際にはそうでない例も相当ある。宝永四年（一七〇七）十月の地震の後に再造・大改築された伊豆韮山の代官江川邸は、伊豆地方の一般農家の一間六尺とちがって一間は約六尺二寸五分である。群馬県の農村にも、この六尺二寸を一間とする制はなお一般的に残っていて、一間を六尺とするものを「素六《すろく》」というのにたいして、一間を六尺二寸とするものを「本六《ほんろく》」と称している。秩父や相模や武蔵野では現存民家に関するかぎり、一間は六尺であるから、本六はそんなに広く行われているものではないらしい。だから畳の大きさは田舎間畳の五尺八寸×二尺九寸とちがって、それより大きい六尺×三尺であり、濃尾地方にひろがっている中京間畳のそれとほぼ同じである。

2　民家の形をきめた養蚕飼育法

養蚕に関する最も古い刊本は、おそらく元禄十五年（一七〇二）に関西の人野本道玄が著した『蚕飼養法記』であろう。これは弘前藩内で頒布され、東北に関西の飼育法がひろめられた。つづいて正徳二年（一七一二）に上野国の馬場重久が『蚕養育手鑑』を江戸で発刊し、四十五年おくれて信濃国塩尻の塚田与右衛門が宝暦七年（一七五七）に『新撰養蚕秘伝』を著し、寛政八年（一七九六）には磐城国伊達郡染川の田口留兵衛が、はじめて温暖育を提唱している。養蚕と建物との関係を説いた最初の本は、但馬国養父郡蔵垣村の上垣守国（一七五六—一八〇六）が享和三年（一八〇三）に書いた『養蚕秘録』三巻であり、それによると、暑熱を除くために高くつくること、風抜きの穴と窓を多くあけ、東と北を開放にすること、西うけの家はよくないこと等を説いている。これは明治十七年（一八八四）フランス人のホフマンによる仏訳がでている。更に安政年間には『蚕養教諭集』が蚕養所から出版され、つづいて上野国佐位郡島村の田島弥平（一八二二—一八九八）が、明治五年（一八七二）に『養蚕新論』を書いている。彼は天然育を主張したが、家屋の改造をすすめている。つまり南向きの二階屋を建て、窓を四方に開き、屋上に開閉自由の小窓をとりつけることを説き、彼自身も文久二年（一八六二）に自宅の棟に空気抜きをつくっている。この程度が江戸時代蚕室論の成果であるが、実際には民家にはあまり影響はあたえていないようである。明治十年（一八七七）に工部省の製糸場が『養蚕適要』を出版しており、わが国の近代化を推進していくためには、その資本を生糸の輸出代金に強く依存しなければならなかったことを、これはあらわしている。これは官民一体となった養蚕振興がはじまったことを暗示している。

夏蚕飼育がはじめられたのは、信濃では宝暦年間（一七五一—一七六三）、上州では寛政年間（一七八九—一八〇〇）といわれ、蚕種飼育にいたっては更におくれて天保八年（一八三七）に信濃の土屋文吉が発見して、上州伊勢崎方面に蚕種を販売したのがはじめであるといわれている。明治元年より九年まえの安政六年（一八五九）に横浜が開港され生糸の輸出が盛んとなり、上州前橋の道具屋又蔵や、竹内勝蔵、江原芳平等が、フランス人フレルやその手代の中国人ハシャウに前橋生糸の売りこみをやっていた頃の、武蔵・両毛地方の飼育法は、清涼育《せいりょういく》という一種の天然飼育法であった。『大日本産業事蹟』によると清涼育というのは岩代の国のある養蚕家が思いがけないことから考えついたということである。彼が飼っている蚕児が衰弱し力を失っているので、天井をつき壁を破り、ところどころに穴をあけたところ、思いもかけず蚕児は恢復するということがおこった。そして、これから以後清涼育がひろまった。これは更に温暖育に変り、ついで条桑育《じょうそういく》へと発展した。こうした養蚕飼育法の移り変りにつれて、農家の建て方も変っていった。この関係を最初に明らかにしたのは今和次郎と竹内芳太郎の二人であり、武蔵南多摩郡恩方村の養蚕農家について調査され、昭和十一年（一九三六）に発表された。この研究はそれまでの趣味的なまたは民俗学的な民家研究をのり超えて、農民生活のなかから民家をとらえようとした最初の研究であり、民家史における輝かしい道標のひとつでもある。

清涼育時代――屋根裏は暖かく乾燥しているので、屋根裏の簀子《すのこ》を利用して、下の室は使わない。簀子にムシロを敷き「このめ」という台を重ねる。屋根裏は広く高くとる方が好都合なので、豊かな農家は屋根裏を広く高くとって自慢した。明るい光は入母屋の妻の窓からとり入れた。このような清涼育時代においては、家の方角はどちらを向いてもかまわなかった。温暖育時代には風通しのよいように棟を東西に通すことが行われたが、この時代には必ずしもそんな必要はなかった。今の養蚕農家の棟には必ずある櫓《やぐら》という息抜きも必要ではなかった。この時代にできあがった「まゆ」は、たいてい自分の家で女が糸をくり、機《はた》を織

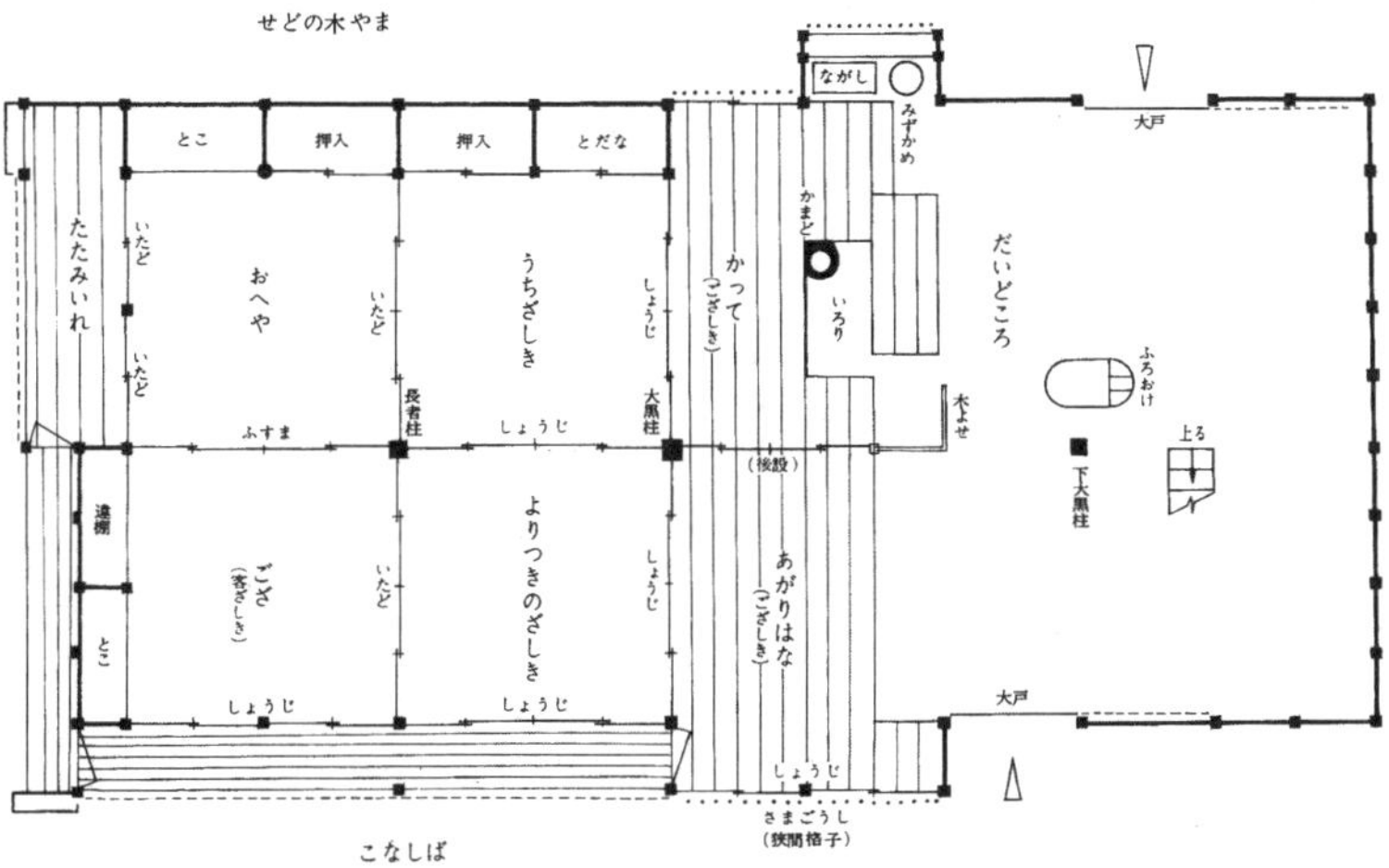

阿久沢丞市郎家住宅（明治初年建設）

り、その織物を町や市場へ売りにもちだした。だから農家の人たちは自分で織った「手前織《てまえおり》」の着物をきていることも多かった。

温暖育時代――建物に最も大きな影響をあたえたのは、この飼育法の時代であった。この飼育法において指導的役割を果したものに埼玉県の競進社というのがあった。競進社は、高山長五郎がはじめた高山社の門人が明治十年（一八七七）に競進組を結成したのにはじまる。明治十四年には児玉町に養蚕伝習所などを設け、かなり活発に活動し、その成果は競進社一等教授の逸見恒三郎が明治三十二年に著した『養蚕実験説』に集約されている。それには、二間×二間半ほどのモデル蚕室があげられ、室内気候調和法として、櫓の使用をすすめている。この飼育法の最大の特徴は蚕の各年齢に応じて飼育室を分化させるということであった。

稚蚕は温気に抵抗力があるのを利用して、密閉した室内で飼育された。こうすると駄目になる桑の葉を少なくすることができ、したがって給桑回数をへらすことができた。簀子天井はやめて、板張りの天井を八―九尺ぐらいの長さに設けて、暖かい空気が拡散するのを防いだ。また汚れた空気と湿りすぎた空気をとり除くために排気孔を設けた。

五齢に達すると通風をよくして、室内を乾燥させることが重要となった。南北の風通しをよくするために、建物は南向きにし欄間を大きく、天井に排気孔を設け、棟には櫓という気抜き窓を設けた。西日をうけると室温が上昇するので、西日をうける側には廊下や物置を設けた。寒い時には適温にまで室温を高めるために階下の各室に炉を設け、二階にはブリキ製の下げ炉をおいた。

飼育室は屋根裏だけでなく、階下の居室にまでおよんだ、したがって居室の畳をとり除く必要があり、畳をしまいこむ室が必要となった。風通しや通路に便利なように南側だけではなく、北側にも縁側を設けることが多かった。飼育室が居室のすべてにわたるので、家族たちは「かって」や空いている通路や、狭い家では「このめ」の下でさえねなければならなかった。また蚕架を有効に配置するためには八畳という広さは都合が悪く、むしろ十畳の広さが推奨された。

こうした温暖育は違蚕の発生という危険はあったけれど、上簇《じょうぞく》日数を短くすることができた。またこうした家屋の新築や、既存家屋の改造には相当の経費を必要としたが、養蚕による現金収入が十分これを補ってくれた。ここにおいて典型的な養蚕農家が確立した。こうして今みるような養蚕農家の典型は、明治中期から大正にかけて成立したといえるだろう。

条桑育時代——条桑育というのは棚飼《たながい》ともいわれ、新潟県古志郡栃堀村の植村角左衛門が天明三年（一七八三）にはじめて考えだしたと言い伝えられているが、一般に流行したのは大正末年であるからきわめて新しい。

この飼育法では温暖育より更に上簇期間を短くすることができ、給桑回数も減少し、労力は半減し、廃桑は三割もへらすことができた。稚蚕は密閉された室で飼育し、三齢に達するともう条桑育に移した。条桑育は家屋内では不便なので、臨時に条桑小屋が設けられた。独立の条桑小屋を設けることもあるが、母屋の縁側の前庭にさしかけ屋根を設けることもあった。さしかけの場合は、使わないときはとり払うことができたので、家屋税を免れることもできた。これをみればわかるようにこの飼育法は建物には温暖育ほどの影響はあたえなかったということができる。

3　風強き武蔵野の農家

平安時代の中頃の寛仁二年（一〇一八）に、菅原孝標の娘はわずかに十三歳であった。彼女は、父の任国である上総から京へ上洛する折に、この武蔵野を通った。彼女があとから思いだして書いた『更級日記』によると、その頃の武蔵野は、馬にのり弓をもった人さえもみえないほど芦や荻ばかりが高く生《お》い繁って、そのなかをかきわけてゆかなければならないほどであった。こうした草原が開発されていったのは北条氏の支配していた戦国時代から江戸時代の中頃までが最も多い。

しかし武蔵野の空っ風はあまりにも強かった。江戸時代の古河古松軒が古老からきいた話としてこんなことを書いている。「草刈りに行ったときには、杭をうちたてて籠を結びつけておかないと、籠は風に吹きとばされて一里も二里もころがっていってしまう。特に風の強い時は人間も吹き倒されるほどで、おきあがることさえできない。ころりころりと五町も十町も吹きころばされてしまう。新田開発をした当初には家のまわりに芝の土手を築いて風を防いだ。土手のない家は地面をふかく掘りさげて、そこに柱のない伏屋《ふせや》を造って住んでいた」。強風の有様は少し大げさではあるが、武蔵野の空っ風の強さが思い偲ばれる。

今の農家はたいてい風あたりの強い高台に建っているが、昔の旧家は風あたりの弱い低い窪地に住居を建てたものである。東京都北多摩郡下保谷中島の柏木甚五郎家は、「しま」と通称されていたが、この住居は大泉堀につづく窪地の真中にある。だから若い者たちは「かいがち（貝殻）を伏せたようだ」と笑った。また同じ下保谷村荒屋敷の「ほむら」と通称されていた高橋代五郎家の「もとやしき」も、福泉寺の裏の「したで」または「くぼったま」という低い水溜りの場所にあった。湿《し》けて衛生上よくないけれども低い場所の方が高台よりも風あたりが弱いのでよいと考えられていた。だから分家は本家よりもよくない場所に建てられた。「ほむら」の分家の「おもて」や、「おもて」の分家の「いんきょ」は吹きさらしの高台の土地がえらばれた。今から考えると逆のようでもあるが、これも武蔵野の空っ風のなせるわざであった。江戸時代の老農が書いた百姓伝記によると、「屋敷まわりの西北に植込みをすると、風を防ぐ溜りとなり、冬は暖かくなる。屋敷の東南に木を植えてはならない。日蔭が多くなり、住むのに寒いばかりでなく、日のあたらないのは金がかかってよくない」と書かれている。今の武蔵野の農家は樫、楢、欅、杉、竹等を植えている。北多摩郡の清戸《きよと》方面では杉の植わっている場合を「杉山」、竹の植わっている場合を「竹山」といい、雑木の植わっている場合を「ざっち」といっている。赤城山の麓ではこの雑木林は「せどの木山《きやま》」である。屋敷が南北にならんでいると、雑木林が成長し繁ってくるにつれて、北側の家は「こさ（日蔭）」が多くなり日あたりが悪くなる。だから屋敷の間隔はなるべくあいていた方が好都合である。

この雑木林は防風林の役目を果しただけではない。夏に伐り払う小枝は燃料になり、秋におちる枯葉は燃料と肥料になった。肥料にする落葉は雨にあたってもよいので外におかれたが、燃料にする落葉は「くずごや」にしまわれる。また建前をする時にはここから用材を伐りだすこともあった。でも今はもう屋敷外に山林がないので、この屋敷林だけではたりなくて、たいていの家は、用材も燃料も商人から買わなければならない。武蔵野の農家は養蚕をしない。まったくしなかったわけではないが、日露戦争後から大正にかけてのごくわずかの期間だけであった。だから他の地方とちがってその建物は養蚕の影響をうけなかったといってよい。というのは江戸や東京に近いので、そこへ供給する蔬菜を栽培した方が養蚕よりずっと割がよかったからである。

天正十八年（一五九〇）八月一日徳川家康が江戸に入って以来、江戸は都市として発展した。今はもう市街地となってしまったけれど目黒、世田谷、杉並、練馬は武士や町人のための蔬菜を供給する源であった。だいたい江戸から五里以内がこの蔬菜の供給源となった。それは百姓たちが徒歩で日帰りできる距離である。練馬大根は徳川綱吉が下練馬村の桜台に栽培させたのがはじまりともいわれるが、大橋万長の『武蔵浜路』によると、元禄の頃上練馬の百姓又六がはじめたものともいわれる。練馬区春日町二丁目の大山街道にある庚申塚の享保二年（一七一七）十一月の銘文に「講親鹿嶋又六」の名が刻みこまれており、この方が信用がおけそうである。また牛込、早稲田の南よりの地では茗荷ばかりを植えて稲をつくらなかった。今もこの地には茗荷谷の地名が残っている。千住の砂村付近では「もやしもの」をつくり、三月の節句以前からすでに瓜や茄子やささげを売りにだした。四谷や新宿のとうがらしは「内藤とうがらし」とよばれ、また駒込の茄子は「駒込茄子」といってもてはやされた。とにかく江戸近郷の百姓たちは、「畑作りを好んで、田作りを悦ばなかった」。百姓たちは神田の市場に野菜を運ぶと、その帰りに武家屋敷や町人屋敷から、下肥を運んだ。下肥代ははじめは農作物であったが、あとでは金納に変ることが多かった。慶応三年（一八六七）吉祥寺村の百姓三吉の「下掃除場所」は四谷で、その下肥代は次の通りであった。四谷左門町の飯田友右衛門ほか四軒の武家屋敷の掃除代については、一年につき茄子百個と干大根五十本であり、四谷鮫ケ橋谷町の市兵衛が家主の長屋十三軒については年に五両であった。現代の下肥は処理に困る廃棄物であるが、当時にあっては不潔ながらも貴重な肥料で、都市住民の生活と郊外農村の農業とは、見事な生態系のサイクルのなかにとりこまれていたのである。

4　江戸の動脈・清戸道

こうした百姓たちが農作物を江戸にもちこみ、またその帰りに下肥をもって帰る道のひとつに清戸道《きよとみち》というのがあった。江戸から西北へ約五里はなれたところに北多摩郡清戸村がある。この道は清戸を発し東大泉—石神井《しゃくじい》谷原—練馬—江古田新田—目白—江戸川橋を経て江戸の各町につながっていた。清戸道を下肥をひいて帰る百姓の往来が激しかったので一名「おわい街道」というありがたくもない名前も奉られていた。江戸から三里の練馬のあたりであると、明治、大正頃では百姓たちは夜中の一時頃におきて京橋、浜町、本所の青物市へ野菜を運んでいってひいて帰る「おわい」は六杯が一人前とされた。目白の切通しの坂を通る時には「立ちんぼ」がいて、あとおしをたのむと一銭を支払わねばならなかった清戸道は江戸への重要な経済動脈であったということができよう。小寺竜蔵家住宅はこの清戸道の終点にある清戸村の農家である。清戸村は江戸への蔬菜供給源の限界の村であった。往復十里の道のりは朝早くでればその日のうちに帰ることができた。小寺家住宅はそうした村の農家の代表的な一例だと思えばよい。

江戸へ蔬菜を供給する村は現金が入るので、養蚕農家と同じように早くから「ゆい」というのはこわれてしまった。カヤ葺だと五十年くらいもつが、今は麦ワラに少々のカヤをまぜて葺くので、十年に一度くらいは葺替しなければならない。心《しん》から葺かえる「まるぶき」だともちはよいが、たいていは上側だけ葺きかえる。昔の保谷村では数軒があつまって「組合《くみあい》」をつくり、組合の者が「すけ（助け）」にでた。すけにでるのは屋根の葺替のほか井戸ざらいと家の建前とがあった。組合の者が手伝にゆく時は、夜なべにつくっておいたワラ縄をもってでかけた。でも今はもうこのようなことをしない。近所の屋根屋にたのんで葺いてもらう。手伝としては昭和に入ってからは「手まがり」として近所の人にきてもらい、あとで借りただけ返すことにしていた。カヤは山林をもっている人はそれを使うが、ない人は麦ワラで葺く。今はカヤは高価で、カヤと瓦の値段は同じで、わずかに下地代の分だけ瓦葺の方が高くなるくらいなものである。しかもこの屋根屋も少ないので、昔なら葺上げの仕事じまいの日に赤飯とともに酒をふるまえばよかったが、今は、毎日酒

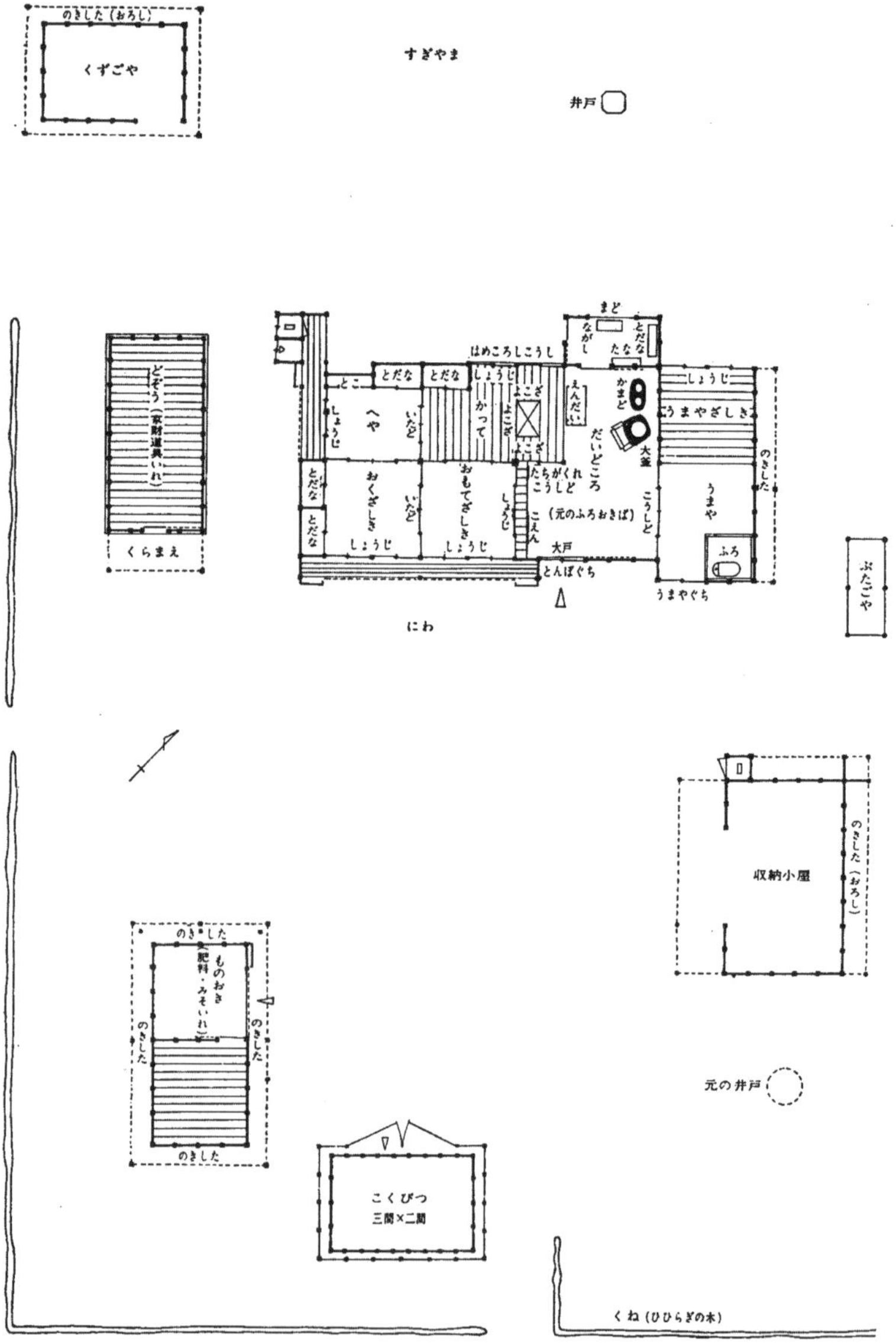
のきした（おろし）
くずごや
すぎやま
井戸
どぞう（家財道具いれ）
くらまえ
とこ
とだな
とだな
はめころしこうし
しょうじ
へや
いたど
かって
よこざ
えんだい
まど
ながし
とだな
たな
かまど
大釜
だいどころ
うまやざしき
のきした
うまや
ふろ
こうしど
たちがくれこうしど
（元のふろおきば）
こえん
大戸
とんぼぐち
うまやぐち
とだな
おくざしき
おもてざしき
しょうじ
ぶたごや
にわ
収納小屋
のきした（おろし）
ものおき（肥料・みそいれ）
のきした
こくびつ
三間×二間
元の井戸
くね（ひひらぎの木）

小寺竜蔵家住宅配置図

食のふるまいをしなければならない。

葺あとの凹凸を叩いてそろえるために「がんぎ」が使われ、竹や縄を切るのに短刀のような「さすが」が使われ、葺面《ふきつら》をそろえるために「やねはさみ」が使われ、麦ワラと木舞《こまい》とを結びつけるためには竹製の「はり」が使われた。

間取など他の地方の農家と変らない。「でい」とか「おくざしき」といわれる室では「ぢぶるめえ」(地振舞)ということが行われた。土地を買うと名主とおかしら(組頭)とがたちあって台帳の書きかえをしてもらい、それが終ると酒を買いうどんをつくり、これら人を招いてこの奥の室で「ぢぶるめえ」をした。「うまや」は名ばかりで住居内で牛馬を飼っている家はほとんどない。

へっついの近くの壁には荒神棚がある。火の神が祀ってあるわけである。ふつうはこの横に井戸神様を旧正月に祀る。おそくとも暮の二日まえまでには井戸神棚をつくり、二晩以上飾ってから正月を迎える。この井戸神様の棚は正月のおかざりとともに「さへのかみ」の当日である十四日に焼いてしまう。「さへのかみ」は「さやりますよみと(塞坐黄泉戸)の大神」のことで「さいの神」ともいう。

このあたりの村の「くね(垣根)」はすべて柊《ひいらぎ》である。この柊の小枝は、「まめまき」(節分)の時に切りとられて「とんぼぐち(出入口)」のきわのはめ板と貫《ぬき》との間にさしこまれたり、裏口や井戸端や便所の入口にさしこまれることもあった。練馬のあたりでは柊のかわりに、豆の枝を使う。この柊や豆の枝に「めざし」の頭をさすことが多く、これを火に焙りながら、保谷では「松の虫もぢーりぢり、おかぶ(陸稲)の虫もぢーりぢり」といったり、練馬では「大根虫が死ぬように、おかぼの虫も死ぬように、葉っぱの虫も死んでしまえ」などといった。このような虫封じをかねて、田畑の猪鹿の害や火災と盗難を防ぐものに三峰信仰と大山信仰とがあり、関東の農村にひろまっている。三峰は埼玉県の秩父の奥にあり、大山は神奈川にある。だいたい国鉄の中央線を境として南の農家は大山に、北の農家は三峰に参詣する。年に一度、春から夏にかけて農民たちはでかける。三峰神社でお犬様のお札をもらうと、これを講の祠や神棚に祀っておく。三峰集落は元来こうした農村の信徒たちのための祈禱の神主の集落であった。同じ秩父でも他の農家とちがって棟飾りとして千木《ちぎ》があがっている。また五月の鯉のぼりは物干竿に洗濯をかけるように横にならべる。

江戸をとりまく武蔵野の農家はほとんど同じようにみえるが、実際には少しずつちがっている。このようなグループわけは助郷《すけごう》という人夫徴発の制度とふかい関係があり、この範囲は助郷の範囲と一致している。江戸には東海道のほか中山道、甲州道、川越、日光道の五街道が集中し、男は十五歳をこえると名主の命令によって、荷かつぎの人夫として、それぞれきまった街道へかりだされた。この荷かつぎは「てんま」ともいい、土地の高に応じてかけられ、あまりにその負担が多いので、保谷村の地所持ちはその八十三石分をとなりの田無《たなし》村に譲ったとき、あまりの嬉しさに名主以下は「おぶすな（氏神）」で一朱の神楽を催し、一升二百文のお神酒《みき》を買って飲みあったほどであった。つまりこのような助郷の制度は、同じ助郷に属する農村間の交流を親密にして、ひとつの文化圏をつくりだしてゆき、ついに農家にも、その色彩をあたえることとなった。この意味で武蔵野農家の類型と助郷制度とのつながりをみおとすことはできない。

5　梅花はつきぬ名主住居

名主《なぬし》はいわば江戸時代の村役人である。関西なら庄屋といい、北陸ならば十村《とむら》または肝煎《きもいり》といっていた。戦国時代においては名主の祖先はたいてい武士であった。武士といっても百姓もする武士であり、いつもは農村に住んでいた。たとえば橘樹《たちばな》郡菅村の「七党」は広田、安藤、田郷、関谷、小山、佐保田等の七人をさし、小田原の北条氏の家来として仕え、このうち最も有力な佐保田氏は江戸時代に名主となった。また同郡の小机村の「四人衆」は鈴木、野呂、藤井、酒輪の四人をさし、北条氏の土着の家臣であった。多摩郡三沢村にも「三沢衆」または「十騎衆」といわれる武士がおり、大久野村にも「大久野七騎」がいた。足立郡鴻巣には「鴻巣七騎」がおり、近くの岩槻の太田氏に属し、後になると「七騎衆」のうちの矢部氏は中下谷の名主となり、河野氏は上常光の、本木氏は加納の名主となった。秩父郡三山村の斎藤氏もかつては鉢形《はちがた》の北条氏に属していた。名主となったのは、かつて、北条氏の家臣であった者が最も多く、武田氏や上杉氏の家臣であった者もかなりあり、たいていは主家滅亡後、武士をやめて土着した。多摩郡小比企村の小坂新兵衛は天正十年（一五八二）武田氏滅亡後、武蔵野に移住し、あとで名主となった。桐生郊外にある彦部氏は上杉の家臣で、戦国時代の終りに名子被官をつれて、ここに土着した。今も二重にまわした堀が残り、江戸時代の中頃と思われる居宅と被官小屋を残している。また家康が江戸入府とともに三河からしたがってきた家臣も土着して名主となる場合もあった。川越市大塚新田の名主であった牛窪（久之介）家は三河国豊川在の牛窪村からきた武士であった。いずれにせよ彼等は野武士同然の武士であった。武器道具がそんなにそろっていたわけではない。いざ出陣となると定紋入りの旗を背にして、主人のもとに馳せ参じた。三沢衆の一人であった土方氏の家にはこうした文書が残っている。北条氏は在村の武士たちに「弓、槍、鉄砲のうちどれでもよいからもって馳せ参ぜよ。但し槍は竹の柄でも木の柄でもよいが、二間より短いのは無用である。腰さしの類はひらひらとさせて武者めくように支度しろ、甲《かぶと》立物のない者はいかにもきらびやかにして走廻せよ」と命令した。

戦陣をかけめぐる武士の食糧は『雑兵物語』によると梅干であり、鰹節であり、里芋のずいきの味噌漬であった。したがって梅干の原料となる梅の木は特に大事にされた。彼等は屋敷のなかに梅の木を植えた。名

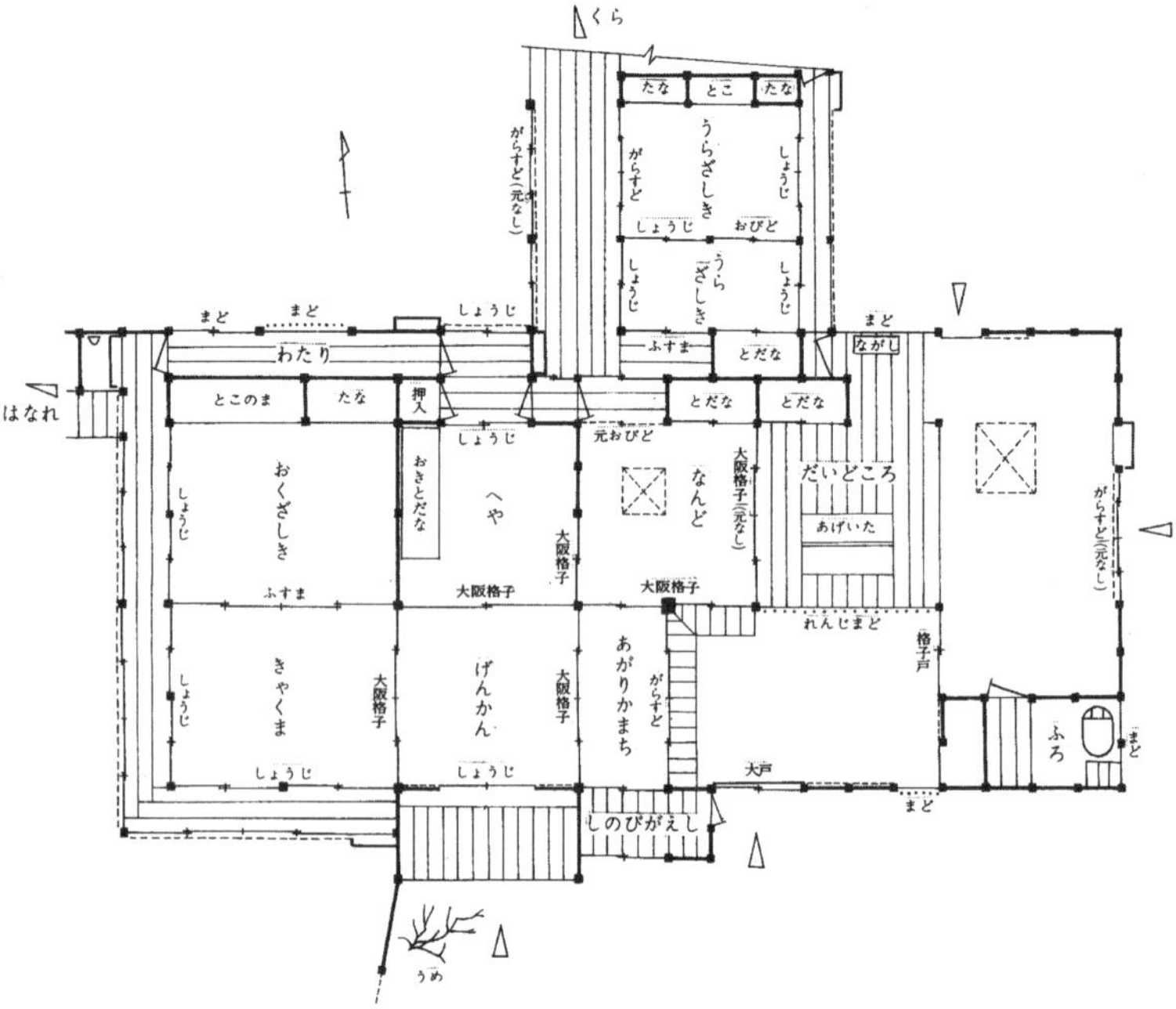
くら
たな
とこ
たな
うらざしき
がらすど
しょうじ
しょうじ
おびど
うらざしき
がらすど(元なし)
ふすま
とだな
まど
ながし
まど
まど
しょうじ
わたり
はなれ
とこのま
たな
押入
とだな
とだな
しょうじ
元おびど
おきとだな
へや
おくざしき
なんど
大阪格子(元なし)
だいどころ
あげいた
がらすど(元なし)
大阪格子
ふすま
大阪格子
大阪格子
れんじまど
格子戸
きゃくま
げんかん
あがりかまち
がらすど
大阪格子
大阪格子
ふろ
まど
しょうじ
しょうじ
大戸
まど
しのびがえし
うめ

長谷川武範家住宅

主の家では今でも梅の古木を大事にしているのは、こうした戦国時代の名残のひとつである。練馬区春日町の長谷川家でも玄関わきに梅の古木が形のいい枝ぶりをみせている。江戸城主の太田道灌に招かれた禅宗坊主の万里和尚が『梅花無尽蔵』という本を書いたのも、武家にまつわる梅の花にあやかったからである。こういう伝統をうけついでか、この地方の江戸時代の百姓たちの夢は、庭をつくって、そこに梅の古木の花を咲かせることであった。この地方の農家に咲く梅の花は、こうした農民の夢もひそかに物語っている。

旧上練馬村の長谷川家はこうした名主のうちの一軒である。この建物は百五十年から二百年ぐらいまえのものと思われる。平百姓とちがって門のほかに玄関と式台がある。玄関は時々訪れる代官や、他の名主といった来客の出入口であった。名主たちは助郷関係を通じて、顔馴染になり、他の名主と縁組関係もでき、公的にも私的にもあつまることが多かった。長谷川家でも埼玉県の大宮在の植水村と岩槻《いわつき》在の大内村に息女が嫁いでおり、節句になると嫁いだ先の若衆が里《さと》の方へ、お餅を運んだ。三月三日の節句には草餅を、菊月十五日の節句には白餅を運んだ。このほか節句には一月一日、五月五日、七月七日があった。また家康が江戸に入府した八月一日は「八朔《はっさく》」といって名主ばかりでなく江戸の町民たちも祝った。

こうした名主は「おかご」にのって、お供をしたがえやってきた。「うらざしき」は少し上級のお供の泊る室であった。長谷川家では裏座敷は四室つづいていた。下の方の「かごかき」や車夫やその他のお供は、土間のイロリにあつまって一本つけてもらうのがならわしであった。土間の東側には今はガラス戸が入っているが、かつては吹放ちであった。「だいどころ」から「なんど」の間の建具もなかった。今ここに入っている鍵のかかる頑丈な大坂格子は、明治のはじめの「うちこわし」で世情不安な時に新設された。しかし小さい名主には玄関をかまえていない者もあった。川越市大塚新田の牛窪家住宅はそのひとつであり、長屋門や奥座敷や供待ちの室はあるけれど玄関を欠いていた。このほか玄関のある家としては医者があった。練馬区役所の近くに今も残っている森田家住宅はその一例である。

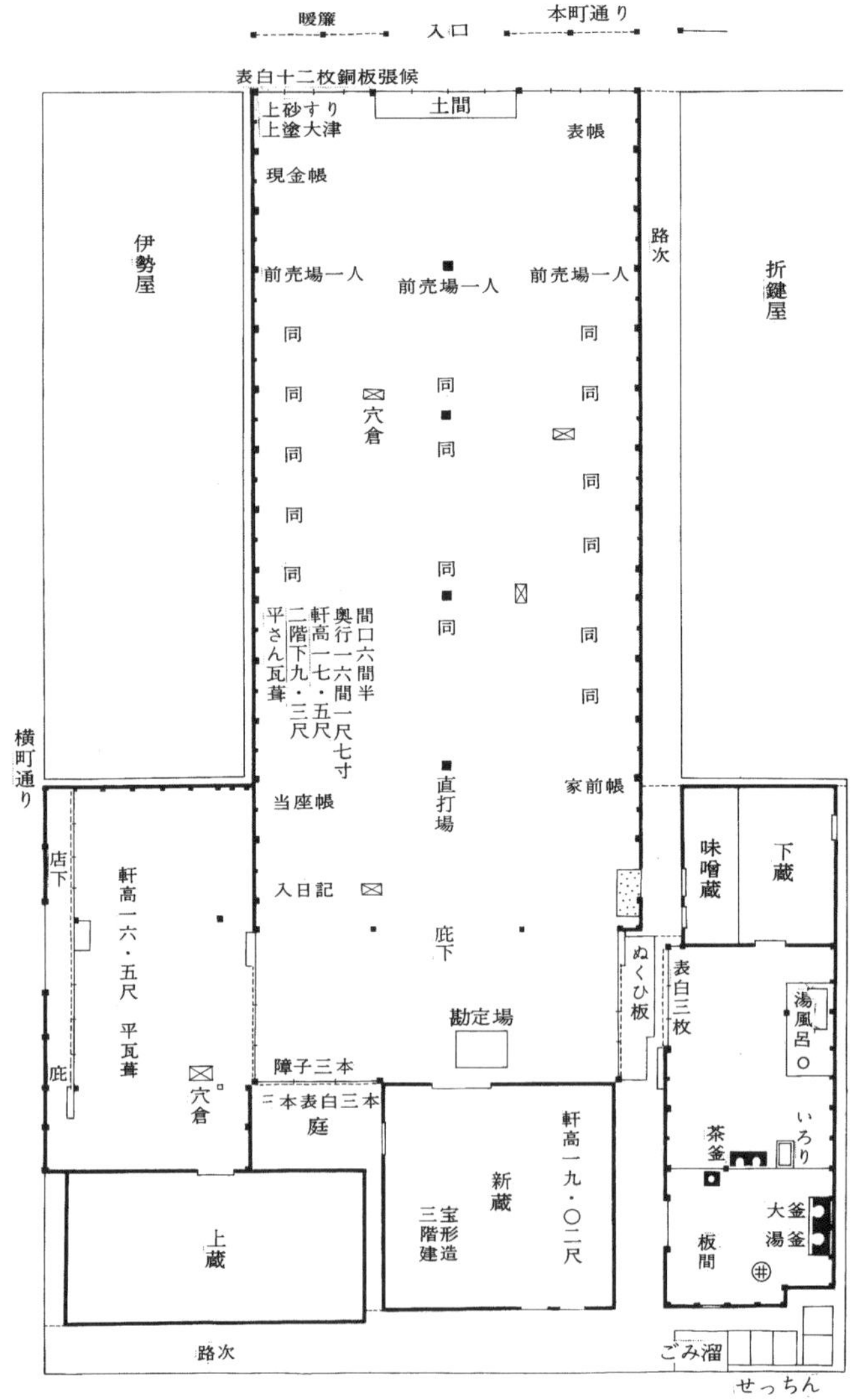

江戸の町屋（享保頃の大黒屋）

6　江戸の名残・川越の店蔵

川越に蔵造が出はじめたのはそんなに古いことではない。『川越素麺』によると元禄年間（一六八八―一七〇三）に上松郷市の市立願がだされた時、新市が繁昌したら一町残らず板屋にしようと、領主が希望したくらいであった。享和元年（一八〇一）の『三芳野名勝図会』にある松本藻彦の挿絵によると、多賀町の時鳴鐘付近の町屋には瓦屋根と板屋根とが混在しており、塗屋《ぬりや》らしいものがかなりみえているが、蔵造の店はない。塗屋というのは現在も京都、奈良等には数多く残っており、建物の外側を全部土でぬりごめたもので、土の厚みは蔵造よりは薄い。したがって塗屋は蔵屋よりは火事にたいして弱い。この塗屋を大壁造《おおかべ》ということもある。これにたいして塗屋でも蔵屋でもないものは、火災の時には必ず焼失するので焼屋《やきや》といっていた。

文政元年（一八一八）五月十四日。雨のふりしきる川越を訪れた独笑庵立義は『川越・松山之記』という本を書いた。この本の挿絵によると高沢町や北町の町屋にはほとんど瓦葺のものはなく、曽木板瓦葺と杉皮葺の屋根が混在しており、「風が強いので屋根の上に重しの石」をのせているものもある。杉皮屋根の上に石をおいている町は、大正の頃までかなり残っていたので今の人でもしっている人は多い。町の中心部の南町でさえ明治二十六年の大火の時には、この石置屋根がまだかなりあった。また『華胥遊記』によるとこの著者が文化三年（一八〇六）八月十九日に川越城下を訪れた時には、郊外にある藩士の住宅はカヤ葺で農家と変りない有様であり、木戸よりうちは人通りも繁かったが、つらなっている町屋も大部分カヤ葺であった。しかし実際には江戸時代の中頃から蔵造もあった。延宝四年（一六七六）の榎本弥左衛門の覚書によると、彼は正月八日に土蔵普請を思いたち、その年中かかって、四間×六間、三間×六間、二間×四間の土蔵をつくりあげている。しかし店や、居屋の方は土蔵ではなかったので「大蔵を高さ二丈七尺に建てたならば、これは土蔵の二棟分にも相当する。この大蔵を風上の北の方に建てれば、火を防ぐに好都合で、大家を火から守ることができる」と書いている。いわば土蔵造でかこむことによって、店や居宅を守ることを考えており、まだ店を蔵造にはしていない。店が蔵造になったのはずっと後のことであり、南町の近江屋半右衛門の店蔵《みせぐら》は天保の飢饉（一八三四）頃につくられたといわれており、これなど早い例であろう。実際に店蔵が多く建てられはじめたのは幕末から明治にかけてのことである。

明治二十一年（一八八八）三月二十二日午後三時二〇分高沢町の糸商の丸松こと松井治兵衛より出火し、辰巳の風に吹きあおられ、百二十戸の住宅と七棟の土蔵とを焼失し、三時間後の九時二〇分に鎮火した。この火災の後には太物商の麻清と呉服屋の間坂とが店蔵を建てた。

しかし現存する店蔵の大部分は、これより五年後の明治二十六年（一八九三）三月十七日の大火後に建てられた。その夜は西北の風が強く、砂塵を吹きとばすほどであった。「東京朝日新聞」や「改進新聞」の号外によると、「折悪しく皆川某方の灰部屋より出火し、たちまち同家本宅に燃え移り、天気つづきで屋根板が木片のように乾ききっていたので、火勢は落葉を焼くようでみるみるうちにひろがってしまった」。火元の近くは町内でもことにめぬきといわれていた場所であるから、近くは土蔵でとりかこまれており、風が強くなければこの一部で鎮火したはずであった。しかし火は土蔵と土蔵の間をぬけでて南町へ燃えだし、同町はたちまち火焔をもって包まれてしまった。ここから火力は次第に猛烈となり、またたくまに全町を焼き払わんばかりの勢いとなった。町々に備えつけてあったポンプ二十二組の消防夫が総出で消火につくしたがおよばず、そのうえ井戸の水はきれ、どうすることもできなかった。この火災で川越町中三千三百戸のうちの約四〇％にあたる千三百戸が焼失し、全焼の土蔵九十六棟、半焼の土蔵二百三十七棟におよんだ。

しかしこの荒れはてた焦土のなかに、人々はこの大火にもかかわらず焼け残った数棟の店蔵をまのあたり

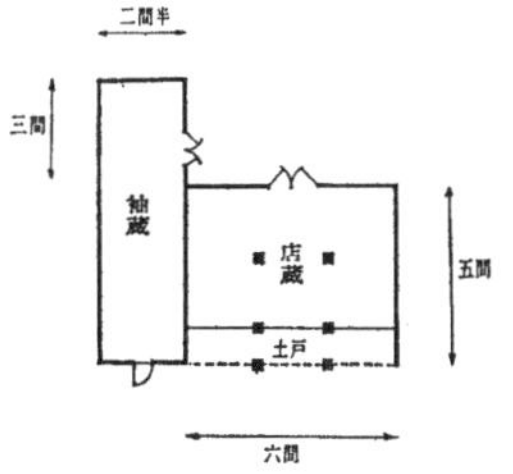

川越の蔵造の平面

にみた。それは多賀町の利根川筆吉商店の店蔵であり、南町の丹文、近藤、山吉、大塚屋の店蔵であった。川越商人たちは火事に強い店蔵の威力をまざまざとみせつけられたのである。ここにおいて川越商人たちは江戸で完成した蔵造を争って建てることになったのも当然のことであった。川越の蔵造は店蔵と袖蔵《そでぐら》とからなっている。店蔵は平入《ひらいり》であるのにたいして、袖蔵は切妻の妻の方が表通りに向っているので、妻蔵《つまぐら》ということもある。店蔵は物を売るための建物で、袖蔵は通常物を入れておく貯蔵庫である。袖蔵は省略されて建てられないことも多いが、建てられると店蔵とならんで建てる。袖蔵は店蔵を火災から守るようにおかれる。関東地方の大火は、西北の風の場合が多いので、店蔵の西または北に袖蔵がおかれる。たとえば南北通りに面している菓子屋の亀屋では店側の北側に袖蔵がおかれている。

火災の時店蔵の表の方は土戸をたてて「目ぬり」をする。裏側の方は通常観音開の戸になっているので、これをしめて目ぬりする。店によってはこの裏側は壁でかこっていないこともある。このような場合には、そのまわりを土蔵でかこっているので、それがかなり防火の役目を果してくれる。志義町の茶商の亀屋や南町の山新商店がこの例である。まえにものべたように燃えない土蔵を風上に配置して建物を守ろうとする考えは古くからあって、延宝四年（一六七六）榎本弥左衛門はそういう考えで土蔵を風上に配置している。

　この場合に使う目ぬりの土は「用心土」といって、「あらきだ」の土を粉にして粒のないようにねったものである。この土は土戸や扉の近くに二尺×三尺くらいの「ため」をつくって、そのなかに入れておく。二階の窓の場合には甕に入れておく。ふつう地面の穴の場合は年二回まわってくるが、よく乾く甕のような場合は年に四回くらいまわってくる。もし火事が近くで危い時には出入りの職人がとんできて、土戸をたて扉をしめ目ぬりをして、そこには自分がやったという符牒をつけておく。

　明治二十六年（一八九三）の大火の際に焼け残った縞問屋の丹文の店蔵は、西村半右衛門から借りていたものであるが、ここの土戸の目ぬりには味噌倉の味噌を使った。この家では一年に三十本以上の味噌をつくっていたが、このとき目ぬりに使った味噌はその半分以上にあたる十八本であった。落語の「味噌蔵」の「おち」とはちがって、本物の焼味噌ができたわけである。

　川越の蔵造は江戸の問屋の蔵造をまねたもので京坂地方のそれとは相当な差がある。しかし塗屋といい蔵屋といい、元来は平安時代末以来、京都で発生し育ってきたものであり、土蔵というまえは土挾板蔵《つちはさみいたくら》などと苦しい言い方をしていたこともあった。この技術が火災の多い江戸に入って、特に享保（一七二〇頃）以来江戸の町屋に流行して、すでに明暦の大火後においては、日本橋の商人の間には土蔵造の店舗すなわち店蔵があらわれていたらしい。元来徳川幕府の火災対策は防火でもなければ耐火でもなく「火災にあったら再び建てられるように準備し、建物を粗末に作っておく」（『経世談』一八三四）ことであった。それにくらべればこれは火災に抵抗する建物であるから革命的な意識の変化であり、それがまず町人層から生れたことに注目したい。そのなかでも有名なのは伊勢店の大黒屋（富山家）の本町二丁目店でこれは図面が現存している。これは同郷の伊豆蔵（鈴木家）が立派なのに対抗して大黒屋が寛文年間（一六六一―一六七二）に建造したもので、親戚の三井高房（一六八四―一七四八）の『町人考見録』で「鎧かぶともつけずに戦場にでかけるようなものだ」と非難されたほど立派なものである。これは多分過大な不動産投資をいましめたものであると思われるが、間口六間半、奥行十六間一尺七寸、総二階、平桟瓦葺の巨大なものであった。かくして江戸独自な蔵造を完成し、ついには京坂の蔵造は江戸の蔵造にはかなわないといわれるほどにまで成長した。享保年間（一七一六―一七三五）江戸に蔵造（土蔵《どぞう》造ともいう）が流行した際につくられた狂歌のなかにこんなのがある。

　高きやにのぼりて見れば黒たへや江戸の町屋は蔵《くら》の曙《あけぼの》
　表屋《おもてや》は土蔵《どぞう》こそ普請しませうが裏屋《うらや》のものは蔵《くら》しかねます

江戸と京坂との蔵造の相違をあげると次の通りである（もっとも『浪華百事談』によると大坂では蔵造の店を建てることは嘉永年（一八五〇頃）まではなく、嘉永年中江戸浅草雷門の船橋屋の大坂支店が順慶町通り心斎橋筋の西南角に店蔵を建てたのが最初で、それ以後店蔵がふえたということである）。

a　京坂では必ず本瓦葺である。江戸では稀に本瓦葺もあるが、たいていは桟瓦葺で、瓦のすき間を漆喰でぬりごめ、屋根の端の二条は必ず丸瓦を用いる。

b　京坂では石垣までもぬりごめることは稀であるが、江戸では必ずといっていいくらい漆喰で石垣をぬりごめてしまう。これを「腰巻」といい、腰巻の高いものは六尺くらいである。

c　壁体と屋根の境界を「はちまき」というが、この「はちまき」は京坂では狭く、江戸では広い。

d　江戸では庇下は三尺でできているが、庇上は三尺さがっている。京坂は庇の上下ともに三尺でている。これを江戸では「大坂建て」と称して官禁されていた。火災の時人が屋上にあがるのに不便だからというわけである。

e　最も目にたつ江戸と京坂との相違は箱棟《はこむね》の有無である。川越の蔵造にみられる堂々たる箱棟は、江戸系統の蔵造の最も大きな特色である。途方もなく大きな鬼瓦に家紋をつけて自慢するのと同じように、ひとつには見栄をはっているのであるが、他のひとつは関東の瓦は関西の瓦より悪いことによるのかもしれない。川越でも大和の西京瓦が最もよいとされ、次に三河の岡崎瓦がよいとされているが、めったにこれらの良質な瓦が使われることはない。更に悪いことには昔の瓦は素焼で、棟瓦が最初に悪くなるので、棟木の上に箱型の枠を組み、更に瓦を高く積み重ねて厚くし、いわゆる箱棟にしなければならなかった。そうしないと雨がとおり、棟木が腐ってしまうからである。

7　店蔵の普請

店蔵の普請は三つにわけて考えられる。基礎工事、木工事、左官工事。明治二十九年（一八九六）の大火のときに消火に活躍し、その後父とともに蔵造の普請にたずさわった関根平蔵という方がおられる。宮下辰夫はその著書『川越の蔵造』のなかで、関根さんの話として基礎工事について書かれている。それを要約すると次のようになる。

a　まず基礎工事として鳶《とび》職人足たちが「きやり」を歌いながら、伊豆玉石や入間川石や小松石を八尺から一丈ものふかさにつきこむ。この石づきはふつうは一週間くらいもかかり、規模が大きい場合には二十日くらいもかかることがある。質屋をやっていた南町の近藤《きんどう》（近江屋萱間藤助）の三階蔵は明治のはじめに建てられ、明治二十六年の大火にも焼け残ったが、この蔵の基礎のつき固めは、主人が伊勢詣にでかけて留守にしている一ケ月もの長い間行われたので、近所の話の種となった。この念入りなつき固めは、当時における一種の宣伝法でもあったわけである。また、菅正《すがしょう》、菅定《すがさだ》の袖蔵の基礎工事はつき固めるかわりに、房州石を八尺から一丈も積み重ねたので、短時日に基礎工事を終ることができた。

b　次にとりかかる木工事は、基礎工事やこのあとの左官工事にくらべると、それほど大げさではない。重い土と重い屋根瓦とを支えるために五寸から六寸という太い柱を使う。店蔵のなかでは間仕切りをしないので、柱は構造上都合のよいように配置すればよい。材種は欅、檜、赤松が最も多く、欅は川越の西方七キロくらいのところにある笠幡や平方あたりのものがよく使われた。店に入るとすぐまえにみえる横梁は、「ひとみ梁《ばり》」といわれる。この「ひとみ梁」は、たいてい欅でつくられているが、「客を待つ」という縁起をかついで、立派な松材を使うこともあった。また先にあげた天保年間（一八三〇―一八四三）頃に建設された南町の近江屋西村半右衛門の店蔵は、明治二十六年の大火にも焼け残った建物のひとつであるが、ここの中心柱は二階をつきぬけて棟木にまで達する棟持柱で、二階で餅つきをしても平気であるといわれたほど堅牢な蔵造であった。

c　蔵造の最後は左官工事である。最も多く人手間をくうのは、この左官工事である。ふつうの真壁造《しんかべ》の住宅ならば、左官の手間は大工手間の五分の一か一・五あればたりる。たとえば大工手間が坪あたり十人かかる住宅では、左官手間は坪あたり二人か三人あればたりる。これにたいして蔵造では、左官手間は大工手間の三倍もよけいにかかる。大工手間の比重が変らないとすると、蔵造の時の左官手間の比重は、ふつうの住宅の場合の十五倍にも増大することになる。

柱のみえる真壁造というふつうの住宅では、棟札や棟木への墨書きには、大工の名前を書いても左官の名前を書くことはしない。しかし蔵造では左官の名前が必ず書き加えられる。たとえば志義町の角近くにある亀屋の三階建の内蔵《うちくら》は、文久三年（一八六三）十月に棟上げされたもので、明治二十六年の大火にも焼け残り現存しているが、「大工梅吉」とともに「左官与四郎」が名をつらねている。また店蔵は明治二十六年の大火の後に建設され、七月十四日に棟上げされたが、「大工関谷重造　鳶小川清之助」とともに「左官亀田亀吉」がその名をつらねている。これによっても蔵造では左官工事がいかに大きな比重をしめていたかわかるであろう。

8　二四返し塗の左官工事

現在の川越市には、蔵造の経験のある左官屋さんは橘町の吉沢栄吉氏ひとりしかいない。吉沢さんにうかがったことをもとにして整理すると、この左官工事は次のようになる。

1　荒ぬり――「荒打ち」ともいう。外側の柱に四寸五分または五寸くらいの間隔に「ちょうな」で刻みをつけ、この刻みに細い丸竹か割竹をうちつけ、縄で木舞《こまい》する。この上に荒壁《あらかべ》をつける。この壁土は近郷の農村から買ってくる。明治二十六年の大火の時には、一時に大量の需要があったが、農家が畑を田につくりかえるときにあまった土を売ったので困らなかった。その頃の土売りを「泥引《どろひき》」または「土屋《つちや》」といって、農家の者が車にのせて売りにきた。現在は坪買いといって厚さ三尺の土を単位として農家から買ってくる。この土に「三寸ずさ」を入れて、足と鋤《すき》でこね、これを左官と鳶職とがまるめて、ぶっつけるようにして荒ぬりをする。この荒ぬりの手間は手伝を入れて坪あたり一日一人くらいである。

2　たてなわ――この荒壁がだいたい乾いた頃をみはからって、「わらなわ」または「しゅろなわ」で「たてなわ」をして、壁をしめつける。更にこの上に土ぬりをする。

3　大土《おおつち》ばり――この上を細い「しゅろなわ」で一寸または一寸五分の間隔で「横なわ」をかけてしめつ

ける。この上にぬりつける土は「へな」(粘土のこと)のなかに石灰と麻ずたを入れてこねたものである。この「大土ばり」は家によって省略することもあり、その時は次の「横なわ」に移る。

4　横なわ――「わらなわ」または「しゅろなわ」で「横なわ」をかけ、土をぬりたてる。

5　砂ずり――砂に土と「なかぬりずさ」(わらずさ)を入れてよくこねたものを五回ほどぬりつける。この砂ずりは四寸から五寸にも達し、火にたいして強いといわれていた。

6　上《うわ》ぬり――白壁の場合は、貝灰と「つのまた」とをまぜあわせて煮たて、これを「ふるい」でこしてこねあげたものを使う。黒壁にしたい時には貝灰と「つのまた」のほかに、貝灰と同量の岩城炭《いわきずみ》を使う。岩城炭は箱入れになったものが売られている。

　このこねあげた土はすぐに使えない。なぜならこねたてでは「あく」が強く、「やに」がふかく、あとで粉《こ》をふくからである。だから蔵造の建物を建てる時には、建てはじめにこの上ぬり土をつくり、甕に入れて土の中に埋めて、一年くらいねかせて「あくぬき」をする。上ぬりには、まず下地として「白」をぬりつける。ついで「黒」をかけるのであるが乾きすぎるといけないから、昼食もとらずに仕事を進める。

　一番最後にかけられる黒の上ぬり土は、まず板の上で糊のようにねりあげ、これを絹のような目のこまかい布でこして、ごみや粒のあらいものを除き、こうしてこしたものをはじめて「こてだな」にのせる。五人か六人かかって上ぬりするわけであるが、厚くぬる人がいると、その部分だけはそれだけ乾きがおそくなる。乾きがおそいとそれだけ「照《て》り」がおそくなる。だからこの場合どの人も厚みをそろえてぬることが大事である。

7　みがきだし――この上ぬりが半乾きになると、「こて」でこすり磨きあげる。次に「とのこ」をくるんだ絹布でこの上をはたく。漆喰の「あく」を左官用語で「くも」というが、この「くも」を手でこすってとり除く。この上をお湯でしぼった雑巾をかける。かけ終ったら今度は「からぶき」して湿り気をとる。ぬれたままにしておくと、また粉がふくからである。このようにして「こて」と手で夜を徹してこすり、磨きあげ、美しい艶をだす。この磨きだしは、一人で一日にできるのは三尺角ほどにすぎない。

8　両開きの観音扉をつくる人工は、ふつう百人にも達する。また二階や袖蔵にある小扉でさえ七十人工も必要である。この扉は、まず二寸角ほどの材で枠をつくり、その外側に五寸釘を二寸ふかさにうちならべ、これに割竹をかませ、「しゅろ」でゆわえつけ、これをもとにして「大土ばり」でもたせたものである。

9　屋根と壁との境目あたりのいわゆる「はちまき」は、古くは大土ばりでもたせたが、新しいものは下地で型をつくって、壁の厚みをへらしている。大土ばりでは「はちまき」の土の厚みは一尺五寸にも達したが、さすがに関東大震災には、この大部分はほとんどこわれた。

近世末期の江戸で行われていた標準的な左官工事は、これと少々異なっていて「二四返し塗」といわれていた。すなわち一、荒打ち、二―三、砂ずり、四、大直し、五、縄隠し、六、砂ずり、七、間樽巻、八、縄隠し、九、砂ずり、一〇、大直し、一一、縄隠し、一二、砂ずり、一三、樽巻、一四、縄隠し、一五、大津縛り、一六、砂ずり、一七、村直し、一八、砂ずり、一九、小村直し、二〇、砂ずり、二一、小直し、二二、砂ずり、二三、中塗り、二四、上塗りというていねいなものだった。

以上のような念入りな左官工事をみるならば、普請のなかで左官工事がいかに大きな比重をしめていたかがわかるであろう。この蔵造は、江戸では享保（一七一六―一七三五）頃以後急増するが、特に日本橋から白銀町の間は蔵造が多く、江戸っ子たちはこの有様を能、狂言のだし物になぞらえ、諷して、左官は「末広がり」、大工は「腹不立」、やね屋は「いぐい」、といっている。蔵造の流行とともに左官屋が特に繁昌した様子がよくうかがえる。このような蔵造は明治末年以後、建てられなくなってしまった。延宝四年（一六七六）

榎本弥左衛門は蔵造の建設には資産の四割を傾け、一ケ年の日子を費やさねばならなかった。また明治二十六年から二十七年にかけ亀屋山崎嘉七が店蔵、袖蔵、奥座敷、菓子製造場を建築するに要した費用は一万百十一円五十四銭九厘であった。当時の米価は一升九銭から十銭とのことであるから、この建設費は現在の貨幣価値に換算すると一千万円以上にもあたる。こんなに金をかけるくらいならば、もっと堅牢で耐震的で、維持費も安く、耐火的な鉄筋コンクリート蔵にした方がましというものである。消防力も強化された今、もう蔵造で建てる人はいない。実に川越の蔵造は、江戸の店蔵の最後の花であるということができるだろう。そしてこの花はもう二度と咲くことのない花なのである。

北陸路

1　菅浦集落	5　喜多家	11　岩瀬慶一郎家	16　秋山村
2　集福寺集落 田中大作家 田中弥太郎家	6　時国宏家	12　芦倉集落	17　笹川只一家
	7　時国恒太郎家	13　越中桂集落 飛驒加須良集落	18　渡辺万寿太郎家 佐藤泰彦家
	8　中居集落		
3　小山信治家	9　村上忠松家	14　浮田総英家	
4　坪川貞純家	10　菅沼集落	15　尾前万年青家	

1 牧之が訪ねた秋山民家

文政十一年（一八二八）というから今からちょうど百三十年まえにあたる。越後国南魚沼郡塩沢の鈴木牧之が、案内者を一人つれて九月八日秋山探訪にでかけた。彼はチヂミの仲買と質屋渡世をしていた商人で、江戸の山東京伝と交遊がふかかったらしい。秋山というのは、現在の国鉄飯山線越後戸丸駅から信濃川の支流である中津川沿いに五里（二〇キロ）から十里（四〇キロ）ほどの間にひろがっている山村である。当時秋山十五ケ村といって十五の集落があったが、上流の集落は信濃下高井郡に属し、下流の集落は越後中魚沼郡に属していた。このあたりは名にし負う豪雪地帯で、秋山の入口の戸丸でさえ、昭和十二―十三年にかけての最深積雪は四メートル（約十三・二尺）にも達し、信濃川沿線のなかでも最もふかい。同じ期間の新潟市の最深積雪は三九センチにすぎなかったから、その十倍にもおよぶことがわかる。秋山は戸丸より更に雪がふかく、鈴木牧之も二丈（約六メートル）におよぶと書いている。

今でもそうであるが、当時でも「一夫これを守れば万卒も超えがたい山間幽僻」の秋山を、彼が訪ねたのは、かねがね昔の古風がよく残っているときいていたからである。当時でもすでに平家の落人集落であり、しかも木曽義仲の残党も住みついているという噂であった。しかし秋山の根元である大秋山集落は、天明の飢饉の際についに絶え、その時は草原となりはてていた。彼は秋山探訪記を『北越雪譜初篇』（一八三五）のなかで「秋山の古風」と題して書き残し、秋山の掘立土座住居について、かなりくわしく書いている。

秋山村三倉（見倉）は秋山でも入口に近い集落であるが、そこには、三軒の人家があって、「インドゲエル

（井戸蛙）のようにさっかがんで里《さと》へは一度もでたことのない」老女の住居は、他の秋山の住居と同じように土台もない掘立住居であった。貫《ぬき》はふつうは柱に貫穴をあけて通すものだけれど、ここでは藤蔓《ふじつる》でくくりつけてあった。壁は菅《すげ》をあみかけたもので、小さい窓が開いていた。戸口には敷居もなければ板戸もなく、大木の樹皮を平らにし横木を渡した扉がたれさがっていて、藤蔓でくくりつけてあった。カヤ葺のいかにも低い家であるが、里よりは雪がふかいので頑丈につくってある。このような住居だから専門の家大工は必要でなかったものと思われる。家のなかをみると、土間の上にちぎれたワラムシロを敷きならべている。菅縄でつくった棚があるだけで、納戸もなければ戸棚もない。イロリだけは大きく、五尺四方もあり、灰までのふかさが二尺もある。これは薪の多いところで、大火をたくからである。

秋山には夜具というものはないから、昼間きていたそのままの姿でねる。冬は夜もすがらイロリで大火をたき、その傍でねる。酷寒の季節になると、よそからワラを求めて（秋山では、稲や麦はできない）カマスをつくり、そのなかへ入ってねた。夫婦は特に大きなカマスをつくっておいて、ひとつカマスのなかでねた。もっとも秋山にも夜具をもっている家は二軒あったが、それも来客用のもので、家族は使わなかった。しかしその夜具も、イラで織った布のなかへイラクズを入れたもので、牧之はこの夜具のなかでねさせてもらったが、「いとくずも、もすそにおちあわせのところが多く、およそ身にそゆべきものにはあらず」という寝心地の悪さであった。こんな頃、里方の農家でどんな夜具を使っていたかというと、ワラクズを袋のなかに入れたクズブトンをふとんにして、古木綿ぎれの重ねぬいのドンザアカトリをかけていた。最も下層の農家ではコモをかぶってねていたので、こうして育った人は「カケゴモ育ち」といわれていた。小赤沢の家数は二十八軒で、下結束とともに秋山二大村のうちのひとつで、そこの市右ヱ門の住居は、村中第一の大家であった。住居の規模は四間×六間ほどあり、このなかには老人夫婦と一人の倅《せがれ》と二人の娘と、合せて六人が住んでいた。室といえば奥の方に四畳ほどの一室があるばかりで、それも間仕切りにも建具がなく、ワラムシロがたれかけてあるばかりで、一室に等しい住居であった。

イロリは他の農家のように大きくふかく、別にカマドがないので、イロリで煮炊きをしていた。夕方になると、こまかく砕いた姫小松を燃して明りとした。秋山では、二つしかないというスリバチで芋をすりおろし、麹の入らない味噌で作った味噌汁で心づくしの夕食を終えたら、主人が「茶の間の旦那、ドッフリに入らず」という。牧之はその意味がわからず、あわてて案内の者にたずねたら、「茶の間の旦那」は人を敬った言葉で、「ドッフリ」はすえ風呂のことで、オリユともいうことであった。このすえ風呂桶をもっているのは、秋山ではたった二軒であった。

先年たまたま掘立柱が二本ある中門造の家が発見され、昭和三十四年大阪府豊中市の服部緑地内の民家集落に移築された。それは上の原集落の山田芳法家住宅で、宝暦（一七五一—一七六三）頃と伝えられているから、約二百年ほどまえの民家ということになる。四・五間×八・五間の母屋に三・五間×二・五間の中門がついていて上層農家に属する。この地方では上下層は、この中門の有無と開口部の多寡であらわされているようである。土座であるのはともかくも、周壁は土壁でなく、カヤ壁である。カヤ壁の民家はこの一軒だけしか残っていなかったが、かつてはカヤ壁の方がふつうであった。寝間にあたる「ヘヤ」の出入口には戸はなく、下げムシロである。牧之がみた上等の民家は、こんなものだと思えばよい。

2　雪国の掘立・土座住居

江戸時代のこの地方に掘立土座住居があったのは、秋山のような幽僻の地だけかというと、必ずしもそうでない。東北地方、信濃・山陰地方と同じように、幕末にいたるまで相当広く分布していた。ことに土座住居にいたっては、山間僻地にいけば今でもみることができる。鈴木牧之も秋山のような古風は、このほかの土地にもあると書いている。

たとえば享保十九年(一七三四)、年貢未進でとりつぶされた越前南条郡糠浦の百姓の住居は、二間四方の掘立住居で、建具といえば古戸一本、古障子一本にすぎず、土座には古ムシロ五枚を敷いていたらしい。こんな住居は今はないと思われる方もあるかもしれないが、滋賀県伊香郡西浅井村塩津浜の熊谷善一郎家の納屋は、もとは隠居屋で二間×二間の土座住居である。明治年間に建てられたものらしい。しかし掘立ではなく、玉石がついているが、建具としては出入りの板戸が二枚あるだけである。

明治年間に書かれた『越後風俗考』によると、越後では「上杉家国初以来の掟で、民家のカナメ柱は、雪難風難をさけるために土中へ二尺五寸以下、それ以外の柱でも二尺以下は掘りこむことになっていた。土間にはモミヌカ、ムシロ、ネコタを厚く敷き入れ、屋根はカヤ、ワラ、笹にかぎられ」ていた。笹はもちは悪いが、水さばきはよい。

『越後余情』『越後風土考』『温故の栞』によっても、蒲原郡辺の「下さま」の家屋はたいがい朝日をまえにうけ、つまり東向きで、屋根はカヤ葺、または土葺で、掘立土座住居が多く、特に天保以前はそうであり、時には土台つきの住居がないわけでもないという程度であったらしい。しかし、越後下関の渡辺万寿太郎家住宅(一八七七)や、味方の笹川只一家住宅(一八二六)のような大邸宅がすでにあったわけであるから、上下の階層差が非常に激しかったことになるのかもしれない。たとえば越前今立郡岡本村大滝では、寛保二年(一七四二)現在で紙すきをやっていた三田村家の母屋は、九間半×十一間半であったのにたいし、過半のものは二間×三間以下であった。ここでネコタ(ネコともいう)というのは、ワラをあんで畳ほどの厚さにしたもので、大きさは三尺×六尺くらいある。土座住いの場合、土間の上にモミガラを敷き、その上にネコタを敷き重ねる。「猫はネコタで死にたがり」という俚諺のネコタはこれであり、あたりが畳よりやわらかく坐り心地はよい。ネコタのかわりにふつうのムシロを敷くこともあり、特に比翼ムシロを敷くこともある。『越後風俗志』によると比翼ムシロというのは三尺×十二尺のムシロをつなぎ合せて六尺×十二尺にしたものだとある。これらは朝夕、箒目があたるのでムシロのちりは切れ、色うるわしくみえたらしい（『越後風土考』）。滋賀県伊香郡方面は今もなお土座住居の多いので著名であるが、近年生活改善運動とともに急速に減少しつつある。

イロリ（越後ではジル、越中・能登ではヘンナカ、ヘナカ等ともいう）にボイ（柴）やコロ（割木）や時には松葉やモミガラを燃しながらの冬の掘立住居の土座住いは、すき間風がなく、暖くて坐り心地のよいものであるが、その他の季節では必ずしもよいとはいえない。どうしても湿り気が多く、ふとんも湿けるし、ことに梅雨時はひどい、そのうえ、ノミも多い。『大郷村誌』（新潟県中蒲原郡白根町内）によると、ノミのため熟睡できなかったこともしばしばあったとのことである。だから比較的上流の農家では、モミガラやムシロのかわりに、ヨシを四―五寸の厚さに敷きつめ、この上にスゲムシロを敷いた。ヨシは歩くたびに鳴り、つぶれて厚さも二寸くらいになってしまうが、この方は比較的湿気があがらず、ノミも少なかった。

長岡市積雪科学館長の勝谷稔氏は、積雪地の土座住居は、土台つき板床の住居より暖かかったのだと説かれている。一般に雪が積ると、積雪内の温度は雪表面の温度が最も低く、ふかさをますにつれて温度が高くなる。北海道で行われた積雪試験によると、雪が積っていなくて凍結のふかさが四一センチに達した時、同じ条件で積雪が九十三センチあると凍結はおこらなかった（渡辺・斎藤『雪と建築』）。だから家屋が雪に埋もれている時、雪面の冷たい空気はおりてきて、家屋内外の比較的暖かい空気は上にあがる。つまり家屋は煙突の効果を果すわけである。だから床下からはすき間風が盛んに吹きあげてくる。掘立土座住居だと、壁面はすっかり地面にまでぬりごめてしまうから、すき間風は比較的防ぎやすい。もちろん土台石をおいた板敷住居でも、すき間風を防げないわけではないが、畳も建具ももてない単作地帯の貧しい農村では、なかなかにむつかしいことであった。

しかし掘立では柱は腐りやすく長もちはしない。そのためあとで玉石をおき、板敷床にするようになっても、床の高さはなるべく低くした。まえにのべた大郷村では玉石は地形面《ちぎょう》から一寸くらいしかでていない。これに高さ二寸くらいの薄っぺらな土台をおく。土台に接着して、二寸から二・五寸くらいの高さの敷居をおく。こんなわけだから地形面から敷居上端まで五―六寸しかない。これというのも土台下からしのびよる冷たい外気を防ぐためであった。掘立住居は現在はまったくといっていいほど残っていない。しかしかつての土座住居に床をあげた家はまだ残っている。富山県婦負郡卯花村で土座住居がなくなったのは明治初年である（『卯花村誌』）。明治年間の『越後風俗考』によると、近年掘立もだんだん減少し、土座のかわりに板張り床にする家作が多くなったとある。掘立土座住居がなくなったのはそんなに古いことではない。新潟市の建具生産の多くなるのは明治十四年―十五年で、機械生産の畳床製造工場ができたのは明治三十年であるが、このことと土座住居の消滅との間には関係があるかもしれない。

3　積雪に耐える民家

土座住居がこのように、積雪地におけるひとつの防寒対策であるとしたら、多雪地帯ではこの他の積雪対策があった。

a　土座住居

今のべたからこれ以上のべないが、ただ土台つきの住居とちがって屋敷地をえらばねばならなかった。地面下に掘り込む竪穴住居ほど高燥の地は必要ではないが、水はけのよい土地をえらばねばならなかった。

b　柱を太くする

ふり積った雪の重さは、地方により、降雪時期により、ふってからの時間により、積雪のふかさ等によりちがうので、ひとつの数字ではあらわしにくいが、二月初旬より三月中旬までの新潟地方では、二メートルの雪がふり積るとその重さは、一平方メートルあたり六五〇—八〇〇キロもある。富山、石川、福井地方では一般にこれよりも重い。これは一メートル四方の面積に六五キロ（一七貫余）もある大の男が十人から十三人ものった——といってものりきれないが、それくらいの重さに等しい。だから雪おろしをしなければならず、また柱も太くしなければならない。柱を省略して二間の柱間をつくることはなかなかしない。座敷前面の中柱など、目ざわりだけれど、省略しないで一間ごとにならべる民家は多い。『北越雪譜』にも、越後民家の柱の太さは江戸の土蔵の柱のようで、戸障子の骨も太く、敷居・鴨居の幅も広く厚い。これはみな雪のためにつぶれないようにする用心のためだとある。

c　軒の出を少なくする

豪雪地帯の軒の出はきわめて少なく、他の地方の半分だと思えばよい。堂宮でもそうであり、新潟県小千谷《おぢや》市の魚沼神社の阿弥陀堂は永禄年間の建設であるが、軒の出は二尺五寸ほどである。雪のことを考える必要のない滋賀県観音寺阿弥陀堂の軒の出は五尺九寸だから、この半分以下ということになる。

d　出桁・桔木・ノボリ木を利用する。

軒の出をどうしてもふつうにとり、またはそれ以上にとりたい時は、出桁《でげた》・桔木《はねぎ》・ノボリ木を利用する。福井県武生市の大山町の通りでは、桔木を利用して軒の出をふかくした町屋が軒をつらねている。村生市は、多雪地帯とはいえないが、この桔木はノボリ木ともいい軒桁をうけ、その断面は四寸×七寸以上もある。この桔木の特徴は、水平ではなく、垂木《たるき》と平行に走っていることで、福井、石川、富山県下の町屋には広く使われている。新潟県下の町屋・農家では、出桁をうける桔木は水平なのが多い。

e　建物の高さを高くする

『北越雪譜』にも、アンマが高い明り窓から雪にまみれて座敷へころげおちた話がでているが、採光のためにも出入りのためにも建物は高い方が好都合である。ふつうは土台から軒下まで一丈以上もあり、天井も窓も高くとる。しかし小規模で建物のせいを高くすると、塔のようになり構造的には建物は不安定になる。こういう場合、平面形式をT字型やL字型にすると安定性が高まることは、素人考えでもそう思う。この意味では新潟地方の中門造は好都合ではあるが、中門造がこのために考えだされたものかどうかはわからない。ただ中門があると、積雪時の出入りに便利なのは事実である。

f　ユキダレ・ガンギ・ツチエンを設ける

冬がくると農家では、家屋をワラやカヤですっかりかこいこんでしまう。江戸時代の農家は、とりはずしのできる障子の入った少しばかりの高窓と出入口とを除けば、そのほとんどが壁でかこまれていたが（『大郷村誌』）、それでも防雪防寒のためには雪囲いが必要であった。また厩、便所、風呂、井戸も同じ棟にあった方が都合がよい。

町屋や開口部の多い農家では、ユキダレをたれかける。ユキダレはカヤであんだスダレで、吹雪を防ぐためのものである。雪のふらない時はまきあげて明りを入れる。春ともなってこのスダレがとり払われる頃には、初市がたったので、初市のことをスダレアケともいった。高田や長岡のガンギが有名ではあるが、町屋にかぎらず農家でもガンギを設ける。臨時に設ける場合もあるし、建物の部としてつくりこんでいる場合も多い。町のガンギは今は公道の中に入っているが、古くは農家と同じく家の前面の一部をガンギ通りにしたものらしい（『温故の栞』のなかの「八町家文書」一六四二）。今でこそガンギにはガラス戸や板戸がたてかけてあるけれど、江戸時代の農家では、「六ところあみ」のヨシズやガツボのコモをたれかけてあるばかりであった。そしてその室内の風除けには、土座の上に割竹を骨組にした二枚のムシロ屏風がたてかけてある有様であった（『大郷村誌』）。

ツチエンというのは地主・庄屋層以上の農家に多い対策で、渡辺万寿太郎家、笹川只一家、時国宏家などの座敷廻りにつけられている。ふつうは一間の下屋をおろし、半間を板縁、残り半間を土間のまま、つまりツチエンとし、その外側に障子張りの高窓つきの雨戸をめぐらす。

g　煙出は胴中にする

北陸路で雪が多いといっても、これは山よりの地方だけで、海岸地方は風は強いけれど雪は少ない。こうした多雪地方では風は下る。米山《よねやま》甚句で名高い米山地方では、この下る風を米山颪といっている。こうした地方では屋根の中腹に下向きにあけた煙出——つまり胴中煙出の方が、入母屋の妻の煙出より排煙効果がある。しかし屋敷林を植えると入母屋でも排煙効果はよい。これは多雪地における胴中煙出についての勝谷稔氏の説明である。

h　建物の周囲に堀をめぐらす

屋敷周囲ではなく、家屋の周囲に堀を掘り、屋根からおろした雪を投げこんでとかす。もっともこれは一般的ではないが、長岡市南方五里ほどの山中の竹高地集落などにみられる。

4　上方流と立川流のわかれ目（民家の分類）

柱間のきめ方の技術で分類すると、北陸路の民家は次の三つに大別できる。

a　江北・越前の民家

この地方では畳割も柱割もあるが、畳割の方が多い。江北ではその畳の大きさも必ずしも一定していないらしい。六尺畳もあれば、稀には六・三尺畳もあり、アイノマといって六・一尺の畳に合せる場合もある。たとえば滋賀県守山市州本町の高谷忠庵は元禄頃建設されたものとみなされるが、ここの一間は六・七尺であり、今の京間畳でもすき間ができる。しかしこうした民家はきわめて少ない。

b　加賀・能登・越中の民家

この地方はだいたい、加賀藩の支配地域であるが、この地方の現在の民家の大部分は五・八尺畳の畳割である。加賀間ともいうが、大きさは前地方のものより若干小さい。隣接の飛騨地方と同様である。従来、この地方の民家は畳に合せないで、江戸と同じく一間＝六尺真真で柱間をきめるといわれていたが、これは正しくない。五・八尺×二・九尺の畳で八畳間をつくり、四寸角の柱を使うと、二間は十二尺となる。つまり一間は六尺に相当する。こうした特別な場合にだけしか一間は真真で六尺とならない。能登の下時国の住宅が、寛文年間（一六六一―一六七三）に隠居した時の建物とすると、これはすでに加賀間であるから江戸時代中期にはあったことになる。もっとも上時国の元禄八年（一六九五）の記録によると、文明十五年（一四八三）に建てられたと称する母屋の一間は六尺五寸であったとのことであるから、古くは柱間寸法がのびていたことになる。

c　越後の民家

前二地方の民家とちがって、越後の民家は畳に合せない。『越後余情』によると土台つきの住居の一間は六尺五寸で、また『越後風俗考』では古民家は着物に使う鯨《くじら》尺を使ったとあるが、現存民家の大部分では、その一間は真真六尺である。隣接の信州民家と同じである。また越後大工の主な出稼先のひとつである山形県の農家は六・三尺間で、町屋は六尺の畳に合せることが多いから、この点では越後の民家とはちがう。しかし越後の民家も実際はしばしば間のびした寸法がみうけられる。新潟県刈羽郡北条町西長鳥の池田徳次郎家住宅は、この集落中最も古く、文化頃の建設と思われるが、池田家の一間はこの集落の他の民家が一間＝六尺であるのにたいし、一間＝六・一尺である。なにはともあれ、新潟県と富山県との県境を境にして、西は畳割で、東は柱割である。金沢城の石川門を修理された松本太作氏のご意見では、江戸時代の堂宮もここを境として様式を異にし、越後は立川《たてかわ》流（関東流）で、越中より西は建仁寺流（上方《かみがた》流）であるということであった。しかしこの地方全部を通じて共通していることも多い。たとえばクズヤの合掌の勾配は「梁がえし」を標準としている。梁がえしというのは、梁と合掌の長さが同じになる場合で、断面をみると正三角形となる。勾配を変えたい時は梁の四分の三とか五分の三、あるいは合掌の長さを梁より五寸短くとか一尺長くとかいう。番付も共通のようである。すなわち組合せ番付で、四国や中国のように廻り番付は少なくとも幕末では使わなかったらしい。福井県丸岡町の丸岡城天守は天正四年（一五七六）に建設されたものであるが、柱の柄に二字書いてあったというから組合せ番付であろう。新潟県関川村の渡辺万寿太郎家の酒蔵は、宝暦年間（一七五一―一七六四）以後に建設されたものと思われるが、この酒蔵の番付は「いろは」と「一二三」の組合せ番付である。富山市太田本郷の浮田家の小屋番付も同様であり、天明五年（一七八五）に建設された金沢城の石川門も同様であった。

5　江北の民家

この地方の農家は妻入のクズヤが多い。この妻入クズヤは滋賀県伊香郡地方に目立って多くみられるので、かつて藤田元春は伊香式と名づけられ、いかにも古い様式のようにいわれてきた。いわゆる天地根元造が妻入になるし、出雲大社も妻入になるので、この妻入の住居は古いと思われたのかもしれないが、構造方式は新しく、妻入だから必ずしも古いとはいえない。滋賀県北部から福井県、石川県にかけてこの妻入住居は分布しているが、平入住居もないわけではない。通常前者をコマ（小間）入、後者をオマ（大間）入と称している。コマ入も、オマ入も原則として構造法は同じで、尾張・美濃の古農家と同一である。すなわち四―六本の特に太い柱をもって主体構造を構成しており、このような構造法は古い農家ならかなり全国的にみられる。たとえば伊豆韮山の江川家は桃山または近世初期に建設され、宝永四年（一七〇七）に改造されたものであるが、基本的にはこの構造法をとっている。江川家で構造的に主体となるのは四本の柱で、三本は土台石の上にのっているが、一本は掘立柱だったらしい。家を建てる際、最初の一本の足固めはむつかしいので掘立としたものと思われるが、江北、越後の民家もこのように柱を一本ずつたて、これをつなげて、主体構造を組みあげたものと思われる。またこの構造法は竪穴住居のそれと似ているので、それと関係づけようとする試みもあるが、話が千年もとびすぎる。滋賀県木本町小山では、コマ入は本百姓層以上の住居で、それ以下の層の住宅形式としては許されなかったと伝えられているが、必ずしもそうであったかどうか疑わしい。なるほど小山では、小山の庄屋の小山家住宅は妻入であるが、同郡西浅井村秋山の庄屋の辻秀太郎家の住居はオマ入である。

しかし琵琶湖北方でも少し西へいった大浦へゆくと、構造法はがらりと変る。一本の柱を中心として四本に柱を投げかけてつくる構造になっている。近接地でありながら、かくも変る理由は今のところわからない。近世の支配関係の相違だと考える人もあり、また交通路の相違だと推定する人もいる。

琵琶湖の北端の岬に菅浦という小さな半農半漁の集落があるが、ここの文書のなかに戦国時代の農家の構造をうかがわせるような資料がひとつある。それは棟別銭の掟書であり、前後の関係から天文（一五三二—一五五五）の頃のものともいわれ、また棟別銭の掟書だからそれ以前のものであろうともいわれている。これによると菅浦の棟別銭の割当額は、住居の構造によってきめられている。すなわち本家百七十三文、カセヤ八十五文、ムナハシラヤ七十文、ツノヤ五十文、オエ立屋〇文である。実をいうとこのうち最初の二つは明らかに家屋の構造を示していないが、これはおそらく構造法としては本屋もカセ屋も同一で、現存住居の源流となるものだったかもしれない。本屋はおそらく伝統的な名主農民の住居であったと思われる。カセヤというのはよくわからないが、「カセ者の屋」という意味にとれば新興階層の住居となる。カセ者（稼者）は

『籾井家日記』『結城家法渡書』『甲陽軍艦』等の当時の記録にでてくるが、『松屋筆記』によると「人柄筋目によらず、自らの稼ぎで身をたてた者」としている。ムナハシラヤはおそらく棟持柱屋である。棟木を棟持柱で支えると、合掌を必ずしも組む必要がないから、合掌はなかったものと考えてよいかもしれない。垂木が直接棟木から流される。今でいう垂木構造というもので、当代建築家の発明ではなく、すでに昔からあったことになる。神戸にある室町時代の千年家がいわば垂木構造だから、戦国時代の菅浦民家のなかにあって不思議はない。実をいうと現在でもこの地方の小規模の納屋は、垂木構造をとっている。しかしこの場合は梁の上に棟束をたて、棟持柱にしてはならない。ツノヤ（角屋）というのは、現在はL字型の住居形式をさす。藤田元春もこのツノヤについて書かれているが、ツノヤのツノになる部分は、通常座敷ないしは玄関である。まえにのべた小山の小山家がこの例である。だから地主とか村役人とかいった上層農家にしかみられない。しかしこの文書にでてくるツノヤはそうでないらしい。本家百七十三文にたいし、ツノヤはわずか五十文であるから、到底大農家とは考えがたい。おそらく本屋からカマドわけしてもらった次三男か隠居の住居で、本屋に接して葺きおろした小屋をさすものであろう。だからこのツノヤはツノになった小部分をさしており、建物全体をさしてはいない。ここには家族の分家が可能となった近世的農村の萌芽がみえるようである。オエ立屋は棟別銭を負担しないわけであるが、これはおそらく名子層の住居で、オエ一室の土座住居であったと考えられる。

田中弥太郎家住宅（滋賀県伊香郡西浅井村集福寺）は、五代前に分家した際、多分に古材を利用し建てられたカヤ葺コマ入農家である。集福寺は、カヤ葺をまだ多く残している谷間《あい》の集落であるが、それでも内部はほとんど模様がえされている。この家はこの地方特有の住居形式を比較的よく残している少数例のひとつである。

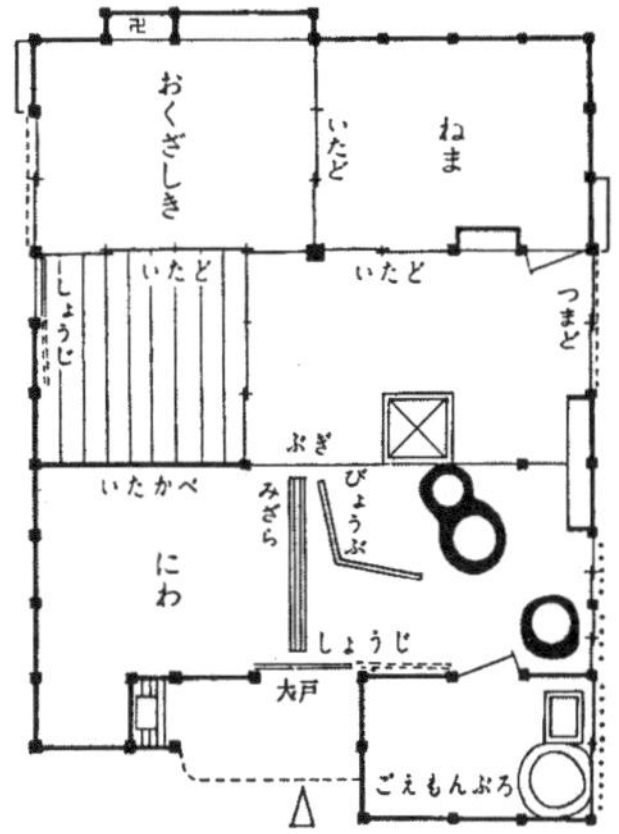

田中弥太郎家住宅（５代前建設）

屋内の柱のたて方で、四ツスマイとか六ツスマイとかいうが、この家は六ツスマイである。四ツスマイは六ツスマイより小さいかというと必ずしもそうではなく、家屋の大小とは無関係である。奥の二室の柱間は、この地方の慣例にしたがって六尺×三尺の畳に合せて内法《うちのり》寸法がきめられている。しかし奥座敷の畳はふだんは敷かれていなく、隅に積みあげられている。ネマは小さな高窓がひとつあるだけで、ほとんど真暗である。大戸口を入るとニワがある。ニワは割竹をならべてつくったミザラがある。ハキモノは大戸口の外でぬぎ、ミザラをつたってニウジにいたる。ニワはもちろん土間であるが、綺麗にはき清められ、県境を越えて福井県新道の方にいくと、土間の土は叩きになっていて、いつも吹きあげられるので光っている。土足ではあまり入らない。ことに雨にぬれたハキモノではなかへ入らない。ぬいだハキモノは夜も大戸口の外におかれる。盗られやしないかと心配のむきの者もあろうが、それはせちがらい町の者の取越苦労である。ニウジは土間にモミガラを敷きこみ、その上にムシロを敷いた部分である。モミガラが土間の方へはみでないように区ぎった角木をブキという。新潟県では相撲の土俵のように綱をまわしていることもある。これをニヤという。モミガラは秋に年に一度の入れかえをやる。ニワとニウジの境目にイロリがある。イロリには三方コージンといって足のついたカナワがある。このカナワに茶釜がすえられ、いつも湯がわいている。他の地方のように自在鉤で吊さない。昔はイロリの上にアマといって火棚があったが、今は使わないのでとり払った。更にその上の梁の上にカラトがある。カラトには米が二俵も入る。イロリの上にあるから乾燥はよいけれど、虫がつくのは防げない。虫をどうしても防ぎたい時は、長さ二間くらいの通常竹の節をぬいたものに米を入れる。ヨコザを真中にして右がヒタキザで、左がカカザである。カマドは大小二つあり、つねの炊事に使うのは小さい方で、大きい方は麻むし、お茶いりに使う。カマドの近くに藷穴がある。ニワの隅に五ヱ門風呂がある。五ヱ門風呂は近江・西濃には多くあった。風呂にはワラのフタがあり、風呂への出入りは桶の横の開戸から入る。水は膝までも入れない。まえの小さな扉をしめれば、すっかり閉じこめられてしまう。むし風呂と湯風呂のあいのこであると思えばよい。燃料も水も少なくてすむけれど、風呂桶のつくり方はふつうの桶よりさぞむつかしかろうと思われる。

6　越前の民家

今でも江北から越前にかけては古風を残す民家が、改造をうけ新建材で姿やテクスチャーをかえながらも残っているけれど、それでも江戸中期から末期にかけての農家の規模にくらべると、かなり大きくなっているのである。天保十二年（一八四一）越前国今立郡岩本村の記録をみると、最大の農家でさえ五間×七間で、これは一軒しかなく、最小の農家はわずか一間半×二間にすぎず、総数三十九軒のうち実に二十五軒（六三％）が二間半×三間（七・五坪）のものであった。同様な傾向は寛保二年（一七四二）大滝村の改帳にもみられ、全戸数六十三軒のうち三十一軒が二間×三間（六坪）の小規模なものであった。もっとも大規模に和紙生産をしていた同村の三田村家では、寛保・延享年間（一七四一—一七四七）では、規模は大きく、二間半×十六間の長屋門に九間半×十一間の主屋をかまえ、そのほか三間×六間の書院、三間×七間の持仏堂をもち、多数の製紙用建物をもっていた。こうした例外はあるにせよ、大部分は想像以上に小規模であったことがうかがわれる。幕末のものと思われる南条郡糠浦の「散田追放家」の家財召上の記録をみると、家はわずか二間四方の掘立屋で、ここには古戸一本、古障子一本の建具と床敷にしたと思われる古ムシロ五枚のほかには生活用具として行灯《あんどん》、水甕、棚板、小便箱がそれぞれひとつあるだけであった。もって江戸時代の小農民の生活がうかがわれよう。

7　加賀・能登・越中の民家

この地方の民家構造法の特徴は、ワクノウチ造である。基本的な考え方としては、越前・江北の農家と同様であるが、その考え方をもっとはっきりうちだし、いっそうおし進めたのである。通常はヒロマまたはオエと称する常住の室の構造を井桁に組みあげる。比較的太目の柱をヒラモン、ウスモン、ハルマモン等によってつなぎ、強固な井楼組をまずつくりあげる。他の室の構造はこの井楼組に付加することによってつくりあげる。とりこわす場合には、井楼組が最後に残ることになる。能登地方では、ヒロマよりもむしろニワ上部で井桁を組む場合があり、この時の梁をサシモンといい、通常家屋前面の軒下にその端をみせている。このような構造法がはっきりでているもののひとつとして富山市太田本郷の浮田総英家住宅があり、長くこの地方の民家構造のモデルとなっていた。この浮田家の分家である上新川群山室村高屋敷の浮田俊英家住宅は、墨書銘によると、宝永年間に岩瀬の大工によって建設されたものであるが、すでにワクノウチ造であるから、この構造法は江戸時代中期にあったことになる。

クズヤの下屋をつくる場合、下屋柱から本柱にかけて懸木をかけ、母屋・下屋を通じて、のべに葺きこむ場合が多い。この場合の懸木を富山県ではチョウナとよんでいる（『卯花村誌』）。能登では切ザスになっており、この部分をケズリと称している。一般に釿《ちょうな》削りの民家は古いといえるが、そのなかでも特に古い場合は、下屋桁と、二つ又の柱でうけているとのことで、富山県婦負郡桐谷に一戸残っている。この柱は「ウサギ柱」という。階層によって民家規模および形式を異にすることは多くみられるが、能登の民家について石原憲治は次のように書いている。

おやつさま（地主、自作）九×六間　　おとと（自小作、高二十—四十石）五×八間のチヤノマズマイ、またはイタバ四ケン

はんずら（小作、高二十石以下）四×六ケン、スヤダテ　　かうべふり（日雇）スヤダテ

ここで「スヤダテ」というのは下屋のないものをいい、単に「ズヤ」ともいう。前後に下屋をおろしたものを「マイエヅクリ」という。この竹を「コウガイ竹」という。これはおそらく婦人の髷《まげ》にさして飾りとするコウガイ（笄）の様に似ているから名づけられたものである。また加賀藩では屋敷門の数に制限があり、門株を買わないと門をかまえることはできなかった。富山県砺波《となみ》地方はいわゆる散居村が多く、屋敷林でかこまれているが、屋敷林をカイニウという。杉が多い。建築材料としては杉、松、欅、アテが多い。アテというのはアスナロまたはヒバのことで、欅とともに輪島では塗物の材料となっている。このアテは元来津軽地方の材木で、耐湿性が強く、熱にたいする膨張係数も少なく、建築用材として適当だったので、奥州平泉の藤原

氏の一族泉三郎が、現在の石川県鳳至郡門前町浦上へ移住する時、はじめてもってきて植えたと伝えられている。

浮田総英家住宅（富山市太田本郷）——元来は山廻代官の屋敷で、現在千三百坪の敷地に十六間半×七間半の建物が残っているが、建物それ自体はこの地方民家の典型を示している。母屋はカヤ葺で、床は板敷である。いわゆるワクノウチ造である。一般に柱、梁、建具、貫、ヒラモン等すべて太目である。帯戸、板戸はネズ（ムロともいう）の板で、山のタテオコシ（斧と楔で挽き割ること）からつくったものといわれている。

時国宏家住宅（石川県輪島市町野町西時国）——時国家住宅というのは二軒あり、それぞれ上時国（南時国）、下時国（西時国）を通称している。平清盛の妻の兄にあたる平大納言時忠の子孫といわれている。

上時国というのは、時国恒太郎家住宅のことで、二十八年かかって天保年間（一八三〇—一八四四）に完成したといわれている。建てたのは土地の安幸という大工である。京間畳に合せたり、内法高《うちのり》が六・一五尺もあったり、折上格天井《おりあげごう》であり、玄関に組物がとりつけてあったり、なるほど豪華ではあるが、この地方の民家の代表というよりは、時国家伝承の近世的象徴ともいうべきものである。今ならば立派な家といえば、本やテレビでしらされるモダン・ハウスであるが、当時のお手本はお寺や神社だったのが、いかにも近世らしい。しかしこの禁令破りの建物のために、時国左門は柳田村黒川の庄屋の中谷氏のもとに預けられた。

これにたいして下時国の時国宏家住宅は、十三間×八間の規模をもち、加賀藩の山廻代官、塩相見役、塩取立吟味人をつとめた家で、上時国家同様に家格も高い。ただ前者より民家構造そのものからいえば社寺建築の要素が入っていないだけに、この家はこの地方の技術を多分に包含している。寛文年間（一六六一—一六七三）に隠居分家（この地方では分家をアゼチといい、庵室と書く）した際、建設されたものとすると、二百三十年ほどまえの住居になる。江戸初期ともいわれているが、土台が入っていたり、その風蝕程度、技術、仕上げ等

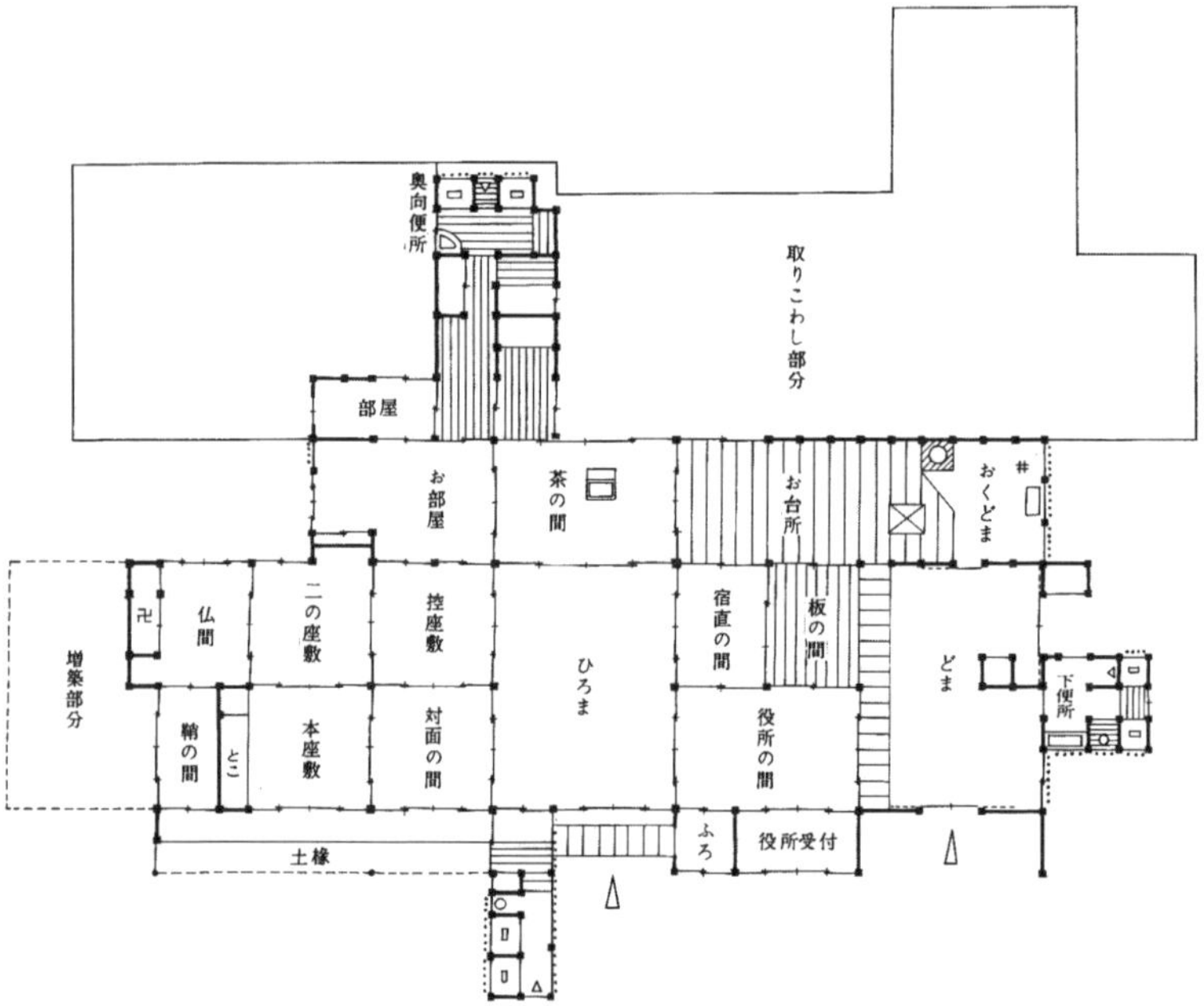

上　浮田総英家住宅（江戸時代建設）

下　同家断面図

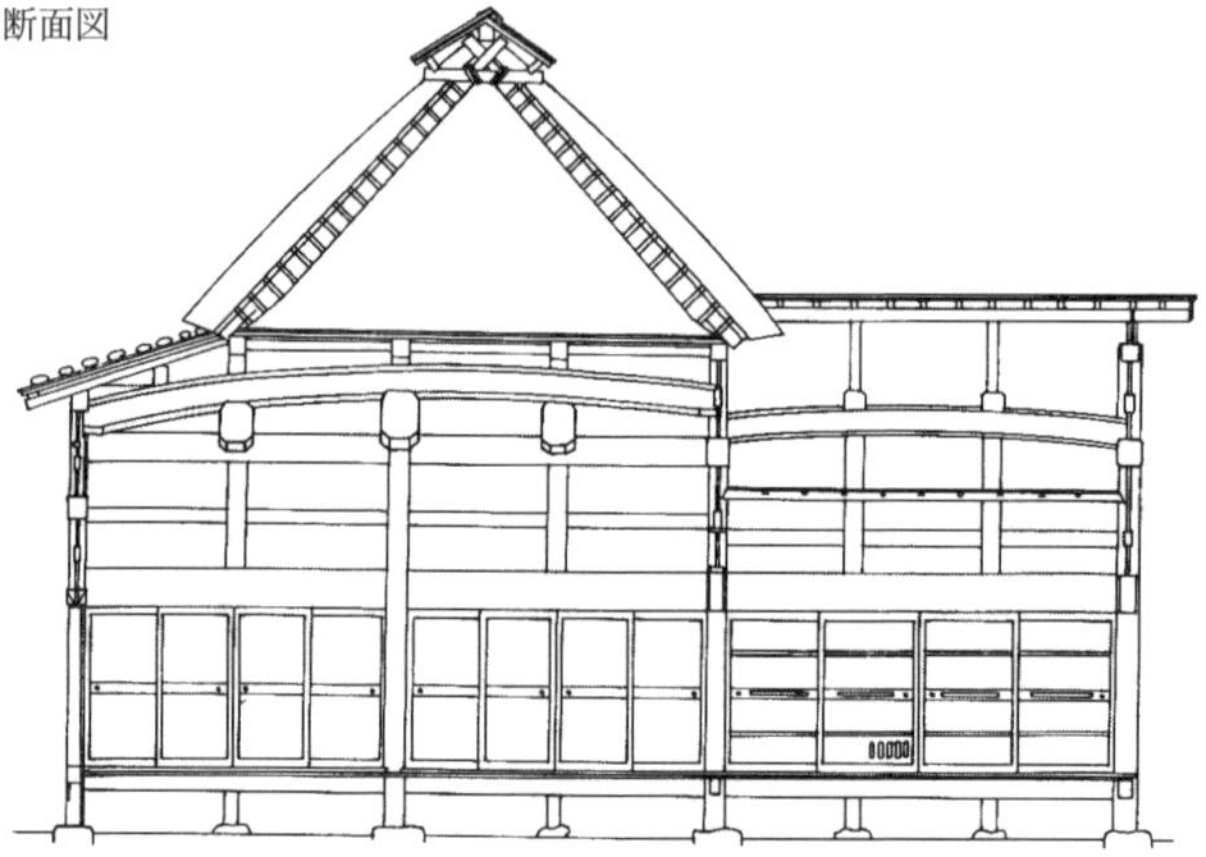

をみると、江戸時代中期とした方がよさそうである。側柱その他の柱が一間ごとに入っていて、一見古風にみえるが、能登大工は今でも柱の省略を嫌うので、必ずしも古いとはいえない。そして技術的にはこの地方民家の技術がいちおう完成した形でとり入れられている。加賀藩の役家をかねていたので、役宅部分としての書院が付属しているが、この書院部分は、いわゆる加賀間で、五・八尺×二・九尺の畳に合せてある。しかし大広間は板敷で畳を敷かないので、畳に合せてなく、真真六・二五尺―六・四尺（六・三五尺）である。屋根はカヤ葺で、庇は瓦葺である。庇の方は増改築をうけているらしい。ここの地方の民家と同様にニワの格子窓には建具が入っていない。冬でも風はニワへ吹きさらしである。しかし普通には屋根カヤに使うカヤを建物の外側にまきたてる。カヤ場のないような農家ではコモをかける。ここの土間ニワの広さは二十七・五坪ほどもあるが、これは当時の下時国家は下人を使っての大手作をしていたためで、雪のくるまえに稲束を広縁にとり入れ、雪のふるころ十ぐらいの「千歯《せんば》」をならべて稲こきをするのに必要だった。

8　越後の民家

越後民家の形態上の特徴は、なんといっても中門造《ちゅうもん》にあるといえるだろう。中門造は新潟県だけでなく、山形、秋田、福島方面まで広く分布しているが、今はもう平野部ではあまりみられなくなった。この中門造やツケサゲ（下屋のこと）が越後に行われるようになったのは江戸時代中頃以後のことらしい。新潟県東頸城郡松山の凌雲が寛文年間（一六六一―一六七三）に書いた『越後風土考』によると、「この頃里方《さと》では本屋の外に部屋、水屋、馬屋等の中門やツケサゲをかまえる者が稀にはみえる」とある。しかし雪ふかい山間部の農家にはまだ中門造はなかったとみえ、「本家一棟を建て、部屋、水屋、馬屋等の割り住い」であった。しかし各藩の武士の住宅のなかでは、それ以前から中門造は行われていたとみえ、明暦二年（一六五六）の長岡藩では家中の屋敷にたいし「いずれもカヤ葺とし、中門はじめツケサゲは無用」（『温故の栞』二六号）とある。江戸時代中期もすぎると、中門、ツケサゲは相当多くなったとみえ、元文五年（一七四〇）の村山藩の達しによると「百姓の住居は柱の長さ一丈四尺以下、屋根は草葺、天井は簀子、土座住いで、中門ツケサゲは無用」とある。中門とは寝殿造の中門のように、本屋からつきでた部分をいい、馬屋になっている場合を厩中門という。厩だと出入口にもなっている場合が多いのでゲンカ中門ともいう。後方へ室を突出させた場合は、ヘヤ中門、ナカマ中門、ネマ中門、ウラ中門などという。中央部の後方に、カッテやヘヤをつきだすとT字型の平面になるが、この場合は、サイヅチ中門という。特に小さな室、風呂場、小さな物置等を突出させた場合、その中門は小さいので、中門といわないでデベソということがある。

江戸時代中頃に長方形平面の割り住いから中門造へ発展したようであるから、中門造の方が好都合な理由があったと考えられる。考えられることとして次のようなことがある。馬屋、便所等の臭気がひどいものが

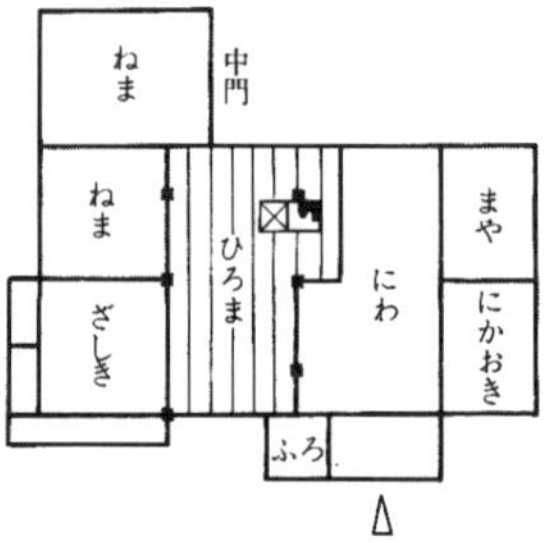

へや・うら中門

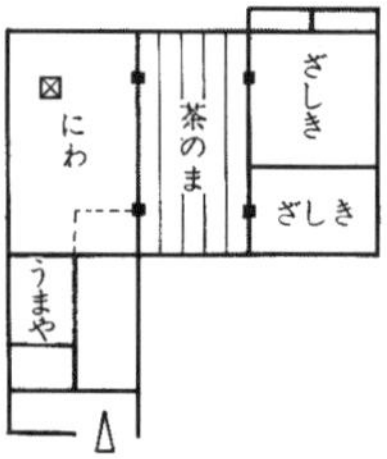

うまや中門・げんか中門

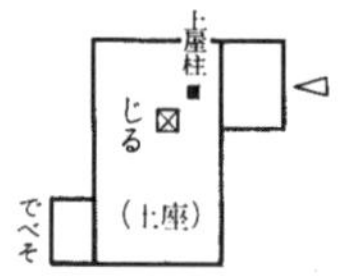

でべそ

中門造の形式

中門側にもってゆかれると、室の住み心地はよくなる。土座住居の場合はことにそうであろうと思われる。第二に多雪地では建物が高くなるから、中門をつけると構造的に安定する。第三にヘヤ中門の場合、長男に嫁をとって隠居した際利用できる。しかし困ることもおきる。クズヤの葺合せの谷をダキというが、ダキの部分は傷みやすく、毎年手入れをしなければならない。だからこの中門の部分だけ木羽葺、瓦葺にしたりアタン葺（この地方では亜鉛引鉄板葺のこと）にしたりしている。

家屋は東向きが多い。現在でもそうであるが、すでに江戸時代はじめの寛永二年（一六二五）の高田城主松平家の達しによっても次のことが書かれている。「農家は屋敷の向きにはよるけれど、東向きにつくり、物数寄な造作をしてはいけない。本家は東北を開いて、南西をふさぎ、ここへ神仏の壇を飾り正座とする。東に上下の出入口を設け、西北に裏口を開く」。西はともかく南をふさぐのは一見不思議のように思われるけれど、多雪地帯の冬の季節風は南向きであるからと考えられる。

笹川只一家住宅（新潟県西蒲原郡味方村味方）――慶安二年（一六四九）以来村上藩の大庄屋をつとめていた家で、文政九年（一八二六）に建設された。柿板《こけら》で葺き一部桟瓦葺の大規模な住居である。ふつうの役家では、一棟のもとに役宅部分と私生活部分とをおさめているが、笹川家ではこの両者を別棟としてはっきり区別しているのが特徴的である。役宅専用の台所が付属している。この地方の民家と同じく六尺＝一間として仕事をしているが、正確には多少間のびして一間＝六・〇三尺である。

越中井波の角平が建てたと伝承されている。しかし棟札によると、建設の棟梁は北越村松町の小黒杢右ヱ門である。村松町は味方の東南五里にある山間《あい》の小さな城下町である。土蔵、雑倉、文庫、表門、塀等の付属部分をよく残している。切妻の玄関の鬼瓦に銘があり、越前国敦賀の瓦飾師定吉が焼いた。

渡辺万寿太郎家住宅（新潟県岩船郡関川村下関）――天明七年（一七八七）一月七日正月の松飾りを焼く日に焼

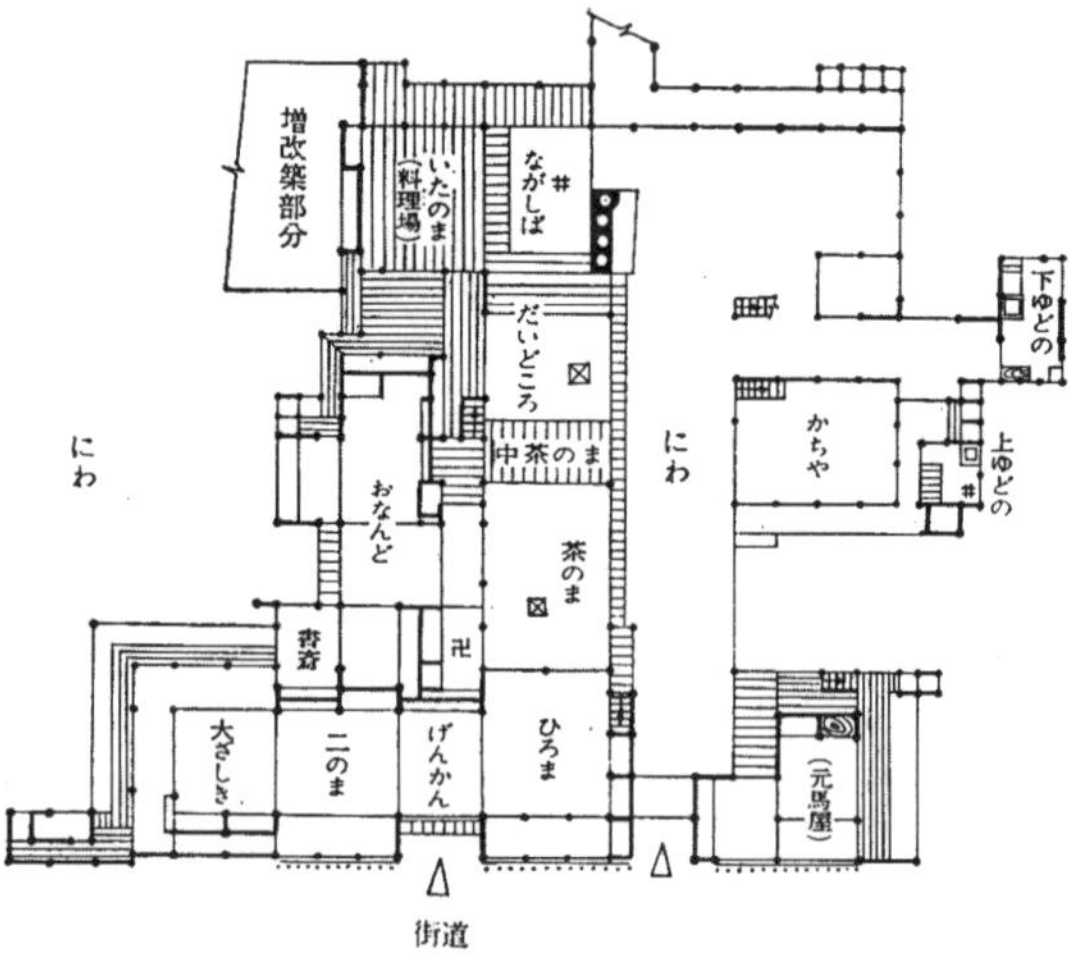

渡辺万寿太郎家住宅（天明８年建設）

失し、その翌年に再建された。通称「関の三左ヱ門さん」とよばれ、米沢街道に面し、大庄屋であった。延宝四年（一六七六）弥兵衛の酒株を買って酒造りをはじめ、火災前三十年頃から造り酒屋としても大きくなった。屋号を桂屋というのは、関移住まえは北方二里ほどの桂という集落に住んでいたからである。現在酒造りに使われた部分はとりこわされてほとんど残っていない。本屋は切妻板葺で、前者の笹川家と異なり、平面構成は町屋風である。ここの座敷廻り（大座敷、二の間、玄関、勘定の間、座敷縁）は、この地方の民家とちがって六尺×三尺の畳に合せて柱間がきめてある。敷居をとりはずせるようになっており、冠婚葬祭時に畳をよせ、べたの畳敷にできるようになっている。納戸をふくむ台所廻りは、真真六尺で仕事をしているため座敷廻りとの接合部分に多少はんぱな数字があらわれている。

年貢の納め時になるともう雪がふる。小作人たちは米をソリにのせ、大戸口からニワへ運びこみ検査をうける。広間は勘定の間ともいわれ、土間ぎわの半間×一間半の板の間には障子が入っており、これは年貢米の勘定口であった。小僧は勘庭の間でねた。勘定の間と同じく茶の間も土間にたいして吹放ちであるが、この広い二十七畳の室はいわば帳場で結界がおかれており、番頭さんが坐っていた。ここには仏間が接してあり、仏壇の横に大黒天が、中茶の間よりの隅の上にはエビスが祀ってあり、いかにも商家らしい面影をとどめている。一段さがった板の間は中茶の間で、小僧がひかえていた。更に一段さがるとムシロ敷の台所で、流しの間とともに女中たちのたち働き場所であった。この二室は二十畳あり、若衆のネマで、下湯殿へゆく左側の一間半×二間の土間は、ランプ掃除場であった。このすぐ近くにある十二坪のカチヤは春屋のことで、唐臼で米をつく室であった。この二階にも十畳半の室があり、ここは女中部屋になっていた。出入口に向って右に十畳、六畳、四畳の室があるが、ここは元来馬屋であった。主人ののる馬が飼われていた。

9　越後・越中大工と中居のカベヤ

越後大工——北陸地方は名にし負う単作地帯なので農閑稼が著しい。越後の農閑稼は米つき、杜氏《とじ》、風呂屋の三助とともに越後大工を忘れることはできない。今の越後大工の大工道具は三条物が多いが、三条の大工道具の歴史はそう古くはない。曲尺《かねじゃく》が最も古く、天明の頃にはじまり、文化には鋼製の曲尺が、嘉永には真鍮製の曲尺がつくられるようになった。鋸製造は天保—嘉永（一八三〇—一八四四）にはじまり、ノミ、鉋にいたっては明治十年代以後のことである。越後大工が増大したのは、これらの大工道具が行商人によって売りだされる明治以後のことに属するらしい。

しかし越後大工の旅稼はすでに文政頃にその例がみられる。山形県西置賜郡玉庭村湯田の鈴木善平家の住居の文政二年（一八二九）の棟札によると、越後岩船郡大川谷村温出の大工甚左衛門と清蔵の名がみえる。越後国でも岩船郡が、岩船郡のなかでも山北村方面に旅稼大工が多いけれど、その旅稼先は、主とし関東・東北地方であった。岩船郡関川村の渡辺功一さんの話によると、関川あたりの出稼先は山向うの山形県小国町方面が多かったとのことである。紺木綿の股引に、ドンブリのあるアテッコに、テダチをはおり、前合せの帯をしめ、縞模様紺木綿のカザカッパを身につけ、ドンゴバコ（道具箱）を肩にし、サンジョウガサをかむり、草鞋ばき姿で山を越えでかけていった。

越中大工——これにくらべると越中大工は、同じ農閑稼でも、加賀藩御用大工という核があった。氷見に近い宇波村大窪の大工は、すでに大正十二年（一五八七）にその十六人が御用大工として屋敷百二十歩ずつあたえられた。これが後年宇波旅稼大工の核となった。これと同様に井波工も文禄年間御用大工に任命され、屋敷を百二十歩ずつ与えられた。なかでも有名なのは、井波町の瑞泉寺の頭梁をやった九左衛門で、彼は文禄年間に京へ上り、京大工柴田某に師事し、帰って御用大工となった。越後の渡辺家を建設したと伝承される松井角平は九左衛門の子孫で、更に発展して松井建設となった。この地方はもう一人有名な大工を輩出した。それは現在の清水建設の初代と二代目で、初代喜助は天明三年（一七八三）に井波近くの婦負郡黒瀬谷村小羽に生れ、文化元年（一八〇四）二十二歳の折に江戸は神田鍛冶町絵草子屋の裏店で開業した。二代目喜助は、文化十三年（一八一五）に井波町で生れ、初代の養子となった。初代喜助は彫刻の才があり、大黒柱の残片で大黒天を刻んだとのことであるが、このように一般に井波大工は彫物に巧みで、この方向に向った。幕末の木彫の名人として万匠屋与八郎が有名である。ことに明治以後、民家のなかに欄間が普及するにつれ、大規模な欄間製造の中心として発展した。現在約百人ほどの工匠がおり、神代木、紫檀、黒檀、白檀を材料とする欄間、衝立の製作が盛んである。

中居《なかい》カベヤ――石川県鳳至郡穴水町近くの中居集落は左官の出稼集落である。しかしここは元来鋳物師の集落で、天正十年（一五八二）前田利家が七尾城建設の際には、城郭建物の金物を中居の（北村）十兵衛宛に催促している。江戸時代は時々は梵鐘を鋳るほかは、塩釜や飯釜をつくっていた。塩釜は主として能登の沿岸の塩畑で製造する人に賃貸しされ、飯釜は農家に一年米一升の割で貸しだされていた。釜根帳には貸した人と釜をつくった年と賃貸料とが書きだされていた。中居ではこのイモジをふつうカベヤ（壁屋）というけれど、すべてのイモジがカベヤといったのかどうかわからない。しかしこのカベヤはたしかに左官でもあった。なぜならカベヤの鋳物は冬の仕事であったから、夏は江戸へ左官として出稼にでていた。明治以後になると東京のほかに東北、北海道へも出稼にでるようになった。そして主な職業であったはずの鋳物が明治いっぱいぐらいで駄目になると、副業であったはずの左官稼が主となり、ことに昭和に入りモルタル建築流行とともに中居はまったくの左官出稼村へと転身してしまった。

他のイモジ集落とともに中居も河内国丹南出身という伝承をもっており、イモジが左官を兼業するようになったのは、丹南（大阪府）のイモジは秋にきて春帰ってしまうので、残った土着の職人が型つくりの技術を利用して、左官出稼にでたという伝承もあるが、どの程度あてになる話かわからない。天文頃、蔵人所《くろうどどころ》の下役人で柳原家の雑掌でもあった真継《まつぎ》家が、正親町天皇の綸旨と幕府権力を利用し、大名を通し在地のイモジを支配しようとした時、中居イモジははなはだ迷惑だと若干の抵抗を示したようであるが、少なくとも江戸時代は丹南の真継家の支配をうけていた。その時イモジたちは真継家から、受領名、帳面等とともに菊の紋章入りの旗指物をもらった。その旗指物には、たとえば次のように染めぬいてある。「禁裏諸司　真継美濃守支配　左方総官能州中居　小林左兵衛尉藤原吉勝」。左方総官という字は一段と大きいが、その意味はよくわからない。カベヤ（カベヌリ）を左官というのは、この左方総官をちぢめていったものだというのは、土地の人の意見である。だいたい左官という言葉は新しく、慶長九年（一六〇四）の「宇都宮大明神建立御勘定目録」にでてくるのが、今のところ最初である。それまではカベヌリが一般的な呼び方であり、室町以前の普請帳、下学集、七十一番歌合等すべてカベヌリとなっている。江戸時代になると左官はカベヌリの俗称としてごく普通に使われている（『人倫訓蒙図彙』『和爾雅』『和漢三才図会』『正徳武鑑』）。このように左官が桃山時代以後の新語であるとしたら、なぜでてきたか問題となる。諸説あげると次の通りである。

『広辞苑』によると。禁裡の修理には無官の者は入れないから、無官のカベヌリを木工寮の属（サカン）として仮に入れたからだという。『言海』によるとカベヌリが任官して（サカンとなった?）からだという。これにくらべると中居の左方総官省略説は、真偽のほどはうけあいかねるけれど、いかにも中居イモジの歴史にふさわしい血の通った新説である。

甲州・信濃路

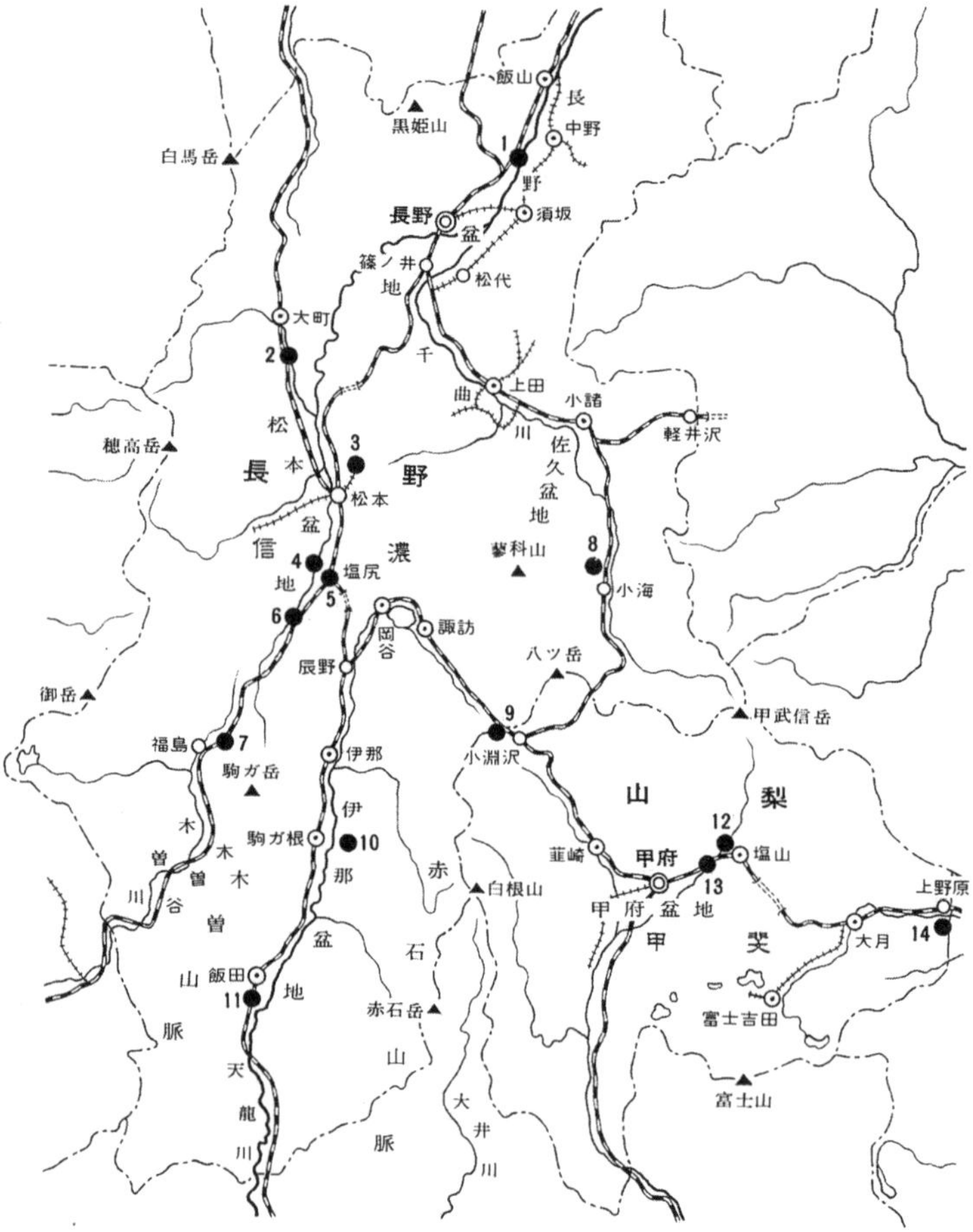

1	笠倉集落	8	須田清次家
2	清水千春家	9	蔦木宿
3	降旗徳弥家	10	竹村源吉家
4	郷原宿	11	森本州平家
5	堀内貫一郎	12	高野宅美家
6	本山宿	13	雨宮生紀家
7	日義村	14	小俣徳家

1　中馬稼に椋鳥稼

信州路はすべて峠越えである。そして甲州路もまた峠越えである。山々にかこまれたこの国々ではこの峠は越さなければならないものであった。こうした街道を一頭から四頭の馬を追いながら荷を運ぶ馬追いがいた。二頭で一綱といい、四頭で二綱といった。菅笠を頭にかむり、短い着物に股引をして、手甲・脚絆・胸当て姿の馬追いたちが、小枝にかけたサイをふりながらこうした街道を往来していた。それは江戸時代の話である。駄馬による荷物輸送を信州では中馬《ちゅうま》といっていた。甲州では中馬とはいわなかったけれど、こうした駄賃つけは甲州にもあった。彼等馬追いは農民である。そしてこの中馬は伊那谷の農民の間に最も早くはじまったらしいが、いつ頃からはじまったかはよくわからない。しかし元禄時代の少しまえにはすでにはじまっていたらしい。そしてこれは作間（農閑期）における農民のアルバイトにはじまり、また松本、飯田、大町、甲府、そしてこの国々をとりまく国の都市江戸、駿府、名古屋等の発達に呼応していることはいうまでもない。

彼等は商品を運んだ。しかし彼等は公道を通らなかった。中山道とか甲州街道とかいう公道を通らなかった。たとえばそれが近道であろうと通らなかった。彼等はもっぱら裏街道や脇街道を利用した。それには封建時代らしい理由があったからである。

公道では公用の人馬に絶対的な優先権があった。現代ならばスピードの速い車輛が運送のトップをきるけれど、その時代においては身分の上下が荷物の遅速をきめていた。しかもそればかりでなく、公道では宿場ごとに馬背をかけかえ、そこの問屋にいくらかの口銭を払わねばならなかった。当時の人たちはこの口銭を庭銭といっていた。とにかくこれは商人にとって大きな傷手であった。そこで脇街道を利用した牛馬背による駄賃つけや河川・海上による舟輸送が発達した。

馬追いたちは脇街道を付荷をかけかえないで二十里も三十里も運んだ。「足毛小馬の中荷がすぎて登りかねたよ治部坂を」。これはそうした馬追いたちの馬への愛着を歌ったものであろう。国府が国の中心であった古代においては官使の往来する官道であった鎌倉往還も、また天文二十二年（一五五三）信州を攻略した信玄が開いた大門峠越えの棒道も、天正三年（一五七五）武田の軍勢が三千挺の鉄砲をもつ織田軍を攻撃すべく長篠に向って南下した三州街道も、ともに中馬の行き交う脇街道であった。三州街道も三河の国に入ると信州街道という。名前はちがっても同じ街道である。昔は街道の通ずる相手方の国の名前をつけるのが習慣であった。

文政十年（一八二七）の信州御射山神戸《みさやまごうど》には中馬をする農民が四十三人いて、全体の二七％をしめ、日傭取りの三十九人、江戸稼の二十二人をおさえ、中馬は最も多い作間稼のひとつであった。しかし江戸稼も大きな出稼のひとつであった。彼等はその当時冬の寒い間だけ、でかけるので、冬になると渡りくる椋鳥になぞらえて「椋鳥」といわれた。信州柏原に住んでいた一茶が「椋鳥と人によばるる寒さ哉」とよんだのも、彼は信州人としてこうした出稼をしなければならない悲しさをしっていたからであろう。そして江戸では「ふるさと寒く大飯を食ひに出る」椋鳥と人にいわれたこともあった。

こうした中馬稼や江戸稼は、生産力の低い土地に住みながら金納しなければならない農民にとっては有力な内職であった。宝暦二年（一七五二）二月の松川組の大庄屋の口上書によると「この土地は悪くて牛馬を多くもたなければ耕作ができない有様で、作間渡世としてその馬をもって登荷・下荷を運んで交易」していると書いている。

そういえば江戸時代のはじめの寛永年間から慶安にいたる農民の住居をみると、年貢を負担できるような一人前の農民では、その屋内に必ず馬屋をもっている。もっともたまには外馬屋をもっている大百姓もいた。しかし一方ではこうした農民に隷属する門屋《かどや》とか被官とかいう隷農がいた。こうした隷農が自立小農民として独立するのも、また中馬が盛んになるのも、そして都市が大きく発展するのもすべて元禄時代以後であるが、これらの間になんらかの強い関係があったのは事実としても、その因果関係のほどは明らかではない。

そして建物の様相もこの頃を境として大きく変っていった。

2　今なお残る宿場町

甲州では「話があまりにうますぎる」ことを「韮崎の四ツ前」という。韮崎は信州往還の宿場町である。駿河から富士川沿いに運んできた干魚、塩、大豆、肥を鰍沢《かじかざわ》で荷揚げすると、四里半北の韮崎へ継ぎ送りした。この韮崎はこれら荷物を信州の佐久・諏訪地方へ送り込む荷継ぎ場として栄えた。ことに四ツ前（午前一〇時まえ）は荷物を運ぶ人馬で雑踏し、おびただしく「馬過《うます》ぎる」有様であった。「韮崎の四ツ前」とはこの「馬過ぎる」を（話が）うますぎるにかけて洒落たものであった。

なにはともあれ信州路や甲州路には、こうした時代の宿場の建物が今なお数多く残されている。明治三十年代に鉄道が敷かれるとともに、人馬ともに文明の利器に奪われ、宿場町はさびれてしまったけれど、駅から遠いかつての宿場町はありし日の姿をとどめ、今なお昔日の面影を偲ぶことができる。そのひとつが信州・甲州境にある蔦木宿《つたぎ》（上蔦木）であり、他のひとつが塩尻西南八キロのところにある本山宿《もとやま》であり、ちがった意味では郷原宿《ごうはら》がある。しかしこれらの宿場町は今や急速にその姿が失われつつある。蔦木宿は八ヶ岳を東北に見る深い谷間に横たわる甲州街道の宿場町である。江戸の内藤新宿より数えて四十二番目のこの宿場には、ありし日の宿場の出入口であった升形《ますがた》の面影があり、目白おしにならぶ間口の狭い旅籠屋のまえには柿並木がつづいている。井筒屋はこうした旅籠屋のひとつである。年老いた母が手機《てばた》で機《はた》を織りながら守るこの建物は、改造されもせずよく保存されている。もう訪れる人とてないこの蔦木宿は、時々通るバスやトラックの埃にまみれながらも、静まりかえった家並には草鞋をはいた旅人の往来した日をほうふつさせるものがある。

本山宿は奈良井川の東の山の斜面に連なる中山道の宿場のひとつであり、南へ八キロにして贄川宿《にえかわ》に達し、北へ六キロにして洗馬宿《せば》に達する。百戸ばかりの本山宿には池田屋、藤屋、川口屋、中扇屋、扇屋、穀屋、花村屋などという旅籠屋があり、千本格子の入ったこの二階には旅人を慰める遊女たちがいた。この町の生活環境を豊かにしていた家並のまえを奔り流れる谷川の清流は、道路近代化の美名のもとに最近破壊されてしまったが、飲水でもあり、また桶に汲みとって旅人の足を洗う水でもあった。信州の板屋はただでさえ軒の出がふかいけれど、宿場の民家では更に出梁《だしばり》または二重の「もちおくり」をさしだして、いっそう軒の出をふかくしていた。ふかい軒の出は雨や雪の日には旅人の溜り場として、また暑い夏の日には家前にたちよる旅人から強い日ざしをさけるのに役立った。間口三間の中万屋《なかよろず》は茶屋である。善光寺参りの白い手拭や赤い手拭をした旅人たちは「ろじ」に入り、「みせ」の端に腰をかけおべんとうをとる時は、「おにしめ」や「お茶」をだしてもらった。この茶屋は明治二年の火事に焼けた後に建てられたもので、客のない夜は大戸をしめ、みせには「ひとみ」という揚戸をおろして閉じた。どの家もがそうであるように、この家も少し

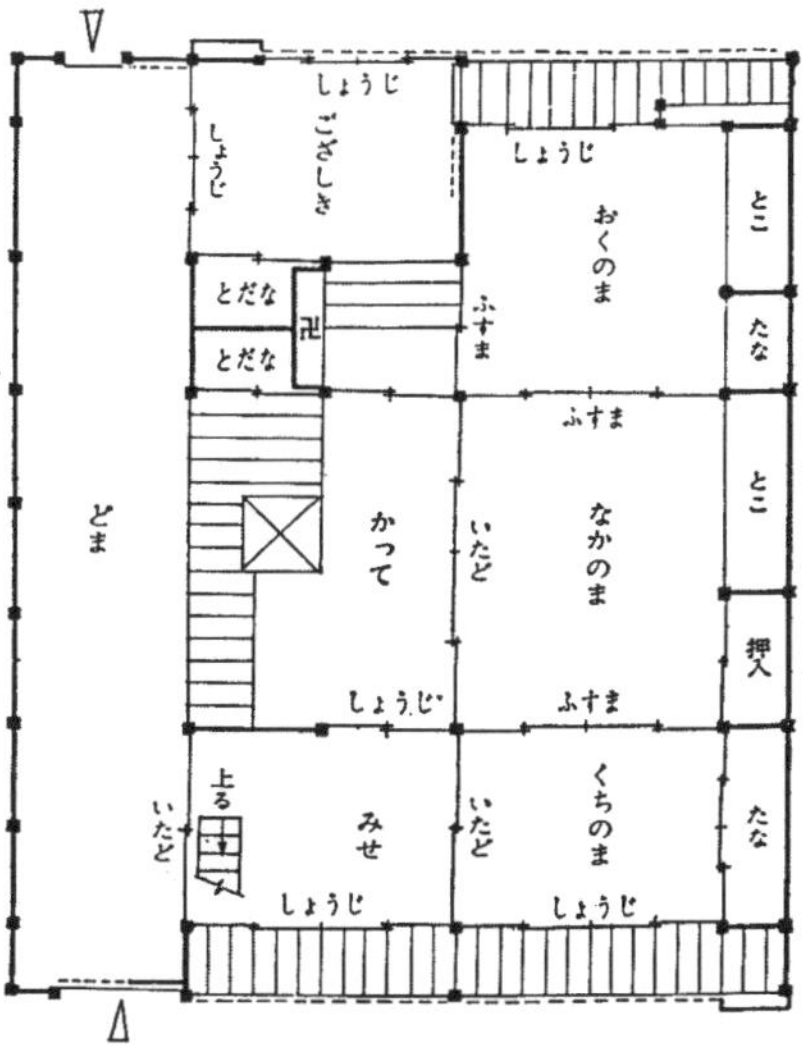

井筒屋　岩田たかの（明治維新前後建設）

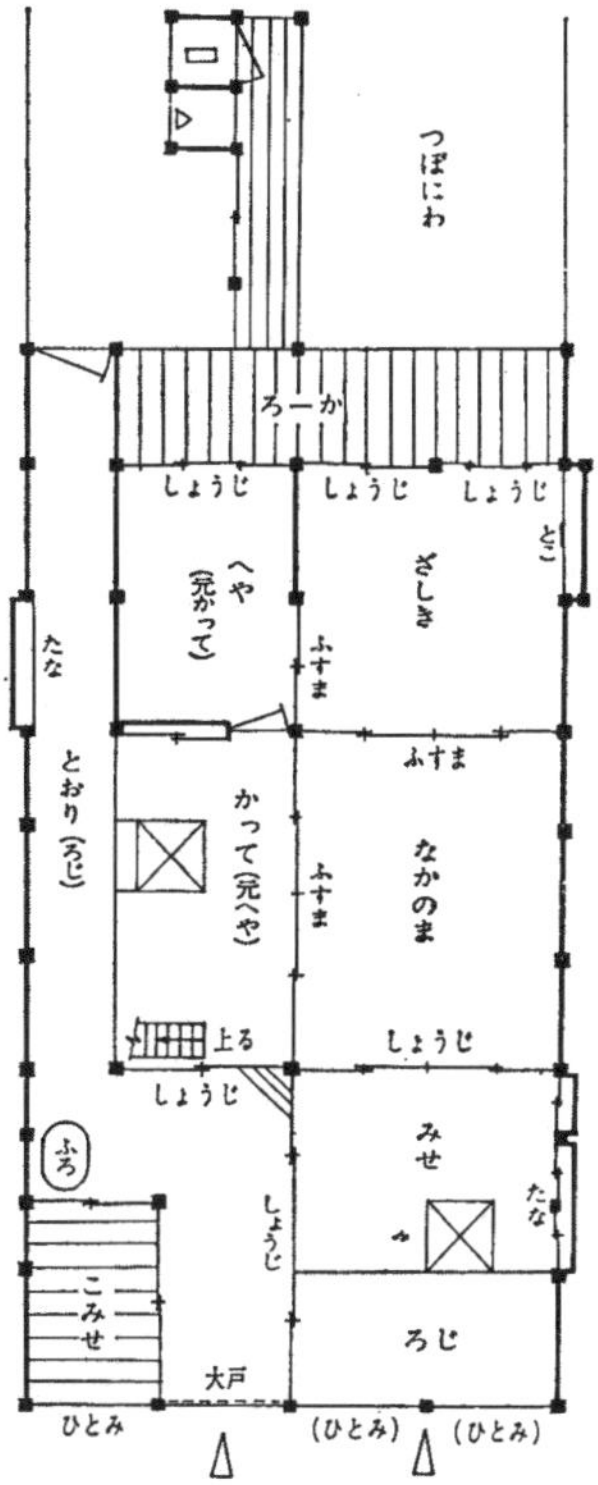

中万屋　小林貢家住宅（明治２年建設）

ばかりの田畑を耕し、時には蚕を飼っていたこともあった。二階はそうした養蚕のための室となっていた。また菊屋はこの宿場唯一の馬宿《うまやど》である。中山道は公道であるので中馬はこの道をさけたけれど、それでも駄賃稼の駄馬はいた。馬宿は駄馬をつなぐ馬屋と馬方が泊る本屋とからなっていた。また宿のなかほどには公用人馬の継ぎ送りをする伝馬問屋があった。しかし残念なことには菊屋は今はもうまったくなく、問屋もその一部を残すにすぎない。

三州街道の根羽村の小川集落には中馬宿が残っている。奥行・間口とも六間ほどの主屋のわきに何十頭も収容できる馬屋がついている。しかし小さな中馬宿は建物の真中を通り土間にして、左側を馬屋、右側を室にしていた例が多い。平谷集落にはそんな馬宿が残っている。馬追いたちは広い土間のクドで馬糧を煮、カッテのイロリで暖をとり、夜も更けると六畳とか八畳の室でざこ寝した。馬宿の裏には野菜畑や荷蔵がおかれているのが通例であった。

以上の二つにくらべると郷原宿は少し毛色がちがう。北国西街道にあるこの宿は、もとは奈良井川の対岸にあったものであり、今は田圃となってしまった。この宿場町は安政の大火後に再建された。他の宿場の建物はほとんどすべて平入《ひらいり》板屋であるのにたいして、この郷原宿の建物は妻入《つまいり》の本棟造である。赤羽家の本棟造の建物はこの宿場の問屋であり、棟には栗の二寸板の雀躍りという飾りがあがっていた。この宿場の客は旅商人と善光寺参りの人たちが大部分であった。屋敷の間口は階層によってだいたいきまっており、問屋で十二間、小頭で六間、並の者は四間ほどであった。そして街道沿いには他の宿場と同じように清流が流れている。建物の裏に田畑がつづき、一方では農業もしていた。

こういう宿場には侠客が多かった。侠客はそこで働く飯盛女を売買し、また彼女等の逃亡の監視もしていた。煙吐く浅間山の麓にある追分宿には、明治五年に約八百人の住民がいたが、そのうちの二百人は飯盛女であった。弱き者と飯盛女とをくじく俠客をみせつけられていた民衆にとっては、弱き者を助ける沓掛の時次郎は、民衆の切なる願いであり遠い夢であったかもしれない。

3　被官と下人の住居・門屋

信州には他の地方よりおそくまで中世的な隷農が残存していた。これらの隷農は松本平や佐久平では門屋《かどや》、伊那地方では被官といわれていた。ことに伊那の天竜川東の山間部では明治にいたるまでこうした親方――被官制度が残っていた。江戸時代はじめの慶安三年（一六五〇）に北安曇郡東小谷《おたり》中屋村では、本屋二十三世帯にたいし門屋は十九世帯もあった。複合家族の世帯が多いので夫婦単位で数えると本屋の住居に住む者四十五夫婦、門屋の住居に住む者二十七夫婦であった。実際にはこのほか一生結婚もさせてもらえない下男下女たちがいた。

江戸時代中期の享保年間にも温田村の治太夫は二十四戸の被官を、我治奈村の伊右衛門は十一戸の被官をもち、それぞれ石高百十石、五十七石に相当する土地を被官を使って手作経営をしていた。幕末の安政頃になってさえ二百九十八石もった金野村の三十郎は四十八戸の被官を、二百一石もった明島村の忠助は三十戸の被官を抱えていた。年代はわからないが百十六石もった小川村の庄屋庄兵衛の居宅の大きさは八間×八間で、別棟に二間×四間の上座敷、馬四頭入る二間×四間の馬屋があり、居宅には五人の家族が住んでいた。彼は被官を抱えていたので、親方《おやかた》といわれ、その六人を門屋に住まわせていた。このほか家内下人として新七ほか六人、家内下女としてあいちゃほか九人がおり、彼等は馬屋と台所で寝起きしていた。

被官や門屋は親方と同じ屋敷に住む場合もあり、はなれた屋敷に住む場合もあった。前者の場合を内門《うちかど》といい、その身分的拘束も強い。後者の場合を外門《そとかど》といいこの方はわりあい独立性があった。慶安三年（一六五〇）の北安曇郡沢渡村の親方孫左衛門は藤吉、甚作なる門屋をもち、この二人は外門として四間×六間、二間×三間なる住宅に居住していた。四間×六間なる外門住居はむしろ特大に属し、なかに馬屋をもち牛二頭、馬二頭を飼っていた。同じ村の庄屋市左衛門は四戸の内門と二戸の外門をもち、外門の伊平次と六蔵はそれぞれ二間×三間と一間半×三間の住居に住み、牛馬はもっていなかった。大町近くの沢渡、土屋、中屋村の外門住居のうち最もありふれているのは二間×三間の六坪住居であった。そして最も小さい外門の住居は、わずか一間×二間（二坪）であった。

江戸時代初期の承応三年（一六五四）の南佐久郡の原、取出町、臼田、上畑、松原、海尻の各村の家帳をみると、門屋はカヤ屋、板屋の区別はあってもそのほとんど全部が掘立柱屋で、やはり二間×三間の住居が最もふつうであった。もっともこの地方は門屋住居でない一人前の百姓屋でも掘立柱屋が多いから、なにも掘立柱屋が門屋住居の特徴というわけではない。この地方も江戸時代中期の宝永から寛政（一七〇九―一七八九）にかけては、この門屋もなくなった。ずっと時代がさがった宝暦十三年（一七六三）の甲州諏訪郡平野村西堀の書上によると、七十一軒の農家は一間×二間から二間×三間で、相変らず小さかったことがわかる。しかしこの地方も、それから二十年後の天明・寛政期に転換期を迎えたことが、文政四年（一八二一）の「岡谷村定書」をみるとわかる。すなわち「建家・造作なども三、四十年巳前の通に致」とある。そして南佐久郡野沢村の瀬下忠敬の『千曲真砂』によると、「一村家僕のように親方に使われ、田植、稲刈、取入、普請、草刈に際しては親方の入用次第に奉公する」被官がいたのは伊那地方だけとなっていた。下伊那郡神原村の熊谷家は戦国時代には武士兼農民であり、天正十五年（一八五七）には六戸の被官をもち、その後分家などで被官はふえもしたが、寛永年間には二人、延宝年間には五人が独立し、ここにまったく被官はいなくなった。

南安曇地方では慶長以前より居住していた家を「柴伐《しばきり》」といって一戸から三戸の門屋を必ずもっていたが、江戸時代中期の享保十年（一七二五）以後には、すべてが平百姓となり、門屋はその姿を消した。もっとも上水内郡の南小川村の「下末の殿様」といわれた親方のように明治十五年（一八七七）にいたるまで、稲尾に十一戸、駒肥に十八戸、屋敷前に四戸の門屋を抱えていた例もある。こうして早い場合には江戸時代の中期に、おそくても明治に入ると門屋とか被官とかいう隷農はその姿を没しさった。今はもうこうした門屋や被官の住居はほとんど残っていない。

しかしこうした親方―被官・門屋関係はなにも農村だけにみられたものではない。江戸時代初期の信州の都市においてはごくふつうにみられた。たとえば慶安二年（一六四九）の大町にはこうした例が数多くみられる。当時家帳によると二百四十六世帯のうち約半分の百二十七世帯が一人前の本屋世帯で、一六％の四十三世帯が相家という同居世帯で、残りの二四％の六十九世帯が門屋層であった。このうち四十九世帯が内門で、二十世帯が外門であった。このほか四世帯の隠居屋があった。

この門屋層は江戸時代の中期には借屋人に転化してしまう。京都や奈良といった近畿地方の先進的な諸都市では、大町より八十年から百年もまえにこうした隷属的な家族は近世的な借屋人層へと上昇転化してしまった。この意味では信州はそれだけおくれた地方であったといえるかもしれない。しかしそれだけに中世的な都市様相をここにみとめることができたことは幸せなことであった。

4　身分によってきまった家構え

安政四年（一八五七）といえば明治維新のわずかまえ、上伊那郡鹿塩村の伝兵衛は沢井の畑とともに被官与四郎一軒と斧一挺（一軒前の入会権のこと）とを幸之助に質入れしたことがあった。つまり被官は親方にとっては財産のひとつであり、勝手に売買質入れできたほどだから、被官にはさまざまな身分的拘束があったとしても当然なことといえるだろう。たとえば貞享四年（一六八七）の『内藤文書』によると、内藤家では被官たちを、田植や忙しい時には召しよせ、正月の挨拶にでかけてきた被官たちには振舞することになっていた。

被官の家は親方屋敷の上手や左には建てなかった。左に建てさせないというからには奈良時代以来の「左を尊ぶ」思想がこうした山間僻地にもあったのであろうか。平安京が建設されて以来、右京は衰え左京が栄えたのは、ひとつには大陸伝来の左尊の思想があったからといわれた。ふつうは被官の家は親方屋敷の門前に建てることが多かった。

被官が家を建てる時には親方は大黒柱や梁を下げわたしてくれ、またその他の材は親方の山へ入って必要なだけ伐採することができたし、屋根葺に必要なカヤも親方のカヤ場で刈りとることもできた。もちろんこうした被官の住居は総土間か、床があってもせいぜい板敷で、畳は敷かれていなかった。だから吉凶に際しては親方は膳椀、屏風、火鉢、座ぶとんとともに畳を被官に貸してくれた。被官が独立性を高めてきた幕末には壁を白くしたり、床の間をつける者がいたとみえ、親方はそれを禁止している。嘉永三年（一八五〇）二月には上伊那郡大鹿村鹿塩の譜代の被官俊蔵が、その親方伴右衛門にさしだした詫状によると、座敷の一重天井だけは勘弁してもらっていたが、そのほかは実体にするからと詫を入れている。こうしてみると被官住居には天井がないのがふつうであったらしい。

被官は親方の家へいっても勝手口から出入りして、表玄関から出入りできなかった。この点は先進地帯の地主と小作人、水呑百姓との関係と同じである。そしてカッテやイロリの木尻より上には坐れなかったし、ある時には土間に敷物を敷いて挨拶した。しかし一軒の親方に一人か二人いる被官頭《かしら》だけは台所まであがれた

（上伊那郡大草村）。そして親方のカッテや台所では味噌煮の日には、被官の家の女たちがきて味噌にぎりをした。また五節句や盆正月に大豆や桶をもって親方に伺いでたのもこの台所土間であった。

被官はまた、親方の家の普請や修理や屋根替にかりだされた。上伊那郡大河原村の親方の前島家では安永六年（一七七七）三月十二日の隠居屋の屋根替の十人の手間のうち五人手間は被官によるものであったし、翌日の土蔵、門長屋の屋根替の十四人手間のうち八人手間は被官によるものであった。この年中のさまざまな被官手間は百九十六人にも達し、六十九人六十八日にわかれていた。被官たちは親方の家で麦、稗、干葉、大根、干わらび等の雑飯をたべさせてもらうだけでなんらの報酬にもあずかれなかった。この時代の被官住居の間取と規模を大きく左右するものは、その身分関係であった。

分家するのを「ええわけ」といった。分家は隷農とはいいがたいけれど、本家にたいして若干の拘束があった。家の棟の高さは本家のそれより高くはできなかったし、分家屋敷は本家の戌亥《いぬい》（北西）を嫌い巽《たつみ》（東南）をえらんだ。また本家の北へだすと本家がつぶれるといわれていた。

5　掘立柱屋と土座住居

塩尻近くに平出《ひらいで》というところがある。ここは静岡県の登呂遺跡とともに原始時代の住居址がまとまってでたところとして、名がしられ、藤島亥治郎博士復元の竪穴住居がある。登呂の復原住居がまったくの伏屋であるのにたいして、この復原住居には外壁がある。これはそれだけ新しい時代の原始住居であることを示している。この住居はもちろん掘立柱屋である。このような掘立柱屋が江戸時代のはじめの信州には、ごくあたりまえにあったらしい。小諸近くの八満村の小林葛古《くずふる》が安政四年（一八五七）に著した『きりもぐさ』によると「往古の家は掘立といって柱の根元を火に焼いて、一尺五寸ほど土中に掘りこんでいた」。江戸時代初期の明暦三年（一六五七）に死歿した士族の織部殿の屋敷は「下の屋敷」といわれていたが、この家が佐久郡石すえ住居のはじめで、建設当初には近在の人たちが見物にきたほどであった。また小林葛古の本家彦左衛門の旧宅もこの地方の石すえ住居のはじめで、建設当初は珍しいとて大佐久辺から見物にきたと言い伝えられていた。

江戸時代はじめの承応三年（一六五四）の南佐久郡原村では二十八戸のうち二十六戸、取出町村では三十二戸のうち二十八戸、臼田村でも四十六戸のうち三十八戸、上畑村でも二十一戸のうち十七戸、塩尻村では十一戸のうち二戸が掘立柱屋であり、いかに掘立住居が多かったかがよくわかる。南佐久郡八千穂村八郡《やごうり》の佐々木利助さんの家には明暦元年（一六五五）の文書がある。これは二間×四間のカヤ葺掘立屋建設のために八郡山から用材を伐りだすために願いでた際の文書である。珍しいので書きだしてみると、

覚

一、弐間四間	ほつ立	かやふき	
一、はり五丁	長弐間	弐寸三寸かく	ひそ木
一、柱　拾本	長壱丈	四寸かく	つか木
一、さす六丁	長九尺	三寸かく	ひそ木
一、すき四本	長弐間	三寸かく	同　木
一、ほそ木	弐駄	但四束付	同　木
一、たる木	四駄	但四束付	雑　木
一、くい木	弐駄	但四束付	同　断

木数　　　　合二五本
外八駄ほそ木たる木くい木
右之通八郡山ニ而可被下候　此外壱本成共きり申候か　又ハ他所江売木仕候と訴人御座候ハ、何様之曲
事にも可被仰付候　以上
明暦元年未十一月五日　八かうり　新右衛門（印）
六右衛門（印）
天笠善左衛門様
綱野弥五左衛門様

これは六右衛門がええわけ（分家）して独立した時の文書らしい。この文書をみると木材を払い下げてもらうと、それを他所へ売却する者がいたとみえて面白い。同じような文書が寛文九年（一六六九）の『高見沢文書』（高野町）にもあり、これは掘立ではなく、石すえの板葺で二間×七間で少し大きい。柱十九本（一丈×三寸角、栗）、サス十六本（九・五尺×三寸角、松）、ほそ木二十本（一間半×二寸×三寸、松）、板持木三本（一間半×三寸×四寸、唐松）、ぬき木十丁（ひそ木）、垂木九十本（九尺、ひそ木）が書きあげられている。「ひそ木」は方言で、針葉樹の一種であり、今はほとんどみあたらない。「つか木」は栂のことであり、「すき」は「ずき」ともいって建物の周囲にまわす材で、ここでは桁をさしているらしい。「くい木」（杭木）があるのはその家が山の斜面にあるためで、土留めのためであるらしい。

この掘立屋がいつ頃まで残っていたのかわからないが、この後身の建物と思われる三間半×七間のカヤ屋は、昭和三年まで残されていてこれには玉石があった。明暦元年建設の掘立屋は総土間住居とみなされるが、昭和三年とりこわしの二代目の住居は四間取で、土間には九尺四方の馬屋があった。三代目の現存住居

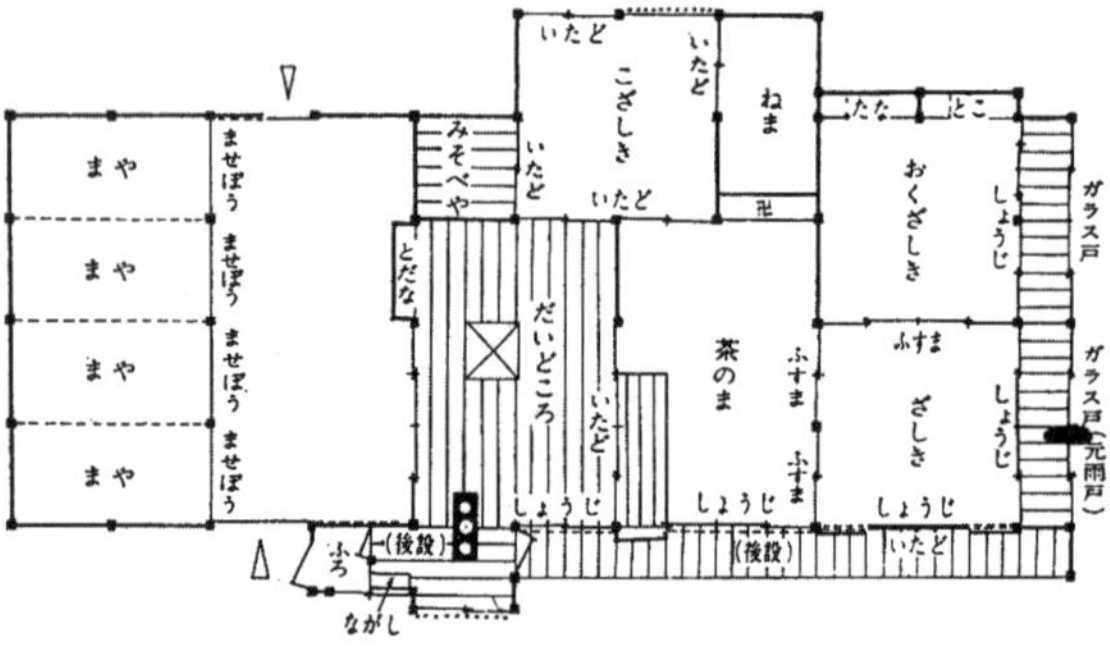

須田清次家住宅（寛保２年建設）

は総二階瓦葺の大住居で、この三代の住居をならべると佐々木家三百年の移り変りを偲ぶことができる。

佐々木家と同村の上畑の須田清次家住宅は、寛保二年（一七四二）の天竜川洪水におし流された後に古材をも利用し建設されたもので、十間半×四間の三ツ棟（T字型の屋根伏）であった。寛保二年を先立つ九十年ほどまえの甚左衛門の代の住宅は三間×六間（十八坪）の掘立カヤ葺であった。このほか五畝十歩（百六十坪）の屋敷には三間×五間のカヤ葺添屋、一間×一間のカヤ葺雪隠、二間×四間の板葺倉屋があり、いずれも掘立屋であった。そしてこれらの建物のなかには十一人の家族が住み、三頭の牛馬が飼われていた。この須田家は代々問屋もつとめ筋目のある家柄であった。それでさえ江戸時代のはじめにおける住居は掘立であった。寛保二年に建設された現存住居は、洪水で破壊された古材をも使用しているためか、床の高さが低く一尺五寸にもみたない。

このような往古の住居は『きりもぐさ』によると、土間にワラをしたたか敷きこみ、上に「ねこだ」を敷き、客があれば琉球蓙や蒲蓙をだした。総土間住居ではこの土間に「いろり」があり、この土間は「でい」とよばれていた。壁はたいてい手塗の壁で、細いぼやを木舞《こまい》して谷地草をひきこんで、これに土をぬりつけたものであり、柱のかくれるところもあり、まわたしのあらわれるところもある有様であった。

また『四隣譚藪』という本によると、「昔は当郡には松林がなかったので、古い家では檜を用いた場合が多いと伝えられている。また鉈《なた》を使うこともなく、でヤリカンナで上手に仕上げたものである。寛永・正保（一六二四―一六四八）に領家から松苗と松ふぐりとが植えられた。寛永頃建てた家は、蒲林で刈りとったカヤを使った。こういう家は元禄の頃まで残っていたらしい。寛文（一六六一―一六七三）頃までは、一村のうちで松戸の家は一―二軒にすぎず、板戸も稀で、ヨシでつくった編戸であった。家のなかも板敷は稀で、ネコザよりも粗末なアンジキというものを敷いていた」。また小県《ちいさがた》郡畠山村の香山磯右衛門の文禄年中（一五九二―一五九六）に建てられた三間×六間の住宅は、栂を斧でうちおとしただけの材が使われていた。また棟木にはくびれ目があったが、これは猫岳より材を引きおろす時結びつけたあとであった。

建物の一部が土座住居であった例として、諏訪湖近くの大熊村の藤森平右衛門家をあげることができる。この村は入札《いれふだ》という選挙で名主をえらんでいたが、藤森家もこうした名主の家の一軒である。だから世襲でないこの村では名主の家は何軒もある。寄棟カヤ葺で柱は釿はつりである。もう二百年くらいたった住居であろうか。この間取をみるときわめて特異な平面を示しているが、左右両端は増改築したものらしく、もとは五間×五間の正方形であったらしい。土座住居としていた部分は叩き土で多少高く盛りあげていたが、明治三年（一八七〇）に現在のような板敷とした。

このように土座住居をもった藤森家は元禄・享保年間には十五町歩も手作経営していた大百姓であったことは注目してよい。こうしてみると明治維新にいたるまで、地方によって階層の上下を問わず土座住居は相当残っていたらしい。

6 寄棟と切破風のカヤ屋

「さあさ、えぐえぐ、縁で添うとも、柳沢は、いやだよ、こりゃせ。女が木を切る、カヤを刈る。しょんがいね」。これは山梨県北巨摩郡駒城村柳沢の「えぐえぐ節」である。カヤは秋彼岸すぎから刈りとられる。カヤ刈の一人前は一日百把であった。カヤ葺の屋を信州・甲州では「かいや」と発音する。渡りの屋根屋は寄親にかかって平地へやってきた。信州安曇地方では越後高田の屋根屋がよくやってきて、「高田の屋根屋に惚れる者は馬鹿だ。しまいには鳥の啼き別れ」といわれていた。

しかし屋根屋は越後、越中、飛騨、木曽からくる杣《そま》とともに足で歩く時代の文化の重要な伝播者であった。屋根屋は「さいもん」や祭囃子を教えてくれ、他国の珍しい出来事を物語ってくれた。越後からきた屋根屋は越後歌、越後追分や松前節を歌ってきかせてくれた。そして時には農作物の種子をもってきてくれたし、他所の地方の蚕の飼い方も教えてくれたし、他国の棟飾りをすすめてくれたこともあった。一方屋根屋の方も炭焼や木挽きや紙すきや傘はりを習って帰る者もいた。

カヤ葺は屋根屋の技術とともに農民の手間と技術が入るので、地方によって大きくちがう。屋根の形のちがいは封建時代の文化圏のちがいでもあった。甲州では国中地方といわれる平野部は草葺切妻であるが、カヤ屋はほとんどない。というのもこの地方は養蚕が盛んで開発しつくされ、カヤ場がなくなったためである。甲府の商家では「東郡の旦那様、西郡の野郎」といわれるだけあって、甲府より東の養蚕地帯は甲州のなかでも懐具合もよく、上二階のある平入二階屋の大住居の農家が多い。

甲州塩山の甘草《かんぞう》屋敷と国分村の牧野家、加納岩の雨宮家はこうした住居である。甘草屋敷は甘草を栽培していた家で、家光時代から栽培しはじめた吉宗時代から幕府と甲州藩の保護をうけていた。臨検役人の接待場所がなくて困ったこの家は、享保五年（一七二〇）十二月に家造り伺いをたてているが、今の建物は安永（一七七二―一七八一）頃のものらしい。二尺角もある栗の大黒柱は三階床まで達している。これにたいし甲府の西北にある八ケ岳・茅ケ岳・鋸山の山麓地方には、カヤ葺入母屋が多い。七里ケ岩から採取した岩松を屋根棟に植えつけて棟を保護している。この地方は元来杉皮や檜皮《ひわだ》で葺いた屋根の多かった地方であるが、それぞれの山麓には、カヤ場が多く、カヤ葺に変り、今もカヤ葺が多い。

甲府南方の南巨摩・八代郡地方は国中地方と同様の切妻草葺のほかに、片方だけを、入母屋にした家がみられる。というよりは切妻側に下屋をおろしたので、入母屋になったといった方が正確かもしれない。また久那土村以南になると兜葺屋根が多くなる。

身延線敷設以来林業が盛んとなったので、伐木の際に残される杉皮や檜皮を利用した屋根が身延―万沢地方にみられる。富士山麓の南都留地方は植林のためカヤが欠乏したので、カヤ葺から杉皮、檜皮葺に変った。もっとも本栖や鳴沢地方にはなお多くのカヤ葺が残されている。

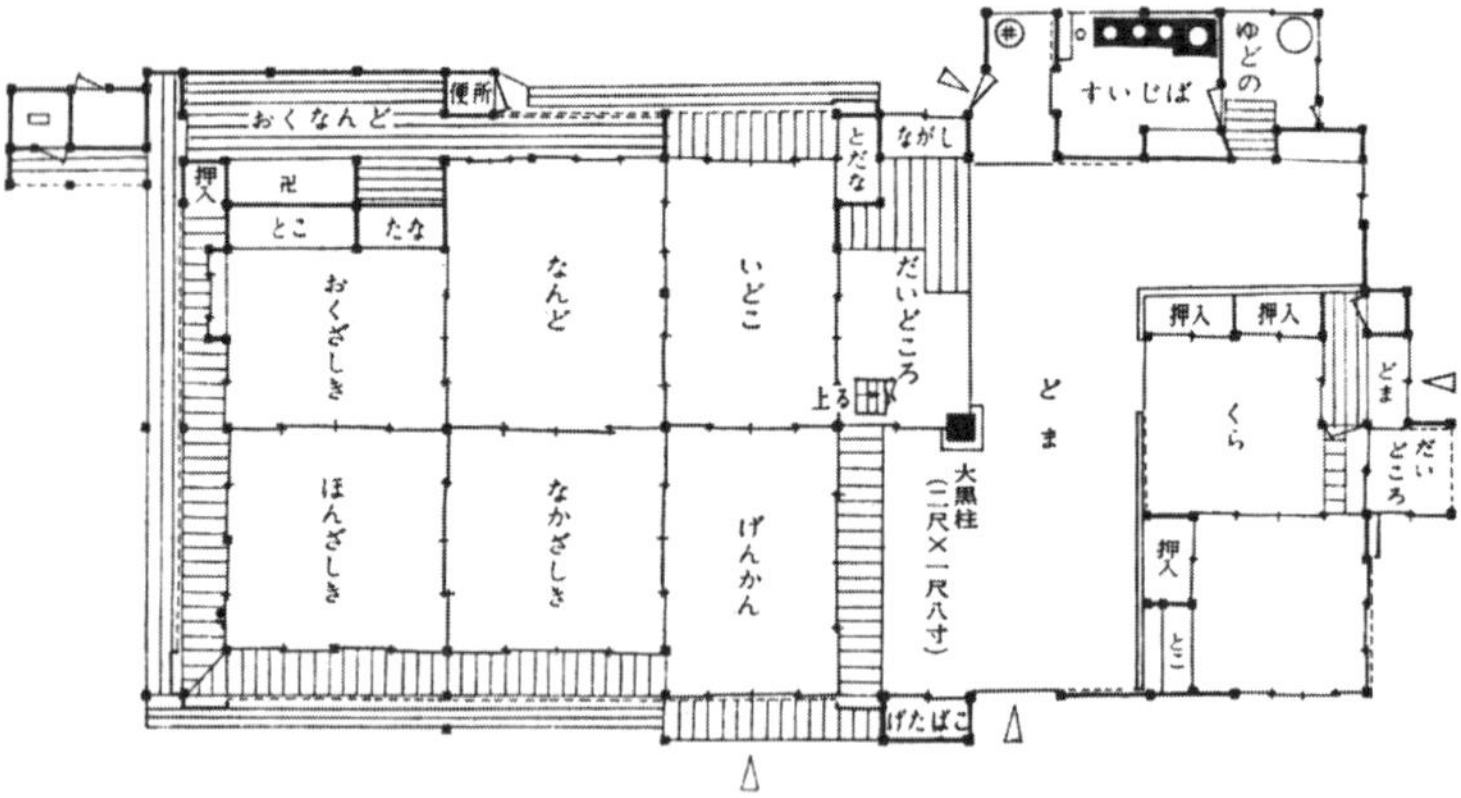

甘草屋敷　高野宅美家住宅（安永年間建設）

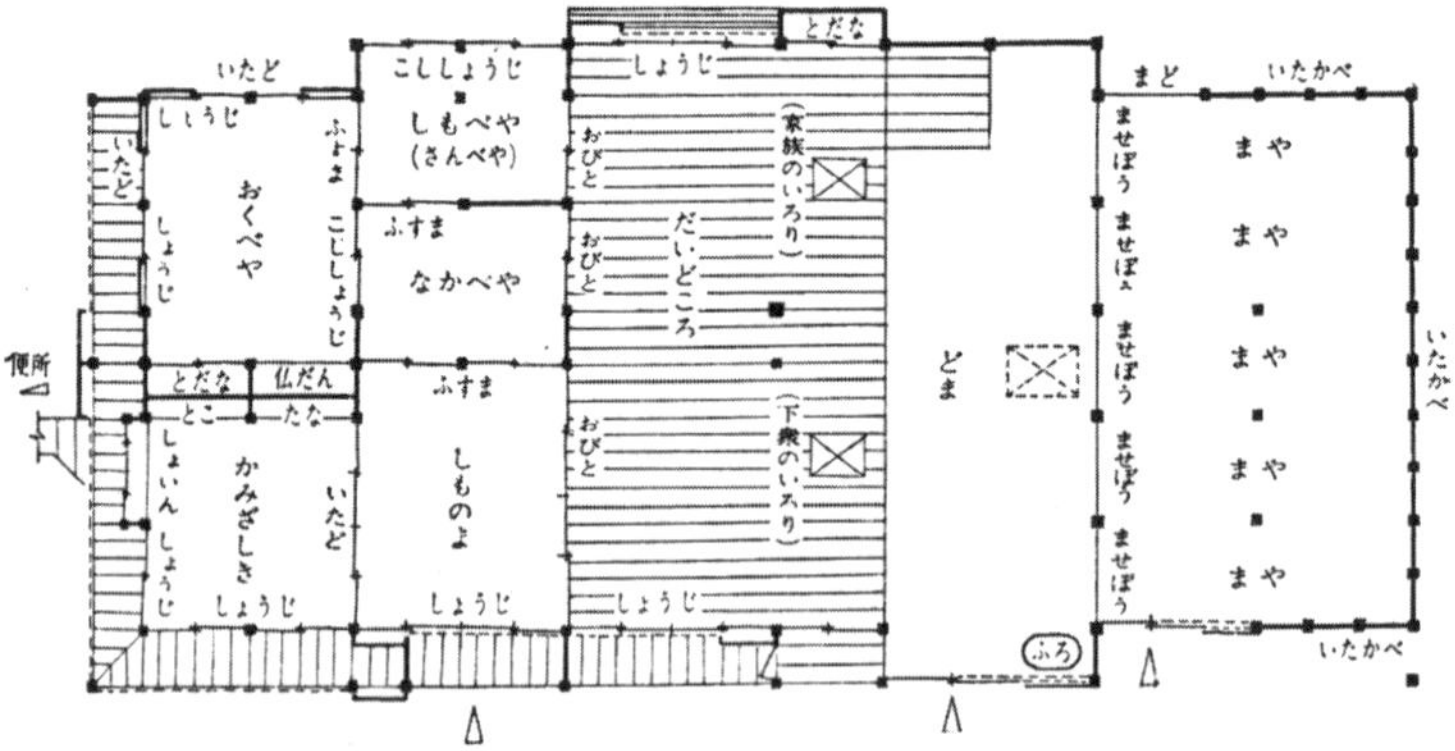

竹村源吉家住宅（貞享１年建設）

信州は北部地方に越後南部の農家と変りない兜屋根がみられるが、大きくは板葺切妻屋根と、草葺寄棟屋根とにわけられる。カヤ場のあるところはカヤ葺にするわけであるが、松本平や善光寺平や諏訪湖地方は、元来はカヤ場の多いところであったが、元禄以後新田開発が進むにつれ、従来のカヤ場はなくなり、それだけ遠いカヤ場にたよらざるをえなくなった。こうしてカヤを入手しにくくなるとカヤ葺は麦ワラ葺に変り、地主たちは持山から木を伐ってきて板葺本棟造に変えていった。

貞享元年（一六八四）に建設された上伊那郡中沢村本曽倉（現在の駒ヶ根市大津渡）の旧竹村源吉家住宅は庄屋さんの居宅であるが、本棟造への転換以前の時代のカヤ屋である。ここには貞正銘のある九寸四分の短刀とともに棟札の納め奉った棟札箱が、棟木にあげられている。竹村家は天正十年武田が信長に攻められ滅亡するまでは、伊那赤穂の在に住む野武士であった。

この竹村家住宅の土間にある五間×三間の馬屋には十頭の馬が飼われていた。また、それぞれの身分と仕事に応じて三つのイロリがあった。これらの事実は当時竹村家住宅は被官や家内下人を数多く抱えていたことを示すものであろう。なぜなら十頭の馬は親子だけでは使いきれないだろうし、下衆のイロリなど家族のいろりのほかにつくる必要はないであろうから。南河内の吉村家住宅やこれ以後の信州民家のように指木《さしき》（指物、長物、指鴨居のこと）を使わないで大梁でもたせてあるところは古いやり方である。山梨県北都留郡上野原町鶴島の小俣徳家住宅は竹村家住宅より少し新しい元禄の初年に建設されたものであるが、この家でも指木は使っていない。

また根太束はない。ただ大引の長さが二間から二間半にも達するので束をたてて支えている。梁や土間柱には釿が使われているが、耳のところが丸い角刃の釿で、現在の釿の刃型と同一である。つまり貞享年間の伊那地方では現在と同じ角刃の釿がすでに使われていたことがわかる。民家の時代判定によく釿の刃型が利用されるが、伊豆韮山の江川家の一部や千年家にある円刃の釿あとがあれば、その材は相当古い——少なくとも江戸時代初期に溯るものとみてよいだろう。こういう意味では竹村家住宅はなかなか好都合な資料を提供する民家のひとつである。

7　二尺おちの板屋

信州民家といえば石おきの板屋根を思いうかべるほど板屋は多い。しかし実際にはこのような板屋は、山間部の農家では日本全国どこにでもあるもので、他の地方でも珍しいというものではない。しかし信州にはきわめて多い。

信州民家の板屋には二種類ある。小板葺《こいた》と長板葺《ながいた》である。小板葺に使うのはふつう椹《さわら》で、長さ九寸—一尺、幅二寸—五寸、厚さ一分くらいに挽き割ったもので、長板にくらべると寿命も短い。日なたなら十五年くらいもつが、日蔭では八—九年くらいしかもたない。葺重ねの足はふつう一寸五分から三寸くらいにする。多くは下葺に使うが、小板葺を外にだしているものもないわけではない。山村の板屋といった場合は通常この小板葺のことはいわない。

長板葺に使う材は栗である。栗は水に強いのでもちがよく、日なたなら三十年、日蔭なら二十年くらいはもつ。もっとも板と板とが重ねられてかくれているところは虫がつきやすいので、三—四年ごとにさしかえなければならない。栗がいいといっても若い栗は日にあたると反りかえって「はねる」ので使えない。そうかといって老木ははねにくいけれど、あまりひねていると「木がつきとるのでさくい」。栗の木の断面でいうなら一尺二—三寸といったところのものが一番よい。

この栗の長板は長さ二尺—二尺五寸、幅五寸、厚さ二分—二分半くらいで、板はぎしてから一年くらいほっておくか、夏をこさせて使う。葺足は六—七寸くらいにして、板厚が全体として二寸くらいになるようにする。屋根板は年輪に沿って割ったものを使う。こうした板は、ふつうに「榑《くれ》板」とよばれ、酒樽や醤油樽にも使われる。水がもらないからである。現在の製材の板のように年輪にかまわず挽いた板目の板は、水もれして具合が悪い。小板葺の屋根勾配は四寸以上もあるが、長板葺の勾配は三寸三分である。勾配が強くなると雨もりが少なくなるかわりに、板がずりおちるので三寸三分（「二尺おち」ともいう）を標準としている。しかしこれでも雪が積った時には雪おろしをしないと「返り水」して雨もりがする。

この板はこのままでは風にあおられて吹きとび、日照りの時にははねかえるので、長さ六尺くらいの杉や檜の小丸太を二ツ割にした「石もち」を四尺くらいの間隔にならべ、その上に屋根石をおいておさえつけておく。それでも屋根板の端は風に吹きあげられるので、妻側には破風板を、軒先にはせき板（まく板ともいう）を張りつける。この石置屋根の不利な点は、地震の時石がおちて危険なこと、石の下の板が腐りやすいこと、屋根が重くなることである。

これらの板葺は農民たちが、「てまがわり」といっておたがいに労働と材料をだしあって葺く。屋根葺は自らの素人技術でできないこともないが、化粧になる部分——たとえば軒づけ、きりよせ、破風板、せき板それに棟に飾ってある雀踊りは屋根屋にしてもらう。ここで軒づけというのは、軒端の板の小口だけを特に厚くすることである。これは板端に力強さをあたえ見映えをよくするとともに、梯子をかけた時の痛みを少なくするためである。軒づけには桶屋が使う「せん」を使用する。

屋根板の板はぎは元来は農民たちが冬の作間を利用してつくっておいたもので、町屋の人たちは一把いくらで買いとっていた。しかし今はもうこの板屋根もなくなりつつある。トタン板をかけることも多く、また瓦葺の方が安上りで維持費も少ないので、瓦葺にかえたりしている。長板屋根だと百坪くらいで三年目ごとに屋根替して三万円くらいもかかる。

板屋は山間部の農家ばかりにあったわけではない。城下町にも宿場町にもすでに江戸時代のはじめからあった。信州では平入《ひらいり》の板屋を宿屋造《しゅくや》ともいうから、宿屋建築としては、ふつうの形式だったらしい。大町の栗林家住宅は江戸時代のはじめの慶安二年（一六四九）には七間×九間の大きさをもっていたが、板屋であったかカヤ屋であったかこの点はわからない。二戸の外門《そとかど》と二戸の内門《うちかど》をもち、五人の下男と九人の下女とを使用し、三頭の馬をもっていた。それから百四十年ほど後の天明五年（一七八五）の大町大火の時に焼失した栗林家住宅は、十八間三尺×十二間の板屋であった。一間半×四間の湯殿、四間×四間の釜屋、二間×三間の雪隠および三間×三間の隠居屋は別棟であった。そしてこの板屋はおそらく本棟造であったろうと思われる。

8　役家の象徴・本棟造

同じ板屋でも本棟造《ほんむね》は後になって完成されたものらしい。信州下伊那郡大鹿村大河原の松下楠実家住宅は江戸時代中期の元禄九年（一六九六）十一月二十九日に建設されたものであるが、これは本棟造であるからすでにこの頃からあったものであろうか。もっともこれは改造も多くよく調べないとわからない。カヤ葺地帯でも庄屋層の住宅はたいてい本棟造である。しかし古い庄屋や名主――たとえば駒ケ根市大津渡の竹村家住宅（一六八四）はカヤ葺であり指木を使ってないが、北安曇郡上一本木の清水家住宅をはじめとする本棟造は指木をつかっており、また京呂組であるから、この点をみても本棟造は技術的に進んでおり、比較的新しく出現したものと思われる。

板葺の本棟造では屋根勾配がゆるいので、勾配の強いカヤ屋より室内を明るくできたし、また切妻屋根なので妻側から採光できて好都合であった。それにカヤ屋地帯では特に元禄以後開発に伴うカヤ場の消失が、本棟造への転換に拍車をかけたであろうことは想像できる。清水家住宅では、この屋根板は、杣《そま》を持山に派遣して屋根屋に「へがせ」てつくっていた。

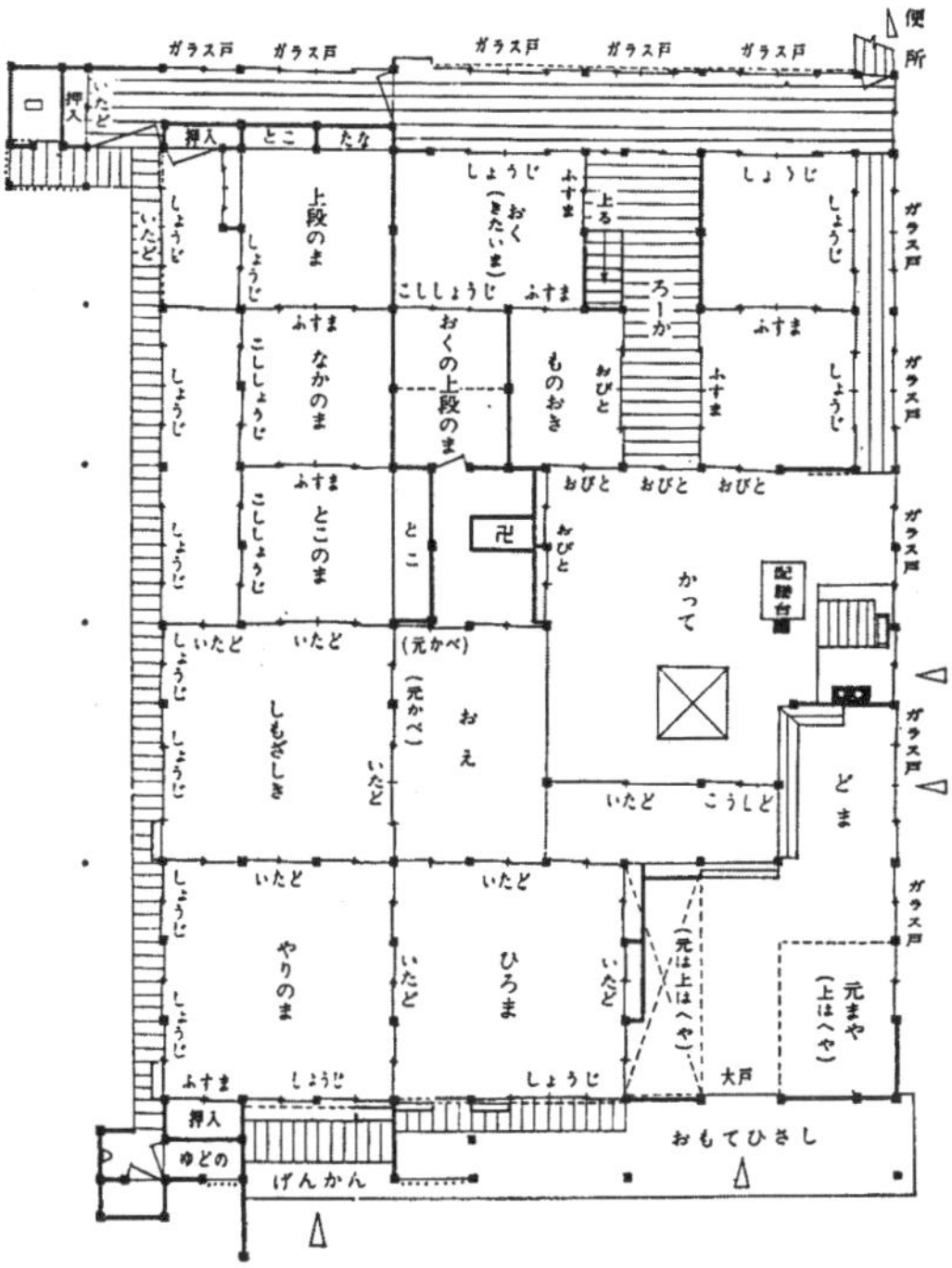

清水千春家住宅（江戸時代建設）

松本平に多くみられるこの本棟造は妻入なので、正面となる妻側のデザインに大工も大きく気を使う。妻梁は通常十一間、九間、五間、三間などという奇数間が好まれる。一の妻梁、二の妻梁、三の妻梁と体裁よく重ね、壁体にも化粧貫《けしょうぬき》を等間隔に入れる。はめ板をおとしこむ時は一枚板を入れ、粘土質の土のある地方では白壁にして化粧貫や妻梁をうきたたせ、美しい対照の美をみせる。柱は一間ごとにあり、屋根勾配はゆるく、軒の出はふかく、簡明な構成は、むしろモダンな造型感覚をあたえる。現代の建築家たちが、こうした信州民家に心をひかれた主な理由は、こうした近代建築の造型感覚への共通性があったからと思われる。

こうした民家では大黒柱も自慢するが、本棟造らしい自慢の種がもひとつある。それは「こうりょう」またば「こうりゅう」といい、梁をうけている桁である。「こうりょう」とは高梁のことか、あるいは堂営建築にみられる虹梁からきたものであろうか。人々は高梁のせいの高さを自慢したものであった。しかし今はもう高梁の自慢などしない。厄介なものだと考えている人も多い。必要以上にせいの高い高梁のせいを低くすると、ここに欄間がとれ、それだけ室を明るくすることができるからである。

9　日義の大工村（木曽大工）

こうした民家はそれぞれの土地大工たちが建てたろう。慶安二年（一六四九）の大町の家帳によると堂宮大工をかねていた金原周防のほかに、半十郎、惣右衛門などという九人の大工がみられるので、これらの大工はもちろんこの地方の民家を建てたと思われる。

しかし古くはやはり渡り大工が多かった。木曽谷や越中や越後の大工たちがやってきた。特に木曽谷には一村全部が大工で、信州一円を組織的にまわっていた大工の村があった。それは木曽谷の日義《ひよし》村である。ここは木曽義仲の菩薩寺である徳音寺の近くの村で、東に駒ケ岳が聳え、下には木曽の急流が奔っている。この村は原野村と宮腰村とにわかれ、今でもどの家にも大工をする人たちがいる。ここは木曽谷とはいっても比較的田畑の多い土地である。とはいえ田畑の多い家では長男が農業をし、次三男が大工稼をするのをみると、やはり田畑だけでは食べてゆかれなかったので大工稼が生れたものであろうか。

宮腰の征矢野木材工業株式会社の田屋今朝次郎氏とそこで働いている大工さんたちの話によると、現在日義村には百二十人ほどの大工がおり、四十年ほどまえは七十—八十人ほどであった。どの家にも少々の田畑があるので、この田畑は女子供やあるいは老年になって働けなくなった老人たちが耕作した。

この大工たちは一人の親方棟梁を中心として十人くらいの弟子がしたがい、一団となって北は大町・小諸地方から善光寺平、松本平を経て南は上伊那地方まで渡り歩いた。縄張というわけではないけれど出稼先はそれぞれの棟梁によってきまっていた。昔はこの大工棟梁のほかに杣棟梁もまわっていたらしい。第一次世界大戦頃に水車でまわす丸鋸ができて以来、機械製材が多くなったので杣棟梁はなくなった。杣の仕事は激しいので、その手間代は大工のそれに比し一割くらい高かった。

この渡り大工は一度家をでると盆正月以外には帰らなかった。ただ弟子たちだけは田植、稲刈の農繁期にだけ日をかぎって一時帰郷した。村から村へと渡り歩いても、その村では必ず仕事があったわけではなかった。そういう時は大工棟梁は村人から草鞋銭をもらって次の村へ送ってもらった。

大工たちは板屋も建てればカヤ屋も建てた。農家も建てれば町屋も建てた。中山道本山宿で明治二年に大火があった時には原野村の大工が大挙してでかけてきた。だから民家の外観がどう変ろうと、そこに使われている大工技術はほとんど変らない。

10 戦国時代に築かれた縄張

甲州でも信州でも、一間（六尺）真真で仕事をしている。この点は関東地方の町方、越後・相模・駿遠地方と同一である。もっとも例外的な地域がただひとつある。それは尾張藩が支配していた木曽谷地方である。もっとも木曽谷は慶長以前は美濃国に入っていた。この地方の民家には尾張の民家と同様に中京間で仕事しているものが若干混在している。中京間というのは畳割の一種で、六尺×三尺の畳に合せて柱間をきめることであり、四寸角の柱を使うと、二間柱間の場合には一間は六尺二寸になる。

このように柱間のきめ方だけにかぎって考えるならば、もちろん御岳山脈という自然の境界も忘れることはできないが、慶長年間に木曽谷を尾張藩が支配して以後の領主関係よりも、それ以前の領主関係の方が、民家へ強い影響をあたえているとみなしてよいだろう。尾張藩の桃山時代から江戸時代にかけての三百年にわたる強力な支配のもとでさえ、木曽谷の民家へはわずかに中京間を混在させるにとどまった。そして外観だけをみるならば、木曽谷民家は松本藩の山村民家のそれとほとんど区別がつかないほどである。いずれにしても信州・甲州民家の技術的縄張は戦国時代の領主の縄張またはその交流圏と重なっていることはみとめてよいだろう。この事実はおそらく信州・甲州民家の技術的基盤は戦国時代に形成されたことを裏書きするものである。

武田信玄支配以前の北条氏が支配する時代や、南方駿河、相模とはひんぱんな交通があった時代や、あるいは甲斐の武田信玄と越後の上杉謙信が信州川中島で合戦の火花をちらしていた時代は、単に英雄豪傑が鎬《しのぎ》を削っていた時代ではなかった。それは同時に現存民家の技術的な縄張が確立する時代でもあった。平和な近世の完成した民家形態の原型は、動乱と苦悩の中世にすでに築かれていたといえよう。山間部へいけば板屋が多く、平野部へいけばカヤ屋が多く、また時の移り変りとともに都市が発展し、また新田の開発とともにカヤ場がなくなり、カヤ屋が麦ワラ葺になり板屋になるということはあったけれど、目をすえて民家にひそむ技術と分布をさぐりだすと、現存民家の形態が成立した戦国時代の名残さえみとめることができる。

この地方の大工はこの中京間のことを京間といっているが、この場合の京間は畳に合せて柱間をきめることをさしているらしい。大工たちは中京間で仕事をすることはあまり好まない。なぜなら柱の太さが不均等だったり、二で割りきれない柱寸法だったりすると、真真距離の計算が繁雑になるからである。

柱をたて梁に組む時につける番付を、この地方では「あいもん（合紋）」という。昔は必ず一間ごとに番付をつけた。右肩から桁方向へ「いろは……」、奥行方向へ「壱弐参……」とつけることは名古屋・京坂地方のそれと変らない。「あいもん」を一間ごとにつけたということは、柱が必ず一間ごとにあったためである。しかしその後三尺目のところにも柱がたつようになったので、そういう時は「い左」とか「弐下」とか書きこむようになった。木曽福島の福川安一さんの話によると、左とか下とか書きこむことは面倒なので、昭和のはじめ頃からは、はじめから三尺目ごとに「あいもん」をつけるようになった。だからこうした「あいもん」のつけ方の移り変りは、柱の太さや構造法の発展と照応するものである。

明治末年以来諏訪や岡谷の製紙工場建設や学校建設や刊行本で西洋合掌を大工さんたちは覚えた。また柱も二間目のところにおくこともあるかわりに三尺目のところにおくこともあり、柱もそれだけ細くなった。杣が大鋸《おが》で挽いていた時代は柱を細くして数多く〆柱を製材することは面倒なことであったが、機械製材機出現以後では細い柱を数多くとることはたいしたことではなくなった。こうしてそれだけ大工にとっては仕事がしやすくなり、また建物の強度も強くすることができるようになった。

だから今の大工はもう昔のような民家を建てはしない。昔使ったほどの木材量を使えば、同じ石数で二倍もの大きさの建物ができる。だから昔の普請は「大名普請です」と人はいう。ここにも力強い機械文明の触手がのびつつある。こうして信州、甲州民家建設の技術的基盤は根底から変りつつあり、これらの民家は時とともに消えさるばかりである。そして堀辰雄が追分宿の今はなき油屋の建物を愛したように、私たちはこうした民家の数々をふかい愛惜の情をもって見守ることができる。

飛騨路

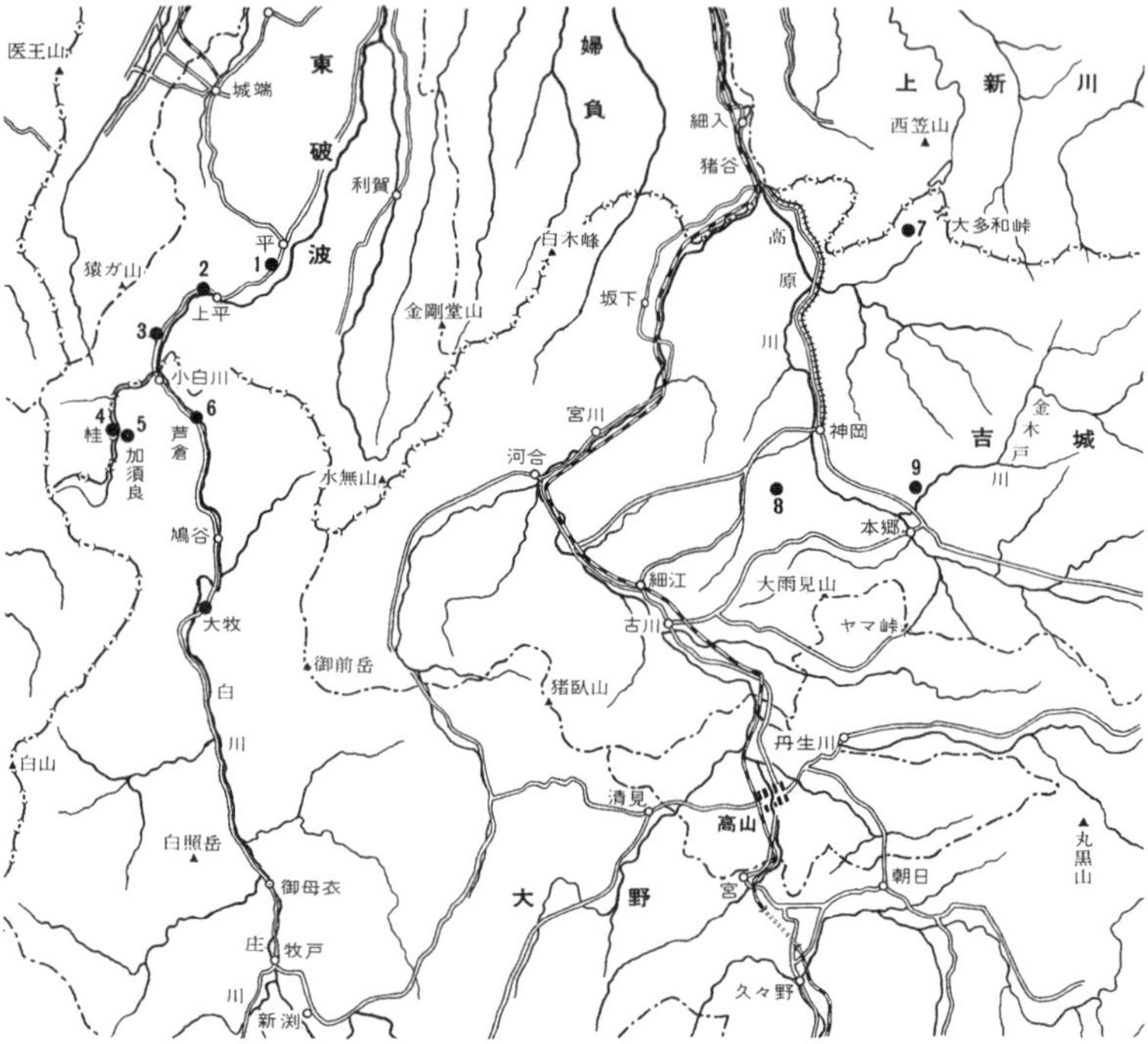

1　村上忠松家
2　菅沼集落
3　岩瀬慶一郎家
4　越中桂集落
5　飛騨加須良集落
6　芦倉集落
7　尾前万年青家
8　常蓮寺庫裡（旧民家）
9　川上三貴治家

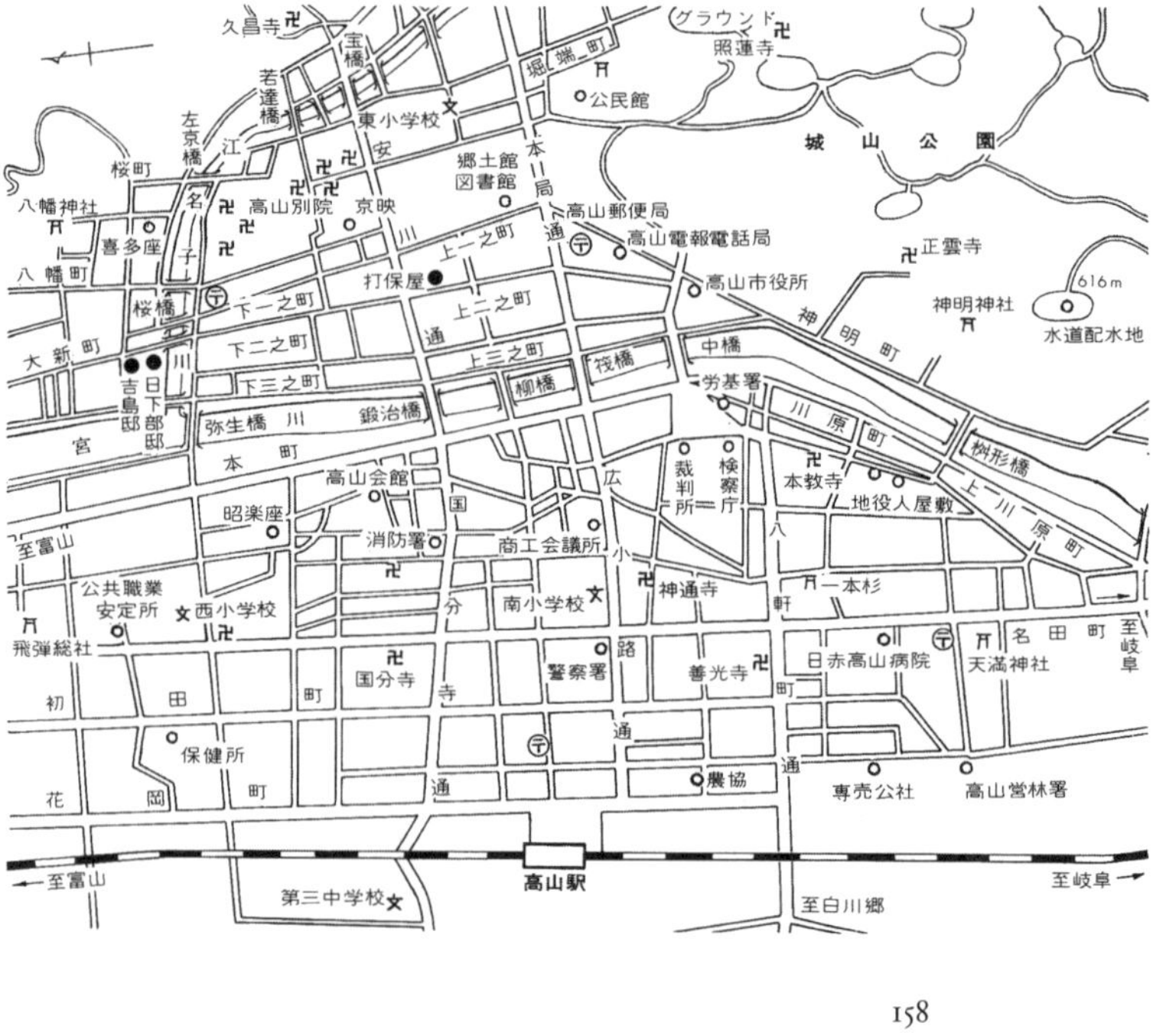

高山市内略図

日下部礼一家
吉島休兵衛家
打保屋

1　ヒダのタクミ

どの地方でも、大工たちは「太子講」という団体をつくっている。聖徳太子は大工の始祖であると考えられているので、太子を描いた掛軸をもっている場合が多い。しかし高山ではこの団体を太子講とはいわないで、「タクミ講」という。かつての棟梁である住井兵太郎さんの言葉にしたがえば、「ヒダのタクミさん」が、高山大工の尊敬する大工なのである。そうはいっても、ヒダのタクミは、ふつうに考えられているように一人のすぐれた大工のなまえではなかった。これはまぎれもない事実である。奈良時代のヒダの国では、庸調がともに免ぜられるかわりに、一里ごとに匠丁を奈良朝廷に十人ずつ提供することになっていた。この匠丁がヒダのタクミなのである。この匠丁四人にたいし、一人のカシワドがあたえられていた。カシワドというのは賄をする人である。だからヒダのタクミたちは、都では自炊をしていたことになる。このヒダのタクミたちは天平十七年（七四五）には、甲賀宮や奈良宮の建設工事にたずさわり、その人数は百五人にも達した。その後ヒダの里数がふえたので、ヒダのタクミは百三十人にもなった。こんなわけであるから、ヒダのタクミが一人であったはずがない。

ヒダのタクミたちはほとんど名のしれない者ばかりで、一年ごとに交替するのが原則であった。とはいっても名のしれたタクミがいなかったわけではない。たとえば天平宝字五年（七六一）に石山寺の造営にたずさわったマガリノシシマロ（勾猪麻呂）などはこのよい例である。ここにでてくるマガリは白川郷の馬狩ではないかという説がある。彼の位は従八位下であり、散位寮の木工であった。このほかその頃勾羊という名の木工がいたけれど、これはヒダのタクミであったかどうかわからない。

このタクミたちは、国に帰れば農業もやっていたから、農繁期になるとしきりに国へ帰りたがった。それに加えてこの役務はあまりにも激しかったので逃亡相つぎ、延暦十五年（七九六）や弘仁二年（八一一）には、京都の朝廷は逃亡したヒダのタクミを捕える策を講じなければならないほどであった。

本居宣長の『玉勝間』によると、ヒダのタクミは木工の美称であって、ヒダの人にかぎらないという。これが事実であるかどうかは別としても、平安時代以降は、ヒダのタクミは大工技術のすぐれた者の別称として使われていた。『今昔物語』の巻第二十四にでてくる、絵師の百済川成とヒダのタクミとの話はよくしられている。「百済川成がヒダのタクミの建てた堂に入ろうとした入口のまえにたつと、自然に扉がしまって、どうしても入れない」。これほどヒダのタクミの腕はすぐれていた。たしか百済川成は実在した絵師で、『文徳実録』の仁寿三年（八五三）のところにでてくる。しかしこれとても『経津異相』の巻四十四にでてくるインドの説話をアレンジしたもので、もちろんこんな事実があったわけではない。

同じ平安時代に、藤原明衡が『新猿楽記』を書いた。この本にでてくる檜前杉光はヒダのタクミであった。彼は猿楽師左衛門尉の八番目の娘の夫で、太夫大工の位をもっていた。

また南北朝時代に書かれた『水源紫明抄』には、ヒダのタクミがつくった人形は生きた人間と変らなかったという話がでている。これも『今昔物語』の話と同じように、インドの説話をアレンジしたものである。

天文元年（一五三二）二月に『塵添壒嚢抄《じんてんあいのうしょう》』という本が二十巻だされた。これにはこんな話が書いてある。

「昔数人のヒダのタクミが人形をつくった。この人形はあまりに巧みにできていたので、あやつると生きている人間と変らなかった。ところがある女官が、この人形に思いこがれて、夜ごとに夜這いをした。そこでこの女官に一人の男の子が生れ、この子に『木子《きご》』という名をつけた。この子は大工技術が巧みで、今もその子孫がある。紫宸殿の大工がそれである」。

2　聖徳太子にかわった藤原宗安

このように有名無名のヒダのタクミたちが多く輩出したけれど、江戸時代の高山の大工たちが、タクミとしてあがめ奉ったのは、奈良時代から平安時代にでてくるヒダのタクミでなく、鎌倉時代の末に実在した藤原宗安であった。彼はヒダの大工としては、はじめて受領名をもらって飛騨権守の地位についた。飛騨権守といっても、これは名ばかりのもので、実際にヒダの国の次官の地位についたわけではない。そんな地位につこうにも、その頃はもう古代的な国衙の制度はほとんどつぶされていた。おそらく彼は、他の大工がそうであったように、こういう称号をもらうことによって自らを権威づけ、他の大工たちを支配する手段に使ったものであろう。

彼は応長元年（一三一一）に美濃国郡上郡の長滝寺大講堂の建設に、七年後の文保二年（一三一八）には、美濃国山県郡富岡の白山神社造営に肥前権守的宗理とともにたずさわった。同じ年の七月四日に上棟されたこの大講堂は惜しくも、明治三十二年（一八九九）に焼失してしまって今はない。

江戸時代の高山の大工たちはこの藤原宗安をヒダのタクミ鳥仏師の後裔と信じて、肖像をかかげていたほどであった（といっても鳥仏師はヒダのタクミであったという事実はない）。また今はその子孫が熊本に住んでおられる高山大工の水間相模家では、藤原宗安の子孫であると系図に書きこんでいたほどであった。

このようにヒダのタクミが誰であったにせよ、江戸時代の高山大工たちは、ヒダのタクミの系譜をひくものは自分たちであると自覚し、強い自信と自尊心をもっていた。この自信と自尊心とは大工技術を磨きあげる精神的な支えとなっていたとはいえ、なにせ高山は山にかこまれた土地である。封建大名が成長した時代でさえ高山の大工たちは、ほかの地方の大工たちがよくやった修業のための「歩き大工」をほとんどしなかった。

わずかに古河村の大工甚兵ヱが塩屋秋貞に仕えていたので、秋貞の主人上杉家のつてを利用して、北越をすぎ東北にでかけ、元亀元年（一五七〇）に秋田県仙北郡大曲町の古四天神社の本殿を建設した。また藤原棟教は文禄に年（一五九三）に遠江の永江院の門を造営し、水上善右ヱ門は寛永十七年（一六四〇）に金沢へ技術修業にでかけた。しかしそれから後は幕藩体制のきびしい枠にはめられて、江戸時代の終り頃の天保十五年（一八四四）の夏に、片原町の惣次と和兵衛が、高山郡役所の許可をえて、江戸へ大工稼にでかけたくらいであった。高山の民家はほかの地方の民家に影響をあたえなかったかわりに、たいしてうけもしなかった。大部分の大工たちは、高山のなかに育ち、高山のなかで技術も磨き、高山のなかでさまざまな民家をつくりあげた。

しかし今の高山市内には、江戸時代の民家はほとんど残っていない。なぜならわが国の他の都市と同じように、しばしばの大火にみまわれたからである。天正十八年（一五九〇）金森長近が高山城の構築に着手して、いまだ完成しない慶長元年（一五九六）十二月下旬に放火によって高山三町が焼失した。享保十四年（一七二九）三月八日には九百七十五戸、天明四年（一七八四）三月二十日には二千三百四十二戸、寛政八年（一七九六）七月七日には四百四十七戸、天保三年（一八三二）八月十九日には二百二十七戸、同年十一月三日には六百十七戸、明治五年（一八七二）二月十四日には七百二十一戸を焼失した。そして明治八年四月二十四日の火事は天明四年の大火につぐ大火であった。二之町桐山源兵衛の家より発した火は、民家千三十二戸、土蔵四十四棟、寺院十か所、神社一か所を焼失した。

この時に日下部家の住宅や、上二之町の打保屋こと平田家の住宅がつくられた。明治八年はもう江戸時代ではない。それにもかかわらず、この時に江戸時代の大工技術の粋を最もあつめた民家が建設されたことは興味ある事実である。この民家は、わが国で最もすぐれた民家のひとつに入れることができるだろう。江戸時代ではなく、明治のはじめにこのようなすぐれた民家が建設されたのはなぜだろうか。それにはそれ相当の理由がある。

3　賄賂を包んで普請の手続

持山をもっている旦那衆たちは、住宅建設に使う材木は持山の木を伐採すればよかった。持山のない者は高山郡役所に願いでれば、必要な材木を下げわたしてくれた。といってもどんな種類の材木でももらえたわけではない。檜、ヒバ、椹、槇、くろびの五種類は五木といって、自分持ちの山の木であっても伐採は許されなかった。だから旦那衆が持山にどんなに多く檜をもっていようと、伐採できなかった。願い出しだい伐りとりを許されることになっていたのは松の木だけであった。

というのも、これは表向きだけの話であった。今も昔もいろいろなぬけ道のあることには変わりなかった。大坪二市なる人が、慶応元年（一八六五）に、当時の家普請の手続の煩雑さについてこう書いている。

a　普請家作をしたい時は、当人のほかに名主と組頭がでむき、筆工に願書絵図面を書かせて、高山御役所へ願いだしておく。

b　春になると地役人の出役衆が、願いでた立木に極印をうつ。

c　ここで当人は上役二人と小者二人へ謝金を包む。上は二百銅ずつ、下は百銅ずつ、それ以下、二朱ずつもあり、二百疋ずつもあり、きまってはいない。なんのことはない賄賂である。

d　秋になると出役衆が「木揃検分」と称して検査があるので、この時にまた例の四人に礼金を包まねばならない。

e　翌年の春になると「出来見分」または「本座敷通し」があり、この時にもまた礼金を包まねばならない。

f　結局十二人分の礼金をするのが慣例であり、これら地役人がくる時には小休所を建て、お茶や菓子などを用意してもてなさねばならない。うるさい次第である。

g　もし出来見分の時、願い立よりも一尺もひろがったり、木品にちがいがあったりすると、お叱りをうけて見分ずみにならない。

そこで地役人の宿へどやどやとおしかけて詫の八百を入れ大心痛のあげく、地役人に賄賂をおくり、みのがしてもらう。

大坪二市のいう「佞姦の役人」の方にしても立場にいいわけがないわけではない。幕府は金森氏を山形県の上山《かみのやま》に移し、ヒダを幕府直轄地として高山に御役所をおいた。元禄五年（一六九二）のことである。この時金森氏の家臣八十四人が地役人として、高山御役所に抱えられた。ところが彼等地役人は高山町内でいばってみても、あまりにも給与が少なかった。最高位の本締《もとじめ》が七人いたが、三人扶持で、切米わずか二十俵であった。山廻役（十三俵）、口留役（六俵）、白木改役、御棟木御材木改役（給金各三両）、町在廻役となるとずっと少なくなるのも理の当然である。

だから地役人たちは町の旦那衆と親しくして借金をし、儀礼の贈物のつけとどけをうけとり、なにかにかこつけて賄賂をとらなければ、体面を保った生活はできない有様であった。たとえば、檜は五木のうちに入っているから、町人、農民どもは使えないはずである。しかしこれとても地役人に賄賂をおくり、松の木と称してみのがしてもらえば使えた。寛政十二年（一八〇〇）九月九日、新任の郡代官は、おもだった町人七軒の座敷検分をやった。町人が心得ちがいの座敷をもっているかどうかを検査したのである。天保十四年（一八四三）に徳川幕府が禁令をだした時には、ひそかに使われいた檜材はすべてとり払うことを命ぜられた。また時には住宅を建てると称して、松や栗をもらいうけると、それを売り飛ばす町人さえあった。また富田礼彦の『公私日次記』によると、払下げの姫小松百二十本の中に五木のヒバ角が二十五本もまじっていた。嘉永六年（一八五三）のことである。それと同時にこんな落書のあったことが書かれた。「停止の木品を買うことなかれ、陣屋の尻をくじることなかれ、つつしんでおくたろうことなかれ」。

　高山の民家にはいろいろな塗料がぬってある。春慶塗のこしかすをハケアライという。このハケアライを柱や建具にぬることもある。また、ベンガラに煤をまぜてぬって栗肌色に仕上げることもある。また黄土をぬって磨くと、イロリの煤で都市とともにふかみある栗色に変ってゆく。このような塗装の技術は、ひとつには禁令の木品を使っていることをかくすためであったといわれている。このような塗装の仕方は、素木《しらき》の美しさを殺すかもしれない。しかしイロリを使い、室中がいぶされる民家では素木の美しさを維持することは、ほとんど不可能なことである。だからこのいぶし煤を利用し、また禁令の木を使っていることをかくし、木材に新しい肌ざわりと色合とをあたえるこのやり方は、当時の町人・農民たちの最も生活に即した知恵であったということができる。

4　禁令で根つけ文化

旦那衆たちのこのような抵抗にもかかわらず、民家建築の関心は、内へ内へと向わざるをえなくなった。地役人たちは門と式台をもつことができたけれども、町人たちは——たとえ旦那衆であろうとそれは不可能なことであった。

素通りから目でみえる「心得ちがい」だけは、たとえ賄賂をとったとしても、地役人たちはけっして許しはしなかった。町人の住宅の棟の高さは、つねに地役人のそれより低くしておかねばならなかった。だからどんなに富裕な旦那衆であろうと、自由に造型できない限界があった。大名貸をやってうまい汁を吸っている旦那衆であろうと、封建領主の専制的圧力のもとでは、がまんしなければならない限界があった。

高山に松田亮長という根つけ師がいた。彼は明治二年（一八六九）に七十二歳で、貧しさのうちに死亡した。よほど貧窮の生活をしていたとみえて、松屋伊左衛門から借りた金が五両にもなり、その金が返せず、妻のよのは松屋と密通し、嘉永六年（一八五三）離縁になった。はじめのうちこの亮長は写実的な細工をしていたが、最後に到達したフォルムは抽象的なものであったということは、興味ある事実である。今の高山の古道具屋で「亮長のは」といえば、「あれは高い」と答えてくれるし、また今でも根つけを買いにくる老人たちがいるほどであるが、この根つけほど、江戸時代の町人や農民たちの造型の性格を示すものはない。いかに根つけに贅をつくそうと、地役人たちは咎めはしなかった。

町人たちはなにひとつモニュメンタルな性格のある造型をもつことはできなかった。モニュメンタルな造型は、それがどんな形であるにせよ、身分不相応のものとして弾圧された。だから町人たちは、地役人たちの目のとどきにくいところやちがった種類のもので、精緻な技巧をこらし、華美な装飾を施した。根つけ細工はその典型的なもののひとつであった。民家も根つけ文化の一種であるといってよかった。

大坂屋吉右衛門が天保十四年（一八四三）六月にとり払いを命ぜられた詳細は次の通りであった。本座敷では床の間の金砂子の上張り、黒塗りの床縁、框黒塗の杉障子、檜の柱・長押《なげし》・鴨居、仏間では丁字引き金砂子の唐紙、檜の柱・長押・鴨居、釘かくし。次の間では框塗物の杉障子であった。これら座敷廻りのぜいたくと禁令破りを、出来見分＝本座敷通しの際みてしっているはずである。それがあるということは、地役人たちは賄賂をうけとり、これらの心得ちがいをみのがしていたからであろう。地役人たちの方も、他人の目にみえないところのみのがしには、面子がたったけれど、表向きに目立つ心得ちがいはがまんのならないことであった。

天保十二年（一八四一）八月二十五日、三之町の林屋徳造の娘つやが、ちりめん裂の「いたこ」の髪飾りをつけて歩いていた。これは見廻りの役人がみつけ、この娘は同じ五人組の滑川屋善助に預けられ、謹慎を命ぜられてしまった。

地役人たちは、こんな些細な個人的なことにまで干渉するほどであったから、民家建築への取締りはきびしいものであった。幕府権力が後退すればするほど、形の上では体面を保とうとする血まよった取締りは、いっそう激しいものとなった。

天保九年（一八三八）九月一日、西川原町の与兵衛が、自宅の裏に土蔵を建てたいと願いでたところ、陣屋近辺に土蔵を建てることはまかりならぬと却下された。

嘉永二年（一八四九）二月五日、西川原町の伝馬組の問屋が、土蔵を新築し、裏通りに二階をとりつけたいと願いでたところ、陣屋まえの二階はまかりならぬと、許可にならなかった。

天保七年（一八三六）三月二十日、一之町の大坂屋吉右衛門が、二年まえに普請した時、表側の屋敷を空地にして武士の屋敷構えと同じようにしたのは、町人ふぜいとして不都合であるからと、町並まで住宅をひきださせた。

天保十四年（一八四三）八月十七日、町年寄の家作はすべて、幕府の倹約令の趣旨に反するから、表通りからみえるところはすべてとり払わせられた。

またこの時には長押のとり払いも命ぜられ、古木で修繕させられた。しかし旦那衆たちは「長押は建家を丈夫にするためにどの家にもあるものだから、そのままさし許してほしい」と申しでた。しかしこれも許されなかった。

天保十一年（一八四〇）には一之町の町年寄矢島茂右衛門が居宅の普請をした。もともと矢島家は、天正年間金森長近が高山城下を経営した時、近江国浅井郡矢島村からよびよせられた御用商人の家柄であった。この矢島家の居宅は、「ことのほか華美をつくし、身分不相応の住居をいたし、ことに違棚そのほかを御殿向き同様の金具でととのえたのは、心得ちがいもはなはだしい」有様であった。「しかしできたものは仕方がないから、とり払いをしなくてもよいが、今後はこのような心得ちがいをしてはならぬ」と十日間の閉門をいいわたされた。

このように民家は、表向きの形になるものとしては、たしかにおさえられていた。わずかに表向きにはみえない座敷廻りで、粋をこらすという歪んだ形でしか、造型文化を生みだすことができなかった。

5　代官逃げて民家の大成

元治元年（一八六四）十二月十日、水戸浪士が信州よりヒダに侵入するとの報をきいた郡代官は、高山町の町年寄、町人、百姓のおもだった二十一人に苗字帯刀を許すのを餌として、非常警備の任にあたらせた。町年寄の日下部九兵衛も、せがれ順助を代人としてさしだした。こんな有様であるから、武士たちがいかに身分の高さを誇ろうとも、もう町人の禁令破りをみのがすほかなかった。しかもその頃、物騒な童歌がはやっていた。「とんご（端午）の餅草、なかだのちょろくさ（中田長九郎）、ついてついてつき殺せ」。中田長九郎は郡代官にとり入り、よろしくやっていた人間だった。

慶応四年（一八六八）一月二十六日、郡代官新見内膳は、ついに高山陣屋をすてて江戸へ脱走した。幕府の二百年にわたる高山支配は終った。明治維新が訪れたのである。民家にたいする身分的な禁令はすべて廃棄された。棟の高さを地役人のそれより高くすることは自由になったし、二階家を建ててもかまわなくなった。陣屋の近くに蔵を建てようが、それは勝手次第であり、門も玄関も式台もとりつけてよかった。以前には木材は、家作木山から願い出しだい頂戴することはできたが、今度は買わなければならなかった。そのかわり、檜でも杉でも欅でも自由に使えるようになった。

だからといって、高山の民家はすぐに変ったわけではない。昔のままの住宅は建っており、誰もわざわざとりこわして建てなおしはしなかった。明治維新は、たしかに江戸時代の旦那衆が望んでもできなかった住宅を建てる条件をあたえた。

そうした情勢下の明治八年（一八七五）四月二十四日の昼頃、千三十二戸が焼失するという大火がおこった。その当時の高山の民家はすべて板葺で、屋根の上には石がおいてあった。火事となると、石をおとし、板をはがし、梁を切りおとし、綱をかけ引き倒した。つまり破壊消防である。そのために消防道具といえば「がんど（雁頭）」といわれていた幅四〇センチくらいの鋸と「げんの」と綱であった。これではとても火は防ぎきれない。しかしこの不幸な大火は、江戸時代の民家技術の粋をあつめた日下部家住宅や打保屋を新築する機会をあたえた。

日下部家は地主であり、町年寄をつとめていた家柄である。明治四年の小作米は、一之町の永田家の二百三十五石についで二百三十石にも達したほどであった。慶応元年（一八六五）には「身もとよろしい者」の一人でもあった。そして明治二十年の長者番付では、永田家とともに勧進元をつとめた。

高山御役所のもとではなしえなかった住宅を、その経済的実力を背景にして建設することになった。この住宅をつくる棟梁となったのは、川原町の大工川尻治助であった。彼は天保七年（一八三六）生れであるから、その時ちょうど三十九歳であった。彼は大工佐兵衛の次男で、その名を亮之といっていた。

彼の育った時代は、文化・文政の頃花開いた高山祭の屋台がなお絢爛と美を誇っていた時であった。この屋台の細工に秀でた家柄に谷口家があった。川尻治助は、この谷口家と延恭と宗咸から技術を学んだ。ついで「宅屋の故実」をきわめ、明治八年の大火の時には、高山随一の民家建築の大工であった。

彼は当時三十九歳の働き盛りである。新しい時代のなかで、彼が蓄積した今までの民家技術の粋をつくすことができたのは、幸せなことであった。民家建築をしばる法令はもうない。社会的にも建築的にもおさえつけられていた忍従をはねのけて、爆発した感情は、棟ひときわ高い二階家をつくらせることとなり、川尻治助もその腕の冴えを示すことができた。かくして棟梁住井兵太郎さんに、見栄のはった「はでな」住いだといわれることとなった。まえのうちは今の屋敷の向い側にあり平屋であったが、今度の間取もほとんどかわらなかった。

材木は持山から伐りだされた。この木材を運ぶ時、「枝きり」と「金払い」とが前後についていた。枝きりは邪魔になる枝を断りもなく切り払い、金払いはあとからその弁償をして歩いた。敷地は道の向い側に変えられた。

家を建てはじめてから四年目の明治十二年（一八七九）一月二十二日に上棟式が行われた。時に九代目九兵衛が二十三歳の時であった。

この建物には川尻治助のほかに、副棟梁として河内庄助が参加した。日下部家住宅は、川尻治助が精魂をこめて力をつくした最大の民家であった。今までにこのような規模の民家が建てられたことがなかったように、彼にとってもただひとつの大建築であった。日下部家住宅の大工手間は、坪あたり二十人から二十五人にも達すると思われる。これはふつうの住宅の手間の二倍から三倍にも達するものである。

川尻治助は、襖、盒子の妙手としても有名であった。大正四年（一九一五）十一月十日、九十歳におよんだ彼は、養老の天盃を拝受したが、それから十日もたたぬ十九日に歿した。

日下部家住宅は、江戸時代民家の頂点を示すものである。この民家は、高山民家の集大成として忘れることはできない。そしてそれとともに棟梁川尻治助の名は長く記憶さるべきである。

6　川尻の名作・日下部家住宅

大工技術からみれば、高山の他の民家とちがうところはない。畳の大きさは、高山の他の民家と同じように五尺八寸×二尺九寸である。この畳の大きさの分布は、南は小坂までであり、そこから南は六尺×三尺の畳となってしまう。これにくらべて、五尺八寸×二尺九寸の畳は、富山、高岡、金沢、輪島へとひろがっている。だからこの畳寸法の分布から考えると、高山民家の系譜は岐阜、名古屋よりも、北陸の方へつながるものといえよう。「にぎりめし」二つで国越えできるのは、信州境の野麦峠だけであり、日下部家まえの細い道は、昔の街道で、北へ行けば越中へ、南東へ向けばこの野麦峠に通じ、飛驒の乙女たちは「イトヒキサ」（糸引きさん）といわれ信州の岡谷へ通った道である。しかし、民家の技術としてはあまりつながりがない。信州は柱割だけれど、高山は畳割である。

日下部家住宅の空間は、二つにわけて考えることができる。天井のない空間と天井のある空間。天井のない台所・おいえ・ろじの上には、梁組がたしかな構成をみせている。台所のイロリからのぼる煙は、梁組の間を通って、煙出から外へでてしまう。天井のある「かずき」や本座敷の方へ煙がまわることはない。天井のない空間は、煙突の役目をするからである。

川尻治助が最も気をくばったのは、おそらく座敷廻りと梁の組み方である。座敷廻りは、いわば書院であり、すでに江戸時代において民家のなかでも、ひそかに、広く行われてきたものである。

これにくらべると壮大な梁の組み方には、川尻治助のなみなみならぬ関心と意識がみられる。単に構造的な必要さから考えるならば、あんなに太いウシ梁も、数多い梁も、規則正しい小屋束も組む必要はない。たしかに彼は、「みせるために」よぶんの木を丹念に組み合せている。

梁組を天井でかくさないで、化粧にする時には、大工は素人の思いもおよばない関心を払うものであるが、彼にとっても、この梁組は、最も気をくばったものであったわけである。天井にかくされる梁組は、釿《ちょうな》はつりだけでよいし、美しくなかろうと構造的な役目を果せばそれでよい。しかし化粧にされる梁組は、鉋もかけなければならないし、仕口もていねいでなければならないし、見栄えがすぐれていなければならない。

この梁組をいっそう効果的ならしめたのは、高い棟高を利用した南と西の高窓からの採光であった。

他の地方にない室のなまえに、「かずき」というのがある。「かずき」には、ふつうには加寿喜という字があたえられる。けれど「被《かず》き」の意味で、衣裳をかえる室である。しかし同時にこの室は家を支配する者の居室であった。日下部家ではおばあさんがいた。この室には番頭も入ることができなかった。金庫はこの室の押入に入れてあった。まさに「かずき」は家長権を象徴する室であった。

日下部家住宅は明治時代に建っても、江戸時代の民家である。この民家にかわる住宅を建てようとしても、今はもうできない相談である。そればかりでなく住むには厄介な建物である。民家は完成し集大成された時、その機能的使命は終りをつげ、芸術的造型的美しさ、すなわち形の美しさのみが残ることとなった。これは完成した形態をもつ悲劇であるとともに、特権でもあり名誉でもある。

7　西田の名作・吉島家住宅

日下部家住宅が「はで」ならば、そのとなりにある吉島休兵衛家の住宅は「こうと（地味）でいい」。日下部家住宅と同じように、吉島家住宅も明治八年（一八七五）の大火で焼失した。その後再建された住宅は、明治三十八年九月八日の失火で焼失した。風がなかったことと「がんど」にかわって十年まえに購入した近代的消防ポンプの威力と、斐太中学生徒の活躍で、松井助次郎さんの住宅を類焼しただけで大火にいたらなかった。現在残っている住宅は、このときに再建されたものである。川原町の大工西田伊三郎が棟梁であった。彼は川尻治助より一世代あとの大工で、吉島家住宅を建設してまもなく六十七歳で死亡した。

吉島家住宅は「こうと」なスタイルをもっているが、これはやはり江戸時代民家のひとつの頂点である。これがヒダの高山でなく、平坦部の町人や農民ならば、明治三十八年という時代にはもう、江戸時代風な民家を建てはしない。なぜなら、あの明治十年代のインフレからデフレに移る時期に、江戸時代に活躍した旦那衆たちの多くは、産業資本の並に足をすくわれて没落してしまうからである。そうでなくても新しい建築材料であるレンガやガラスができ、ガス・水道・電灯がひかれ、材木が製材機にかかるようになり、文明開化の洗礼をうけた新しい人間たちがでて新しい生活形態があらわれると、江戸時代風はどうしても建てられ

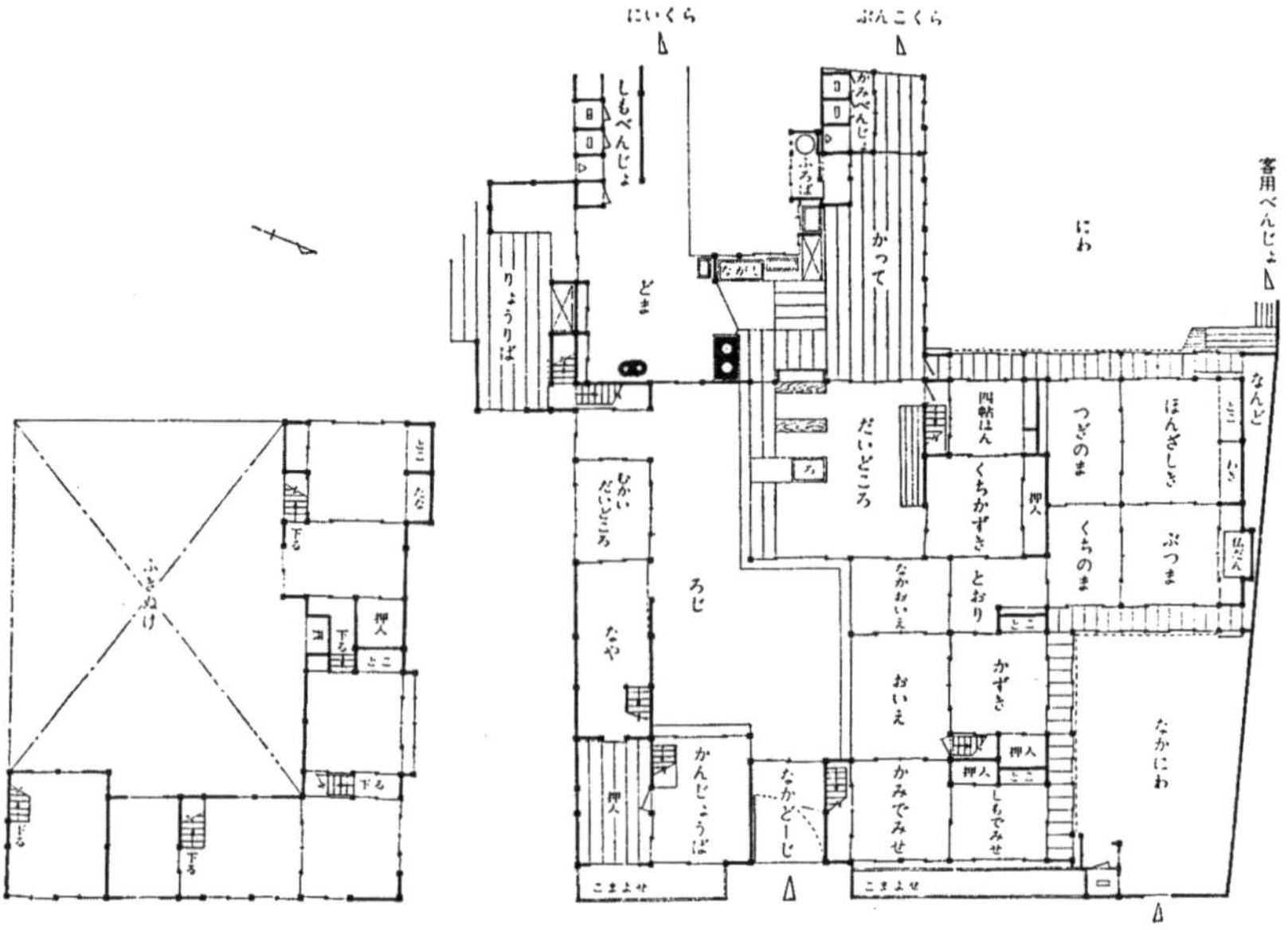
にいくら
ぶんこくら
しもべんじょ
かみべんじょ
ふろば
客用べんじょ
りょうりば
どま
ながし
かって
にわ
だいどころ
ろ
四帖はん
つぎのま
ほんざしき
なんど
とこ
わき
くちかずき
押入
くらのま
ぶつま
仏だん
むかいだいどころ
ろじ
なかおいえ
とおり
なや
おいえ
かずき
なかにわ
かんじょうば
なかどーじ
かみでみせ
しもでみせ
こまよせ
ふきぬけ
たな
下る

日下部礼一家住宅

なくなるし、事実建てない。

しかし高山はなにせ山奥の町である。高山では明治十年代の影響はほとんどなかったといってよい。明治七年にはまだ引戸駕籠が九輛、垂駕籠が三十六輛あったし、新しい交通用具の人力車はわずか一台にすぎなかった。自転車がはじめて入ったのは、藤井富太郎が横浜のテンプラー商会からテンプラーを買った明治三十二年（一八九九）であった。

吉島家住宅が建てられた後になってはじめて、文明の利器らしいものがあらわれた。横浜に住んでいた高山出身の保米吉が、明治四十三年（一九一〇）に自動車にのって故郷に錦を飾った。この二年後の明治四十五年に大阪エンプレス白粉会社の自動車が、広告のためやってきた。しかし乗客を運ぶ乗合バスが出現するまでには、更に大正二年（一九一三）の濃飛自動車会社の設立まで待たねばならなかった。荷物輸送の貨物自動車にいたっては、更に十年あとの大正十二年まで待たねばならなかった。そして高山線が開通したのは昭和九年（一九三四）のことであり、この時になってはじめて材木屋ができた。

このように旦那衆たちの産業と経済をおびやかす波がおしよせてきたのは、すべて吉島家住宅が建てられてから後のことであった。だから高山の民家の転換期は、他の平坦部の民家とちがって、明治末年から大正はじめにかけてやってきた。日下部家住宅も吉島家住宅も、現在セメント瓦で葺いてあるが、のし板葺からセメント瓦に葺きかえられたのは昭和のはじめのことであった。その時屋根が重くなったので、軒先が六〇センチほど切断された。火事にこりた高山町は、町の条令で屋上制限を施行し、屋根を不燃材料で葺きかえることを試みた。セメント瓦の会社ができたのはこの時である。

吉島家住宅は、江戸時代風な民家の最後の時代の作品ということができる。日下部家住宅よりも三十年もあとに建てられた吉島家住宅には、日下部家住宅にみられるような、激しい見栄の精神はもうない。旦那衆たちは、おさえらえていた時代の悪夢への反動意識をもうなくしていた。だから入口から「ろじ」（土間）へ入った時、明るくて春慶塗をみるような雰囲気はあるが、人々を威圧するような梁組の壮大さを誇るようなところはない。「ろじ」には中仕切りを設けて、大坂格子の戸を入れ、土間の空間を小さく区ぎった。格子を通してみるのは、のれんや、おいえの鴨居の鼻である。日下部家住宅のように仰ぎみて感嘆するような、上方《かみがた》への強い意識はない。このような事情が、棟梁の住井兵太郎さんをして「こうとでいい」といわせたのであろう。

8　家抱から大家族への白川郷

天文十六年（一五四七）五月、白山が噴火した。日月の光もおぼろげに灰のふること雪のごとく、草木も枯れなえ、五穀果菜さながら冬枯木のごとく熟することなく、餓死する者その数をしらない有様であった。享保三年（一七一八）『白川郷猿丸村由緒記』はこう書いている。噴火から七年たった天文二十三年（一五五四）三月白山は再び爆発した。赤崩村は狩猟を業としていたのでそれでも数軒の家の者が残ったが、牧ケ野邑では妻子をたずさえ家をすて他国へ離村し、ついに村人はいなくなってしまった。天正十三年（一五八五）十一月二十九日大地も割れんばかりに百千の雷のひびきがした大地震がおきた。保木脇村にあった帰雲城は三丈ばかりもゆりしずみ、内ケ島氏は将士とともに全滅し数百の在家は埋没した。

戦国時代のこの頃——美濃の山奥から発し荘川村、白川村、五箇山を経て砺波平野を横ぎり日本海に注ぐ庄川沿いの上流の村々には、今みるような壮大な合掌造りも大家族もなかった。

江戸時代のはじめの寛永年間の検地帳をみても一軒の大家族もない。そして農民たちは隷属農を抱えていた。白川郷ではこの隷属農を家抱《けほう》といい門屋《かどや》といっていた。元禄七年（一六九四）になっても、これら隷属農を抱えた農民がいた。保木脇は二戸が百姓で、二戸が家抱であった。野谷では、一人の農民が二戸の家抱を

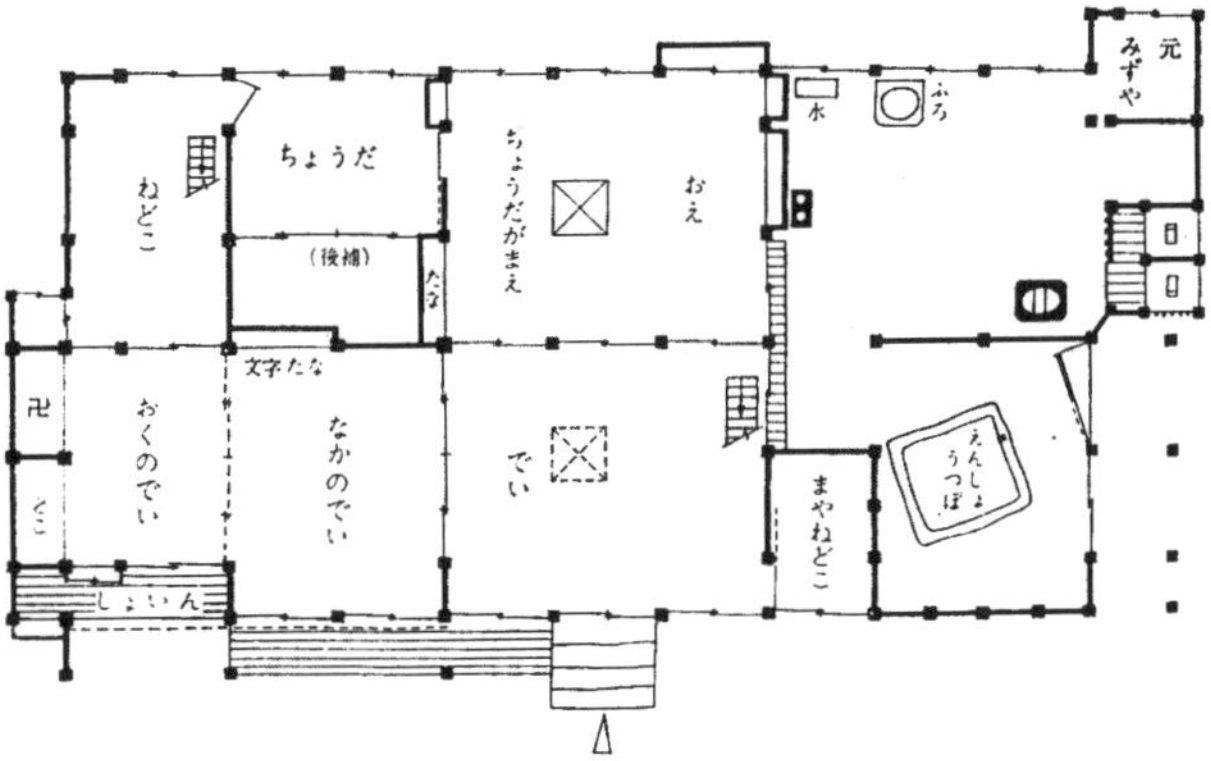

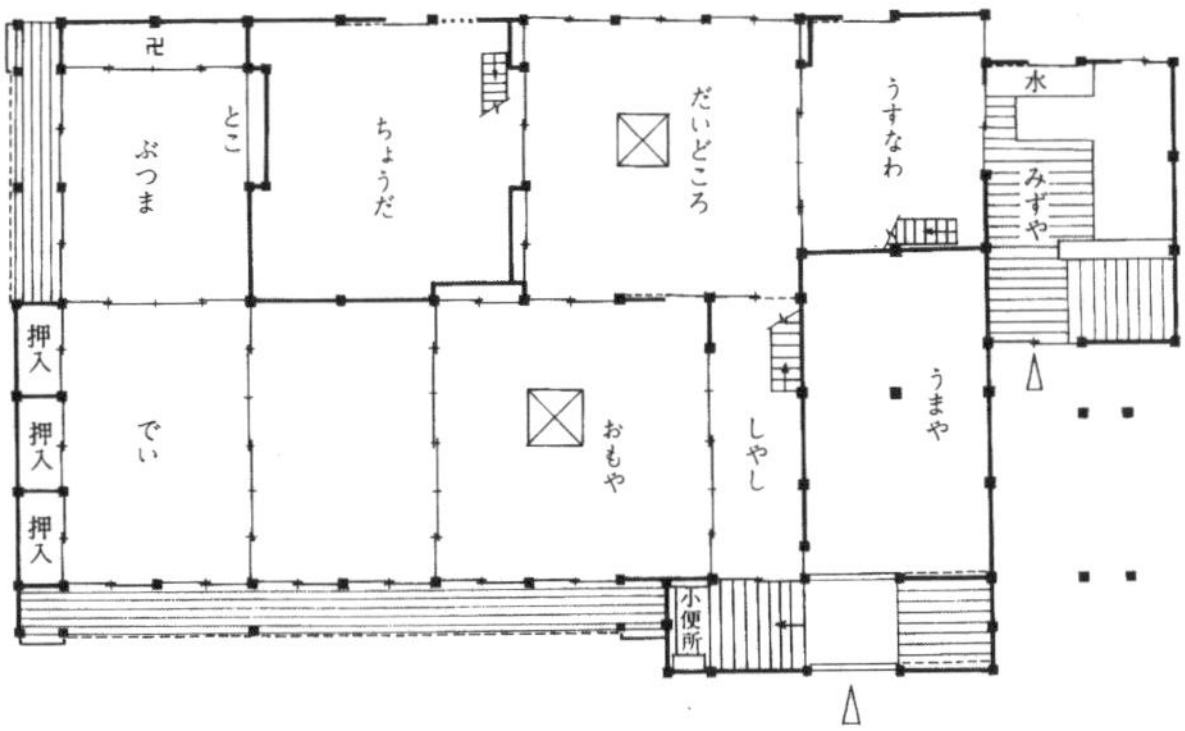

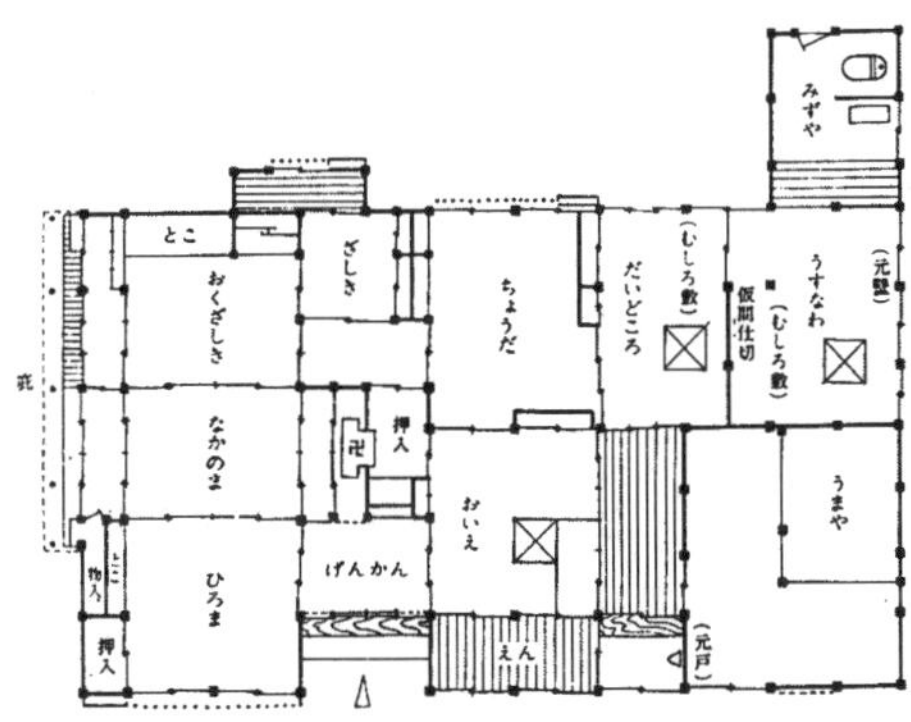

上　村上忠松家住宅　五箇山・上梨
中　大戸継盛家住宅　白川・御母衣（現在、下呂町）
下　矢箆原家住宅　荘川・岩瀬（現在、横浜・三渓園内）

抱えていた。大牧では十一戸のうち四戸が家抱であった。

元禄時代まではそれでも御母衣・木谷では分家が行われ、他からの移住者もあったが、この頃からは戸数の増加は停滞し人口が増加しはじめた。それとともに、家抱は漸減し安永三年（一七七四）にはまったくいなくなってしまった。きわめて低い生産力の土地で、増加する人口のはけ口をもたず分家の条件もない白川郷では、強力な家父長のもとで次三男と女子とを統制し賦役を強いなければならないのは不可避のいきおいであった。そしてここに壮大な合掌造が成立した。わが国の農家のほとんど全部が合掌（サス）を組んでいるから、農家は全部合掌造りである。そうであるのにこの白川、五箇山の民家だけが合掌造の名を独占するのは、それだけ逞しく壮大だからである。

9　高山系と加賀系

庄川水系のほとりに点在する民家は次の三つの地域にわけて考えることができる。川上から川下にかけて——つまり南から北にかけて荘川村、白川村、越中の五箇山。前二者を古くは白川郷といっていた。高山を西にでて松ノ木峠を越えるとそこにあるのは荘川村。当然の結果として民家を建てる大工は高山の大工が多かったし、その影響も強い。この村の北に白川村があり、更に下れば越中五箇山がある。五箇山から細尾峠を越えればそこは城端《じょうはな》であり、高岡からの電車はここまできている。当然の結果として五箇山の民家は越中や加賀の影響が強い。白川村の民家は五箇山と荘川村にはさまれ、その中間の形態を示している。

荘川村——昭和三十一年六月荘川村岩瀬の矢篋原《やのはら》家住宅が荘川村民家の代表として重要文化財に指定された。この民家はダム建設によって水没するので横浜の三渓園のなかに移された。矢篋原家には元来租税請負人であり、また刀の鞘の原料である朴の木は京へ移出していた。黒谷の奥田家が本陣として高山代官と結んでいたのにたいし、矢篦原家は真宗の照蓮寺と結んでいた。この民家は宝暦年間（一七五一—一七六三）の建設と伝えられているが、それより大分新しいとみてよいだろう。しかしさまざまな意味で荘川村の民家を代表している。「えん」を母屋にとりこんだ「すや造」であり、平入であり、屋根は寄棟造の変型である入母屋である。

白川村——これにたいして白川村の民家は「げや造」で、エンは母屋にとりこまないで下屋となっている。しかし御母衣の遠山家住宅のように「すや造」の民家もないわけではないが、ここでは「すや造」は格式の高い民家の形式のひとつであった。平入である点は荘川村のそれと変らないが、五箇山と同じような妻入も少しばかりあり、荘川村の民家にはないシャシと称する室がある。シャシはいわば出入口からオエとダイドコロに通ずる廊下であり、そこには「あま」（二階以上）へのぼる階段がある。屋根は壮大な切妻であり、「白川の民家」という場合ふつうはこの村の切妻造＝合掌造をさす。この白川村の民家も、中切・大郷・山家の三地方でそれぞれ少しずつ形を異にする。中央部の大郷地方はわずかながらではあるが平地を耕作しているのにたいし、その南にある中切七か村と、その北にある山家六か村はほとんどが山地である。この村の代表として御母衣の大戸家住宅が重要文化財に指定された（下呂温泉へ移築）。桁行七十尺二寸×梁間四十三尺四寸の大戸家住宅はこの村の規模としては中程度であり、天保四年（一八三三）に越中国院水郡長坂村の大工新右衛門その他が家作した。江戸時代の大戸家は好んで旅回りの職人や芸人を泊めていた。

五箇山——今は五箇山といえば上平村、平村、利賀《とが》村の三地域にわけているが、古くは、赤尾谷・上梨谷・下梨谷・小谷・利賀谷の五谷をさして称していた。江戸時代に加賀の前田に支配されたこの地方は、焔硝の生産地として重視され、上梨の村上忠松家の住居内には焔硝を入れたふかさ一尺くらいの方形の穴が今も残されている。またここは加賀藩の流刑地でもあり、平村田向には、星野権之助なる流刑人を収容する小屋が文政九年（一八二六）に建てられた。荘川村、白川村の住居が平入が大部分であるのにたいし、五箇山では妻入りが最も多く、これに平入が混在している。平面形式は白川村のそれとちがってシャシがなく、むしろ加賀地方の民家に類似している。五箇山では、オエを二つに区ぎってデエとオエにしている家もあるが、大部分は加賀地方の民家のようにデエのない広いオエを通している平面が多い。荘川村、白川村の大部分はダム建設のため、合掌造の面影とかつての集落構成を急速に喪失しつつあるのにたいし、この地方の合掌造はなおまだ相当残されている。ことに越中桂、飛騨加須良を除けば上平村の菅沼は最もよくその面影を残している。

10　白川民家の生活と平面

外からみたところ三階にも四階にもなっているけれど、二階以上をアマといってわずかに簀子が敷いてあるだけで、そこで人が居住しているわけではない。そこは蚕を飼い農作物を干す場所である。白川村中切地方で家族が最も多くなったのは養蚕の盛んであった明治三十二年で、木谷では平均二十六人、平瀬、御母衣では二十三人で、それより五十年ほどまえの嘉永六年（一八五三）にくらべるとそれぞれ平均して四―六人ふえている。

こうした大家族のなかで結婚して同居できるのは家長夫婦と家長たるべき者としてのアニだけであった。それ以外の男子であるオジとそれ以外の女子であるオバとはヨバイによるナジミ婚がふつうであった。男たちはデエ、ウマヤ、ウスナワの上に設けられた中二階に分散してねたが、女たちはチョウダという窓のない密閉した寝室でねた。チョウダの入口の近くには家長夫婦がねた。もしアニに嫁があれば家長夫婦はデエにねて、アニがチョウダを守った。

独身の男たちは、そうそうに夜なべ仕事をすますと、急いで夜道にとびでたものであった。よその家の障子に穴をあけてのぞくと、そこには紙すく娘たちが働いていた。これといって娯楽のない山中では、これが楽しみであったということであった。しかし、とにかく男や女たちは村祭や寺参りで話がまとまると、その夜更け男は女の家を訪ねた。家長はこの夜這いをみとめると女の寝所は男の通うのによい室にかえてやった。しかしこうした女たちに子供が生れても式があげられるとはかぎらなかった。オジの子供は女の方で育てられ成長した。明治のはじめの戸籍には庶子や私生子が多いけれど、これはけっして不道徳であったためではない。しかしその生活はその貧しさとともに、オジやオバたちにとっては耐えられないものであった。明治になってからはデッチ・ビンタの逃亡相つぎ、徴兵検査によって新しい世界と新しい職場とをしった男のある者は、「どんなに働いても一生涯オジとしてくらさねばならないところは馬鹿らしくて」身のまわりの道具を背負って山を越え逃亡した。またあるオバは娘に「子供の二人もバンドリ（大蓑）の下にはさんで畑を耕すような苦労はせんならんから」と町への出奔をすすめた。

デエの奥にあるダイドコロは食事を用意するところであり、家族たちはイロリをかこんで食事をし、だんらんをした。しかし家長だけは、となりのオエにあるイロリのヨコザで食事をした。しかし家族が多くてダイドコロが狭い場合には、アニや家長の弟が加わることもあった。結婚式の客を家長がもてなすのはこのオエであり、正月の年始廻りの挨拶がされるのもこのオエであった。いわばオエは家長の室であり、上手の一間がナンドに接する場合は、そこに棚がはめこまれ、形をととのえていた。最も奥にある、ブツマはナイジンともよばれ、デエの上手に仏壇が設けられた場合にはヒカエノマともよばれている。法事、葬式をはじめとして結婚式の際には、ブツマ、デエ、オエの三室を通して式場とした。デエは一室または二室で、ブツマとともに畳敷である。

ダイドコロの下手にあるウスナワ（臼庭）は板敷で主穀の加工する室であった。ウスナワにつづいてミズヤがあり、ここは、炊事場であり水がひきいれられている。幕末の長瀬村次郎兵衛のミズヤには谷川の水がひかれ、月夜にはイワナがミズヤにあつまり人をおそれることはなかった。これにくらべると五箇山の民家の平面は少しちがう。白川にくらべるとニワは広い。ここには製紙用の大釜がおかれていた。しかし今はもう紙すきをしないので土間は狭くするようになった。また昔は小便所をマヤのなかに、大便所は別棟にしていたが、今は通常妻側に独立し大小便所をとりこんでいる場合が多い。かつてチョウダといっていた室は近年ネマというようになり、またエンは、以前はあまりつけなかった。

11　フタ同行の家普請

荘川村の矢箆原家住宅は高山の大工が建てた。荘川村が高山大工であったのにたいし、白川、五箇山の民家は越中能登の大工が建てていた。天保四年（一八三三）家族十九人を抱えた白川村御母衣の大戸家住宅は越中の大工が建てた。天保十三年（一八四二）白川村大牧で最も広い耕地と小作人数人を抱えていた惣右衛門は、能登および越中から職人を招いた。

この惣右衛門が家作したのは、類火によって居屋を焼失したからであった。この焼亡の報せをきいた村内の者からヤケミマイとして銭・米・桶・鉢・鍋・ムシロ・縄がおくられた。また木谷では、明治二十年（一八八七）と大正十三年（一九二四）に七戸のうち六戸を焼失した。この報せをきいた中切地方のフタ同行がヤウチ（家の者）をつれてやってきた。中切地方には本願寺の寺が平瀬と稗田にあり、この寺の同行をフタ同行と称していた。宗教的信仰組織と民家建設組織とは重なりあっていたのである。そして彼等のユイによって、とりあえず一時しのぎのための仮小屋が建てられた。天地根元造にも似たこの仮小屋は、白川ではマタダテとよばれ、五箇山では、ナンマンダブッともよばれていた。柱のない合掌だけの、いわば屋根だけを伏せたこの小屋が五箇山の相倉に一戸だけ残されている。明治時代にはこのマタダテは平瀬に一戸、大牧に二―三戸、保木脇に一戸あった。マタダテは土座であり、仕切りなしの一室であった。マタダテを建てるには、大工はいらない。ユイによる素人の労働と技術だけでつくりあげることができた。

これにたいしマタダテを柱の上にのせた住居をハシラダテと称し、オオヤともいわれていた。本建築であるハシラダテを建てるのは大工であった。建設工事はユイの協力をえてはじまる。木取り、木挽き、石がちがユイの者の手伝によってはじめられる。

イシガチはイシバカチともいわれ、基礎のつき固めのことであり、この時の普請における行事が行われる。大牧村惣右衛門のイシガチでは大牧、馬狩、大窪、野谷、保木脇の十五人が百文から二百文をおくった。その次の行事はヤワタリ（屋渡）であり、惣右衛門の場合には十人の人たちから米・縄・簀《す》・小豆がおくられた。いわゆる新築祝はゴチョウ（御長）といわれ、この行事をもって建設は終る。

しかし大工がつくるのは一階だけである。柱をたて梁をかけ壁板を張ると、大工はひとまず手をひいてしまう。大工が高山や越中からくることでもわかるように、建設技術はそれぞれの地方のものと本質的には変らない。畳のある室（デエ・ブツマ）は畳に応じて柱間をきめるので、ここでの一間は六・一五尺であり、畳を敷かない板敷の室（オエ・ダイドコロ）は、柱間は不同で六・五尺から七尺までいろいろとあり、きまってはいない。建具や欄間や棚は既製品を購入してきた場合が多い。白川民家で変っているといえばチョンナという曲った大きな梁を利用することであろう。傾斜地で育った木は幹元が曲っている。背面の下屋桁までこの曲り梁をかけ、その曲りの高低差を利用して下屋を母屋にとりこんでいる。また五箇山では下屋のまえに更に下屋をおろす場合はこれをニジュウといっている。

このようにして一階の建築が終ると、素人たちによる二階以上の建設がはじまる。モヤの梁の両端に小穴をつき、ここに丸太を入れ合掌には一段から二段の梁を渡す。ヤナカ（母屋）によって合掌を横に緊結し、合掌内側には、オオハガイという筋違《すじかい》を渡し固定する。ヤナカの上にはクダリ（垂木）を結びつけ、その上にカヤを葺く。あの広大な屋根も百五十人から三百人の者があつまりわずか一日で葺いてしまう。小屋組の結合には古くはネエの蔓を用いていたが今は縄を用いる。軒付には麻、茎を使い、ヌイボクでおさえながらカヤを葺く。昔は棟おさえに藤蔓を使用していたが今は鉄線を使用する。

これが終ると造作大工の工事がはじまる。今は妻側に障子を入れているが、古くは窓をとらずにカヤの束を妻全体にかけていた。おそらく養蚕が広く行われた時代に採光用として、障子を入れることをはじめたものであろう。天保十三年（一八四二）の惣右衛門居宅普請に際しては大工、杣、造作大工等の職人は延千二百日におよび彼は大工たちに二十六両余の金を支払った。惣右衛門居宅の建坪はわからないが、もし八十坪とすれば坪あたり大工数十五人で、もし六十坪とすれば坪あたり大工数二十人であり、高山の日下部家住宅より比較的少ない。これにたいしユイ仲間として惣右衛門居宅建設に協力した人数は村内の大牧が四百三十五人で最も多く、その他を入れて六百六十人である。大家族制が崩壊しつつあった大正十二年（一九二三）でさえ住居建設にはユイ仲間の協力が必要であった。大郷地方の島集落の山下家は本家から分家した際に、百二十九日にわたり延四百六十五人の協力を仰がねばならなかった。一日で最も多数の労働の動員を要したのはヤワタリの七十三人であり、ついでイシバカチの三十七人、牛木サシキ（梁）引き（四本）の二十二人であり、アシモト（屋根葺の足場組）の十七人がこれにつづいた。

12 合掌造の成立

家抱を抱えていた時代の白川郷の農民の住居は、今みるような壮大な合掌造ではなかった。延享三年（一七四六）に地役人である上村木曽右衛門の書いた『飛驒国中案内』によると、この時代の真宗門徒の道場は榑《くれ》板葺である。道場には民家があてられていた。だから当時の民家が榑板葺であったと考えてよいだろう。榑板というのは年輪に沿ってへいだ板で水を通さない。だから酒樽や醬油樽にも使われる。榑板葺では切妻にすることはできても、アマ（屋根裏）を利用できるような急峻な屋根をつくることはできない。なぜなら榑板では屋根勾配を三寸以上にすることはほとんど不可能だからである。それ以上の勾配では榑板はずりおちてしまう。

だからあのような合掌造がつくられるためには榑板葺からカヤに変ることが必要である。こうしてはじめて、アマが生まれでてくる。それでは江戸時代の中期に榑板からカヤになぜ変ったか。

元禄五年（一六九二）幕府の直轄地となって以来特に立木への統制が強化された。しかもなにせ白川郷は生産力が低いので幕府もその年貢米を国外へだすことをしなかった。農民たちは働いて一度納めた年貢米を買いもどさねば食べてゆかれなかった。買いもどすためには金と労働が必要であった。山稼と養蚕とは換金労働と換金産業の最大のものであった。養蚕をするためには大きな空間が必要である。榑板敷では三階にでもしなければ合掌造のカヤ葺ほどの空間はとれないであろう。カヤ葺ならば大工が造作するのは一階だけだから一階分だけの賃金を払えばよい。しかし榑板葺では二階分も三階分も賃金を払わなければならない。カヤ葺では農民たちのユイだけで二階以上を完成できた。現金はそれだけ少なくてすむというわけである。簀子敷のアマの用途の大部分は養蚕であった。白川ではこの養蚕も製種からはじめなければならず、そして製糸には女たちがかりたてられた。しかも元禄時代以降「焼畑」を著しく増大した。オジやオバたちは自分の小遣を稼ぐために、「焼畑」で「しんがい」稼をした。この焼畑のあとにはカヤが自生した。大家族―焼畑の増大―カヤの増大という形で、カヤ葺はいっそう容易になった。

ここにおいて家長夫婦とアニ夫婦とを除けばみじめな生活に甘んじなければならない生活形態とそれに伴う住居が確立した。このような生活は程度の差こそあれ封建時代の農村には一般的に存在していた。ただ白川郷では典型的に誇張されたにすぎない。だから住居の平面が飛驒・越中・加賀の農家のそれと同じであっても当然のことである。また平面に見られる家族生活のみじめさと外観の原始的な荒々しいタッチにもかかわらず、ここに使われている建設技術があまりにも江戸時代的であったのも当然のことである。柱の上に桁をおきその上に梁を渡す。これを京呂組といい、書院造でさえ江戸時代初期以前にはみられなかった組み方である。合掌を組んで入母屋か寄棟のカヤ屋にするならばこの構造法は容易であり、一般農村に最も多く行われていた。しかし合掌を組んで切妻にするためには筋違《すじかい》が必要であり、これは技術的にはより高い。

いずれにしても白川郷の合掌造は封建制の重圧と山間僻地の低い生産力のもとに生れでた悲劇の民家形態ということができるだろう。合掌造はほろびなければならないし、またほろびさりつつある。重苦しい生活がくりかえされ、オジ・オバたちが逃亡しなければならなかった時代においては、たとえ憩いの日があったにせよ合掌造は憎しみと嘆きの象徴でもあったろう。しかし農民の高らかな凱歌があがる今日では、悲劇の合掌造も逞しい壮大な白川農民の記念碑として、高く位置づけることができるだろうし、また敬愛の心をもって保存しなければならないと思う。

京の町

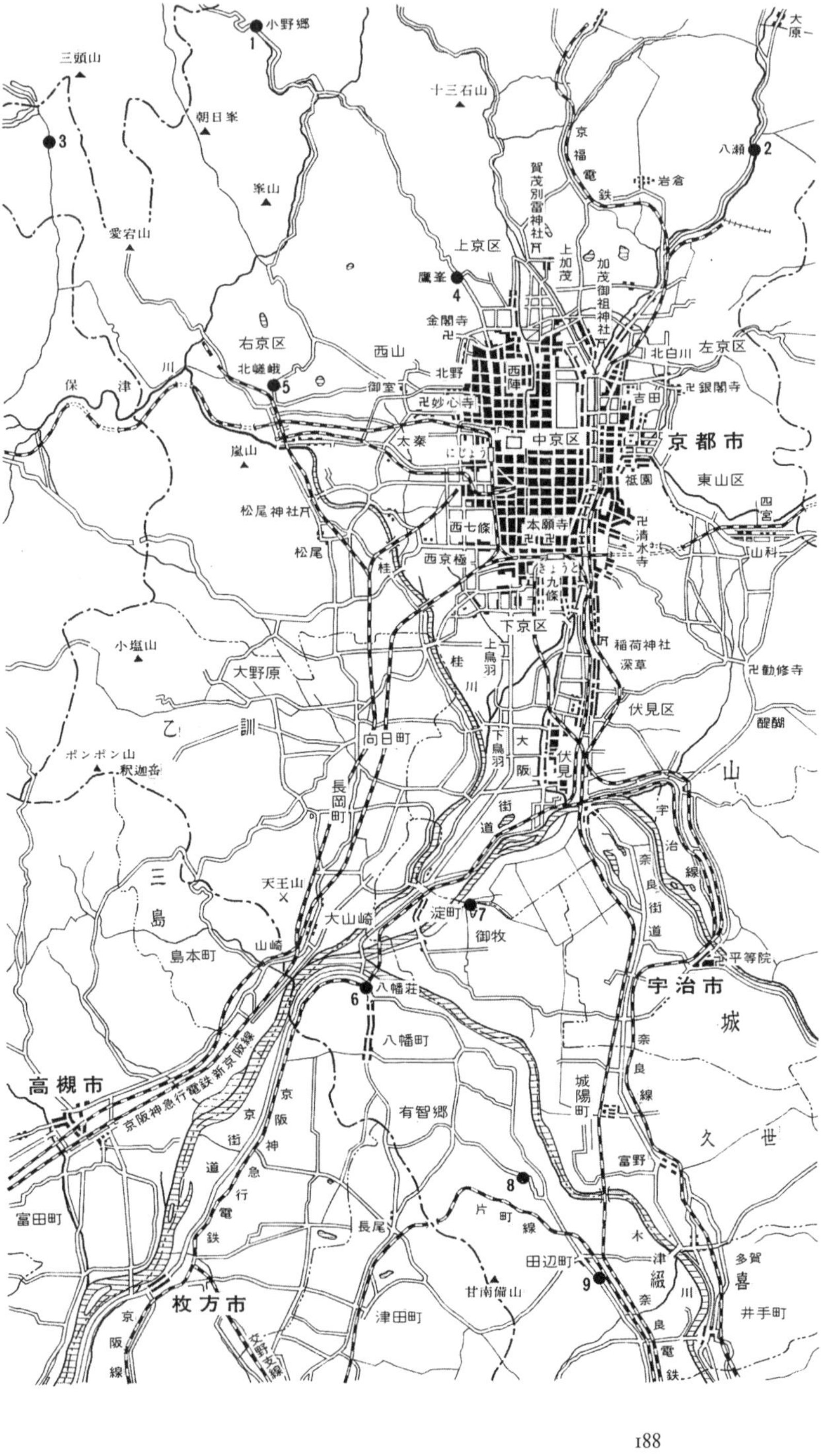

1　日下部左右衛門家
2　鈴木喜吉家
3　河原酉雄家
4　松野隆男家
5　野路井盛之家
6　伊佐慎吾家
7　山田賀誠家
8　沢井為三郎家
9　森村富太郎家
市内中京区
　二条陣屋
　山田長左衛門家
　藤井源四郎家
　森島法衣店
　井山吉良家
　信江基次家

1 「大坂に生れ、江戸で稼いで、京に隠居して」

こうして京で若盛りの苦労を楽しむのは、江戸時代はじめから中頃にかけての民衆の夢であったらしい。これは『長者通用記』という本に書いてあったが、西鶴の弟子の北条団水が『日本新永代蔵』(一七一三)のなかで引用している。

京唄・京打ち・京うちわ、京折り・京白粉・京女、京酒・京ます・京の水、京細工・京鹿子《かのこ》・京浄瑠璃。建物関係にも、京作り・京普請・京格子・京壁・京間があり、その名は広く伝えられた。こうしたものはすべて、たいした都ぶりとして京様・京風・京形等といわれていた。

当時の都市人口の点からいえば、もちろん江戸の方が多かったかもしれない。しかしその江戸でさえ、はじめは、京下りの文化で支えられているにすぎず、まだ江戸独自の文化をうちだしてはいなかった。天正十八年(一五九〇)徳川家康が江戸に入府して実施した最初の町割《まちわり》は、京間の一間、つまり六尺五寸を単位として行われた。大坂夏の陣がすんだ後の元和二年(一六一六)に行われた江戸城増築の大工は上方衆《かみがた》であったし、それから二年後に江戸城内に造営された崇伝の邸宅の大工も、中納言の大工とか北山大工とかいった京大工であった。更に四年おくれた元和六年に江戸城内に建設された数寄屋と書院の大工も、京の者であった。大工としては長左衛門・善左衛門・九郎兵衛・長兵衛・左兵衛・長次・善四郎の七人が、また畳屋としては久三郎が、指物屋としては宗十郎が、本光国師のあっせんで江戸へやってきた。

なにはともあれ京の風光明媚と由緒のふかさもさることながら文化・文政(一八〇四―一八三〇)頃になっ

建築中の京の町屋（室町時代）

て、江戸が漸く独自の文化を完成するまでの京は、わが国文化の中心地であった。大火に悩む江戸が正徳年間（一七一一―一七一六）以後、店蔵《みせぐら》という独自な耐火建築を生み出してきたことを除けば、文化・文政以後でさえ京の町屋は、わが国民家の最もすぐれたモデルであった。こうした京の町であったがゆえに、われひとならずとも京に隠居したくなるのも、またもっともなことであっただろう。

それどころか、武士がいばりちらしているその時代に、京の民衆にはこたえられないほどうまいことがあった。つまり京の者は、それが誰であろうと大名に土下座しなくてよかった。京を通る参勤交代の大名の数は多かったけれど、「高腰かけて、鼻歌を歌いながら」京の者は大名の行列をながめていた。天下晴れてのこうした特権とありがたい幸せは、京には天子様のいること、つまり「王城のかたじけなさ」のためであった。

こうした京であったら、誰もが京にたちよりたく思ったのも自然なことであった。しかし京には誘惑も多かったとみえて、城郭建設の盛んな時代によそへ手伝普請にいった家来が京にたちよって、見も心も失うのを大名たちは防がねばならなかった。慶長十五年（一六一〇）池田利隆は名古屋普請の手伝にいった家来が京にたちよるのを禁止した。もしどうしても所用があるならば、伏見で用を足すべきこと，犯して京入したならば、過銭として銀十枚の刑に処するというお触をだしたほどである。

今も残る京の町屋の造型と技術とは、こうした時代に育てられ完成され、京の町屋はつねに全日本のモデルとなった。

2 戦国時代の京の町屋

ばったりしょうぎに京格子・大戸口にはノウレンをかけた瓦葺の町屋も、桃山時代以前にはまだ完成していなかった。たとえば町田家本の「洛中洛外図屏風」をみるとわかるように、戦国時代の町屋はどの家の屋根も石おき板葺で、棟も軒も低く、せいぜい二室しかない通り庭つきの平屋であった。

この屋根板は「くれ板」とも「そぎ板」ともいわれ、榑木《くれぎ》（断面が扇型の材木）の柾割《まさわり》が使われていた。天正十一年（一五八三）洛中洛外宿問職という利権をもっていた商人の松本新右衛門は、こうした材料を美濃や飛騨から運びだしていた。こうした屋根板はクレドメという竹釘でうちとめてあったが、屋根勾配をあまり強くすると、ずりおちるので三寸勾配ぐらいが標準であった。それでもこの板は、強風や辻風にあうとまきあげられる始末であり、そうでなくとも強い日ざしをうけると反りかえる有様であった。

こうした屋根板は江戸時代に入っても数多く残っており、「瓦屋根は重く、柱を太くしなければならず、損である」と板葺を愛用する時代おくれの者もいた（『立身大福帳』）。しかしこの板屋根も吹く風にはかてず、「大風のあった翌朝、通りに散乱している屋根板を拾いあつめ」、ついに大福長者になった者さえいた。それは京は新町通り四条下るの長崎屋伝九郎である。

こうした屋根板をおさえるために、竹や木の棒を横に渡して、その上に重しの石をのせた。今でも信州その他の山村民家にありふれてみられる屋根形式である。また特に石がずりおちないように、竹の輪をつく

ウダツのあがった京の町屋（室町時代）

り、この上に重しの石をのせた。この竹の輪を「屋根輪」といっていた。また傷んだ屋根板をとりかえることをサシグレといった。

商家の店先にたらすノレンは麻地、木綿地ときまっているが、室町時代においては出入口に、扉がわりにたらしているムシロも「ノウレン」のうちであった。『下学集』や『運歩色葉集』では、ノレンは今のような意味ではなく、むしろタレムシロの意味に使っている。戦国時代の京には、タレムシロのノウレンと屋号や家紋を染めぬいた麻地のノウレンとが混在していた。

こうした時代には井戸なども一世帯ごとにはなかった。たいていは共同井戸であった。その井戸もはじめは家主の支配であった。しかし家主といっても、この時代の家主は、借家の持主という意味ではなかった。当時の農村には名主《みょうしゅ》という農民がいたように、都市には、家主がいて他の家族を支配していた。もちろん借家という言葉はあったけれど、それはたいてい仮建築という意味で、仮屋のあて字であり、でなければ家主に隷属している家族を住まわせている家屋という意味であった。

こんな話がある。文明元年（一四六九）のことであるから、今から五百年まえの出来事である。ちょうど応仁の乱が勃発して、地方の荘園から、年貢が本所へ入らなくなり、社寺は没落し、社寺に寄生していた家主層も昔日の面影を失いつつある時だった。款冬町というのは、今のどの辺にあたるかわからないが、その町は東寺領で下京辺にあったらしい、代々この町のボスで家主であった金阿弥の家のまえに井戸があった。もちろんこの井戸は彼の支配する共同井戸で、町の人たちは使わせてもらっていた。

しかしこの井戸の井筒もとうとうこわれてしまったので、町人たちは、自分たちの金で修理したいと金阿弥に申しでた。彼は反対した。今の彼はどちらかというと左前で経済的に苦しい。その上、町人などといったところで、もとをただせば彼の被官（支配していた家族）だったのである。金阿弥の家で代々やってきた井筒の修理を町人にやらせたのでは、金阿弥家の面子がたたないし、そうかといって銭もないというわけである。仕方がないので町方たちは、話しあって他の場所に新しい井戸を掘った。これで飲水の方は解決したが、今度は別の問題がもちあがった。それは金阿弥の家のまえの井戸ぎわにある大きな石である。この石は洗濯用の踏み石で、これがなくては洗濯ができない。そこで町人たちはおそるおそる金阿弥に、踏み石を運びたいと申しでた。しかしこれにも彼が反対するので、とうとう町人たちは東寺に訴えでた。

このささやかな事件は、家主所有の井戸が町有井戸に変ってゆくエピソードのひとつであり、また江戸時代に活躍する町人層が、伝統的な家主層を圧倒してゆく足音でもある。

それから百年間、京の町は動乱の時代に突入し、京の町屋もまた多く焼かれ、人々の生活もまた苦しみにみちていた。永正十七年（一五二〇）二月十二日の室町幕府の議事録（賦引付）によると、当時の京の人たちは、鍋・包丁・金輪《かなわ》はもちろんのこと戸・建具まで質入れしていたことがわかる。町大工たちも仕事がなくなり、天文十五年（一五四六）には、大工の次郎四郎が高利貸の帯屋から一石の大麦と二斗五升の米とを借りていたし、大工の二郎四郎は、高利貸の小嶋太郎三郎から七百三十文を借りていたほどであった。

3　近世町屋の萌芽

だがしかしこうした苦難の時代は、新しい民家を生みだすべき輝かしき前夜であった。棟低き板葺の粗末な小屋とはいえ、この頃の京の町屋には、すでに近世民家の典型たるべき萌芽がみられた。特徴的なものをあげると、それはウダツ・台格子・マクカケである。

ウダツ――元来ウダツは小屋梁の上にたっている束《つか》の意味である（『倭名抄』）。このウダツを屋根の線よりも高くつきだして袖壁をつけたものが、いわゆる今のウダツである。ふつうは防火のためのものといわれている。たしかに防火の効果は多少あるだろう。しかしそれは江戸時代以後のウダツだけの話である。室町時代のウダツはワラ葺が多く、むしろ板屋根よりも燃えやすい。防火のためではなさそうである。大きな家でこのウダツを隣家との境の妻側はもちろんのこと、表にも裏にもまわしている。

台格子――今ある京の町屋の格子は、出格子であってもなくても、たいていはめこみ格子になっている。台格子というのははめこみになっていないで、本屋柱にしこんである腰台に格子をつくりこんで固定してしまったものである。この台格子ははずせないから、「ばったりしょうぎ」（揚店）など使えない。

貞享三年（一六八六）の『本朝二十不孝』によると、泉州堺の「しもふた屋敷の八五郎殿」の居宅は、「檜木造の台格子に、二重座の鋲をうち輝かせ」、「古風を残して」いたことでもわかるように、江戸時代に入ると台格子は時代おくれの標本であった。しかし室町時代では当世風町屋の象徴であった。なぜならそれよりまえの時代では町屋の見世《みせ》の表は蔀戸《しとみど》だったからである。

マクカケ――現在の京の町屋では、持家はもちろんのこと借家でもマクカケを備えている。マクカケは庇の下一尺ぐらいのところに横に通した水引框（横木）で、ノウレンや幕をかけるためのものである。いわば屋号をもち、家紋をもった商家が、商売の上で確固たる地位を築いてきたあらわれのひとつである。このマクカケに小板を張ったものを、特にオオダレという。正角の横木をオオダレガマチ、庇からさがっている四寸角ぐらいの束をサガリヅカ、張ってある小板をハメという。このマクカケとオオダレは、ごく少数ではあるが、室町時代の終りにはもうでてくる。

後にオオダレは庇とか下屋の意味にも使われるようになる。ことに瀬戸内地方の民家でオオダレ（尾だれ）といえば庇のことである。オオダレが庇についているので、意味が変ったものであろう。

西鶴の『織留』にこんな話がでている。下京のあるオカミは愛宕山の天狗より高い鼻をもっていた。ところが自分の借家にいる扇子屋の女房が、となり近所の茶のみ話に「家主のオカミの鼻は天狗を釣りよせるオトリ(囮)にそっくりだ」といって歩いた。これをきいて憤慨したオカミは、「この鼻がこなたのうちのサゲオダレにひっかかって出入りに難儀しまするほどに、早々に家をあけてくだされ」とどなりこみ、とうとう扇子屋は五条醒井町へ宿替しなければならなくなった。

室町時代の京の町屋には、こうした近世的な萌しがみえるにせよ、室町時代の新しい文化の入口は、京よりも堺であった。堺の浜辺には、応仁の乱をさけた京都没落人の大舎人や、織手師や法華宗の坊主が小屋がけでたむろしている有様では、京都はとうてい堺におよぶどころではなかった。

外国との貿易によって巨富を築いた堺の納屋衆たちから、茶人の千利休、今井宗久、津田宗及が生れでた。一方では彼等は侘茶を主体にした簡素な草庵の茶屋をつくりあげた。しかし茶室はともかく、彼等が常住していた居宅はいったいどんな普請だったろうか。はたして茶室のように簡素であったろうか。なにはともあれ堺の豪商の町屋建築は、当時「堺普請《さかいぶしん》」とよばれ、たしかに独自なものを生みだしていた。

4　京普請と堺普請

しかし堺の豪商の町屋である堺普請は、室町時代の終り頃にはたしかに驚異のまとであったけれど、桃山時代から江戸時代にかけては、古くさい普請の仕方の代名詞となってしまった。今でも「京の着倒れ、大坂の喰い倒れ」という俚諺がある。しかし古くは、もうひとつ堺のことがつけ加わっている。正徳三年(一七一三)の『商人職人懐日記』という本によると、「京は着て果て、大坂は喰て果て、堺は家で果てる」という言葉がある。この言葉を読んでわかるように、堺では家ではてるほど、家普請に金をかけたものであった。

西鶴の『栄花一代男』にいわせると、堺普請では「ところどころの切組も、わけなく隙《ひま》をつくし、竹揃へ入れのぬれ縁、唐木《からき》あつめての欄間窓、金銀こまかな所に大分入りし作事」で、「よろず古風の残った」「むかし座敷」であった。ここで唐木とは中国渡来の材木という意味ではなく、東南アジア産の紫檀・黒檀をさし、いかにも自由貿易港・堺ならでは使用のむつかしいぜいたくな材料である。ひとくちにいえば、金にあかせてつくった唐物《からもの》好みの成金趣味のどぎついものであった。しかしなにはともあれ堺普請は、成上り商人のなかで試みられることはあったが、ついに全日本民家の典型とならずに、時代おくれの標本となって、忘れさられてしまうこととなった。

だから当時の商人たちのなかには、堺普請から京普請へつくりかえる者もでてきた。慶長年間に、京都の大仏殿が改造され、この時摂津の国中島村出身の中島屋が銅の買い請けをして大もうけをし、最後には万貫目持ちといわれるほどに成り上った。その彼もあとでは、堺普請の家を建てなおして、当世流行の京普請の家に建てかえた(『日本新永代蔵』)。

また豊後の国の府内(大分)の万屋三弥は、守田山弥助といった実在の人物で、正徳四年(一七一四)に蜜貿易のかどで処刑されてしまった商人であるが、『日本永代蔵』によれば彼もまた豊後の田舎に京作りの居宅を普請した。それというのも、さる年の春、母を同道して京見物をし、京普請のすばらしさに心うたれたからである。西鶴の文学的表現にしたがえば「軒の瓦に金紋の三つの字をつけならべ、四方に三階の宝蔵をたてならべ、広間につづけて大書院をとり、これに六十間の廊下をめぐらし、針かくしはメノウで、棰鼻は青貝で、畳は真綿入りで、畳へりはビロウド」であった。

民家の歴史のなかで千利休がきわだっているのは、彼が今まで住んでいたいやらしいほど手がこみ豪華な堺普請の建物をすてて、スマートな住宅をつくりあげたからにほかならない．佐久間不干斎の『明記集』によると、天正十五年（一五八七）秀吉が聚楽第を営んだ時、「数百軒の大名小名の邸宅に金銀のいらかを輝かせているなかに、寺ともなく武家ともみえない家があった。門を二重屋根にして瓦をならべ、住居は由緒ありげで、高くもなく低くもなく、屋根勾配も強くも弱くもなく、反りもつけていない。さすがは天下の数寄の名師が建てたもので、平人の住居はこうありたいものだ」とある。一種の数寄屋普請と思われるが、京普請が数寄屋の手法なくして存在しない以上、京普請につながっていたともいえるだろう。

5　エヒモセス京作り

エヒモセスは「いろは」の終りの言葉で、京の枕詞として使われていた。堺普請が大工技術と道具の発展に後向きの姿勢を示していたのにたいして、京普請では新しい大工道具の発展を最大限に利用し、新しい造型をうちだしていった。

そのひとつは京格子ができあがるその背景である。桃山時代を境にして、今まで支配的だった太いキツネ（木連《きつれ》）格子にまじって、竪子の細い千本格子がではじめた。今までのように木材を楔《くさび》で挽き割ったり、釿《ちょうな》ではつったりしていてはキツネ格子はつくれても、千本格子のように細い親子《おやこ》はとてもできない。

しかしこの頃になると、竪挽き鋸である大鋸《おが》と台鉋《だいかんな》とが広く使われるようになり、格子の細い親子をつくることは容易となった。こうしてつくられた細い子を竪にあらくならべた格子は、その頃京格子といわれるようになった（『嬉遊笑覧』一八三〇）。

この京格子も時代が進むにつれて、いろいろな型の京格子を生みだしていった。ふつうの京格子は単に格子《ごし》といわれていたけれど、ここから糸屋格子、酒屋格子、切子格子、仕舞多屋《しもたや》格子、炭屋格子、旅籠格子、吉原格子など、家業によって形式が分化していった。ふつう一地方一形式の格子であるが、京都では多様化したところに特徴がある。また室町時代以来行われていたキツネ格子の台格子は次第に姿を消し、とりはずしのできるはめこみ格子となった。

更に南蛮渡来の丹土であるベンガラも、新しい塗料として使われるようになった。黒みがかった色の好きな人はベンガラに多くのネリスミをまぜたものを、赤みがかった色の好きな人は少しのネリスミをまぜたものを木の肌にぬった。

また室町時代の町屋では、出入口の上部の横木はカブキといって、両側の柱に通じていなかった。しかしこの支え方は不安定なので次第に姿を消し、マグサにとってかわった。マグサでは横木は両側の柱に大入《おいれ》か枘差《ほぞさ》しになっている。島原の揚屋の角屋《すみや》の台所庭への出入口はカブキになっている。しかしこれは外からみた時のみかけだけのことで、裏側では両側の柱につながっているから、実際はマグサである。昔はやったカブキの出入口を様式化したものである。

またこの出入口の敷居はたいていケハナシになっている。敷居をはずして、建物のなかに車をひきいれるためである。

この出入口には大戸が入る。大戸の支え方には、ヒラキ、マクリアゲ、スリアゲがあり、ここに猿戸が入る。猿戸にもメクラ猿戸とタッコ猿戸とがある。メクラ猿戸というのは板張りの裏桟戸で、ヤゲン鉋で板の上にヒ（竪の線）をつけ、タイコ鋲でうちつけたものである。タッコ猿戸は幅七―八分の竪子を一―一・五分あきにならべた戸である。結局ここでは全国どこにでも行われている大戸の形式は、すべてつくされていることになる。

以上にくらべると瓦葺はなかなか普及しなかった。だから火災を心配して、板屋根の棟には水桶と火たたきをあげていた。この水桶と火たたきを当時カラストビといった。江戸時代はじめの屏風絵にはよくでてくるが、これは、やがて姿を消してしまった。おそらく瓦葺の普及のためであろう。今はもう京の町の人にカラストビといっても何のことかわからない。ただ農村にゆくと、カラストビとはクズヤの棟のことだと答えてくれる。カラストビとは棟に飾ってあるものの総称である。京都の瓦もはじめのうちは本瓦であったが、大坂や奈良や堺とちがって、早くから桟瓦に変っていた。本瓦葺時代の建物として、富国神社まえに大仏餅屋が残っていたが、最近とりこわされて今はない。規模は三十一尺×二十五・四尺で柱割であったが、後につくられた離れは畳割であった。

6　オモテ造に三階蔵

「一に俵・二階屋・三階蔵」という言葉があることでもわかるように、二階造の家に住み、三階蔵をめぐらすのは、新興の町人の大きな夢であったらしい。京の大黒屋という分限者も、出石の竜野屋もこうした屋敷構えであった（『日本永代蔵』『子孫大黒柱』）。

当時この二階建のミセを別棟にして、母屋とつないだ造りをオモテ造、またはオモテヤ造といっていた。ここでいう二階屋は、今いう本二階ではなく、二階のせいの低い建物である。表のミセを低くみせるのは幕府の禁令のせいか、『京雀』のいうように「こうとに」みせるためか、よくわからない。この表のミセにつづく後の棟の部分は、今はたいてい本二階になっている。しかしオモテ造では、後の棟の部分は平屋である。東京国立博物館蔵の「京洛風俗図屏風」にはでてくるから、オモテ造は元和年間（一六一五―一六二四）には流行しはじめたらしい。この頃になると軒先もいっそう高くなった。元禄十二年に、当時流行した愛宕信仰にあやかって火災防止記事満載の『愛宕宮笥《あたごみやげ》』が発刊された。これによると、ちょうどその頃より百年ほどまえから平屋造から二階屋に変り、棟も高くなり、消火に不便になったと書いてある。『鼠の夜噺』にも「我等若きときは、瓦家・白壁というものなく」二階屋もなかったとある。逆算すれば慶長の終り頃で、城郭建設の花やかだった頃のことである。しかしその頃はまだ一方では、相変らず昔のままの軒下の低い家も建てられていたとみえ、「軒下低きは、元和の普請」(『万の文反古』)といわれていた。

やがてこのオモテ造も京だけのものではなくなった。京と取引のある地方の豪商たちの間にもまねする者がでてきた。越前敦賀大湊の年越屋は、軒の低いトリ葺屋根の家に住んでいたが、惣領に嫁の口があって頼み(結納)をとりかわす時に、オモテ造の普請をし、あっぱれ棟高く思いのままつくりなおした(『日本永代蔵』)。また難波津の大湊横堀あたりの問丸であった塩屋は、息子が堺の大道の富豪の息女と縁組した時、オモテ造の大普請をして、万事に清羅をつくした(『本朝二十不孝』)。

オモテ造はありふれた建物として一般化するにしたがい、特別な呼び方をしなくなってしまった。そしてオモテ造の言葉も使われなくなってしまった。もっとも四国の香川県では今でも別名のサンガイ造を称している。三階蔵という言葉もオモテ造と同様に忘れられてしまうけれど、オモテ造とちがって三階蔵それ自身が姿を消すことによって忘れられてしまった。江戸時代中頃までの京都には、三階蔵が多数あったとみえて、「京洛風俗図屛風」にも数多くみえる。西鶴もまたしばしば引用し、町人の間に三階蔵の流行したことを伝えている。家々のいらかの上に高く聳えたつ白壁の三階蔵の塔は、富力の誇示であるとともに、信用の象徴ともなったにちがいない。しかしこの塔のような建物は耐震的なものでなかったためか、江戸時代の中頃以後にはほとんど姿を消してしまった。この事実は桃山時代から江戸時代中頃にかけての新興町人たちが、建物にたいして過大の要求をしたことを示すものであろう。すなわちその当時の大工技術の限界を越えていたことを示すものである。たしかにそのために後になって破綻が生じたのである。しかし造型意欲の方が構造技術の段階より先走ったということは、たとえあとでバランスが崩れたにせよ、意気軒昂たる京の新興町人の逞しい息吹を感じとることができるではないか。ここではたしかに図太い自己主張と他をかえりみない町人の誇りとをよみとることができる。

7　ムシコ造とカシキ造

京の町屋をみあげると、二階にはきまって泥塗の堅格子が入っている。この格子がムシコである。ムシコは虫を飼う籠のことで、ムシコ格子を略したものである。ムシコは正徳三年(一七一三)の『和漢三才図会』に解説がでているし、それよりまえの『諸国はなし』(一六八五)にも書いてある。これによると伏見問屋町の北国屋の二階座敷にはムシコ格子があったとみえ、「九月二十三日の夜の月を待つことあり、虫籠をあけて」いた。奈良にも大坂にも堺にもある。

ふつうにはムシコのある建物をムシコ造といっている。二階のせいの高い本二階では、多くはムシコをとりつけないから、ムシコ造といえば二階のせいの低いこともふくんでいる。ムシコの竪子にはふつう「本六つ」という材を用いる。本六つというのは四寸角の材を六ツ割にしたものである。この本六つを芯にして、縄をまきつけ、土をぬる。ムシコの内側にはたいてい障子が入っている。

ムシコを入れない窓ももちろんある。しかし土壁に窓を開く場合、窓框《かまち》がないとへりがすれて土がぼろぼろおちる。これを防ぐため窓のまわりに板を入れ、板のへりが横からみえないように斜めにかきとっておく。これをセイガイにとるという。

京でセイガイといえば、この意味に使われることも多い。しかし東の地方で使っているような意味に使われないこともない。すなわち柱から腕木をだすか胴差《どうざし》を支点とし桔木《はねぎ》をつきだすかして、水平に小板を張って化粧にしたもの——全国的にいえばこれをセイガイといっている地方の方が多いかもしれない。

セイガイは「垂木なり」では貧相にみえるので、立派にみせるための化粧である。ことに飛驒・信州・関東・東北地方では、たいていセガイと発音し、村役人層にしか許されなかった造り方である。しかし京都ではそういう禁令はなかったらしい。これというのも「王城のかたじけなさ」か、幕府の京都人懐柔策かどうかよくわからない。とにかく京都の町屋の間では、ありふれたものであった。

しかし京都ではセイガイ造というよりはカシキ造といった方がはるかに一般的である。水平に張る小板をカゲイタといい、この小板天井をカシキ天井というからである。

しかしカシキというよりセイガイといった方が、はるかにその様子を伝えている。船をこぐために両舷に渡してある横板を船枻《せんがい》というが、建物の外側につきでている板は船枻の様子とよく似ている。おそらくこのためにセンガイと名づけ、なまってセイガイ、セガイ、センゲエなどとなったものであろう。

8　畳割の成立（畳と柱）

京の町屋では柱間をきめる場合、六尺三寸×三尺一寸五分の畳に合せる。このやり方は東へは滋賀県江南地方の大津・石山・近江八幡のあたりまでしかひろがっていない。更に東へいった彦根では六・三尺畳と六尺畳が混用されている。更に東へいって県境を越え大垣に入ると六尺畳だけとなる。しかし、西へは瀬戸内地方はもちろんのこと九州地方にまでひろがっている。その間に安芸間（六・一尺）・佐賀間（六・二尺）などといって若干の例外もないわけではないが、町屋・農家を問わずその分布はきわめて広い。

東北地方の民家などでは江戸時代を通じて柱間の変化があり、時代により一定していない。概括的にいうと六尺五寸から次第に縮小してついに六尺になってしまう。上方《かみがた》地方でも柱間の縮小過程はあったが、それは室町時代後半におきた。ひとくちにいえば七尺から六尺五寸へと次第に縮小して、桃山時代から江戸時代はじめにかけてはまったく安定し、一間を六尺五寸とするのを京間とよぶようになってしまう。上方地方の柱間動揺過程が東北地方より二百年もまえに完了したことは、それだけ技術的にも、経済的にも社会的にも先進していた事実を示すのにほかならない。

なにはともあれ桃山時代頃から畳は商品として市場にでてきた。それまでの畳は、いわゆる町衆たちが使うことがあっても、その数はきわめて少なく、社寺・武家方が主な需要先であった。そんな時代の畳は、注文されるたびに勝手な寸法でつくられているにすぎなかった。だから室町時代末期の畳は、あるいは商品であったかもしれないが、規格として統一されたものではなかった。室町時代末期、特に天文年間以後の町衆たちの住居では、茶室を小座敷といい、客を迎え振舞する室を大座敷といったのも、室のなかに畳を敷きつめはじめたからにほかならない。座敷とは畳敷の室の意味であったことになるが、畳の大きさはまだ一定していなかった。特に初期の茶室――たとえば利休作の妙喜庵の茶室（天正年間）や名古屋城内の焼失した猿面茶室（慶長年間）は柱割だったから、畳の大きさは一定しなかった。

しかし階層分化が行われ、新興町人層が擡頭し、貨幣経済が滲透するとともに、畳の需要は急速に拡大し、畳はついに手工業的な規格品として登場した。その時の畳の規格は京・大坂地方では六尺×三尺一寸五分であった。そして畳に合せて柱間をきめるという技術が考えだされた。それが畳割といわれるものである。

このような技術的な対応策は、いかにも前期資本主義時代にふさわしいものであり、それと同時にいまだかつて行われたことのない技術であった。たとえそれが将軍や僧侶の書院造にあったにせよ、天皇の宸殿であったにせよ、それまでの柱間は真真できめ、畳はあとから合せていた。つまり柱割であった。だから畳に柱間を合せるということは、実に画期的なことであった。そんなわけで大工の建設技術も複雑化したであろう——と考えるのは早計であろう。もちろん多少は面倒になったかもしれない。しかし実はそれほどのこともなかったかもしれない。

なぜなら柱も畳と同様に手工業的規格品として登場したからである。柱の太さは奈良と同様に、四寸角が基準であった。もし柱がつねに四寸角ならば、両側の柱から二寸ずつ——つまり四寸だけ内法柱間寸法に加えると真真柱間寸法が割りだされる。

このようなことは室町時代の民家では不可能なことであった。千年家をみてもわかるように、柱の太さは一本一本まちまちなのである。これではとても今いったような計算はできない。しかし室町時代の民家では好ましいものではなかったかもしれないが、やむをえないことであり、畳・建具も少ないかまたは使わない時代では、なんらさしつかえは生じなかった。

9 間竿の使用

柱間を畳に合せるようになってもたいして障害の生じなかった理由のひとつに、大工の間竿《けんざお》使用がある。間竿には三種類ある。元杖、尺杖、柱杖である。元杖は標準の寸法をスミツケしたものである。尺杖は水平方向の寸法がスミツケしてあるものである。つまり間取り（平面）用ということになる。柱杖はカナバカリ杖または単にカナバカリともいい、床高、内法高《うちのり》、貫《ぬき》の位置と断面等、柱へのスミツケ寸法が記されている。大工は家を建てる時、間竿をつくる。柱割の時でも、畳割の時でも間竿の使い方には変りない。変るのは、間竿へのスミの盛り方だけである。畳割の場合は、柱の太さだけよけいにみこんでスミを盛る。たとえば尺杖では、二軒といってもその実長＝十三尺、一間半といってもその実長＝九・八五尺、一間といってもその実長＝六・七尺ということがおきる。二間は一間の二倍ではなく、四寸だけ少ない。

こういう間竿さえつくっておけば、今までの建て方とたいして変らない。技術的にはほとんど変らなかったといってさしつかえないだろう。結局変ったのは材料の生産と供給の仕方と考え方であって、間竿の使い方は変らなかったといってよいくらいである。だからそれだけによけい柱割はすぐれていたといえるだろう。もっとも畳割では尺杖がたくさん必要とはなったけれど。

畳割でよいことは、どこの室の畳も他の室で使えることである。しかし実際にはそうはうまくはゆかない。敷き方を変えたり、他の室で使おうとすると、まがりなりにも入らないことはないが、すき間ができたり、無理が生じたりする。しかし柱割とちがって借家住いの人には好都合であった。宿替してもどの借家にも畳はどうにか入れることができるからである。畳・建具のつかなかった昔の借家では、これははなはだ好都合なことであった。また古い時代の農家のように、いつもは畳をしまっておいて、冠婚葬祭の時必要に応じてだしてきて適当な室に敷いたり、親戚やとなり近所で畳を借りてくる場合は、同じ大きさの畳だと便利だった。

いいことだけがおきたわけではない。これに伴い不都合なことが生じた。その最大のひとつは間取の制限をうけたことである。整形間取ならばよいが、食い違い間取だと畳を合せることのできない室がどうしてもできてしまう。そういう時は、畳にあわない室をつくるより仕方がない。そしてできたすき間にイタヨセを入れる。さもなければ畳は一間につき一寸ぐらいは大きくできるから、それですき間を埋める。以上のやり方のほかに、つづいて廊下・床の間・押入等がある場合はそこへ逃げる。こうした室は畳を敷かないから、多少の寸法の伸縮があってもさしつかえは生じない。

中小町屋の伝統的な間取は、ほとんど整形だから問題はおきない。タノシヤといわれた富裕な町人層の住宅でさえ、はじめの間取は簡単だったから、問題が生じたと思われない。しかし大きな家になると、生活が次第に複雑化し分化してくると、書院・茶席を設けたり、間取に凹凸をつけて複雑化するようになった。こうなると今のべたような間竿一本だけというやり方ではまちがいやすい。そこで間杖《まづえ》を何本も使うようになった。間杖というのは、柱間ごとに一本の間竿をつくることである。だから一軒の家を建てるのに十本以上の間竿を必要とすることもある。

10 京の町屋と奈良の町屋

京も奈良も同じ上方のこととて、ほとんど同じような経過をたどって技術的な発展を示してきた。他の地方では指物《さしもの》、指鴨居《さしかもい》、台輪《だいわ》、長物《ちょうもの》などといっている材を、京では胴差《どうさし》というが、この胴差のおかげで、二間柱間や二階屋をつくれるようになった。この胴差も使われている場所によって呼び方はちがう。

表にかかっているのは人見梁《ひとみばり》である。人見は蔀《しとみ》で、昔はこの胴差に蔀戸がかかっていた。通り庭に面した表戸柱—中戸柱—大黒柱—裏口柱にかかるのはレンダイ（連台）である。このレンダイには大和天井をうける大梁がかかる。その様は川渡しの連台に似ていた。間仕切り部分にかかるのは二階梁であり、裏側の外面にかかるのはレンジである。基本的な柱の太さである四寸角の割り方さえ、京も奈良も同じである。変っているのは、呼び方が多少異なっているだけである。四ツ割、六ツ割、八ツ割は同じであるが、二ツ割は二ツであり、十二割はチュウ四ツである。また材料の長さはちがう。奈良の二間物は十三尺五寸であるが、京の二間物は十四尺である。しかし両技術の最大の相違点は、小屋貫の通し方である。一般に社寺建築では、小屋貫が背違いになるのは江戸時代以後のことで、それまで桁行方向の小屋貫と梁行方向の小屋貫とは、はなして入れてあった。背違いは新しいやり方になるわけであるが、京都ではこのやり方であり、奈良県の今井では江戸時代に入っても古い方のやり方でやっている。奈良大工は保守的であるとよくいわれているが、ここにもそれがあらわれている。これにたいし京大工は新しいやり方をとり入れていった様がうかがわれる。この小屋貫の入れ方は、京大工の建物にたいする態度のひとつのあらわれと考えることができるだろう。

11　「何にても知恵の振り売り」

こうした京の民家も、みやびやかなあでやかなものですべてみたされていたわけではない。この民家を支えていたものは、「りんしょく」ともいえるケチの権化であり、時代に即応した才覚であった。現代風にいいかえれば、それは徹底した合理的精神であり、たくまぬアイデアであった。『渡世商軍談』によると、ある家の親父は若い頃に壁下地の縄をない、荒物屋に売って生活していた。これは才覚である。月尋堂の『子孫大黒柱』(一七〇九)によると、銭をためて古油樽を四文五分で買い、これで七百本の瓦釘を削り、百本二文七分で普請ある家に売りつける者がいた。この瓦釘は鉄釘より強いといって大変重宝がられた。これらの才覚は、たしかに建築材料の商品化と分業生産を促進するに役立った。

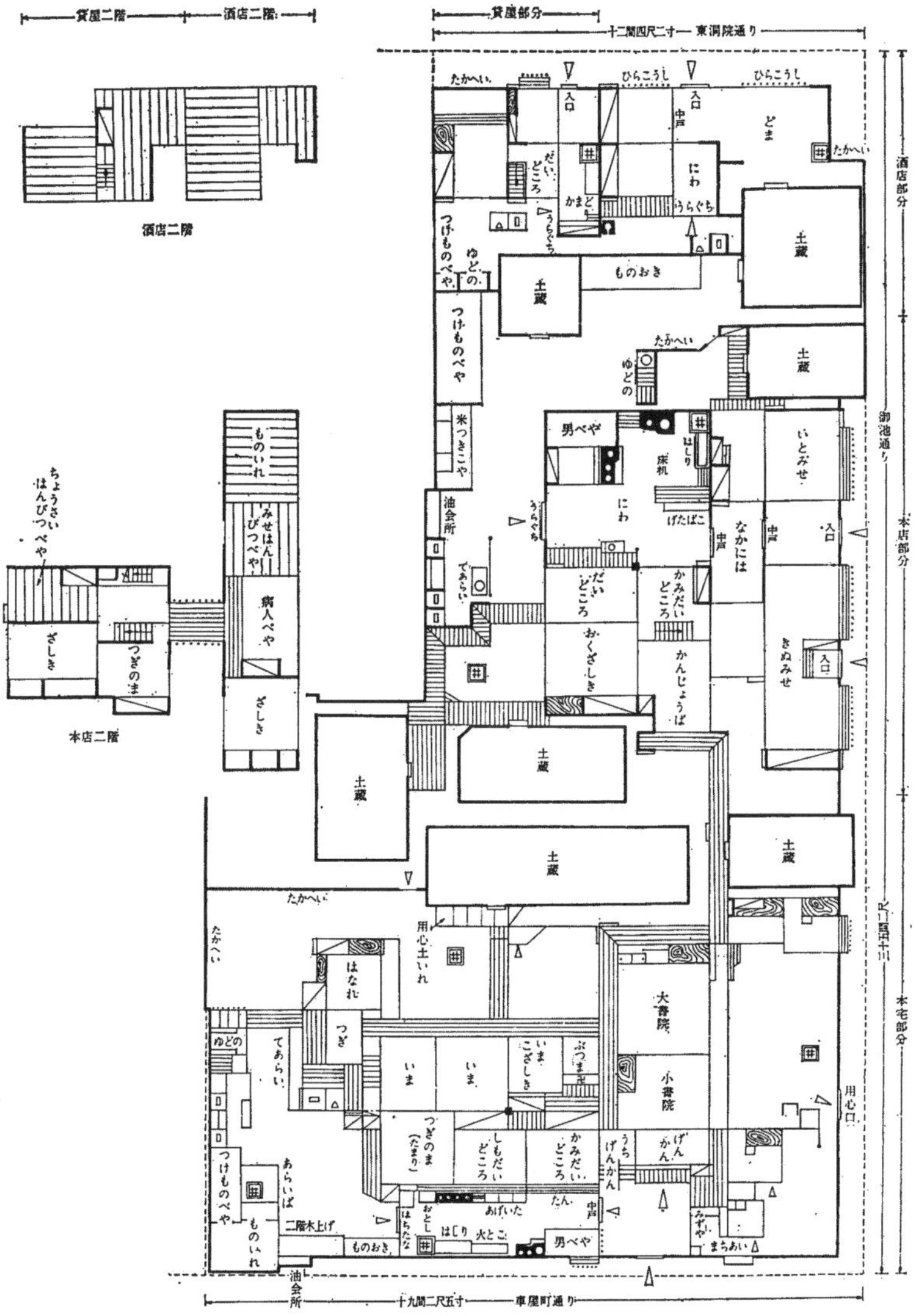

山田長左衛門家住宅（元治年以後建設）（古図による）

これにくらべると職人の使い方、材料のえらび方は、まさにケチの権化であった。元禄十六年（一七〇三）というからには、赤穂義士討入りのちょっとあとであるが、京の人が書いた『立身大福帳』によると、こんなことが書いてある。「はつらせることは、諸刃釿《もろはちょうな》を使う舟大工が一番よい。削ることは櫃・長持の職人が上手である。ミセ格子は戸屋がよい。仏壇はオマヘ屋、押入は戸棚屋にまかせた方が綺麗に仕上げる。戸・障子は大工などにつくらせないで、阿波座か淡路町の既製品を買った方が安くて立派である」。赤みの材は腐りにくいから地《じ》の方へもってゆく。つまりこれらのことは、よい建物を安くつくるための合理的精神である。そして住み手側でも、これに劣らぬ知恵を築きあげていった。同じ本によると更にこう書いてある。

a　座敷の畳表は備中産の上物が適当である。越後表は値が高い。近江表・丹波表は品質が悪い。勝手廻りの畳表には琉球表がよい。

b　根本的な修理をするつもりなら、なるべく手をつけないで、一年でもおそく普請すること。ただしつづくり普請は早い方が徳である。おそいと古材も使えず、古釘もすたれる。建てる時ははじめからよく考えて、中途で設計変更することはよくない。そんなことをすると意外な出費がかさむ。

c　台所の壁は三年目ごとにぬりかえること。あまりふすぶって壁が黒いと、灯火が暗く、油代がかさんで損である。新しい壁は第一さっぱりして見映えがよい。

d　大工や日傭を雇う時は、秋冬中によく考え仕事の段取りをしておき、春夏にすること。秋冬は日が短くて損である。

e　棟が高いと大風に傷む。また天井の高いのは灯火が暗い。どちらも大損である。

f　樋は値が高いけれど銅がよい。竹樋は反りかえるし、槇樋は水の流れが悪く、早く腐る。

g　板屋根は季節ごとに修復しなければならず、手間が大変である。この点、瓦は一代手がかからないけれど、骨組を丈夫にしなければならない。比較的徳なのは置瓦である。とにかく板屋のトリブキ・コケラブキは大分損である。

h　倉の土台石には竜山石《たつやま》が徳である。竜山石は真石より火に強い。槇の土台より安く、腐ることもなければ、火にも焼けない。末代までの徳である。

i　蔵の戸マエは見つけばかり白土で上塗し、木ガワラの裏を上塗してはいけない。

j　蔵の実柱《さねばしら》にはサツマの黒松がよい。阿波座堀と木舟屋をせんさくすれば舟ばりの古木がある。五寸角一丈で四文ぐらいで安くて、永代腐るということはない。

京の町屋は一方ではこうした合理性をつきつめたうえで完成したものである。堺普請や大名普請にはみられない徹底したケチと合理性こそ、おそらく京普請をして日本民家の頂点にたたせ、模範たらしめたものである。

12　江戸は日本橋、大坂は船場、京は中京

中京《なかぎょう》は京の中心であった。西洞院川と堀川より西が「川西」といわれたのにたいして、中京衆は「中京の分限者の腹はれ共」といわれた。いずれにしても京らしい町屋が集中しているのは、なんといっても中京であった。

しかしこの中京も元治年間の「鉄炮焼き」とか「どんどん焼き」とかいわれる火災で焼けたので、今残っている町屋はどんなに古くても百年はたたない。この火災で焼け残った蔵がいくらか残るばかりである。その町屋も日ましにその姿を消しつつある。大阪毎日新聞京都支局が昭和五—六年に紙上に連載し好評を博し

た京都民家の主なものはほとんどなくなってしまった。

誰もが豪華な町屋と指を屈した山田長左衛門の住宅部分（一八八四）も、先年とりこわされてしまった。杉浦家住宅は宿屋に変り、内貴家住宅は今年とりこわされ、最古を誇った大仏餅屋もついにとり払われた。指図にあるように山田長左衛門家のも、本店・酒店部分だけは改造されながらも残っているが、この店のはじまりは慶長十三年（一六〇八）のことである。山田家の初代は大和の山田の在郷武士であったが、当時の売券によると鵜右衛門の推挙によって甚右衛門から三間×十三間の家屋敷を銀一貫目で購入した。

こうした京の商家ではエビス・大黒信仰が広くゆきわたっており、十月二十日は「お店《たな》のエビス講」といって、エビスを祀り、店を休んだものであった。また正保二年（一六四五）に五条大橋が木橋から切石橋につけかわる時、大黒屋という分限者は、西から三枚目の板をもらいうけ、これに大黒を刻ませ、信心の徳をみせたこともあった。

またどの家の通り庭のヘッツイにもお荒神が祀ってある。京では愛宕信仰がゆきわたっているので、愛宕さんでもらいうけた鎮火の符を荒神様のまえか壁に祀っておく。荒神様のまえに祀ったのはお札だけではない。室町通り菱屋長左衛門の借宅にいた藤市なる者は、塩小鯛を祀った。「正月元旦にワラナワを通した塩小鯛をカマドの上に吊し、荒神に供え、六月一日に食べたものだった。彼が長者になれたのも、朝夕魚を食べずに、この塩小鯛をみて喰うた心にしていた賜物であった」（『日本永代蔵』）。今は昔の物語で、今ではもうこれほどまで荒神様に思いはつめないが、昔の荒神にはこうした商人たちの切ないまでの悲願がこめられていた。

大和路

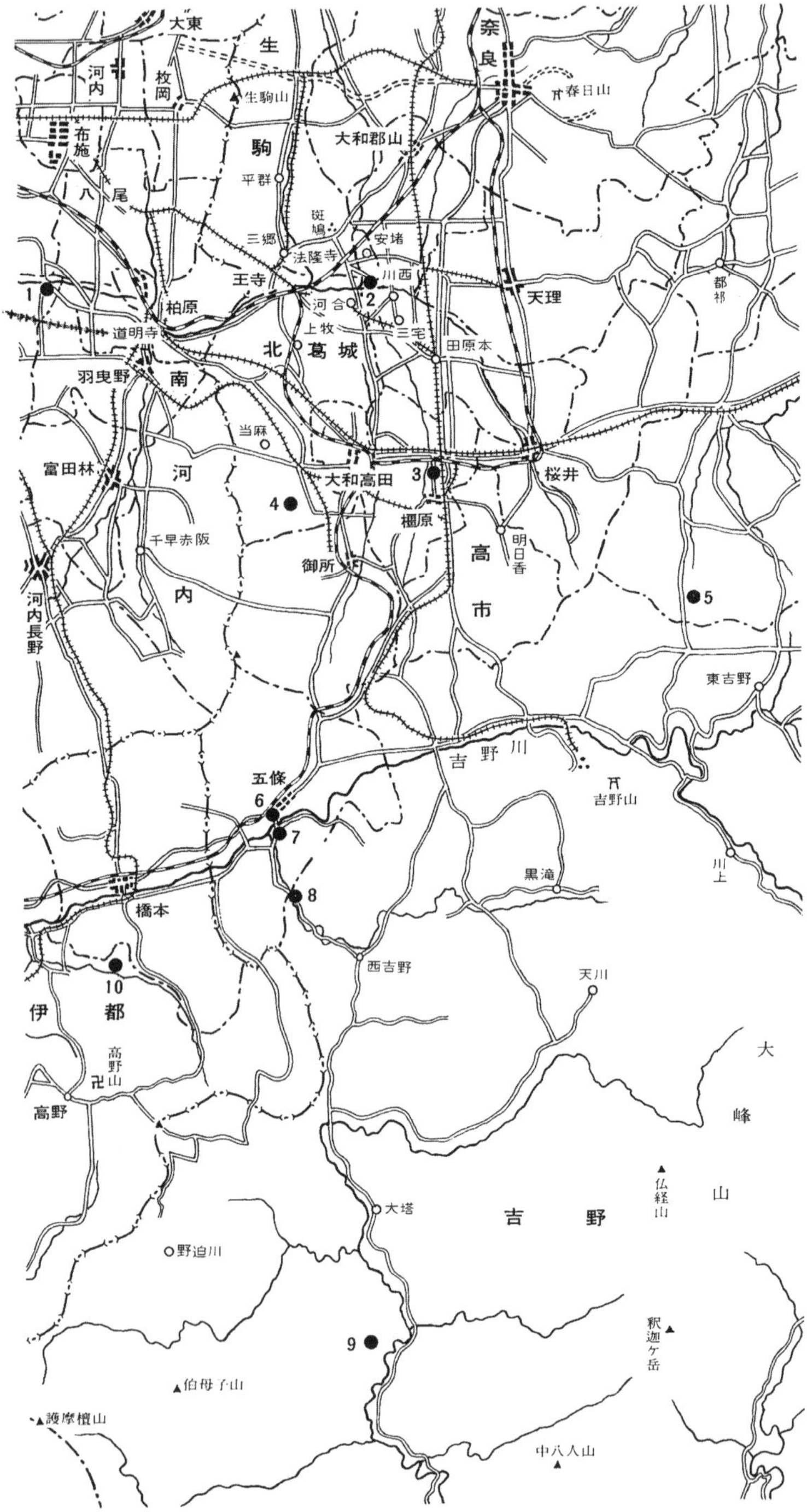

1　吉村要治郎家
2　中則夫家
3　今西一郎家
　　豊田敬高家
　　豊田保家
　　新堂屋
4　村井好之助家
5　片岡彦左衛門家
6　栗山正一家
7　岡松四郎兵衛家
8　堀栄三郎家
9　谷瀬集落
10　井本是家
奈良市内
　　新惣
　　古梅園
　　細田与一家

1　国中・山中・奥・南山

中世の大和民家が、今みるような近世民家へと急速に展開していったのは、関ケ原の役を境とする慶長以後のことである。しかしこのような変化の基盤は、近世的な大名領国制が展開したからではなくして、むしろ動乱の時代に築かれていった。人々がたたえる大和民家の分布をみただけでも、苦悩にみち、無駄ともみえる努力をくりかえしていた時代にこそ、新しい民家形式は培われ約束されていたことを知るであろう。

室町時代の大和には、国中《くんなか》、山中《さんちゅう》、奥《おく》、南山《なんざん》の四つの地域的称号が生れていた。国中は大和中央の平坦部であり、そこには豊かな水田耕作地帯がひろがっており、奈良街道を通じて河内にまでつながっている。ここには戌亥、長谷川、中川、南、散在、平田の六党があり、ある場合はこの六党は、春日若宮おん祭に奉仕する祭祀集団でもあった。

山中は西山中と東山中とにわけられ、西山中は生駒の山々であり、東山中は添上・山辺の山々である。山辺高原の東山中党が蠢動し、一揆契状をとりかわしていたのは、室町時代はじめのことである。

奥は東南にある宇陀の山中であり、物の本に書いてあるような吉野ではない。

南山は吉野の山々であり、そこは南朝の拠点となったところであり、大和とはいい条、田畑に乏しい森林地帯であり、吉野川を遡って十津川にまでおよぶ。

このような地域的結合は、今の農村ではあたりまえのことで、不思議ではないかもしれない。しかし当時としてはこの地域的結合は、最も新しい結合形態であった。なぜなら奈良の町であれ、農村であれ、それ以前の結合形態は血縁的なものであったからである。

とにかくこの四地域の分類は、大和の民家を考えるうえにきわめて好都合であり、重要である。大和の民家、この四つの地域的分類によって特徴的につかむことができる。ということはこのような称号が生れでた時代に、現在の大和民家は育てあげられ、形づくられたことを示すものでもある。

国中の民家の特徴は高塀造で代表させることができる。高塀造という民家が室町時代の昔から農村にあったわけではないし、全部がそうであるわけではないが、少なくとも現在は高塀造で代表させることができるだろう。この造り方は山中や奥や南山にはみることができない。そして奈良街道に沿った南河内にまでひろがっている。たとえば南河内の高鷲村島泉の吉村家住宅は、高塀造で大和のそれとなんらちがわない。

事実、大和と河内とは関係がふかかった。大和の地侍の多くは河内の武士の被官となった。そして大和と河内とをつなぐ奈良街道は中世においては木津川とともに奈良への重要な交通動脈であり、塩や米や榑《くれ》を積んだ駄馬が陸続と往復していた。

母屋と長屋と納屋とでロの字型にかこわれた屋敷構えは、国中の農家の著しい特徴であるが、民家学者たちがいうように大陸の影響をうけたものではない。このような類似のなかに、大陸の影響をうけたのだと説くことはナンセンスにすぎない。あのような屋敷構えが成立したのは、そんなに古いことではない。おそらくどう遡っても元禄時代より昔にはゆかないであろう。

母屋の間取は四間取が基本であり、この四つの室は、それぞれダイドコ、ナンド、客間、ザシキとよばれている。そしてこの間取さえさして古いものではない。おそらく江戸時代以降のものである。

これにたいして山中と奥の民家は、間取は同じであるけれど、屋敷構えと屋根の形式がたしかにちがう。山という土地柄、ロの字型の屋敷構えをとることはむつかしいし、高塀造はつくられない。入母屋のクズヤがそのほとんどすべてである。

かつては高塀造が、「ウダツがあがった家」にだけしかつくられなくて、小作人たちの住居には、かなわない形式であったように、山中の農家にも身分や格式を象徴するものがあった。その象徴こそ棟飾りであり、またカラスの数であった。カラスとは、棟をおさえているカガミ竹とヌヒブキ竹とをしめつけるワラビナワの腐りを防ぐワラ束のことである。カラスの数は必ず奇数であり、数が多いほど格式と身分が高かった。

これにたいして南山の民家は、間取の上でも屋根の形の上でも、前者のいずれともひどくちがう。急な斜面に住居を建てなければならないので、室は横に一列しかとれない。ドマ、ダイドコ、デエ、客デエ、オクザシキといった空間が横にならぶ。ふつうにはドマのまえにモンが、オクザシキのまえに「物置」が付属するので、住居全体としてはコの字型になる。しかしなにせ斜面のこと、このモンとナヤは石垣の上に築かねばならない。コの字型のふところにはニワがある。しかしこのニワも物干場としては狭いので、ハデバまたはハデという稲架《はさ》を組んで稲や麦や大豆をかけて干しあげる。

屋根は今は杉皮葺は最も多い。しかしもとは吉野杉を柾割《まさわり》にしていた曽木で葺いていた。自動車道路ができ、材木が商品化してくると、杉皮が地元に残されるので、手間のかかる曽木葺は行われなくなってしまった。そして農家が、コンニャク、大豆や立木の販売、またかつては養蚕や煙草で、あるいは山林労働の形で、ある場合にはダム建設の補償金の形で貨幣経済にまきこまれるとともに、この杉皮葺をやめて、トタン葺や瓦葺にする家がでてきた。

2　クズヤとイタヤの中世奈良の町

戦国時代が、今に残る大和民家の前夜をなすものであるとしたら、その頃の民家はどういうものであったろうか。

農家はワラまたはカヤのクズヤであった。棟包みのおさえの竹をしばるのに、今は針金を使っているが、その頃はワラビナワであった。ワラビをさらしてつくった縄は水に強い。ワラビナワは乾燥したままではこわいので、水に浸してやわらかくして使う。康正三年（一四五七）四月十五日、高田庄のヘイナイという農民が盗人となり、興福寺大乗院の検断をうけた時の「財物註文」によると、彼の住居はワラヤであり、彼の財産は、小釜一、鍋二、桶二、臼二であった。

これにたいして奈良の町屋には、イタヤとクズヤとが混在していた。長禄元年（一四五七）十一月二十四日に検断された九内堂まえの家はワラヤであり、文明十八年十月二十九日、「物共」を盗んで逐電した竹内光秀の召使下女の家も、福智院郷にあるワラヤであったし、文明十八年福智院の堂の東にあった西京番匠の住居はクズヤであった。また文明十九年七月十九日に強風によってまきあげられた樽井郷の在家は曽木板葺で、空に吹きあげられた板は雲に入ってみえなくなってしまった。元亀元年（一五七〇）五月十日の竜巻には、城戸郷イセ屋のあたりの板屋根がまきとられた。また衆徒でもあり茶人でもある古市播磨がみつけた名石「残雪」は価千貫もしたが、もとをただせば貝塚郷の町屋の板屋根の重しの石であった。

当時の町屋は、豪商の家に店棚がついているのを除けば、農家とたいして変りなかった。天正十四年（一五八六）木守郷の紺屋才二郎の住居の天井は、竹を張りムシロを敷き、そのうえに土をぬりたてたものであり、このような天井は今も古い農家に残っている。

クズヤであることはそれだけ農業に依存した生活をしていたことを示すものであり、曽木板葺であることは、それだけ商工業に依存した生活をしていたことを示すものかもしれない。なぜなら曽木は商品として売買されるものだからである。

これらの需要に応ずるかのように、すでに寛正三年（一四六二）以前の木辻郷には材木屋があったし、同じ頃椿井郷の材木屋は衆徒筒井の被官として活躍していたし、角振郷には春日神社の一の鳥居の材木購入を請負い前渡金をもらいながらなかなか納めなかった材木屋がいた。また天正年間には脇戸蔵下郷に塩屋彦五郎という材木屋があって、彼は吉野の奥の天川まで木材の買出しにでかけていた。この因縁あって天川弁天社が炎上した時には、塩屋後家の妙音尼は京仏師に天女の像をつくらせた。彼女が奉納するまえに自宅で公開した時には、近国貴賤の上下が塩屋へ参詣して市をなす有様なので、零落のわが身とひきくらべた興福寺多聞院の英俊は、「一向に見苦しき天女の像だ」とけなしてひがんだほどであった。

商工業の発達とともに、建築材料の商品化が進み、クズヤは相当へったけれど、それでも江戸時代の中頃にはまだ相当数のクズヤがあった。貞享年間（一六八四—一六八八）の井上町の会所と借家はまだカヤ葺きであったし、貞享四年九月八日の台風の際には、屋根の縄結いを町中へ警告したほどであった。

3　カドヤは被官の住居

こうした時代の家族は、奈良の町であってもまた農村であっても大家族であった。農村のうちの大きな農民である名主《みょうしゅ》百姓は、いわば地侍であり、洞ケ峠の筒井や十市や越智や古市といった大和武士の下に馳せ参じており、彼等自身もまたその下に被官百姓や家来を抱えていた。徳川家康によって大棟梁に召し抱えられた大工の中井正清も、父の代においては万歳郷の領主則満の家臣で、家来と被官百姓を抱えていた。また江戸時代はじめの元和二年（一六一六）になってさえも窪田村の甚次郎は、譜代相伝の被官を、十三人も抱えていた。このうちの六人は吐田村に家をもたせ、月に十五日から二十日ずつ通い奉公させ、残りの七人は家内下人として長屋であるカドヤ（門屋）に住まわせていた。あの正長元年（一四二八）の土一揆に際して寺家を震撼させた名主百姓にしても、その下に譜代相伝の被官百姓を抱えていたという意味で、その内部に矛盾をはらんでいたといえよう。

このように譜代の下人を抱えている時代の大和民家の屋敷構えは到底現在みられるようなものではない。約一反歩の土地に母屋があり、屋敷のまわりに蔵と下人長屋とを配するのがこの時代の屋敷構えの特徴であった。狂言の「三人長者」には、葛城の高間山の麓に住む一の森長者の屋敷がでてくる。方八町に館を建て、蔵に蔵をうちならべ、五穀万宝をみたしていた。

しかしこの屋敷構えも、次第に崩れさりつつあった。それはなによりも下人階層の消失——すなわちカドヤの消失となってあらわれた。元和二年三月十日の夜、窪田村甚次郎の家内下人七人は、吐田村の被官百姓と同心して逃散した。「只今をかぎり、譜代の期切りをしてくれ」というのが彼等下人の言い分であった。このような家内下人や被官百姓の独立への動きは、時代の潮流となり、また秀吉の育成政策と相まって進展していった。

かくして今までのように名主百姓のもとに被官百姓や家内下人がいるというような関係が払拭されて、どの農民も小さいながらも独立した農民になることができた。農村の分解は、桃山時代から江戸中期にかけて急速に進行した。このことは、今われわれが大和でみる農家の屋敷構え成立の前提条件が完成したことを意味するといえるだろう。

4　本家・別家・分家

奈良の町でもこのことは同じであった。現在別家といえば奉公人分家をさすけれど、戦国時代の奈良の別家は、今とちがった意味をもっていた。別家は本家に隷属している家であった。別家の建物と土地は本家の財産であり、本家は自由に別家の土地、建物を売却し、質入れし、譲渡することができた。別家の人たちは、本家に奉公いたさねばならなかったし、それ以外の生活の道はなかった。別家の人たちは独立の小屋《こや》に住まわせてもらうこともあったし、また長屋に住まわせられることもあった。ただ農村とちがって必ずしも主人の屋敷と同一とはかぎらなかった。本家の近くに散在し、道路に面していることが多かった。また別家の人たちは、血縁関係のない譜代の下人であることもあったが、また本家の次三男や、伯叔父や、甥のことも多かった。座や職《しき》というようなものがあって、商工業の独占が行われている時代においては、別家は特権をもっている本家をたよる以外になかったといえよう。

かの有名な茶人である鉢屋紹佐は、納院郷に住んでいたが、彼の一族はここに軒をならべて屋敷をかまえ、少しはなれたところに譜代の下人が住んでいた。このため納院郷の辻子は「八屋《はっちゃ》ケ辻子《つじ》」とよばれていた。鉢屋は桃山時代にはすでに没落し、今はもう彼の屋敷あとに蜂屋神社という小さな祠を残すばかりである。また蔵下郷のサツマヤは、その屋号の示すように薩摩国出身の商人であるが、一族の別家を抱えて行商や居売りをやっていた。

この頃の本家には、ウダツをあげた住居が多かったが、別家の住居にはウダツがあがらなかった。別家にとっては名実ともにウダツがあがらなかったのである。だから本家が富貴をいたすは、われわれ奉公のせいだと羨む別家もいた。だがしかし農村と同じように、本家―別家の家族関係をつき崩す機運が漸く高まってきた。本家層の生活は、本質的には東大寺や興福寺が荘園その他からあつめてくる金のわけまえにあずかるという恰好で保証されていた。大工が寺院を建てるにしても、その金は寺家の広大な土地支配から生れでたものであった。しかしその土地も今や各地に擡頭した封建領主に押領され、大和国内はおろか、膝元の奈良の町でさえ、筒井は棟別銭をかけ、人夫を徴収する有様であり、興福寺の大乗院などは、自分の知行していた奈良の三か郷を売りとばしたほどであった。

かかる寺家の没落のために、本家層の人たちは寺家のわけまえを期待できなくなった。ということは同時に本家は別家を抱えるべき経済的基盤を失うことであった。伝統を誇る奈良の番匠たちは、地方の封建領主の招聘に応じて、親方をはなれ、または親方とともに地方都市へ転出した。そして別家の新儀非法は、門閥的な本家層をおびやかした。

天文元年（一五三二）の奈良町人の一揆は、この転換を劃するものであった。この一揆の張本人は真宗の門徒である橘屋主殿、雁金屋民部、蔵屋兵衛正の三人であった。七月十七日にはじまったこの一揆は一時は奈良は支配したけれども、筒井の武力に弾圧され敗北した。しかしこの一揆によってはっきりと寺家はその無力を暴露し、本家層は寺家にみきりをつけるべき時がやってきた。西入を本家とするサツマヤが、長雲を堺に、寿慶も同じ奈良に家をわかちあたえ、それぞれ独立した営業を許したのもこの時である。ここに江戸時代的な本家――分家・別家という同族団成立の最初の萌芽がみられる。

5　クジヤ葺の地方色化

吉野の竜門村の山口や添上群東山村の室津へゆくと、古老のなかでは今も「クジヤ葺」という言葉が伝承されている。

クジヤ葺は、大和の農村ではありふれた葺き方であって珍しいものではない。もちろん高塀造はクジヤ葺に入らないけれど、平坦部では言葉としてさえ忘れられてしまっている。

クジヤは公事屋であり、公事を勤仕する家という意味である。室町時代には、誰もがこの公事を負担したわけではない。公事を負担するのは特別な家だけであった。奈良の町ならば、例の本屋層が、農村ならば名主層が公事を負担した。この意味ではあとで総年寄になった坂東屋も、サツマヤも、紹佐の生れた鉢屋も、茶人久政、久栄をだした東大寺郷のヌシヤ松屋もクジヤであったといえるだろう。文明十六年（一四八四）の北市郷には、紺屋とか小次郎とか、御所の六郎とかヌノヤ五郎次郎という公事屋があった。

吉野竜門郷の総鎮守である山口神社の宮座の頭屋《とうや》になれるのは、クジヤ層だけであった。クジヤ層のあとつぎだけが、宮座に入ることができた。寛正六年（一四六五）九月七日に、宮座に入ったのは、ヒラヲナカノ公事屋である衛門五郎のアトツギであった。

クジヤであることは集落の支配者層であることを意味していた。そしてその屋根の葺き方はクジヤ葺といって、他の被官百姓などの葺き方とはたしかにちがっていた。そうでなければクジヤ葺きなどと特別な言い方をしなかったであろう。

被官百姓たちは、自らの主人の住居である公事屋のクジヤ葺を、木の間から垣間みて羨みもし、そねみもしたであろう。被官百姓たちの住居の棟の形式がどんな形であったかわからないにしても、クジヤ葺のそれより技術的にも造型的にも劣っていたことはたしかであろう。被官百姓たちが、俺たちの住居もああした葺き方にしたいなと思ったとしても不思議ではない。

そしてそれができる時代はやってきた。大和の米の反収は、日本歴史はじまって以来昭和のはじめまで、つねに日本一を誇っていた。近畿先進地帯なかでも特に先進している地域ということができる。それに鎌倉時代以来二毛作が盛んになった。このような農業生産力の発展を槓杆として被官百姓たちは独立の契機をつかむこととなった。かくして生れた独立小農民を本百姓といった。窪田村の甚次郎の下人百姓に、独立への動きのひとつをみとめることができる。この本百姓が広汎に形成されたのは、桃山時代から江戸時代中期にかけてである。土一揆のような形で農村分解の先頭にたっていた大和でさえ、今みるような農家のでるのはこんなにおそい。

なおクジヤの名称は摂津の能勢では近世にいたるも残されていて『法輪寺文書』によると享保五年（一七二〇）頃破風鬮《はふくじ》（公事）というのがあって、屋根に特定の形式の破風をとりつけられる家筋はきまっていたことが知られる。

井原西鶴の『日本永代蔵』のなかに、大和朝日村の角屋《つのや》住いの貧しい小百姓九介が、成り上る話がでている。角屋住いというからには、母屋にさしかけた小屋にカマドわけしてもらって住んでいた次三男かと思われるが、これが室町時代ならば、一生惣領の兄に隷属して、いわゆる「オジ」としてくらさねばならなかったであろう。このように独立してゆく農民は、江戸時代の初期にはたくさんいた。

とにかく本百姓となった農民は、年貢負担の責任者として登録されることとなったが、小なりとはいえ名実とも独立農民となった。主人のもとに月に十五日も二十日も奉公にゆかなければならない被官百姓はいなくなった。ここにおいてこの独立小農民は、かつては自分の主人たちだけしかやれなかったクジヤ葺をやり、棟飾りをあげることとなった。それは正長元年以来二百五十年、いやおそらくはもっと長い間の闘いのすえにかちとった勝利の象徴であった。元禄の農民たちは、今みればありふれた棟飾りを、感激にみちて会心の笑みをうかべながら仰ぎみたであろう。だがしかしこの時を境として、クジヤ葺は集落支配の階層的象徴がなくなってしまった。どの家にもみられる葺き方となってしまったからには、もはや階層的象徴であるとはいえない。多くの人々が古代からあったかのように誤解しているのも、近世では地方的なカラーとなってしまったからである。そしてこの同じ葺き方であるということは、屋根葺の共同作業であるユイができる前提条件のひとつとなった。それと同時に、どの家も同じ葺き方であるがために、クジヤ葺の名は次第に忘れさられてしまうこととなった。

6　ウダツをあげた中世の町屋

クジヤ葺が、農村の階層的象徴なら、ウダツは都市の階層的象徴であった。ウダツは防火のためにあったといわれるが、これは話にあわない。なぜならワラヤやイタヤではいかにウダツをあげたところで防火の役目はしまい。屋根が瓦葺であったなら、ウダツはあるいは多少防火の役目をしたかもしれない。当時の絵巻物や屛風絵をみると、ウダツをあげているのは瓦葺の町屋よりむしろ、板葺の町屋に多い。この意味でもウダツが防火を目的としていたとはいえない。

文明十九年（一四八七）七月十九日に、垂井郷の在家が、風のために屋根の曽木板をまきあげられたことでもわかるように、曽木板葺では屋根のハナが特にもろい。曽木板の上に竹をくばり、その上に石をおく程度では、強風から屋根板を守ることは、むつかしい。永禄七年（一五六四）の夏、奈良多聞山に城をかまえていた松永弾正は、奈良町中の屋根のハナを切りとらせてしまった。なぜ弾正がかかる所業にでたかわからないが、ヤネのハナは簡単に切りとれるほど脆弱なものであった。ウダツの実用的な目的は、おそらくこの曽木板葺の屋根のハナを保護することにあったであろう。現存の板葺民家でいえば、ウダツはハフ板やセキ板に相当するものである。中世でも後半に入ると板を挽く大鋸《おが》（二人挽き）が大陸から入ってきてないわけではないが、社寺等でもめったに使わないくらいだから、民家ではとても使えなかった。したがって民家にハフ板やセキ板を求めるのは無理だった。そこで考えだされたのが、軒先やケラバより上にあがる高い土壁をつくることであった。

奈良郷民の本屋層の階層的象徴は、ウダツをあげることにあらわれたといえよう。当時のウダツは今のウダツとちがって、屋根の両端に一段高く、あげられ、ちょっとした飾りでもあった。

しかし天文以来別家層は、本家層をはなれ、独立しつつあった。小屋住いの別家も、長屋住いの別家も、ともに独立への道を歩みつつあった。小屋住いの者はともかくとして、長屋住いの郷民は、俺は長屋住いをしているけれど一人前の郷民だと証明するため、となりの家との境目の屋根の上にウダツをすえた。それは単に象徴にすぎない。曽木板の屋根を保護するというような、実用的な目的はもうない。とうとう「ウダツがあがった」のである。こういう長屋のウダツは、南蛮屏風絵にもみられるし、遠くは江戸大伝馬町の木綿仲間の板葺長屋にもすえられていた。

7　今はなくなったアイヤ

アイヤは相家であり、合家である。大和では今はもう使われていないし、『民俗学辞典』にものらないほどである。信州では、相地などといっている場合がある。血縁分家という意味では、相家も相地も同じである。

奈良高御門郷にあった間口わずか九尺の住居を、兄のシユズヤ弥六と弟の与九郎とが均等に分割相続してアイヤとなった。また東城戸郷の間口十尺半の住居は善識の所有であったが、二人の息子である宗不と長春が分割相続して、アイヤとなった。いずれも元亀三年（一五七二）頃の話である。

アイヤになるのは、分割相続の場合が最も多かったが、このほか所有者や占有者が住居の半分を売りとばして、分解した他の家族を迎えてアイヤになることもあった。高御門郷番匠屋の新三郎は、天正八年（一五八〇）にカチヤの藤千代に、間口十尺の住居の半分を売却してアイヤとなった。同じ年の同じ郷のコウヤ新三郎は、間口十尺の住居の半分をイワウヤの与三郎に売りわたしてアイヤとなった。これにたいして郷を支配するような豪商の相続形態は、中以下の郷民と同じように諸子分割相続であったが、アイヤという形をとらなかった。なぜなら彼等には、別に新しく住居を設けてやれるほど豊かな財力があったからである。

かの有名な新興商人サツマヤでは二十歳に達した子息新十郎は、天正十二年十二月二十三日の夜、おちぶれたとはいえいちおうの家柄の承仕道乗の娘と祝言をあげたが、それから十年あとの文禄三年（一五九四）五月二十四日に分家させてもらい、多聞院英俊からお祝に豆を一斗もらっている。もっとも当時は今とちがって分家といわずにまだ別家といっていた。この新十郎は次男坊であるが、兄の新五郎がすでに死亡しているので、今までならばサツマヤの跡識をついで別家しないのが慣例であった。商家では土地が主な生産手段ではなく、中世的な職場の独占が崩壊し営業が急速に拡大してゆくときには、まず長子を分家させ、最後の末子に跡識を相続させる方が好都合であった。今井町の四条屋では、末子相続と分割相続とを江戸時代の中頃までつづけている。また吉野郡の大塔村の篠原では、長子に嫁を迎えると親は次男以下をつれて分家し、次男に嫁をもらうと三男以下をつれて分家し、最後に末子に世話になって死ぬという習俗があった。

いずれにしてもこのような分割相続と分家とは、今よくみるような同族団を編成することになるが、同時に近世よりは強い主従関係を伴った本家—別家関係が次第に崩壊し、次第に対等な独立町人を形成し、均等化してゆくことを示すものである。

このような最編成過程は、桃山時代から江戸時代中期にかけて進行し、今みられるような町屋がつくられる条件が成熟していった。同族団の形成は、均等な組織をもつ地域社会で有利な地位をしめようとする動きのひとつであるとも理解できる。天正十七年（一五八九）四月二十一日南市郷で井水を掘りあげた時、この井水は、一郷の沙汰としていわば南市共有の井戸となった。これは南市郷が地域的な結合をなしとげていたことを示すものだといえるだろう。そしてこの前年の十月二十五日には、寺林雑穀郷から中院郷にかけて辻子が開かれた。

8　酒屋・墨屋・筆屋・布屋

中世奈良の町屋の大半が、元和五年（一六一九）の大火で焼失したように、近世中期までの町屋の多くは、宝暦十一年（一七六一）の大火で焼失してしまった。したがって奈良市内ではあまり古い民家はみられない。近鉄奈良駅前の「きくや」という酒屋などは最も古い方に属する。この家は、代々江戸本丸御用をつとめた奈良酒の名家である。また三条通りには興福寺の衆徒（僧兵）の家だった楽屋があるが、建物は幕末のものらしい。油坂には高塀造の米田家があり、昔の面影はかなりよく残されているが、やはり近世末期のものである。

墨屋・筆屋――近世奈良の産業として忘れることのできないものに、墨屋と筆屋とがある。現在もつづいている家としては墨屋では三条通りに居をかまえていた墨屋嘉助と椿井町の古梅園《こばいえん》だけである。最大を誇った北里町の大森佐渡家は、主な需要先であった社寺の没落とともに、明治初年に廃業してしまった。古梅園の建物は、五十年ほどまえのものであるが、墨屋の面影をよくとどめている。筆屋で残っているのは、餅飯殿町の明石屋だけであるが、建物はアーケードのなかにとりこまれて、江戸時代の昔を偲ぶよすがとてない。だいたい明治のはじめに、新設の県庁や市町村役場めあてに行商網を確立できた家だけが、生きのびたということができよう。

布屋――布屋といっても今の人にはわからないかもしれないが、麻布の問屋のことである。現在も生きつづけているのは元林院町の中川家一軒のみで、建物としては南魚屋町の新惣一軒だけであるが、かつては奈良最大の産業であった。だいたい麻布は武士・神官・僧侶用のものだけであったから、明治に入るとともにいち早く没落してしまったのも当然といえよう。般若寺まえで駄馬や荷車で荷を運び、京街道の布屋としてその名を謳われた古川家は、最も早く零落した方である。また今は盛り場になっている近鉄奈良駅近くの田畑布屋の屋敷は、明治二十三年から大正二年の間に分割して売却されてしまった、また近世の布屋は、一種の宿屋でもあった。といっても泊るのは晒布を買いにくる諸国の商人である。現在の「新惣」でいうならば、座敷がそれに相当する。布の売買法は奈良独特のもので、布屋といっても手持ちの布があるわけではない。晒布についてはスアイ（仲買）婆（女）をあつめ、生布については布仲買を布屋のミセによせあつめ、買人の希望の品をあっせんし、代金と請合《うけあい》の世話をするだけである。多数のスアイ婆が売り込みにくる様は、相当騒々しかったということである。新惣は布屋のなかでも特に大きいわけではないが、それでも屋敷は方一町ほどあり、明治維新当時で別家、番頭、丁稚、下女中が各二人と、中女中、上女中、男衆が各一人いた。別家には女房はあり別に家があるわけであるが、食事は三度とも「新惣」でする。番頭は「新惣」で寝泊りし、二十六―七歳になると、住宅と世帯道具をもらって別家させてもらう。名前に「キチ」がつく。丁稚は九―十二歳頃きて、十九歳になると羽織をもらって番頭に昇格する。

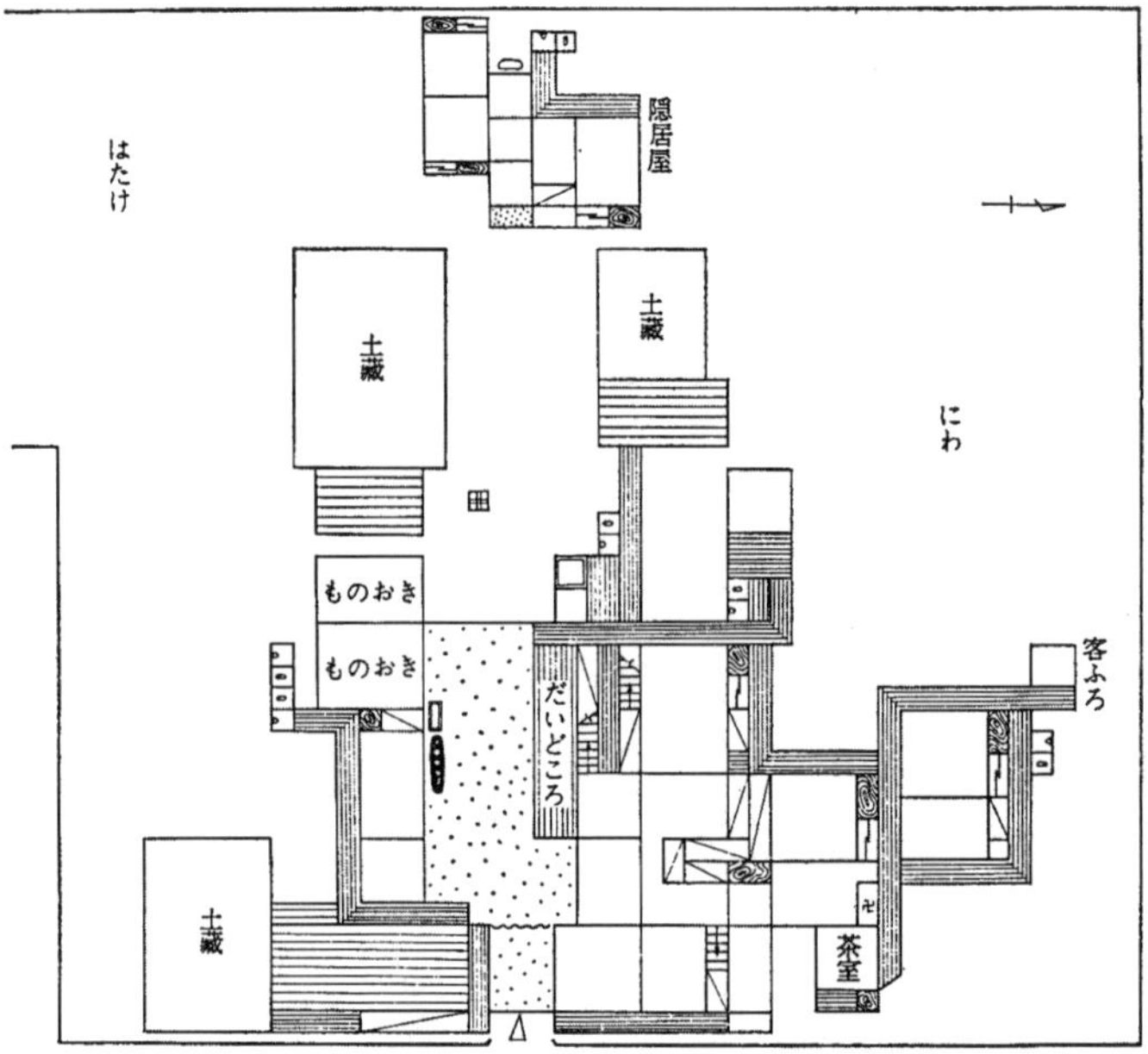

新　惣

9　奈良の宿屋の移り変り

永享二年（一四三〇）二月、畠山満家の家臣齋藤榎本が奈良転害郷（東大寺転害門あたり）にやってきた。その頃の転害町、今小路町、中御門町は旅宿郷といわれ、おびただしい宿屋があった。彼は、興福寺の承仕法師が経営している「藤丸」という宿屋に泊めてくれと申しでたところ、下女は「伊勢詣のために来泊する先約があるから駄目だ」といって断った。仕方なく彼は烏帽子屋に移った。ところが藤丸には先約のはずの客がこなかったので、憤慨した武士は藤丸の下女を切りすててしまった。これをしって郷民たちで、よってたかって榎本を殺害してしまった。それから五十七年後の帳面をみると、藤丸も烏帽子屋の名前もでている。そのほかおびただしい宿屋の名があがっている。

といっても今の宿屋とは大分様子がちがう。第一に客は自炊である。せいぜい薪と湯水をもらうくらいなものである。また寝泊りする建物といっても、今のように開放的というわけにはいかない。ふとんがなくて、ワラ敷のなかでねる。つまり農家のナンドであり、室のなかは真暗である。事実『今昔物語』をみるとナンドにねかされた旅人の話がでている。当時のことだから建物だって大きくできない。秀吉が大坂城を築く前年の天正十年（一五八二）の奈良でさえ、大部分の町屋は間口は十尺くらいで、室二つというのが標準である。しかも一室は家族が使うから、泊り客は狭い一室にざこ寝である。フロイスの『日本史』をみると、天文十九年（一五五〇）宿屋では木枕とムシロがあたえられるだけで、冬など寒いので毛布をもって歩いたとある。それはともかくとして奈良では大きく経営しているところでは、こういう小さい建物を屋敷内に幾棟も建てる。長享元年（一四八七）の東大寺郷で最大のものは、中御門郷のカミヤで七棟をもっている。しかし大部分は一棟で、五百五十五戸中三百七十三戸がそうである。

ちょうど同じ頃の京都では、三条・五条のあたりに旅人の泊る宿屋があつまっていた。天文二十一年の『塵塚物語』にこんな話がでている。一人の旅人がある宿屋に泊った。亭主の町人が、「たから」（貴重品）を預かろうというので、所持品をわたしておいた。ところが亭主がまえから風聞できいていた通り、翌日「徳政」が発令されたので、貸借関係は帳消しになることになってしまった。そこで残念ながら「たから」は返せませんと、亭主はしてやったりと、ほくそえんだ。しかしおもむろに旅人がいうには、「折あしく私が泊って残念なことでした。これは、あなたが久しく所持してきた家だけれど、私が泊ったばかりに今日から、これは私のものとなってしまった。あなたは妻子・所従（下人）をひきつれて家をでていきなさい」と。とにかくこの話でわかることは、亭主と客とは同じ棟の下でねていたことである。

近世になっても東大寺郷は、宿屋の最も多い町であった。ちょうど、京都から伊勢・大峯・長谷寺へ参詣する道にあたっていたからである。つづいて多くなったのが、やはり同じ通り道であるが、三条通り坂下あたりと元林院町（猿沢池東南の細い通り）であった。そのほか三条通り・清水通り等の町の入口には若干あったけれども、泊り客は少ない。こうした近世の木賃宿の系譜をひく宿屋としては、今はもうわずかに木辻町の大坂屋一軒あるだけである。

しかし近世の客は、今とちがって観光客ではない。もちろん観光をかねているかもしれないけれど、本質的に参詣客である。明治五年の「宿屋止宿人届書」を整理すると、なんと九六％が参詣客である。奈良参詣も九％ほどいるけれど、八〇％ほどが大峯への通過客である。こうした奈良へ最初の修学旅行の学生がやってきたのは、明治二十六年（一八九三）のことである。三宅米吉博士に引率された高等師範学校歴史学科の学生たちが、京都から十里の道を徒歩でやってきた。前年に大阪・奈良間に汽車が開通していたが、京都との間には汽車・電車はまだなかった。彼等は今小路町にあった昔ながらの対山楼に宿泊した。

しかしその後は東大寺郷からは対山楼どころか、すべての宿屋が姿を消してしまった。明治二十七年には奈良・京都間が開通するとともに、参詣客ではなくして観光客が文明の利器を利用して奈良駅に下車するようになったからである。それと同時に観光用の小冊子が頒布された。翌二十八年には、不孤庵主人著の『奈良の名所』と『ならの志るべ』とが、三十三年には『小学大和志』、三十六年には『大和巡』が刊行された。こうした宿屋は、ワラヤの散在していた三条通りと猿沢池辺に移りはじめた。それと同時に明治二十六年に汽車開通をあてこんでたてられていた観光計画は、その後次第に実施されていった。ホテルの建設、若草山の休憩所、ガラス灯設置などがそれである。そして大正四年の大軌奈良駅（今の近鉄奈良駅）の完成は、奈良の観光都市化に決定的な影響をあたえることになった。かくして近世に建てられた近世風の宿屋は、まったく姿を消し、今はもう一軒とてもみることはできない。昔は男は馬にのり女は駕籠にのり、強力《ごうりき》を雇い半合羽に菅笠をかむった客が、旅刀をふところにして奈良へきたけれど、今は引率された団体観光客が、ビニールやナイロンのバッグをさげて、陸続とやってくる。東大寺への道すがら、かつては旅宿郷として栄えていた京街道沿いの町並を、ちらりと横目ではみるけれど、もう誰もが関心を示しはしない。穴倉のようなナンドのなかで、ふとんもなしでワラスベにくるまってねなければならなかった中世の宿屋のことなど、さらさらしるよしもない。

10　今井の寺内町

八木の西、飛鳥川をへだてて今井町がある。この町はかつては寺内町であった。寺内町というのは、一向宗の門徒が建設した町のことである。六〇〇メートル×三〇〇メートルの矩形の町の周囲には、今も環濠の面影をみとめることができる。天正三年（一五七五）信長の軍勢に攻撃され、本願寺光佐の石山退去とともに、堺の豪商であり茶人の津田宗及の仲介によって信長に降伏するまでは、環濠の内側に土居があった。堀はともかくも、土居は鉄砲の射通しを防げるので、信長は土居の破却を命じた。

天文元年（一五三二）の奈良の一向一揆の際には、一向宗の町人が今井へ逃げこみ、同年八月八日今井は筒井の軍勢に焼き払われた。また翌年には、敗残の一向宗門徒が、今井とその南の四条村辺に小屋を建てはじめたので、興福寺の命をうけた越智氏が成敗《せいばい》した。後今井惣郷を結集する町人たちは、今井道場の兵部《ひょうぶ》を棟梁と仰ぎながら、牢人・武士の指導をうけ環濠をめぐらし町割をし、確固たる寺内町を築きあげていった。

天正三年信長に攻められた時、今井惣郷の武士として活躍した者に、川合、片岡、尾崎の三人がいた。彼等はそれを遡る永禄九年（一五六六）二月、元亀二年（一五七一）十月、天正元年（一五七三）にそれぞれ今井へ入った。彼等は付近の農村に地盤をもつ地侍である。たとえば川合氏は元来王子近くの川合村の地侍である。大坂夏の陣の際には今井寺内町は大坂方に、今井の西方を守るに功あって、川合氏は今西の姓に変ったものである。

これらの地侍は、当時の他の地侍と同じように、家来を抱えていた。彼等の家来は、下級武士であるとともに、暇な時には農作業する農民でもあった。今井に入った時、これらの家来は、主人の屋敷の長屋に住んでいたらしい。江戸時代に入ってもなお、地侍たちは家来を抱えていた。寛永十四年（一六三七）十月肥前島原半島の農民が、領主松倉重政に抗して蜂起した時、かつての支配者であった今井兵部は、屋敷内に多くの牢人を抱えていたので、従軍を願いでて、鉄砲方二十人を申しでた。

このような支配関係が濃厚に残っている江戸時代初期においては、建物に影響があらわれないはずがない。ここにおいてわれわれが、いままでしらなかったような町屋が建設されることとなった江戸時代を通じて火災のなかった今井には、この時期の町屋が奇蹟的に残されている。世人称してこの町屋を「八棟《やつむね》」という。

11　近世初期の象徴・八棟造

かつての地侍であり、今井惣郷の防戦につとめた今西家は、元和七年（一六二一）以来、今井総年寄三人の一人であり、またこれに称念寺今井兵部を加えた「四人仲間」のメンバーとして今井の町政を牛耳っていた。しかし一方では小物屋という屋号をもつ商人でもあった。慶安三年（一六五〇）、当時「八棟」といわれた豪華な町屋が、今西家の手によってつくりあげられた。現存の町屋のなかで最古のものは、同じ奈良県の五條市の栗山正一家住宅である。棟札によれば慶長十二年（一六〇七）の建設である。元来は大坂屋といって月行事をつとめるくらいの町人の住居であった。円刃の釿《ちょうな》で仕上げられており、一見して古いことはわかるが、残念なことには表側は改造されて当初の面影はまったくわからないし、「帳台構え」も痕跡をとどめるだけである。平面は今西家とまったく同一であるが、今西家とちがって屋根に反りをあたえ、煙出の櫓をすえたところなど、いかにも寺院の庫裡風で、城郭建築の盛んな桃山時代らしいひとひねりがしてある。

今西家は栗山家にくらべると四十年くらい新しいが、すべてによく残っている。棟札によると藤原朝臣四郎左衛門金兵衛が建設の棟梁であった。一階が七間×七間で、厨子二階をもつこの町屋は、西鶴の小説にでてくるような江戸時代初期の豪商階層の町屋の面影をよく伝えている。中世の民家にはあったけれど、今の民家にはみられない「帳台構え」があるし、内蔵の一種である「三階蔵」もあった。江戸時代初期の今西家は、地侍時代の人間関係を払拭できないでいたので、家来たちを住宅建設の労働に参加させることができた。なによりもかつての人間関係は、幕藩体制の末端組織のなかに機構化されていたので、屋根の維持修理は町の入費として請求できる慣例となっていた。太い木連格子《きつれごし》をみると、一センチにもおよぶ風化がみとめられる。建物は百年に一分（〇・三センチ）風蝕するといわれるが、だいたいあっていることになる。この町屋は、われわれがいま最も多くみる町屋とちがって、むしろ天守と寺院とをつきまぜたような造型感覚をもっている。

このような八棟造《やつむねづくり》は、今西家だけにあったわけではない。江戸時代はじめの豪商の邸宅はすべて八棟造であった。江戸時代の初期から中期にかけて木材販売をやり、末期には大名貸をしていた木屋も八棟であり、現在も残っている。また昭和十四年に焼失した四条屋の邸宅は、寛文七年（一六六七）に建設されたものであるが、この邸宅はたまたま妻入にしてあったので、世人称して「三棟造」といっていた。四条屋はその名の示すように、隣村四条村の出身で、天正十八年（一五九〇）九月、兄の六郎五郎のもとをはなれ、今井材木町に分家した。初代次郎左衛門は、江戸往来の商人として活躍して巨富を積み、晩年この三棟造を建設した。

また伊勢国射和《いざわ》の富山家住宅は、貞享年間に建設されたものであるが、これも八棟造で明治年間まであった。また記録によると福井城下にも八棟造はあったし、『新篇相模国風土記稿』によると、小田原城下の外郎鉄丸の家作も八棟造であった。『落穂集』によると、「江戸大伝馬町・佐久間町表通りの町屋は三階建で、二階には黒塗りの串窓をあけならべ、ことのほか目立っていた」。この家も明暦三年（一六五七）の大火後なくなってしまったが、八棟形式にかぎらないけれど、近世初期の町屋のなかには桃山風の豪華な民家がかなり一般的に存在していたことがわかるだろう。

これらの町屋をみるとき、われわれがふつうにしっている大和の町屋と、あまりにもちがうことに驚くだろう。それは今の町屋が完成するまえの形の町屋だったのである。今ふつうにみられる町屋は、元禄時代以降の町屋の類型であって、それ以前のものではない。

室は二列になって六室ある。表に近い二室はミセとオクミセであり、次の二室はナカノマとナンドであり、一番奥の二室はダイドコとオクザシキまたはブツマである。二列に六室あるという点では、元禄時代以前の町屋も以後の町屋も同じである。

元禄時代以後の町屋では、ナカノマとナンドとの境の建具は襖である。しかし八棟のような元禄以前の町屋では、帳台構えになっている。今西家には今もそのまま残されている。「帳台」という名前が残っている地方は、いくらでもあるが、現物が残っている町屋はこの今西家くらいのものかもしれない。

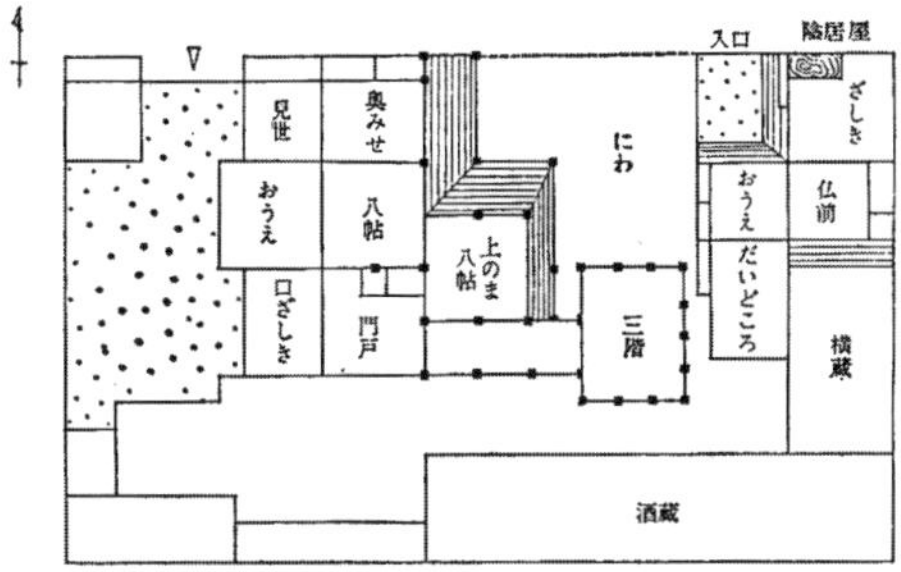

壺吉平面図（元禄年間）

帳台構えの片引きの戸には、猿おとしがついているので、戸をしめると自然に鍵がかかり、外からはあけることができない。それに帳台構えのある室は、三方が壁で密閉されているので、寝室以外に大切なものを格納する室にもなった。今西家より二十年くらい新しい四条屋にも、帳台構えはあったが、同じ頃の射和の富山家の方ではなかったらしい。いわば寛文・貞享頃は帳台構えのなくなる過渡期ということになる。

帳台構えは、外にたいしては床の間のような役目をした。帳台構えのある前面の畳敷の室を、今はナカノマといっているが、かつてはオウエといって主室であり、来客を通す室であった。

襖・障子の敷居の溝の多くは「つきどめ」になっている。建具ひとつにつき溝はひとつで、その溝は途中までしかいっていない。また元禄時代を境とする町屋の差は、梁組にもあらわれている。元禄以前の町屋はそれはきゃしゃである。

このように江戸時代初期の町屋としての八棟造は、今までしられていたような町屋の常識を破るものであるけれど、元禄時代以後の町屋と似ている点もまた多くある。そのひとつは、柱間をきめるのに、畳の寸法をもとにしてきめているということである。この点は室町時代の町屋にはみられなかったやり方であった。またわずか四十年新しいだけで、栗山家とちがって台鉋を使っている。南大和では慶長から慶安の間に台鉋が使われるようになったらしいことになる。

12　大和民家の象徴・高塀造

三百年もの長い苦闘のすえの元禄時代に完成した大和民家も、完成と同時に新しい壁にぶつかっていた。農民の側からみれば、はじめは進歩的な性格をもって登場した封建制度が、農民を規制する枠としてしばりはじめてきたことである。

均等な農民層も、他の地方のようにひどくはないけれど新しい分解をひきおこし、寄生地主―自作農―小作農の系列が生じた。もちろんかかる階層分化の萌芽は江戸時代の初期からあったであろう。こういう時代に、農家のための新しい建築材料として瓦が登場した。

最初にこの瓦をとりあげたのは、農民のなかでも寄生地主であった。屋根が瓦であることは、それだけ耐久力があり、火災にたいして安全であり、農民の協同作業であるユイにかかわらないことであり、それと同時に地主としての地位を誇示するものであった。高塀造は、瓦の存在なくしては考えられない。ワラ葺にしろ、カヤ葺にしろ、クズヤでは切妻屋根にすることは構造的にきわめてむつかしい。だから切妻屋根は、小規模の納屋を除いてほとんどない。そういう意味では高塀造なる切妻は、構造的に脆弱である。しかし実際には、高塀造は必ず瓦葺の屋根が横にひかえて、この切妻を支えているので、構造的な問題はあまりおきない。ゆるい勾配の瓦屋根の上に、強い勾配の高塀屋根がのった形の大和民家の屋根は安定した調和を示しているが、このような構造的な支えもあったといえるだろう。とにかく高塀造は、瓦の存在なくしては考えられない。

高塀造は、江戸時代を通じてそんなに普及したわけではない。地主のほとんど自作農の一部がやっていたにすぎない。瓦は金で買わなければならない、だから麻や棉や菜種のような換金作物の多くつくられた平坦部である国中《くんなか》の農家にだけ、高塀造があらわれた。ことに麻は、いわゆる奈良晒なる布の原料となり、婦女子は自宅で織子となることもできたので、二重の現金収入となった。

「法蓮造」と称される奈良市法蓮町の農家でさえ、はじめから高塀造であったわけではない。ここは聖武天皇陵につづいた眉見寺領であったが、幕末の明和八年（一七一一）でさえ一軒の高塀造もなかった。高塀造が急速にふえたのは、幕末でもよほどすえで、明治以後が大部分である。

高塀の上にあって、あたりを見下ろす瓦造の鳩や鬼は、新しい階層分化の身分の意識をあらわしていたとしても、それは純粋な美にまで高められた造型であるということができるだろう。この矛盾した造型のあり方は、封建社会の民家が背負わねばならなかった十字架であった。

山陽路

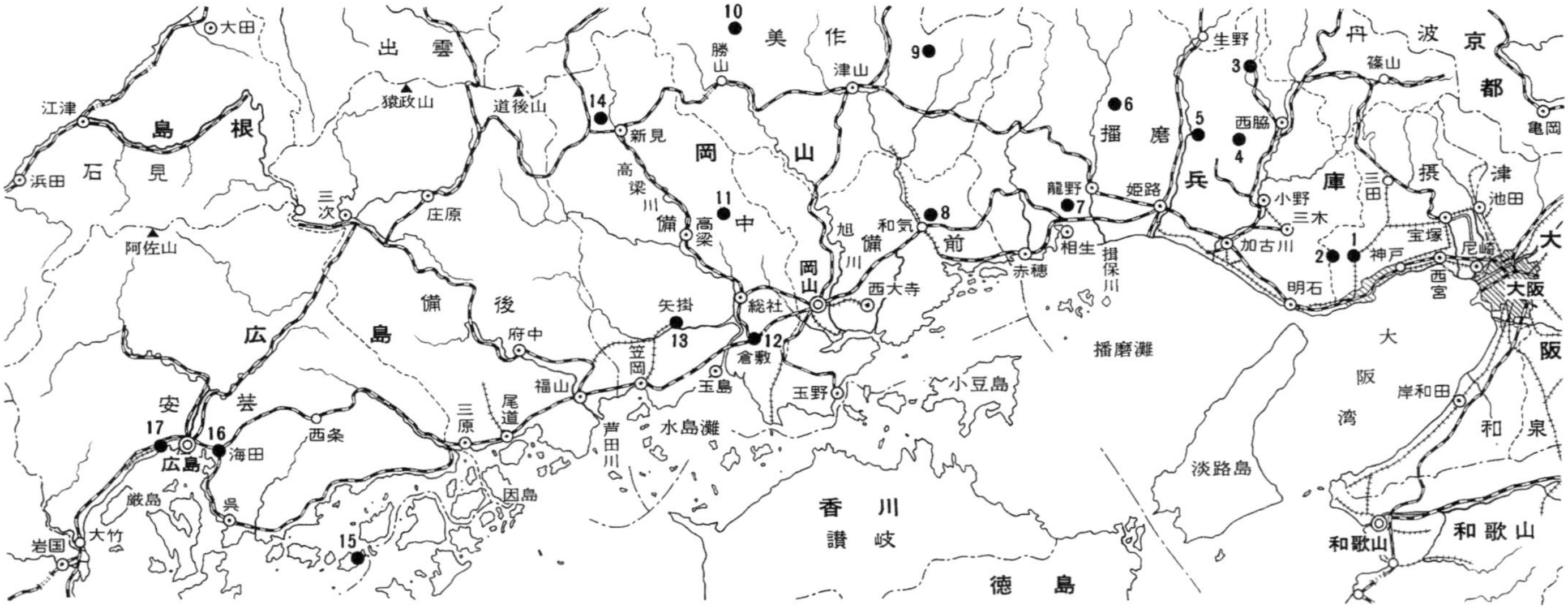

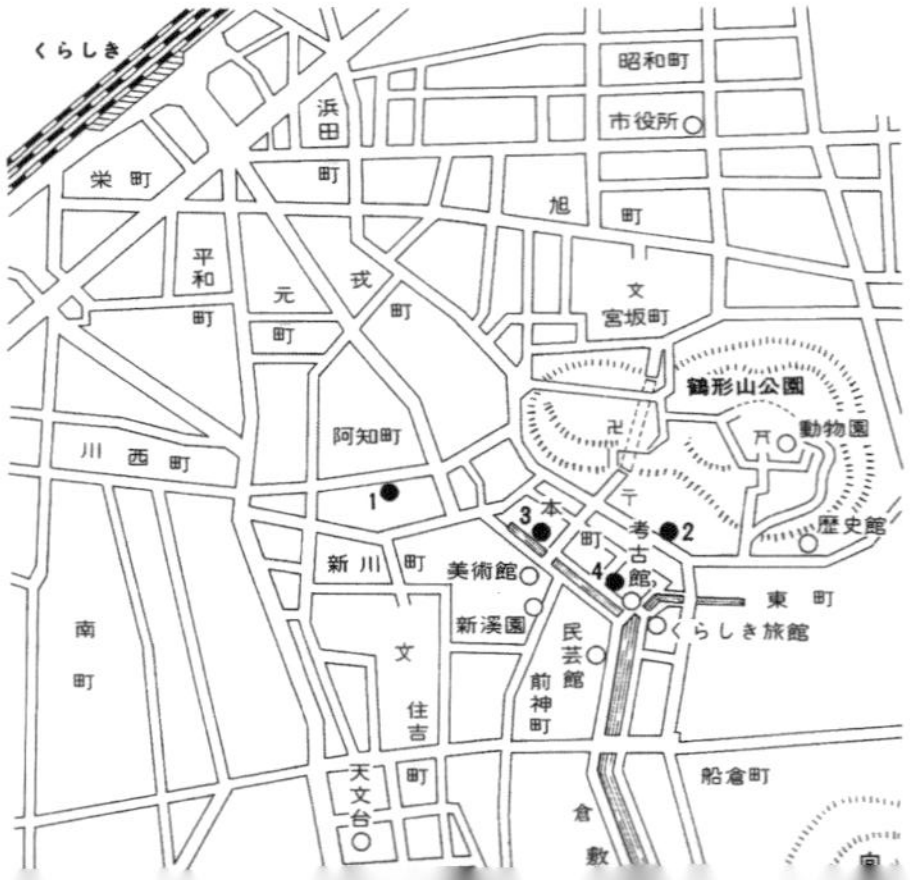

1 阪田真治家（焼失）
2 箱木勇家
3 池田九兵衛家
4 内藤卓家
5 三木庸一家
6 古井徳治家
7 永富ゆきゑ家
8 万波憲治家
9 有元芳男家
10 進庚子郎家
11 岡崎尚義家
12 大橋平右衛門家
　小山収二家
　大原総一郎家
13 石井遵一郎家
14 谷内村、横見村
15 金子家（大崎下島）
16 千葉利之助家
17 小泉来兵衛家

倉敷市内略図
1 大橋平右衛門家
2 （古六）井上家
3 大原総一郎家
4 小山収二家

幕末の京都に太田道灌の末流と自称する神仙流の家相見がいた。嘉永七年（一八五四）美作国の山奥の禾津《いなつ》の大庄屋であった進《しん》氏が間取図をもってその家相見にみてもらったことがあった。増改築の方針をたてるためにみてもらったものらしい。民家が記録されることはこうした機会でもないとなかなかおきない。農村では「もらい帳」をつくって、建前の際にもらった品物とか助けてもらった手間や、時には大工の出面《でづら》まで書きとどめておくことがある。この帳面は他の人の建前の際に、同じような品物や、同じ程度の手間を返すための覚え帳である。また稀には普請に用いた材料や手間や費用を記入した普請帳をつくることもないわけではない。私がしっている最も古い普請帳は、大和今井の壺屋吉左衛門が明暦四年（一六五八）につくったものである。しかし堂宮などにくらべると、民家は記録される機会は少ない。日記に顔を洗ったことを書かないようなものである。しかも民家についてのこうした図面や記録も、元禄時代よりまえのものとなるときわめて珍しい。これが更に秀吉、信長以前となるとまずないといっていいほどである。とはいえまったくないわけではない。百姓や町人が罪を犯したりするとその財産目録を代官などが書きあげることもあったし、また住居をお寺に寄進でもすると、寄進状に書き加えることもあった。こうした偶然の機会の記録のひとつに、五百年まえにおきた祐成《ゆうぜい》殺害事件の時のものがある。この事件は当時の農民の気持や生活や農村のしくみをしる上にも、またどんな住居のなかで生活していたかをしる上にもきわめて興味深い出来事であった。しかもこの時書きとめられた図面は、この地方で最も古い農家の絵図である。その事件の内容はざっと次のようなものである。

1　祐成殺害事件

寛正四年（一四六三）といえば今から約五百年まえ、応仁の乱のはじまる四年まえのことである。世情騒然として土一揆は相ついでおこり、社寺や貴族といった荘園領主たちは新興の封建領主のために荘園を押領され、更に農民たちの年貢未進で心を悩ましている頃であった。京都の東寺もこの例外ではなかった。

今の岡山県の山奥にある新見市付近は、当時東寺の荘園の新見庄《にみのしょう》といわれたが、東半分は地頭方に押領され、わずかに西半分だけが東寺の所領であり新見庄領家方といわれていた。しかしそれでも領家方の新見庄は東西一里、南北七里におよぶ広大な荘園で、荘園内の年貢催促にまわるには四日も要するほどであった。事件のおきた前年の寛正三年八月五日に祐成が代官として派遣されてきた。彼はこの前年の十月にも祐深とともに上使として新見庄へ視察にきたこともあり、この時には数百人の者が、「むらくそ」（現在の唐松）という在所まで松明《たいまつ》をともして迎えにでていた。代官として赴任するときまった七月二十三日、約束の一礼ともいうべき請文《うけぶみ》を東寺に入れ、年貢をとりたて人夫を京都にさしだすことを堅く誓った。それは東寺にたいして忠節をつくすことであり、また彼のふところをふやすことでもあった。なぜなら彼が年貢をとりたてるとその五分の一は自分のものにできる契約になっていたからである。年貢は新見庄内にあった三日市場で売り払うと為替として東寺に送られていた。この為替は当時割符といって、京都の「かさやの四郎三郎」や山崎の「大文字屋」などがとり扱っていた。

寛正四年八月二十五日、稲の穂波がゆれる頃、代官祐成は下役人である福本から馬の鞍を借り、中間《ちゅうげん》の彦四郎と兵衛二郎の二人をつれ、領内宮めぐりと称して出雲街道に沿って馬を北へ進めていた。今の辻田の近くにある政所《まんどころ》をでて約一里のところにある谷内という農民の家のまえにさしかかったのは午後二時頃であった。谷内は地頭方の有力な農民（名主）であり、祐成からいえば他領の農民である。祐成がこの地頭方領内を通ったのは、出雲街道が地頭方領内の一部をかすめているためであり、ここを通らなければ自領の奥や中奥の村々へいかれないという地理的な事情があったからである。

ちょうどその時谷内は隣村の横見の協力をえて住居の普請をしているところであった。二人の農民は家のまえを通りすぎようとする馬上の祐成をみると、そこで家を建てていた大勢の名子《なご》百姓どもをひきつれ追いかけてきて、下馬咎《げばとがめ》をした。谷内は有力な農民であったから代官といえども家のまえを下馬して通らねばならなかったのか、あるいは建前の家のまえでは下馬することになっていたのか、その点についてはわからない。とにかく咎められた代官は「御免候へ」とあやまって下馬したが、大勢にとりかこまれているのをしる

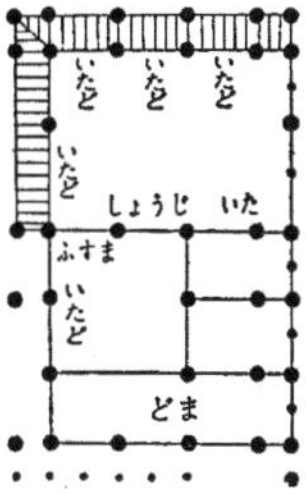

奈良殿の住居

河毛の住居

と太刀をぬいてかまえた。しかし谷内と横見の方が芝居が上であった。「下馬した上はともかくも、太刀をさし候へ」と二人が申すと、代官は太刀をおさめた。そこをすかさず二人は代官を切り伏せてしまった。だまし討である。中間の一人である兵衛二郎も打ちすえられ、彦四郎だけがわずかに逃げ帰った。

唐突ともみえるこの事件は実は谷内、横見の計画的な行為であった。すなわち前月の七月に同じ農民の豊岡が年貢を納めていないという理由で代官祐成から成敗をうけ、田畑をとりあげられてしまった。これを当時の言葉でいえば豊岡は名《みょう》を放たれたのである。この処置を恨みに思った豊岡の親類は谷内と横見に仇討することをたのんだ。

代官祐成の下役人で当時三識《さんしき》といわれていた金子、福本、宮田の三人の有力農民は、中間彦四郎の報告をきくと、多数の百姓をひきつれ地頭方におしよせた。時に午後四時である。彼等が谷内の家にゆきついた頃には彼はすでにいずれかにおちうせていなかった。そこで谷内の家を焼き払った。ついで横見の家にさしかかる頃、「横見と谷内は地頭方の政所のなかにかくれ、祐成ののっていた馬が政所のまえにつないである」ときいて、今度は地頭方政所へおしよせた。ところがたまたま地頭方の代官は、石蟹郷新屋垣内《いしかしんやかいと》へでかけて不在だったので、谷内と横見の二人を政所から追いだすために、政所に火をつけて焼き払ってしまった。

祐成殺害に伴う地頭方政所焼打事件は、八日後の九月三日に京都にしれた。領家方の背後には東寺がおり、地頭方の背後には相国寺がいた。両寺は幕府にこの事件の裁定を申請したが、この裁定の結果ははじめから明らかであった。なぜなら相国寺はいわば幕府の官寺であり、しかも地頭方には守護の細川が目を光らせてかまえていたからである。「東寺方は地頭方の政所を新造し、どさくさに紛れてかっぱらった品をすべて返還するように」と幕府から裁定され、東寺はそのむね新見庄に指令し、上総増祐《かずさそうゆう》を上使として十月二十五日に現地へ派遣し、代官には本位田家盛を任命した。

このような上部の取引にもかかわらずこの指令を承知しなかったのは、直接その負担をしなければならない下層農民たちである。彼等は寄合をし「たとえ横見と谷内を生害させようとわれわれは政所をつくらない。京都の方で勝手に取引して諒承しあわれては迷惑だ。こちらより焼き、またこちらでつくるなどということは末代までの恥辱であり、寺家にとっても名折れであろう」といいだす始末である。彼等は代官と上使に何度もなだめすかされたが結局同意しない。ことに高瀬や中奥の農民たちは寄合に顔をださないばかりか年もおしつまった十二月二十四日になってはじめて「地頭方の御公事《くじ》はどのようになりましたか」ととぼけたことをいっている始末である。結局仕方なくふだん代官の下役人としてうまい汁を吸っていた下役人の金子、福本、宮田の三人の有力農民が、したがえている名子百姓をあつめて奉公いたさねばならないはめに追い込まれてしまった。

焼き払われた地頭方の政所は松茜が使われていたので、地頭方の代官は松茜を使うことを要求した。しかし東寺方の下役人たちは「松茜で新築すると百貫文も費用がかかりとてもかなわない。そのうえ十一月の五日、十五日、十八日にはすでに大雪があって、今となっては山木を伐りだすことはとてもむつかしい」と主張したので、結局古屋を買って代用するという妥協が成立した。そこで地頭方の地侍と思われる奈良殿の住居を買いとって政所の本屋にすることにきまった。また政所の台所としては、下役人の金子に隷属している名子百姓の河毛の家を二軒買うことにした。

政所の移築新造は、地頭方の大工と喧嘩したり、縁板がなかったので多治部へ注文したけれどなかなかこなかったりしたが、それでも九月半ばに漸く終り、その月の二十二日に上使増祐は京都に向け新見庄を発って帰った。そこで彼は東寺にたいして報告書を提出した。この時提出した図面が現在残されている。この平面図は民家のものとしては二番目に古いものである。現在この原図があるのかないのかわからないが、幕末にはあったとみえて伴信友や裏松固禅が写しとったものが現在残されている。
この図面は先の事件とともに私たちが今までしらなかったような古い民家にたいする知識やそこにいた農民たちの生活についてさまざまのことを教えてくれる。また面白いことにはここにでてくる農民の谷内と横見とは、現在集落の名前として残されている。

2　最古の民家・千年家

この時代の建物として忘れることのできないものに千年家がある。桃山時代以前の民家と思われるものは他にもあるが、確認できるものとしては、今のところ箱木千年家だけである。現在千年家といわれているものは、次の二軒である。

神戸市兵庫区山田町衝原《つくはら》　箱木　勇家住宅
兵庫県宍粟《しそう》郡安富町皆河《みなこ》　古井徳治家住宅

箱木千年家と同じ山田町の下谷上にあった阪田千年家は、残念なことに昭和三十七年に焼失して今はない。一般に千年家は大同元年（八〇六）に建設されたと伝承されているので大同屋とも称されていた。山田町中村の栗花落《つゆ》家および東小部の向井家も大同屋と称されていたが、廃滅して今はもうない。栗花落家は大同年間に左甚五郎が建てたなどと荒唐無稽なこともいわれていた。また鉄釘を使わないですべて釿《ちょうな》はつりの木材で組みたてられていたので、釘無御殿ともいわれていた。篠山市に近い今田町小野原にあった太治家も、元禄・享保頃には千年家と証されていたが、安永四年（一七七五）に焼失してしまって、今は神棚に残材を残すばかりである。規模は二十四尺×三十六尺だったという記録があるから、箱木千年家とほぼ同じで、元暦年中（一一八四―一一八五）に義経が憩息した家だといわれていた。家のなかで葬式をやってはいけないことになっているのに、行ったから焼失したのだといわれていた。

箱木千年家は元禄五年（一六九二）に梁文が発見されたといわれ、それには大同元年三月十一日未刻に棟上げされ、日原《ひばら》という大工が建てたことになっている。日原は京都の公卿からもらった名前だとのことであるが、もしこれが事実だとすると大同年間建設ということは梁文からもいえない。なぜなら大工が公卿から名前をもらうようになるのは鎌倉時代以後のことだからである。梁文には、「阿陽多設然噌　鎮宅大公神赤口舌火滅守護所　主多光蘇多未尼頭師念観僧正」と書かれており、これは棟札であるとともに火災予防の呪符でもあるわけである。この棟札はふつうには鎮宅霊符ともいわれている。しかしこの筆蹟は勘亭流であるから、江戸時代に書かれたものであろう。

とはいえこのように古いといわれた梁文があったから千年家といわれたのではない。箱木家はこの梁文が発見されるまえに、代官の小堀甚右衛門から千年家なる称号をもらっている。それは元禄三年に死亡した箱木伊兵衛の代である。この頃すでに千年家といわれているとしたら、当時すでに相当古い住居であると思われていたと考えてよいだろう。元禄三年から数えて百年まえなら天正十八年（一五九〇）で家康がはじめて江戸へ入府した年であり、二百年まえなら延徳二年（一四九〇）で慈照寺内の東求堂が完成してから五年後のことであり、三百年まえなら明徳元年（一三九〇）で南朝と北朝とが和睦する二年まえのことである。だから千年家は少なくとも室町時代に遡る農家であるとみなしてまちがいあるまい。構造法、平面法、平面形式、木材の腐蝕程度、押板壁のあることなどを考え合せると、だいたい室町時代の民家と考えてよい。

今はなき阪田千年家では、壁体が板で構成されていたので板屋ともいわれていた。ことに「ヒロシキ」の中央部の柱間の板壁は一見すると織部床《おりべとこ》というのに似ているが、壁は土壁ではなく、羽目板をおとしこんで押縁でおさえたような板壁になっている。しかしこの板壁は子細に検討してみるとそうはなっていない。板のパネルを柱間にはめこみ、これを太い頭貫《かしらぬき》と腰貫《こしぬき》で上下からおさえている。左右に押縁のようにみえるのは実は、板枠である。この板壁のまえには押板がおかれ、板壁には軸がかけられる。だからこの押板壁は床の間の源流ともいうべきであろう。釿でこのように精巧な細工をしたことは驚くべきことであり、当時においては相当新奇なものであったろうから、板屋と称され喧伝されたとしても不思議ではない。この板屋の称号が永禄十一年（一五六八）二月十九日付の土地買券のなかにでてくるのをみるとその頃すでに現在の阪田千年家は存在したことになる。この年は信長が京都に入り松永久秀を降伏させた年である。この板屋を板葺の建物と解する人もいるようだけれど、屋根裏には板葺だったという痕跡はない。

なお箱木千年家でもこの柱間の部分は板壁になっていたが、ここではパネルではなく、柱に幅五分の溝を彫り羽目板をおとしこんでいた。これらの羽目板の重ねはいわゆる「桶部倉《ひぶくら》はぎ」で、一方の板の傍《そば》を山型に凸に削り、これに合せる板をこれにあうように凹に削りこんではぎ合せてある。

箱木家も阪田家もともに山田庄の地侍で、農民であるとともに武士であり、数多くの家来を抱えていた。箱木家の屋敷には江戸時代の中頃まで門長屋があり、阪田家の屋敷には弓の練習をしたという場所がある。両家の家来は江戸時代に入ると自作農か小作農になって一人前の農民になってしまうが、その頃でもまえの時代の名残はまだ残っていて、烏帽子親《えぼしおや》としてかつての家来筋の子を烏帽子子《えぼしご》とする慣習が行われていた。また応永四年（一三九七）の山田庄四つわけ当時には、両家はともに六条八幡神社の下頭屋役《しもとうややく》もつとめていた。実際には、山田庄内で二人の頭屋の下で下頭屋役をつとめていたのは八家であり、政所であった鷲尾家（下村）の下には、箱木家（衝原村）のほかに畠田（東下村）、田中（坂本村）の三家が下司《げす》をしていた。栗花落家（中村）の下には阪田（下谷上村）、山田（原野村）、村上（福地村）の三家があった。それぞれの集落はこれら地侍に支配されており、江戸時代や現在の集落のしくみとずいぶんちがうことに気づくだろう。しかしこの村のしくみは祐成殺害事件にでてくる備中国新見庄の谷内や横見の集落と同一である。

また古井千年家は、どんな階層の農民の住居かたしかめる資料はないが、おそらく地侍ではなく単なる名主くらいの農民かと思われる。しかし千年家のなかでは時代も新しいためか規模は最も大きい。

これら千年家は建設当初のまま残されているわけではない。箱木、阪田家では数本の柱と若干の梁、頭貫、腰貫、壁板等が残されているのみで、外観をふくむ大部分は、当時のものではない。建具は一本も残されていない。阪田家へゆくとぼろぼろになった桜材の敷居が板枠でかこんで保存されていたが、もしかしたらこの敷居は当初のものかもしれない。奥の座敷は後世増築されたものである。棟はもっと低かった。古井千年家では貫が柱を貫通していなくて、手法がいかにも古い。また軒先が低く、出入りには腰をかがめて入らねばならないほどであった。実をいうと丹波には、頭がつかえるほど軒の低い民家はまだ相当散見する。

3　中世から近世へⅠ（平面と構造）

祐成殺害事件にでてくる民家や千年家と、江戸時代に建てられた今も数多く残されている民家とを比較すると、民家がどのように発展したかということがわかるし、またいったいどういう建て方の民家が古いのだろうということもわかる。

a　第一にいえることは室町時代の民家は規模が大変小さいということである。二十坪といえば大きい方である。時には四十坪におよぶ場合もないわけではないが、二十坪ぐらいだと集落を支配する地侍層の住居である。それ以下の層の民家ではたいてい十坪以下で、最も数の多いのは、五―六坪といったところである。延慶三年（一三一〇）伊勢国泊浦、江向村で最も多い規模は二間×二間であり、最大は七間×五間である。また近世初期の信州民家はもちろんのこと、寛保二年（一七四二）の越前今立郡岡本村大滝でさえ二間×三間の民家が六十三戸中三十一戸もしめていたから、中世とそう変らなかったともいえるかもしれない。しかし中世では小さな規模の割合がはるかに大きくなる。だから今の民家のように横長の矩形にならないで二間×二間とか三間×三間のように正方形に近い平面になる。摂津矢部郡山田庄の衝原村を支配していた箱木家の住宅でさえ、わずか四間×六間で、土間の方がはるかに広く、室は、ヒロシキとナンドの二室しかなかった。

b　古くは、妻入《つまいり》住居が多かったらしい。現在でも兵庫県の北部地区には妻入住居の地方がないわけではないが、現在平入《ひらいり》住居の地方でもかつては妻入住居の地方であったのが相当多い。岡山県新見地方は現在平入住居であるが、祐成殺害事件の際には地頭方の政所の本屋になった奈良殿の住居も、また台所となった河毛の住居もともに妻入であった。しかし現在の千年家も昔は平入であったようであるから平入住居も地方によっては相当あったのであろう。伊勢の志摩地方の民家は鎌倉末期の延慶年間では妻入が圧倒的に多く、現在はすべて平入であるのを考えると、やはり古くは妻入住居が現在以上に相当多かったと思わねばならない。

c　現在千年家のある地方の民家は合掌を組んで屋根をあげているが、箱木、阪田両家では合掌を組まないで、梁の上に牛梁《うしばり》をすえ、この上は束《つか》をたて棟木を支え、この棟木からほぼ放射線状に太い丸太の垂木を流している。しかし同じ千年家でも古井家住宅は、牛梁——棟束——棟木のほかに合掌も合せ組んでおり過渡的な手法を示している。もっともこの古井家住宅は大風で屋根を吹きとばされたことがあるので、修復の際に合掌を入れたことも考えられる。

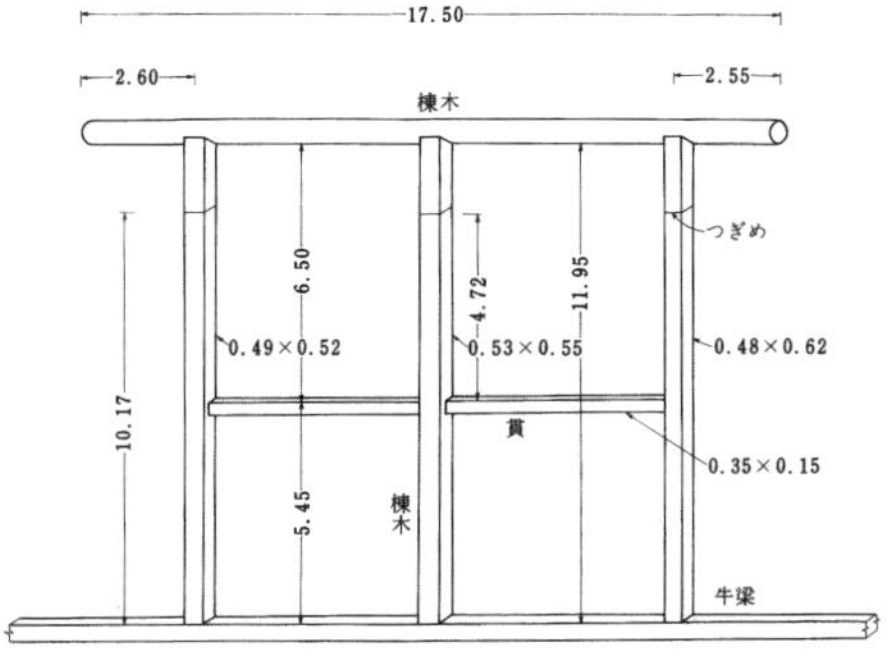

箱木千年家のオダチ組

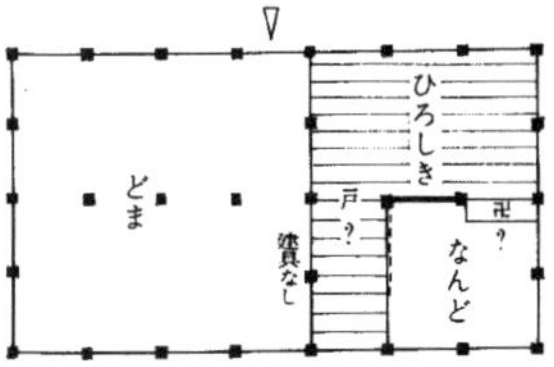

阪田家（室町時代）

この棟木を支える束を丹波地方ではオダチと称している。梁の上の束を、古くはウダツといっているから、オダチはウダツの転訛かもしれない。京に近い口丹波ではオダチ組は稀にしかみられないが、それ以北ではごくふつうにみられる。千年家では三本のオダチに貫を通しているだけなので、ふらふらしているが、丹波の現存民家ではオダチの両わきにトリイと称する構えで支えられているので、かなりしっかりしている。紀州南部にも多くのオダチ組の民家があるが、斜めのつっかい棒（一種の方杖）でオダチを支えている。こういうオダチ構造は近畿地方だけにしかなかったらしい。たとえば民家でも最も古い指図である応永四年（一三九七）の山城植松庄の琳阿弥の住居をみると、オダチ構造になりうる（オダチ構造の特色は、荷重をオダチでうけるから、中央列に柱がならぶ）。しかし前述の新見庄の奈良殿の住居では、梁間三間の中央列に柱がないからオダチはたっていないとみなければならない。つまり現存民家と同様にサス組であったと考えられる。このことは少なくとも中世には、オダチ組の近畿地方とサス組のそれ以外の地方とがあったことを示している。事実最近の調査結果は、これを裏書きしているようである。

d　側柱《がわばしら》も間仕切り柱も一間ごとに確実にならび、梁や桁を太くしておいて中央の柱をぬいて柱間を一間半にも二間にも拡大することは行われない。また釣鴨居《つりかもい》などの必要はないからこうした手法は行われない。現在の民家ではエビス柱とか大黒柱が土間にたつことはあるけれど、このほかに構造用の柱がたつことはきわめて稀である。それは土間の上部で大梁を縦横に組んで柱をぬいてしまい、使い勝手をよくするからである。つまり近世の民家では土間上部の梁組と居室上部の梁組とは異なるのがふつうである。古井千年家では板の間の室と同じように、土間の中央部にも一間おきに柱がならんでいる。この古井千年家の梁間は一間半であるが、梁は中央部の柱で一度支持されるので、太い梁は必要でない。床板を支えている大引《おおびき》と同じくらい細いものである。だから壮大な梁組を誇るような民家は室町時代にまで遡らないと考えてよい。

e　これらの柱の上に梁がおかれる。桁は梁の上にのる。これを折置《おりおき》組という。現在のように柱の上に桁をおき、その上に梁をおく組み方を京呂《きょうろ》組といい、江戸時代になってはじめてあらわれるやり方である。箱木千年家では敷梁をまわしてある。これは建物のよじれを防ぐ効果があるが、建設当初のものかどうかよくわからない。このほかに梁を柱にさしこむサシツケがあるが、これはどの程度古いものかよくわかっていない。

f　現在山陽地方の柱間は、六尺三寸または六尺一寸の畳によって寸法をきめる畳割であるが、室町時代には、畳によって柱間の内法寸法をきめないで、柱の真から真までの距離できめる柱割であった。畳を敷かないので畳の寸法に合せる必要はなかったわけである。しかもこの柱間は、現在の柱間よりもっと広かった。祐成殺害事件にでてくる奈良殿や河毛の住居では、一間は七尺であり、千年家でも一間は六尺六寸から六尺八寸くらいである。だから、千年家では、京間畳を入れてさえ敷きあましがでてくる。現在岡山県の大工言葉のなかに山間《やまけん》なる言葉が残されており、この山間では一間は七尺である。もっともこの山間は一間が七尺であった時代の名残か、素材を山から伐りだす時の一間の長さであるかわからない。この地方の柱間は時代が新しくなるとともに、七尺から次第に短くなり、江戸時代になると六尺五寸ないしは六尺三寸に安定する。しかも最近は軍工事、官庁工事、会社工事では、つまり官舎や社宅では更に短くなり、東京風に六尺を一間として仕事をする例がふえてきた。

4　中世から近世へⅡ（仕上げ・造作・建設）

a　板はすべて「くさび」で挽き割ったものであり、千年家の床板の古いものの厚みは、一寸五分にも達したと思われる。この板の表面は円刃の釿で仕上げてある。円刃の釿は今では、船大工が使っているだけであるが、家大工では江戸時代の中頃まで使われている。それから以後現在と同じような角刃の釿になる。板を挽くための竪挽《たてびき》の鋸がなかった時代には、素材のいい木材を楔《くさび》で挽き割って板をつくるよりほか仕方がなかった。現在のように製材機でつくるのとちがって挽き割りでは薄い板をつくる方がむしろむつかしい。

b　このように厚い床板では根太《ねだ》は必要でないから根太はない。一間ごとに入っている大引《おおびき》だけで十分である。根太がなければ根太を支える根太束もないわけで、したがって家屋の重みはすべて柱で支えられることになる。

c　板敷では板のすき間からどうしても風が入ってきて冬や夜は寒い。これを防ぐために床下の外面に石垣を築き、この石垣の内面に土をぬりごめる。石垣にしない時は木舞《こまい》をまわして土壁にする。箱木千年家には相当残っているし、また紀州九重町丹生川の井本家（もしかしたら中世民家かもしれない）にも一部痕跡がある。

d　今の人たちは大黒柱の太さを誇るけれど、桃山時代以前にはそうした風習はなかった。桃山時代の民家にも大黒柱と名づけられた柱はあったけれど、その柱は特に太かったわけではない。だいたい室町時代の民家の柱の太さは、不揃いであったけれど、大黒柱のように特に太い柱はなかった。柱が一間おきにならんでいるのでそうした必要はなかったわけである。元来大黒柱というのは、大黒神を祀ってある柱を称していたらしい。江戸時代の『子孫大黒柱』という本によると兵庫県伊丹の分限者《ぶげん》の蔵のなかで、大黒神を祀ってある柱を大黒柱といっていた。江戸時代の中頃の話である。はじめのうちは上流階級だけ流行していた大黒信仰は次第に商人や農民の間にひろまり、戦国時代の天文年間以後には大黒を祀らない家はないほどだといわれるほど流行した。これより少しおくれて、桃山時代に入ると民家の構造技術が発達し、太い梁や指物（長物、平物または二階台輪ともいう）によって柱をぬき柱間がひろげられるようになると、中央部の柱には指物が集中する。三方指《さし》、四方指《さし》といって一本の柱に三本も四本も指物が集中すると、柱に仕口を施す関係上強度が低下する。この強度低下を防ぐ意味で中央部の柱を太くすることが行われた。

たまたまこの太い柱は大黒を祀りこむ柱でもあったので大黒柱といわれるようになった。そして江戸時代中期以後ではむしろ大黒柱は建物中央部の太い柱の別名となってしまい、むしろその太さと家の格式を誇張する手段と化した。

e 柱は円刃の釿で仕上げられているため、柱の角がささくれだってひっかかるので、角を大きくおとして大きな面がとってある。ふつう角から五分くらいまでおとしてある。円刃の釿でやるのだから台鉋とちがって、面の大きさが不揃いであるのはやむをえない。

f ねる室は帳台《ちょうだい》または納戸《なんど》といい、四方壁でかこまれ、わずか一本の戸で出入する密閉された室であった。地侍くらいの農民となるとこの室に畳をもちこんだこともあったかもしれないが、たいていの農民はスクベというワラのやわらかいのを敷いて寝床としていたと思われる。天文十五年(一五四六)頃の『奇異雑談集』をみると、越中の出家の源幸の話がでている。「わが国に若党を五、六人抱えた国侍がいる。いつも作事が好きで、出入りの大工を使っていた。亭主が馬で遠出したとき、内婦が大工をよんで、帳台の仕事があるからきてみよといった。大工がなかに入ると、内婦は帳台の戸をさして、掛け金をかけてしまった」。なかで振動する音がきこえるので、帳台の天井をあけてみたら、内婦は蛇に化けていた。これによってわかることは、帳台には出入口がひとつで、クルルがあって掛け金がかかること、天井があることである。

g 以上のことは地侍や名主層の住居についてのことであり、河毛のように彼等に隷属している名子《なご》百姓では板の間はなく、土間ばかりの一室であったらしい。

h 地侍や名主たちが、自分の住居を建てるときは、谷内が名子百姓を大勢使い、また隣村の横見の協力で建てていたことでもわかるように、江戸時代の農村で行われていたユイは行われていない。建前においてユイが行われるようになるには一人または少数の農民が他の多くの農民を隷属させているような村のしくみが崩れて、江戸時代のように一人前に独立した小農民が成長する頃まで待たねばならない。建前に谷内が横見の協力をえたが、横見は隣村の名主百姓であるからこれはユイとはいえない。名主百姓間に婚姻関係が相当あったと思われるから、これは姻戚関係による手伝かもしれない。もっとも『居住習俗語彙』によると、ユイには「親類、縁者」の意味が内在しているというから、血縁関係の協力にはじまるのかもしれない。

被官や下人の住居にたいしては、もちろん主人が資材をあたえていたわけである。古いところでは、文和五年(一三五六)近江高畠の土豪の被官は、修理用の竹木を主人からもらっている。近世でも同様のことがあり、石見浜田藩那賀伊南村後野の岡本家は、小作人に住居を貸与し、修理だけを小作人が負担していた。当然の結果として小作人の住居は制限をうけ、一例をあげると四間半×二間半の草葺で、台所だけが板の間で、他は竹簀敷であった。

5 五寸間・三寸間と番付

こまかくみると、こうした現存民家も地方がちがうと、多少形態を異にする。それは、その地方の民家の歩んだ歴史のちがいであり、大工技術の地方的な差でもある。倉敷の鳥越三千太さんをはじめとして野田屋曾一さん、真治盛太郎さんなどの大工さんに教えていただいていたことを参考にしながら、実際の民家を観察すると同じ山陽路の民家でも次のようにちがうことがわかる。

柱間——山陽路の民家は上方《かみがた》の民家と同じように畳によって柱間をきめる畳割を採用している。しかし畳の大きさは地方によって多少異にする。大ざっぱにいって兵庫県は六尺三寸畳によって柱間をきめ、広島県・山口県は六尺一寸の畳によって柱間をきめ、その間にある岡山県では両者を混用している。大工は、六尺三寸の畳、つまり京間畳で仕事をする場合を「五寸間《ま》」でするといい、六尺一寸の畳でする場合は「三寸間《ま》」でするという。

　五寸間の例としては、兵庫県の千年家でも増築した部分は五寸間で仕事をしている。これにたいして広島市草津東の酒屋小泉家住宅は、天保三年（一八三二）に建設されたものであるが、三寸間で仕事をしている。この地方の民家は例外なくといっていいほど三寸間で仕事をしている。これに反し岡山県では混用している。同じ倉敷でも大橋平右衛門家住宅は五寸間であるが、大原総一郎家住宅や小山収二家住宅では三寸間である。この混用は農村においても同様で、たとえば上房《じょうぼう》郡賀陽町《かようちょう》上竹荘《かみたけのしょう》有津井《うつい》の岡崎義尚家住宅では三寸間であるが、同じ村の大塚房代家住宅では五寸間である。岡山県では元来三寸間で、後世上方の影響で五寸間が入ってきたものかとも思われるが、江戸時代中期の宝永年間建設の真庭郡禾津《いなつ》の進《しん》邸ですでに五寸間であるから、相当古くから混用していたと思われる。

　番付――建物を解体しないとわからないが、それぞれの部材の仕口のところに組みたての時の覚えの符牒がつけてある。これを大工さんは「番付」または「番札《ばんふだ》」という。番付の仕方には大きく分けて、二つのやり方がある。組合せ番付と廻り番付である。

　組合せ番付というのは、一方向に「一二三……」、他の方向に「いろは……」をつけて柱の位置を示すもので、ふつうには桁行方向の方が梁行方向の方より長いので、この方に数字の「一二三……」をうつ。室町時代の社寺建築などでは「いろは」を使わないで両方向とも数字を使った例がある。しかしこの表示法では桁行方向を先に読むか後に読むかで相違し、紛れやすいので使われなくなってしまった。

廻り番付というのは渦巻状に一本一本の柱に番札をうってゆくものであり、通常は正面の右手前の角が起点となり、右巻き、つまり時計廻りの方向にまわる。左巻きはないようである。大工さんによってはこれを、「いろは番付」といっている人もいる。「いろは」のかわりに数字の「一二三」をうつこともある。

上方《かみがた》の方ではすでに古くから組合せ番付が行われていたが、岡山県から西の大工さんの間では、まえの大戦まで廻り番付で仕事をしていた。今から四十年ほどまえのことである。この頃から「上方にはいい番付の仕方があるそうな」という噂が伝わり廻り番付にかわって組合せ番付を使う人がぼつぼつでてきた。今ではたいてい組合せ番付で仕事をする。こうなってしまったのには、ちょっとした理由がある。つまり組合せ番付の方が廻り番付より便利だったのである。廻り番付では柱ごとに番札がうってあるので、あとで柱の位置が変ったり、新しく柱を追加するとこの表示法では困ってしまう。そういう時に割りこんできた新しい柱に又とか△とか□をつけて区別していた。たとえば「ろ」の柱の次に新しく柱が追加されたとしたら、この新しい柱には「又ろ」とか「△ろ」と書く。この点は組合せ番付ではまったく自由である。

実際にはこのほかに「合せ番付」とか「合紋《あいもん》」というのがある。しかしこの合せ番付は寺院建築の組物などに使われるだけで、民家では使わない。大工さんと鳶はこのような符牒に合せて家屋を組みたてる。

6　寒冷に耐える伊部焼の瓦

岡山県から広島県にかけての山間部には屋根瓦を赤茶けた瓦を使っている民家をみることが多い。これは伊部焼《いんべやき》という屋根瓦で、実際には赤茶色だけでなく黒色のもある。赤茶色のものを赤上《あかじょう》、黒色のものを黒上《くろじょう》といっている。伊部焼というからには、元来は岡山県和気郡備前町の伊部地方ではじめられた焼物かと思われるが、現在この伊部焼の屋根瓦の本場はむしろ島根県の浜田地方である。

この伊部焼の屋根瓦は、山間部の民家にだけ使われて、平野部の民家ではほとんど使われない。平野部で使う場合も稀にみられるが、それはたいてい趣味的で、実用的な意味は少ない。倉敷あたりで岡山の津島の瓦がよいとされているが、このよい瓦も山間部では使われない。このような黒瓦は凍《し》みるとぼろぼろになって割れてしまうから山間部では使えない。この点伊部焼の屋根瓦は、「うわぐすり」がかけてあって凍結にたいして強く、苔もほとんど生えない。黒瓦には田地《たつち》を使い、これは地《じ》でもっているのにたいし、伊部瓦には山土《やまつち》を使い、「うわぐすり」でもっている。山土には、粘土のほかに真砂《まさ》が半分以上も入っているので、伊部瓦の強度は黒瓦より劣るのはやむをえない。

岡山県上房郡賀陽町大村の山のなかで伊部焼を焼いている菅野隆さんは、伊部焼を焼きはじめてもう三代になる。土を求めて現在のところに移住してからでも三十年になる。今使っている「窯」は十五窯ある「登り窯」である。菅野さんは伊部瓦の焼き方をこう教えてくださった。まず山土を舟に入れ、その土を足でねる。ねり終わったらよくきりかえして塀のように積む。これをタタラという。タタラというのは製鉄の古い言葉であるが、なぜそういうのかわからない。この塀土を糸でひいて一尺一寸角の土板をつくる。これを型に入れ瓦の形に成型する。これを荒地《あらじ》といい半円形の刃をした包丁といった感じの手鎌《てがま》で切りながら形をととのえる。このぬれたやわらかい瓦を外で一日、屋内で七日くらい乾燥させる。天候によって乾燥期間は必ずしも一定していない。これに釉薬《ゆうやく》（うわぐすり）をかけて窯のなかに納める。これを焼くのに五日くらいかかる。燃料としては松材が最もよいとされている。菅野さんの十五の窯は一度に、一万枚の瓦が焼けるが、これに要する燃料は約四十坪の薪である。一坪は長さ一尺八寸の薪を幅六尺、高さ五尺に積み上げた量をいう。

温度の調節は焔色をみてやる。焔の色ははじめは赤色で、ついで白色に変り、黄色に移り、最後に青色になる。このようにして瓦は焼きあがるが、熱はどこにも均等にわたるわけではないからどうしても焼きむらができる。それに勘にたよった焼き方であるので、三十年もやっていても使いものにならない瓦をおびただしくつくってしまうこともある。一枚の瓦が完成するまでの手間は実に百二十人から百三十人にもおよぶ。あまり割のいい仕事ではない。この瓦は現在一枚二十円から二十二円で近在の農家に販売されている。

二か月で仕事は一巡する。順調にいけば年六回焼けるわけであるが、実際には冬は凍てるので仕事はしない。戦後瓦葺の農家が増加してきたので少し息をついている。戦争まえまではせいぜい尾だれ（下屋）か箱棟の屋根瓦にかぎられていたので、あまり需要はなかった。

7　倉敷の古禄と新禄

倉敷へゆくと古禄と新禄という言葉がある。古禄とは古い六人の長者という意味で、昔は町役人でもあった。今はもう没落してしまっているが、それでも阿知神社の宮司の井上家住宅が残っている。倉敷の町屋のうちではこの井上家住宅が最も古い。構えもひとまわり大きく、江戸時代初期から中期にかけての建物であることにはまちがいあるまい。ただ残念なことには多少荒廃しており、また相当の改造をうけている。古禄の一人として小野家もあったが、この家屋はすでにない。古禄の祖先が例外ないといっていいほど武士であるのにたいして、新禄は武士を祖先とするものもいるが、新興の地主で古禄ほどの由緒をもっていない。倉敷では代官の下で働く町役人は、家持ちの人たちの選挙によってえらばれていたので、新禄は古禄にとってかわって町政を牛耳るにいたった。

阿知町の大橋平右衛門家住宅はこうした新緑のうちの一軒である。倉敷には大橋という姓が多いので、東大橋、泉大橋などといって区別し、この大橋平右衛門は元大橋と通称している。この町屋はふつうの町屋とちがって主屋は通路ぎわからさがっており、正面には長屋門がある。前神町の水沢家も新緑の一軒であるが、住宅はとりこわされて今はない。ただ米蔵だけが改造され倉敷民芸館の建物になっている。

倉敷をふくむこの地方で特徴的な外観を示すものは、なんといっても、腰瓦を貼りつけ「なまこ漆喰」にした土蔵である。壁の厚みは、八寸くらいもあり、「尺八」と称する竹の丸太を入れ、木舞をかけ、シュロ

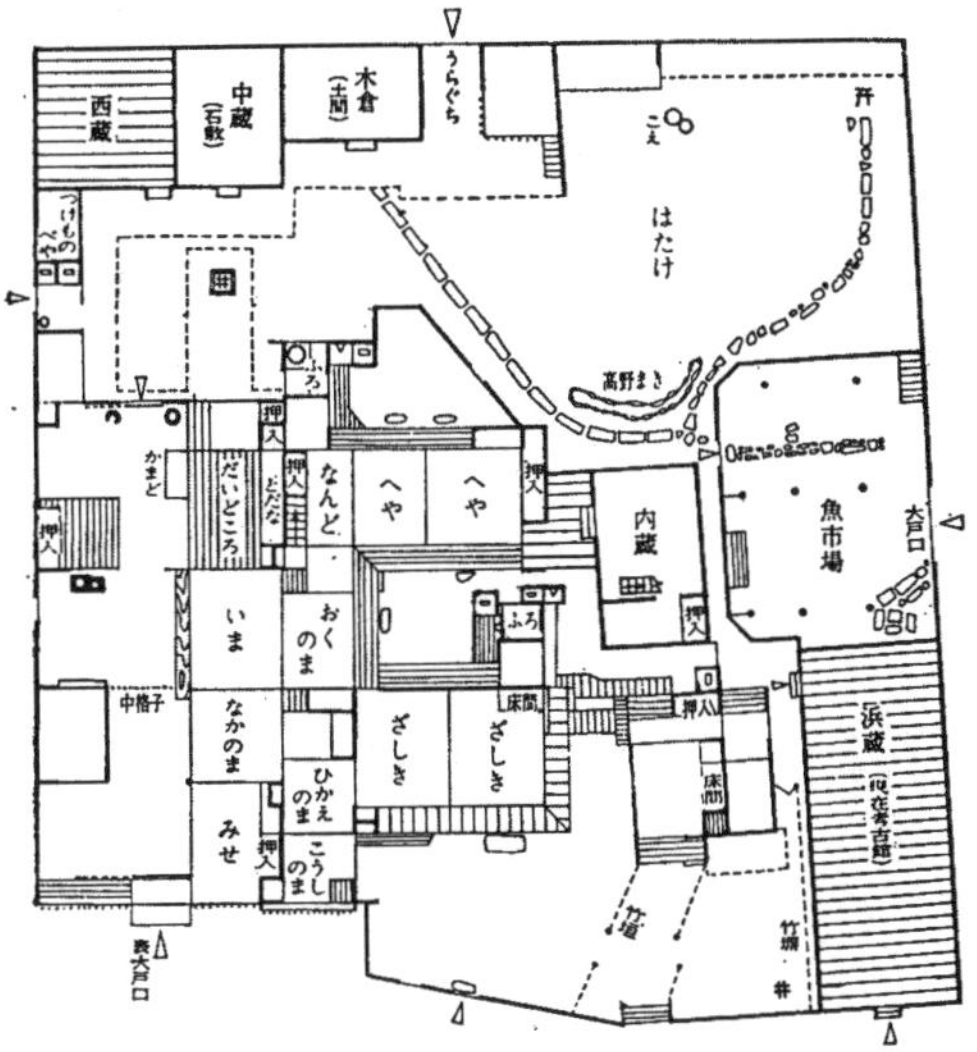

小山収二家住宅

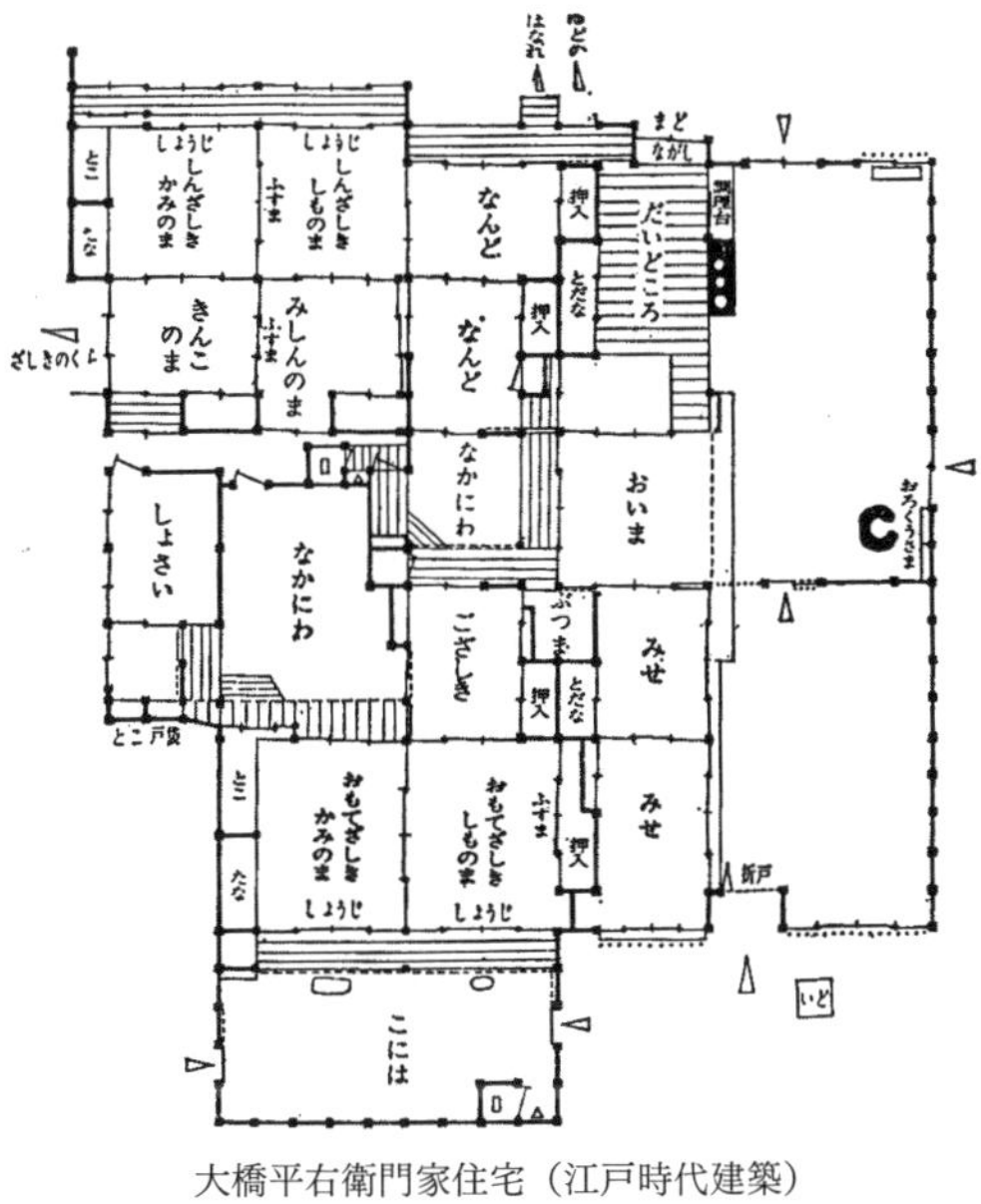

大橋平右衛門家住宅（江戸時代建築）

ナワであむ。この尺八竹は一尺二―三寸間隔で入っているが、木舞をかけやすくするためにギムネという道具で穴をあける。稀には火災にたいして強くするために小山収二家住宅の内蔵のように壁の間に砂を入れることもある。もちろん土はねってすぐ使わない。雨風にさらして「あく」をぬく。きくところによると「なまこ漆喰」塗は大変むつかしく、今はもう達者な人は少なくなった。安江の白神のモトさんは上手だったが、戦前になくなってしまった。

土蔵造でないふつうの真壁の場合、江戸の町屋では、外側に下見板を張るので、内側だけ壁土をぬって外壁には壁土をぬらない。つまり片壁である。下見板の蔭にかくれてかまわないようなものだけれど、倉敷ではこういう片壁は今でもしない。「裏返し」を必ずやって両壁にし、その上に下見板を張りつける。せち辛い江戸とちがって仕事はていねいである。

代表的な倉敷民家はたいてい児島湾に注ぐ倉敷川（運河）のほとりにあつまっている。これらの町屋の主人はたいてい大地主なので、船や車によって米が運ばれてきた。運河の終点にある大原総一郎家住宅はその一例である。大原家は五百町歩ほどの田畑を所有していた大地主で、米蔵が倉敷川の向いに六棟、今の民芸館のある場所に四棟あり、児島郡に一棟、合せて十一棟あった。

台所の土間にはオロクウサマという火の神を祀った竈がある。ここには通常「火うち石」、「もぐさ」や神棚を掃除する道具を入れた箱がおかれている。土間をふくむ台所のあたりは、女中・下男はもちろんのこと抱えの大工や左官などが食事をする場所でもあった。平口の釜で一度に六升から一斗の米が炊かれ、これらの職人は三食ともここで食事をした。彼等の住んでいるのは屋敷内ではなく、町中に散在する借屋であった。大原家では常時三―四人の大工と二人の左官とが抱えられていた。抱えの職人だから手間数のことはいわない。なお大釜は餅つきや味噌用の大豆を炊く時に使うだけでふだんは使わない。

また倉敷の町屋の格子は固定されていないで、内開きにできるようになっている。五月と十月の十五、十六日に行われる阿知神社の祭礼の際に格子は開かれ、ランカンをとりつけ、赤毛布を敷き、室内に屛風をたてる。町の人たちはこれら長者たちの屛風をみて歩いて楽しむ。長者たるもの屛風をたくさんもたなければならないわけである。だからこの祭礼は一名「屛風祭」ともいう。なおこの格子の内側には通常「揚戸《あげと》」が入っているが、倉敷ではこれを「ぶちょう」といっている。

8　農村の古禄と新禄

倉敷に古禄と新禄があったように、農村にも同じ地主住宅でも二系統ある。これは中国地方だけにかぎられるわけではなく、全国共通の傾向である。そのひとつは中世に武士であったものが、秀吉時代の兵農分離の際にまったく土着帰農し、後に大庄屋、庄屋、名主をつとめ、時には本陣などになった家柄である。他のひとつは江戸時代中期以後大地主に成長した家柄で、概して平野部に多い。前者の例として岡山県の進《しん》家、石井家、兵庫県の三木家、後者の例として兵庫県の永富家、広島県の小泉家があげられる。

a　進庚子郎家住宅（岡山県真庭《まにわ》郡湯原町木津）　美作《みまさか》国の百五十六旧家中の一家で、天正十年（一五八二）禾津近くの二川村藤森に来居し、その十年後の毛利・宇喜多和睦の際に、「彼岸すぎての七雪《ななゆき》」といわれるほどのこの山奥の地に帰農した。大庄屋に任命されたのはそれから約百年後の元禄八年（一六九五）のことである。進家の家来が江戸時代に入ると独立小農民となるに伴い、進家の氏神である五社様《ごしゃさま》は村の神様と変った。

現存する進家住宅は、宝永年間（一七〇四—一七一〇）に建設された部分とその後に改築された部分とからなっている。屋根はカヤで葺かれているが、この地方の一般農家は元来「こわ葺」の石置屋根が多かった。現在この地方にはカヤはないので、ここより五里山奥の蒜山《ひるぜん》までいって買ってくるか、さもなければ瓦葺にかえるよりほかに仕方がない。

約千坪のこの屋敷中には、見世、玄関、座敷、納戸、台所等のある本屋のほかに、牢小屋と供部屋のある門長屋、味噌道具蔵、米蔵、薪木部屋、牛車・水車小屋と隠居室があった。土間のとりつきの室を町屋のように見世といっているのは、小作米を使って酒造りをやっていたからで、平面形式は農家と変らない。酒樽修理のこともあって大工と桶屋とが抱えられていた。使用人は酒造り、農耕を合せて二十—三十人もおり、旧十二月十四日の煤はきの後には、塩あんのそば団子をイロリの火の上にじかにのせて焼くのが嘉例となっていた。

ここの本屋はカヤ葺にもかかわらず、小屋はサスでなく本小屋となっている。

b　岡崎尚義家住宅（岡山県上房郡賀陽町上竹荘有津井）この家もかつては武士であり、相模国岡崎村出身と称されており、進家と同じように大庄屋をつとめていた。戦国末期から桃山時代にかけてうまくたちまわれば、大名にもなり、華族にもなれた家柄である。箱棟、尾だれ（下屋）つきカヤ葺の主屋は幕末に建設されたもので、そう古いものではない。八棟造といわれたということであるが、これは前身の建物についてか今の建物についてか、この点は明らかではない。しかし山の斜面に城郭のような石垣を築き、長屋門をめぐらしているこの屋敷構えの座敷で、岩谷天狗の看板をしつらえて客卓をまえにして谷間の風景を見下ろしていると、うたた感慨に堪えぬものがある。

c　石井遵一郎家住宅（岡山県小田郡矢掛町《やがけ》）佐渡屋といった酒屋で、また本陣でもあった。もとはワラ葺であったのを百年ほどまえに瓦葺にかえた。玄関の唐破風の鬼瓦に元禄十三年（一七〇〇）の銘があり、松山城

（今の高梁城《たかはし》）の瓦を焼いた職人と同名の宇三郎の名が刻みこまれているから、この頃の建物であろうか。なおこの屋敷の裏口には赤穂藩浅野家断絶後、赤穂に移った森藩主が下げわたしていった長屋門が残されている。

山陽路には本陣で酒屋をかねている場合は相当多く、広島県海田市の千葉利之助家住宅もこの例であり、神保屋と称していた。千葉家は千葉県千葉郡神保村出身の武士であり、戦国時代に小早川氏からもらった感状や家来の打疵執状などが残されている。千二百坪の敷地には泉庭のほかに長屋があり、抱えの大工と左官が住んでいた。

d　永富ゆきゑ家住宅（兵庫県揖保郡揖保《いぼ》川町新在家）以上の例にくらべると永富家の由緒ははっきりしていない。揖保川の氾濫地帯であり、屋敷も転々として旧藩時代には新在家集落には屋敷高もなかったほどだから、流失したとも考えられよう。しかし庄屋や大庄屋でなかったのだから、元来は玄関や上段の間を公許されるような家柄でなかったのはたしかである。その永富家が寛政年間（一七八九—一八〇〇）に竜野藩主に多額の金を融通した功を謝し、藩主脇坂侯は永富家に士分の待遇をあたえた。

現存の住宅が完成したのはこの後のことである。大棟にある鬼瓦の銘から判断するとまず文化五年（一八〇八）に長屋門が完成し、ついで文化十五年に納屋が建築され、文政三年（一八二〇）に主屋の建替が行われたらしい。この主屋にはふつう民家には禁じられていたはずの玄関と上段の間がある。士分にとりたてられたから公許されたわけである。また最近まで脇坂侯から受領した茶室もあり、両者の間になみなみならぬ関係があったことがしれよう。最近修理が終ったので、いっそう輝きをました。

長屋門あり、土塀あり、土蔵あり、玄関あり等々、これらをみるならば伝統的な門閥を誇った大庄屋、庄屋の住宅とほとんど変らない。まえにものべたように庄屋、大庄屋は元来中世武士の系統をひき、封建大名

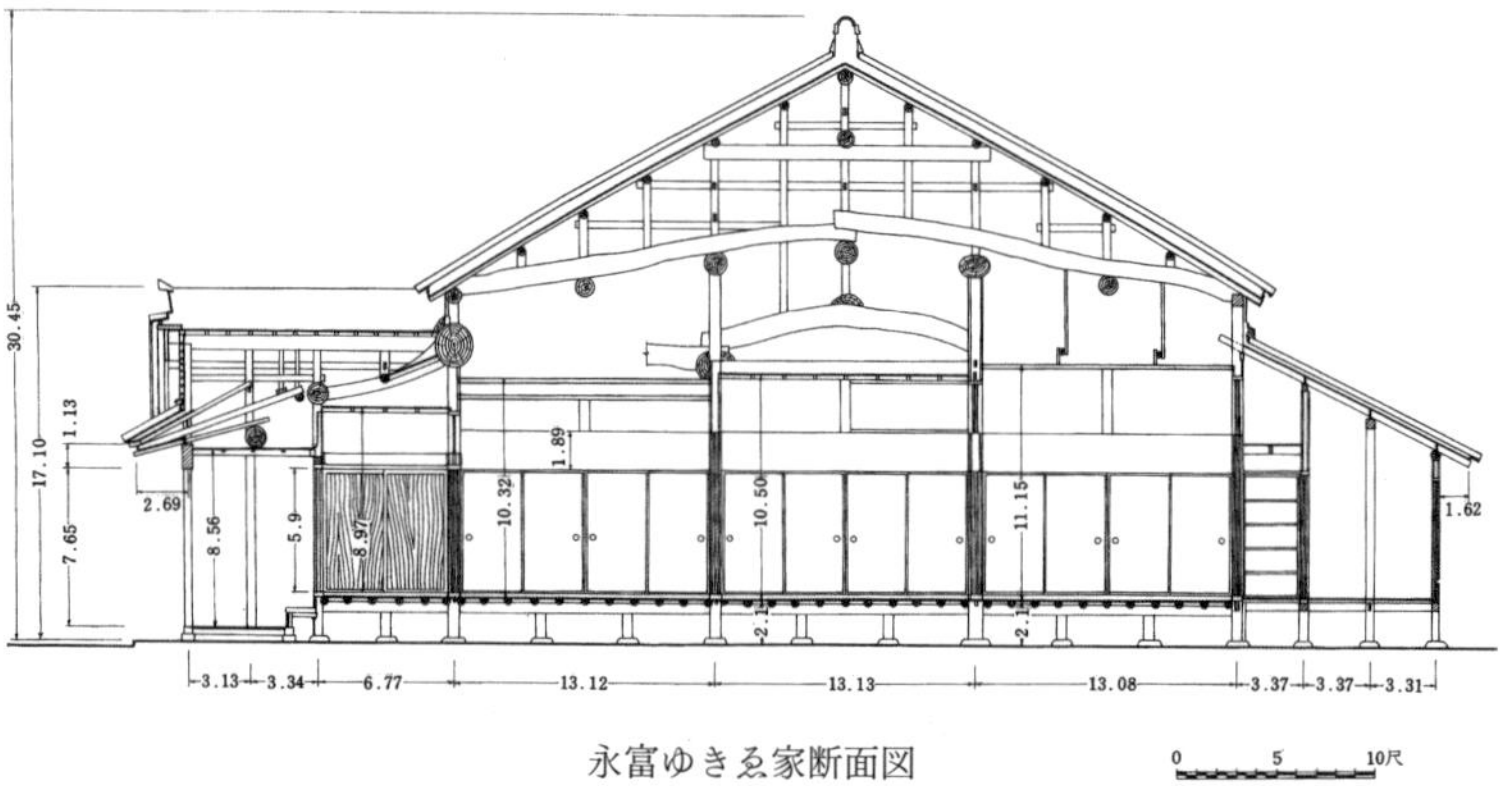
30.45
17.10
1.13
7.65
2.69
8.56
5.9
8.97
10.32
1.89
10.50
11.15
1.62
2.1
2.1
3.13
3.34
6.77
13.12
13.13
13.08
3.37
3.37
3.31
0
5
10尺

永富ゆきゑ家断面図

からみるならば彼等は同じ出自であるが、敗戦によってたまたま下の身分におとされていたのにすぎない。しかしこの大名たちもその経済的窮迫とともに新興地主層にたよらざるをえなくなり、士分の待遇をあたえざるをえないはめに追いこまれ、支配者武士層だけの施設であった玄関と上段の間をついに許さざるをえなくなった。それは封建大名没落を象徴するものであり、地主層の実力が放った凱歌であり、それが建物にもあらわれてきた。永富家住宅はそうした時代の最も典型的な地主住宅である。

入母屋造本瓦葺の永富家には三つの出入口がある。そのひとつは大玄関であり、脇坂侯が野先お出でや小休止のためにたちよった際に使ったものと思われる。もっとも脇坂侯は前栽《せんざい》を通り、上段の西の室へ直接あがったともいわれるので、もしこれが事実とすると大玄関はこれにつぐ来客の出入口であったわけである。下玄関はこれにつづく身分の者の出入口であり、大戸口は家族や使用人の出入口であった。室津からきまってくる魚売りが店をひろげたのもこの大戸口である。出入口はこのように封建社会特有な身分階層の差を最も端的にあらわしている。

e　三木庸一郎家住宅（兵庫県神崎郡福崎町西田原辻川）柳田国男の故郷の大庄屋である。英賀岩繋城主であったが、秀吉の中国征伐の際敗れ、一族の四家は各地に下野し、江戸時代には大庄屋をつとめた。屋敷構えはよく残されており、本屋の増築部分、付属屋には墨書きがあるので年代がわかる。東方へ一〇キロほどはなれた加西郡久満の内藤家、東北へ二〇キロの多可郡安楽田の池田家と同様に、本瓦葺の代表的民家である。本屋の構造は登り梁を使っており、厨子《ずし》二階が物置として広く使えるようになっている。かつての古禄がその姿を没しさったように新禄もまた今やその瀬戸際にたたされている。農村の新禄もまた同様である。平野部の地主は山間部の地主とちがって山林をもたなかったので、農地改革以後農村にその生活の基盤を失い、維持保守さえ困難であり、続々ととりこわされつつある。

四国路

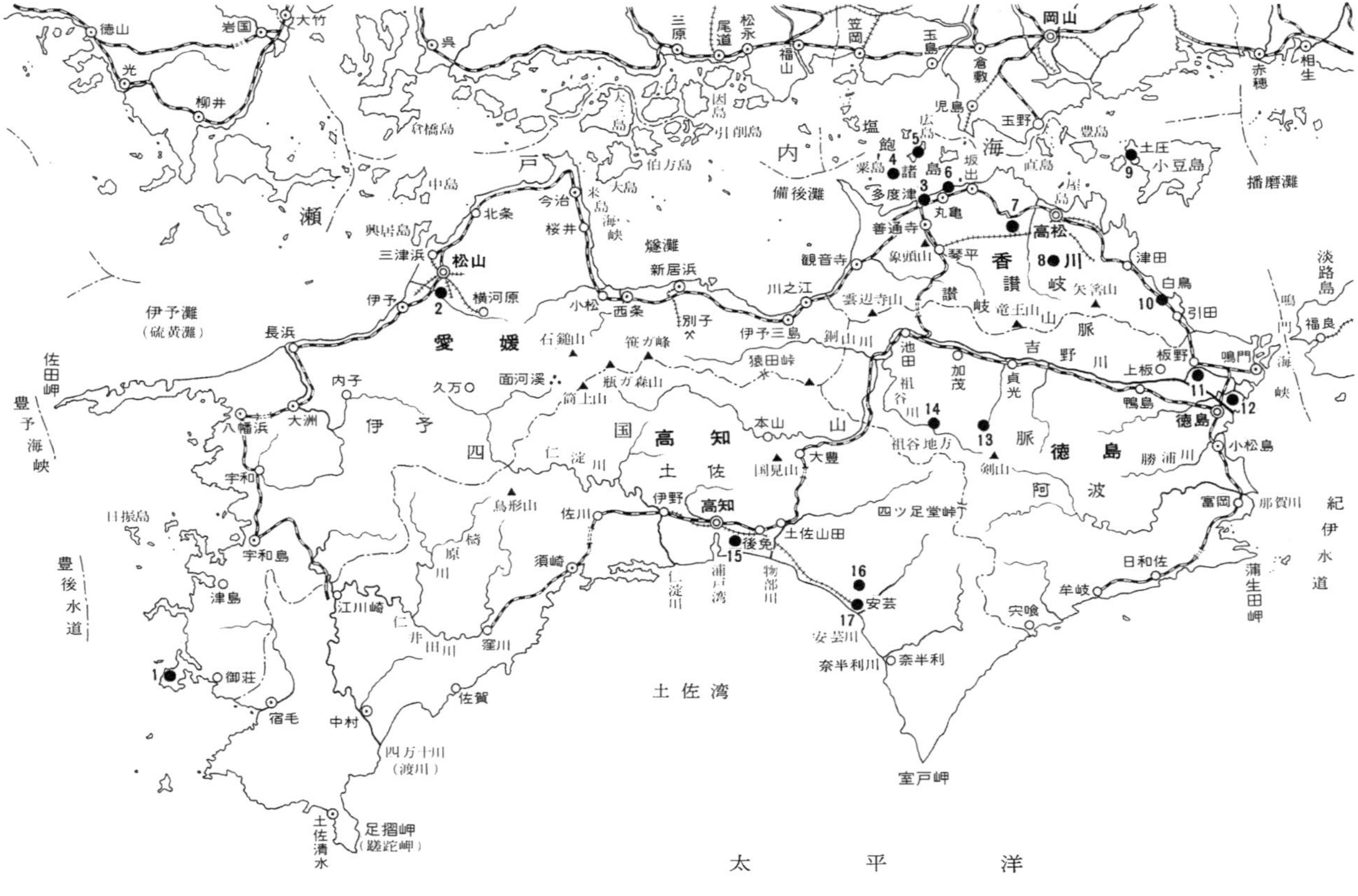

1 外泊集落
2 豊島豊家
3 武田明家
4 高見島
5 尾上梅太郎家
6 黒瀬純郎家
7 小比賀政一家
8 由佐騰三家
9 八代田四郎兵衛家
10 猪熊信男家
11 井上五五郎家
12 久次米健太郎家
13 桑平集落
14 喜多九平家
15 錦織家
16 岩崎弥太郎生家
17 安芸

1　瀬戸内と土佐

承平四年（九三四）十二月二十七日土佐を旅立った紀貫之が京についたのは、二か月半もあとの翌五年の二月十六日のことであった。また文明十年（一四七八）応仁の乱をさけ兵庫に疎開していた前関白の一条教房が土佐に下ったのは、自分の荘園である幡多庄支配のためではなく、むしろ土佐十人衆の傀儡となるためであった。土佐はこうして早くから、中央の支配をはなれ独自な歩みをつづけていた。

これにくらべれば瀬戸内海に面する阿波（徳島）、讃岐（香川）、伊予（愛媛）は、早くから中央との交通が開かれ、密接な関係をもっていた。香川県仲多度郡の満濃池は、今から千二百五十年まえの大宝年中（七〇一—七〇三）に国司道守朝臣が建設したもので、大正の終りまでは日本最大の灌漑用の池であった。また斉明天皇の七年（六六一）に皇太子中大兄皇子とともに新羅征伐にでかけた額田王《ぬかたのおおきみ》が「にぎた津に船乗せむと月待てば潮もかなひぬ今はこぎ出でな」とよんだのも、今の松山近くの浜であった。飛鳥・奈良時代の昔から、この瀬戸内《せとうち》は近畿地方の文化と九州や大陸の文化とをつなぐ大きな動脈であった。底が平らで帆をはらないような船でさえ、瀬戸内の潮流にのれば思いのほか早い旅ができた。

なにはともあれ、こうした土佐と瀬戸内との歴史的な事情の差は、現存する四国民家に大きく反映している。すなわち大別して瀬戸内の民家と太平洋岸の民家とは、形の上ではもちろんであるが、技術の上でもたしかにちがう。剣山や石槌山を連ねる脊梁山脈は、単に地理的に二つにわけるばかりでなく、異なった二つの民家の類型を育てあげてきた。

瀬戸内地方では、それがクズヤであろうと瓦屋であろうと、祖谷《いや》や一宇《いちう》の山奥の民家であろうと小豆島や塩飽《しあく》の島々の民家であろうと、また庄屋の住居であろうと小作の住居であろうと、瀬戸内地方の民家ならばそこには土佐民家とは異なる共通の何かがある。

そのひとつは内法高《うちのりだか》である。土佐民家の内法高は五尺八寸が大多数であるのに、瀬戸内の民家では、五尺七寸である。つまり瀬戸内民家の内法高は京・大坂地方のそれと同一なのである。元来四国では、他の地方と同様に障子は土地の大工がつくっていた。この意味では内法高はきまっていなくても、その建物ごとに任意であってもかまわない。しかし、襖は京・大坂の方から買う方が多かった。桑の木で襖の框をつくるのが上等だといっても、京・大坂の襖は、より上等で安かったからかもしれない。だから瀬戸内の民家では、早くから内法高を京・大坂民家の五尺七寸に合せるようになっていた。

土佐では元来は襖をあまり使わなかったし、使ったとしても京・大坂から買うようなことはしなかった。それは遠いだけに金のかかることでもあった。だから襖は昔から土地でつくった。土佐でクダリモノといえば上方《かみがた》から送られてきたものをいうが、既製品のクダリが多かったので、クダリが出来合いを意味することもあった。つまり土佐にはクダリの襖はなかった。高知県長岡郡大豊村はひと山越えれば徳島祖谷村であるが、内法高は五尺八寸である。しかし今は瀬戸内でも内法高を五尺八寸にすることが多い。開口部のせいが高くなれば室が明るくなるからである。

このほか瀬戸内と土佐の民家とを区別するものに、ハリオオイがある。瀬戸内民家のハリオオイは小さく形ばかりであるのにたいし、土佐民家のハリオオイは大きい。もちろんハリオオイはクズヤだけにしかない。ハリオオイとは棟の上にのっている山型のおさえである。他の地方でもそうであるように、四国でもその数は奇数が好まれる。ハリオオイは「針覆」で、この下に棟おさえの竹を棟箱にしめつけている。このハリオオイがないと、雨が縄をつたって、屋根裏腐朽の原因となる。土佐は雨風強く、雨量が多いから。ハリオオイを大きくしたのであろう。

これと同じ理由から屋根のワラやカサの厚みは厚くした方がよい。そのためか旧藩時代にはカヤの厚みで家格をはかることとさえした。しかし今はもう平野部では徳島県の一部を除いてクズヤをみることはむつかしい。そして山村でさえカヤの間に小麦ワラをサンドイッチにしている場合が多い。徳島県那賀郡木頭《きとう》村の山奥でさえ、屋根ガヤを共同で刈りとっていたヤガヤノは今は名をのみ残るばかりで、屋根葺講も絶え、石屋根といって、曽木板葺に河原石をのせている。木頭村南宇の三間半×六間の岡田さんの住居を、明治四十二年に、草刈二十二人七十九荷、九万田までのカヤ運び十六人、九万田から家までのカヤ運び二十人、シモト竹とり五人、ショロナワつくり四人（百四十三尋《ひろ》）、足場つくり二人、葺き手間七十二人、合せて百四十一人で葺いたのも、もう昔物語である。

小麦ワラをサンドイッチにする場合、外側にカヤを葺くのは、もちろんもちをよくするためである。しかし最も下側にカヤを葺くのは、下から軒裏を見あげた時、見栄えをよくするためである。だから化粧になる最も下側のカヤは、葉をとりさった茎ばかりのシノガヤを使う。シノガヤにすると葉つきカヤにくらべ六〇％も量はへってしまう。

2　柱間寸法と十四尺の二間物

瀬戸内と土佐との中央文化の滲透度の差は、民家の柱間寸法にもあらわれている。瀬戸内地方に現存する民家は、ほとんど例外なしに六尺三寸の畳によって柱間をきめている。江戸時代のはじめ頃建ったかと思われる愛媛県温泉群浮穴《うけな》村井門《いど》の豊島家住宅は、すでにこの畳によって柱間をきめている。六尺三寸の畳は、いわゆる京間畳である。近畿地方より西においては、若干の例外を除いて広く分布している畳の規格寸法である。このような類似性をみても、瀬戸内民家は、近畿の民家と密接な連なりをもっていることがわかる。

しかし土佐は同じ四国でも、瀬戸内のそれとは若干事情を異にする。もちろん土佐でもいわゆる京間畳で柱間をきめている場合もある。しかしそうでない場合もまた多い。ことに古い民家や山村の民家になると、京間畳によらない場合の方が多い。土佐では一般にホンマ（本間）、アイノマ（合間）、ロクマ（六間）、キョウマ（京間）という言葉がある。ホンマというのは、いわゆる京間畳によって柱間をきめる場合で、この場合は瀬戸内民家や近畿民家のそれと異ならない。今残っている平野部や町方の大部分の民家は、このやり方で行われていると考えてよいだろう。これにたいして六尺二寸または六尺の畳で柱間をきめる場合をアイノマという。土佐の山間部では割合ありふれて分布しており、平野部の人々や大工の間にも今なおアイノマという言葉は伝承されている。また明治七年吉村春峯著の『高知藩田制概略』にも、ほぼ同様のことをのべ、ただロクマが田舎間となっている。

ロクマというのは江戸風な柱間のきめ方である。ホンマやアイノマが畳寸法によって内法柱間をきめるのにたいし、ロクマは畳寸法にはまったく関係しない。柱の真から柱の真までを六尺とする柱割で、関東、信州地方の民家で行われているやり方と同一である。山村や古い時代の民家に多い。おそらく畳がまだ一般化していなくて、畳によって柱間をきめることが行われなかった時代の名残であると思われるが、今はもう少ない。人によってはこのロクマをアイノマといっている場合もある。また瀬戸内と土佐を問わず、お役所仕事なら、ロクマでするのは、全国他の地方と同様である。そのせいかロクマをキョウマという人もいる。この場合のキョウ（京）は京都の京ではなく、東京の京である。

しかし四国全体としては、六尺三寸畳の畳割が多かったので、それにふさわしいような柱の規格が広く行われていた。つまり土佐であっても商品として木材を買うような人は、京間畳によって柱間をきめる人が多かったので、六尺三寸の畳にふさわしい規格材でよかったわけである。四国で二間物といえば、どこでも実際の長さ十四尺のものであった。しかしこの規格は今はあまり行われないのは全国同様である。十三尺一寸または十三尺二寸の材が大部分である。高知市の祖父江太吉さんの話によると、土佐では昔はヨコモンといって七尺材があったが、今はない。

材木は山から伐りだされる。中世においては土佐と阿波は京・奈良への重要な材木供給源であった。桂井和雄によると土佐山では、杣《そま》のことをサキヤマという。木を伐り倒すには、サキヤマは、ヨキ（斧）でウケクチをつけ、反対側を鋸で挽きこんで倒す。山上に倒すのをウアヤマ（ホンヤマ）、山下に倒すのをサカヤマ、山と平行に倒すのをヨコヤマ、その中間に倒すのをオートガシという。

ヨキの両面には三つと四つの線がついている。これを七つ目という。四つの刻み目のある方がヨキの表で、三つの刻み目のある方が裏である。そして三つ目のひと筋だけは斜線で消してある。消してないのは神木を伐るヨキだけである。三つ目のひと筋を消すのは完全なヨキでないという心である。完全なヨキは紛失したら祟があるが、ひと筋を消した不完全なヨキは紛失しても祟がないといわれていた。もしひと筋が消してないと、魔除けの杣ジキをうたなければならない。これほどヨキは神聖な道具だったのである。

こうした心は土佐山では民家にもあった。住居を新築すると、大工は床柱の人目のつかないところに三カ所傷をつける。これをシキヨケという。住居は住むための機械だなどと割りきった現代的な感覚では、およびもつかないほどこまやかな心づかいだったわけである。

大工が使うスミサシでもシキをうつことがある。この時は何枚もに割れた先を一本へいでおく。へぎ方は人によってちがうから盗まれてもすぐにわかる。だから道具は失わないというこれはまた今様《いまよう》大工のドライな解釈である。

3　廻り番付から組合せ番付へ

たしかに四国民家は、土佐と瀬戸内とでは程度の差こそあれ、中央文化の影響は強かった。しかしそれでも徳川三百年はもちろんのこと明治三十年代にいたるまで、京・大坂の大工技術とはちがったものをもちつづけてきた。そのひとつに番付のつけ方がある。

番付は建物を組みたてる場合の符牒である。大工だけが知っている符牒であって、どんな建物であっても、また誰がたのんだ建物であろうと、そういうことにはいっさい関係しない。どう符牒をつけたからといって誰がどうのこうのというものでもない。組みたて終ればその必要の終るものであり、またみえなくなってしまうものでもある。四国では、城郭建築が建設される桃山時代から明治三十年代にいたるまで、廻り番付であった。三十年代になってはじめて、上方で行われていた便利な「一二三……」と「いろは……」との組合せ番付が行われるようになった。この点は山陽地方の事情とよく似ている。四国の廻り番付の歴史は古い。おそらく城郭建築にはじまるといってよいだろう。そしてこの符牒を書いたのは工事を監督した偉い大工、つまり棟梁であったろう。今でも番付は棟梁がうち、下っぱの大工はやらない。

たとえば香川県高松城の月見櫓は、寛永十九年（一六四二）に建設されたものであるが、廻り番付である。第一階では東南の隅の柱を「一」として、右にまわって「五十二」で終っている。また万治年間（一六五八—一六六一）に建設された丸亀城天守も廻り番付であった。京都二条城の米蔵が「一二三……」と「一二三……」の組合せ番付であるのと好対照をなすものである。このように番付のつけ方のちがいは、いわば大工系統のちがいを示すものと考えてよいだろう。

しかしこの廻り番付のつけ方にもいろいろあったようである。高知市の祖父江太吉さんの話によると、「番の入れ方は、いろはの廻り番であった」し、宇和島市の吉田寛治さんの話によると、宇和地方では一二三の廻り番である。また香川県の塩飽諸島では、数字の廻り番であったが、本屋柱と下屋柱と区別してうっていた。つまり本屋柱なら「本一」「本二」とうち、下屋柱なら「下一」「下二」とうっていた。時には座敷廻りと土間廻りと別番でうつことも多かった。塩飽広島の池呂藤造さんの話によると、番は前二者と異なり、建物の隅からはじめないで、大黒柱からはじめていた。塩飽大工は行政的には四国に属するが、そのやり方は、どちらかというとむしろ山陽地方のやり方に似ている。塩飽大工の前身が船大工であり、木造船衰退後に出稼大工として家大工に転身し、その技術の修得先と出稼先が山陽地方と関係あったためであろうか。この間の事情はまだよくわからない。

淡路島は大阪に近いけれど、旧藩時代には、阿波藩に属していたためか番付のつけ方は、やはり廻り番であった。七十歳以上の大工さんに技術のことをたずねると、そういう大工さんが一人前になる時か、なった時に廻り番付から組合せ番付に変る時だったのでその頃のことをよく覚えている。その転換期は明治三十年から四十年にかけてのことである。それにその頃はちょうど一枚鉋から二枚鉋に変る時でもあった。二枚鉋だと仕事が早くできたけれど、昔気質の大工は「あんな鉋でやっては木肌にツヤがでない」と嫌って、いつまでも一枚鉋を使っている者もいた。

実をいうとこの廻り番付のつけ方も、明治時代の義務教育の影響をうけた。だいたい廻り番付は必ず右まわり（時計の針の方向）であった。左巻きは頭にかぎらず、嫌われていたわけである。しかし義務教育で算用数字になれた大工のうちには、左まわりの方が書きやすいので、左まわりの番付をうつようになった。もちろん全部が全部そうしたわけではない。

左甚五郎、こんなところに左甚五郎をだされて何事かと思われるかもしれない。左甚五郎は宮彫師《みやぼりし》といって、堂宮の彫刻を得意とする大工であって、四国民家とは関係なさそうである。それに第一左甚五郎が実在したかどうかもわからない。しかし四国高松と左甚五郎とは関係がいくらかあるようである。左光挙の『讃岐と左甚五郎』をまつまでもなく、たしか寛永十一年(一六三四)の『生駒家士分限録』と寛永十六年の『生駒侯分限録』には大工頭《がしら》として甚五郎なる大工がいる。しかしこの甚五郎が左甚五郎といったかどうかはわからない。そういう保証はない。生駒氏は当時高松藩の大名であった。

ところが高松市の地蔵寺境内には、「法橋伏見大掾」と彫りこまれた由良石の墓石がある。伏見大掾は左甚五郎の受領名である。たてたのは二代目左甚五郎こと「左宗心」となっている。この墓石が当時のものかどうか、ここでは関係がない。

高松の左家の覚書や『歌俳百人撰』によると、甚五郎は、播州明石で生れたことになっている。『野史』や『名人忌辰録』によっても明石の人となっている。また『事実談』によると甚五郎は紀州根来の産となっている。『彫工世系図』では泉州となっており、出身村は堺近くの岸上である。江戸時代の由緒ある大工だった岸上家の初代が、甚五郎と称しており、出身が岸上村であったから、これと混同しているのかもしれない。『姓氏家系大辞典』や『近世奇跡考』では、左甚五郎は城州伏見の人となっている。そして講談となると飛驒になることもあるわけである。

こうしてみると、あまりたよりない本ばかりであるが、左甚五郎が生れ、そして技術教育をうけた場所は明石といい、伏見といい、根来といい、いずれも番付のつけ方が組合せ番付だった地方である。もしこのように近畿地方で育って、晩年高松へきて大工頭の筆頭になったとしたら、その頃に建設された建物のひとつくらいに組合せ番付のものがあってもよさそうなものである。それがない。今のところ一例も発見されていない。しかし『分限録』というたしかな記録にでているのだから、甚五郎という大工が寛永年間の高松にいたのは事実であろう。もしそうだとすると、この高松の甚五郎は近畿の甚五郎とは関係なく、四国で生れ四国で育ち、四国的な大工技術を身につけた土着の大工だったのかもしれない。そういう一説もなりたちうる。

4 塩飽衆の住居（島の民家）

塩飽は八つの島からできている。最大の島である本島《ほんじま》には、江戸時代には勤番所があり、今も残っている。今をさる七百五十年まえの建永元年（一二〇六）の春、法然上人が訪れた讃岐国塩飽の地頭駿河権頭高階保遠入道西仁の館があったのも、おそらくこの島であろう。「絵伝」によるとこの館は柿葺《こけら》板庇の寝殿造風であった。蔀戸《しとみど》と舞良戸《まいらど》をめぐらし、畳は格式高い道具であったので、法然上人だけが敷いていた。馬は板敷の馬屋に飼われており、現存の塩飽の民家からはとてもおよびもつかない住居である。

第二の島である広島には、尾上梅太郎家住宅がある。尾上家は塩飽衆の一人である。この島は、瀬戸内の他の島と同様に均分相続制が行われていたので、きわだって力のある者は少なく、同じくらいの力のある者が連合体をつくって年寄政治をしていた。この連合体が「衆」であり、塩飽衆のほかに三島州・宇賀島集などがある。

衆になれるのは、家屋敷をもち所役《ところやく》をつとめるもので、古くはオトナといい、塩飽では特に人名《にんみょう》といった。人名は大名にたいする言葉である。尾上家は人名のうちの一軒である。塩飽には六百七十の人名があり、そのうち広島の立石浦には十六の人名があった。

床屋の家の浦近くにあるけれど、尾上家や寺をはじめとする大部分の家は浦遠くはなれ、山ふところに抱かれている。だから潮風はあまりあたらない。そのせいか建物の傷みも少ない。潮風にあたる材木、特に松は傷みやすく、瓦や壁土は粘りがなくなり、もろくなる。これをコエルという。もっとも山ふところに建てるのは、海賊をおそれていた時代の名残であると説く人もある。

文化・文政頃の『塩飽島諸事覚』によると、広島立石浦の庄屋兵左衛門の家でさえ、その居宅は座敷・台所を入れて、五十六坪半に達するにもかかわらず、その持高は二石三斗七升（田高）と三石六斗八合（畑高）にすぎなかった。となりの島の高見島の庄屋甚左衛門の家にいたっては、居宅は二十二坪で、持高はわずか二斗五升二合（畑高）にすぎなかった。江戸時代の終り頃の庄屋でさえこの有様である。どうして食べていたか気にかかることである。だから室町時代においては海賊稼業を営む者も多かった。大海賊は商船や廻船を護衛し、小海賊からの襲撃を守り、櫓別銭だの帆銭だの関銭だのという警固料を稼いでいた。桃山時代から江戸時代のはじめにかけては、信長や秀吉や家康の軍役にしたがった。天正十八年（一五九〇）の小田原征伐には百艘の船を向け、文禄元年（一五九二）の朝鮮征伐にはすべての船が参加し、その水主《かこ》の数は五百七十人にも達した。このほか仙台・薩摩征伐や元和元年（一六一五）の大坂夏の陣や、寛永十四年（一六三七）の島原一揆や肥後国騒動にも参加した。また江戸城の普請に際しては用水や瓦を近畿から江戸へ運ぶこともあった。

だから塩飽諸島には、早くから船をつくる大工や水主がたくさんいた。江戸時代中期の寛文十二年（一六七二）になると西廻り航路が開かれ、塩飽船は東北地方の城米廻漕にたずさわるとともに、商品の買積輸送をはじめた。

この頃になると四国にかぎらず近畿・中国地方にかけては、藍・棉・甘蔗・菜種・煙草等の換金作物が、広く栽培されるようになり、それに使う魚肥を北海道方面から買わなければならなくなった。こうして羽鰊《はにしん》を買入れる北前船がふえてきた。

塩飽広島の尾上家も千石船をもって、松前通いをしていた廻船屋の一軒である。塩飽諸島の牛島には、丸屋五左衛門という有名な大船持がいたが、この頃にはすでに没落してしまっていた。だいたいこの丸屋にか

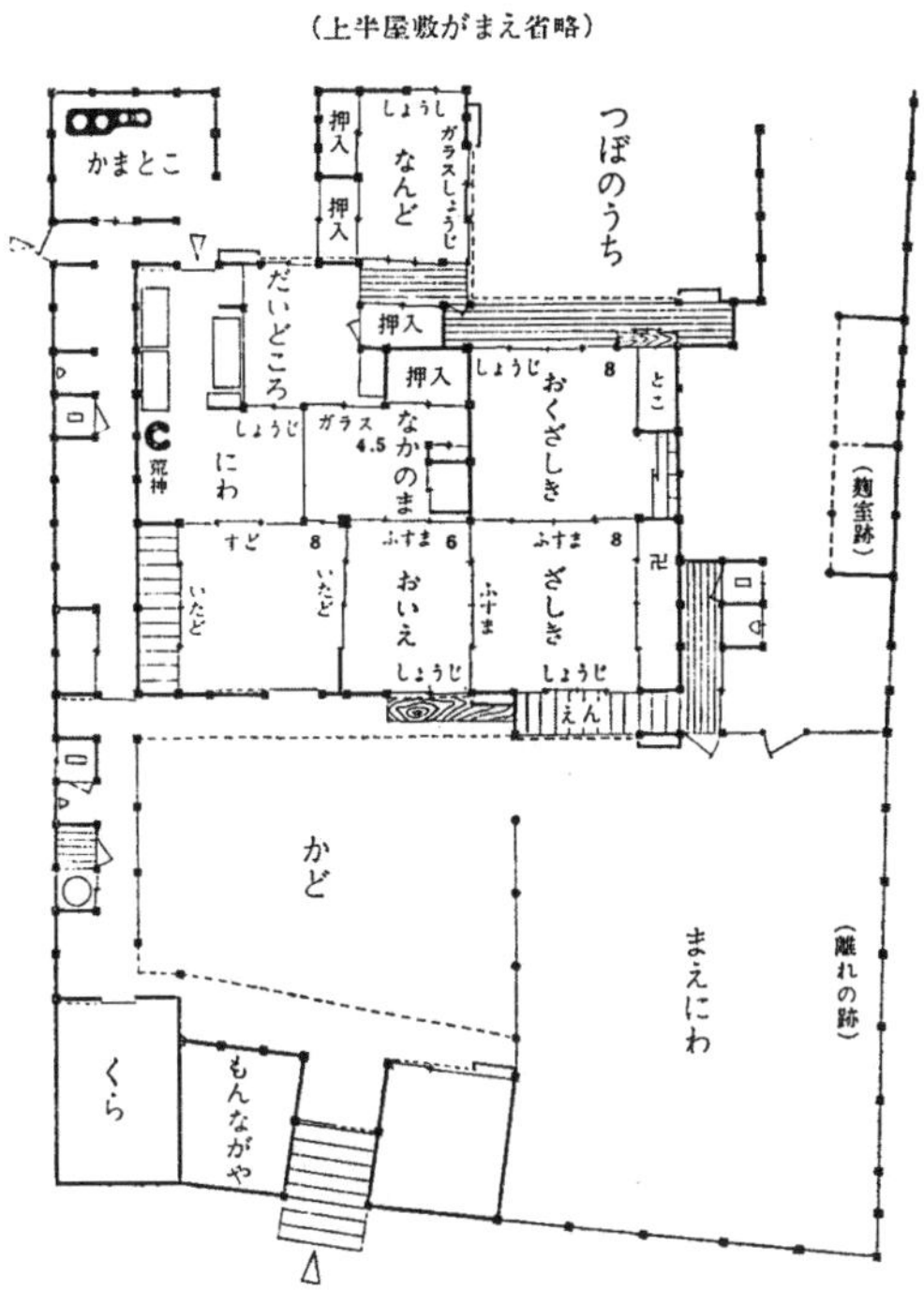

尾上梅太郎家住宅（建設年代不詳）

ぎらず塩飽の廻船屋の多くはシケで船を沈めたりして、おちぶれてしまっていた。そのうえ買積輸送となると、店をもっていた方が有利なので，大坂、兵庫、堺などの商人の方が羽ぶりがよくなった。ある者はこうした商人持ちの船の雇船頭に身をおとし、またある者は森鷗外の小説にでてくる『高瀬舟』の船頭となって、川下る罪人の語り話に耳を傾ける者もでてきた。

また船大工は、船造りが少なくなって家大工に転業するようになった。島には家を建てる需要がないので出稼大工となった。船大工の釿《ちような》と家大工の釿とは刃型もちがえば柄のつくり型もちがう。それに木材の切り組み方もちがう。しかし同じ大工のこととて転業にたいしてさしさわりがあったとは思われない。明和二年(一七六五)の記録によると、「この島は船稼が第一でございますが、廻船は段々とへってきて、最近は小魚とりをやっている者もございます。元来が小島のことですから、島内で渡世することはむつかしく、男子は十二―三歳になると他国へでかけ、廻船小船の加子《かこ》になる者もおり、大部分は大工職をやっております。近国へ出稼にでかける時は、一年中でておりますので、老人や妻や子供が畑作をして渡世している始末でございます」と書いてある。それでもこの頃の塩飽の廻船数は二百五隻もあり、それは十八端帆から二十端帆の船であった。尾上家はこうしたきびしさを堪えぬいてきた廻船屋の一軒である。戦前には塩飽大工はひとくちに千人といわれ、池呂藤造さんの話による立石浦だけで今は七十二戸中五人しかいないが、戦前には四十人ほどいた。

なにはともあれ松前通いをし、しかも上方《かみがた》と密接な関係をもっていたことは、その建物にもあらわれている。一見して四国本土の民家よりはるかに上方風である。それに明治以後の文明開化の波は、この島々にはなかなかおしよせなかったので旧態がよく保存されている。尾上家住宅のある広島では電灯がついたのは、なんと昭和二十八年のことである。

文明の利器たる自動車やオート三輪が走らないので、埃もかぶらない上に、手入れがよいので、今建てたばかりかと思われるくらい新しくみえる。塩飽衆の民家には欅が相当使ってある。もちろんこの島では立派な用材などとれないし、欅は四国にもきわめて少ない材であるから、松前通いの途中に北陸方面で買い求めたものであろうか。それに欅は木造船をつくるには必要であったので、いっそう豊かに使えたものと思われる。尾上家と同じように他の民家ではニワには荒神様を祀っている。このあたりは霞場《かすみば》としていた五流山伏は、この荒神信仰と関係があるようである。しかしなによりも塩飽衆の民家であることを如実に示すものは、オイエに祀ってある金比羅様である。オイエの天井を一段と深く切りこんで金比羅様が祀ってある。金比羅様は船の守護神である。愛媛県大三島の大山祇《おおやまずみ》神社が三島水軍や八幡船・倭冦《わこう》の守護神なら、金比羅様は江戸時代の商人たちの船の守護神であった。塩飽衆の屋敷は母屋と長屋門と隠居屋と蔵から構成されている。隠居屋は別棟に設けられることもあるが、広島江之浦の岡竹一家住宅のように長屋門の一室が隠居屋にあてられることもある。岡さんの話によると、船道具はたとえ屋敷にもちこんでも、祟があるとて母屋のニワへは通さなかったし、花崗岩の石垣は船がつくたびに磨きたてられた。

5　四方ブタと八棟造（平野部の民家）

四国の民家は関東甲信越地方の民家にくらべると平均して小さい。建坪だけでも平均して十坪から十五坪くらい少ないであろう。二階を入れるとこの開きはもっと大きくなる。ひとつの理由として、分割相続や隠居制を考えることができる。隠居屋が別棟に設けられたり、次三男が早くから家を出れば、家族の分解が早く、それだけ建物は小さくなる。最も大きな理由として居住空間と作業空間とがわかれていることが考えら

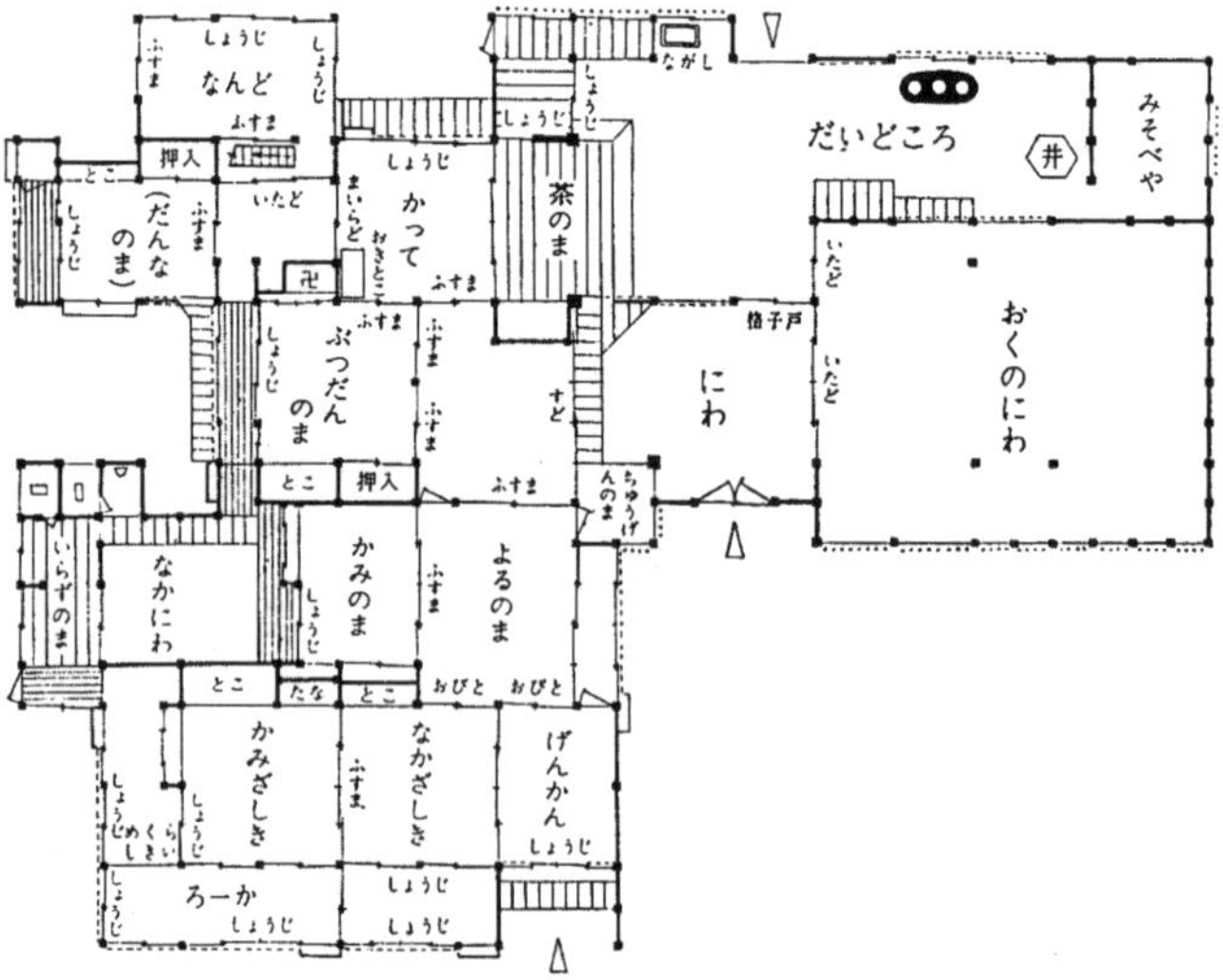

豊島豊家住宅（江戸時代建設）愛媛県温泉郡浮穴村井門

れる。オモヤは住むための建物であり、ナヤやコヤは農作業のための建物である。関東甲信越地方の養蚕農家では、上簇《ぞく》期にはコノメの下にでもねなければならなかったが、四国民家では農作業が居住空間を侵害することは、ほとんど考えられない。だから四国民家のオモヤは一般にいって小綺麗であり、始末がゆきとどいている。

瀬戸内地方では徳島県の一部を除いてほとんど瓦葺でクズヤはきわめて少ないが、最も多いクズヤの形式はいわゆる四方ブタという建て方である。上屋部分だけ寄棟の草葺にして、四方に瓦葺のゲをおろす。ゲは下屋でオダレ、オブタともいう。この瓦も古くは本瓦（ヨッモノ、マルブセともいう）であるが、新しくは桟瓦（京袖ともいう）である。正徳年間（一七一一―一七一五）に建てられていたと伝えられている愛媛県温泉郡大栗の光宗悟住宅はすでに四方ブタであったようだから、四方ブタは江戸時代中期には完成していた民家形式だったかもしれない。四国は換金作物の栽培が早くから行われ、また瓦に好都合な良質の粘土にめぐまれていたから、農民たちは瓦を金で買う余裕をもち、こうした四方ブタという類型を一般化することになったのであろう。

ゲのないクズヤは平野部ではほとんどみつからないけれど、山村になお多くあり、武田明さんのお話によると、香川県綾歌郡の山間部ではゲのない民家をツックダシといっているとのことであり、高松藩令によるとツクダシ造と書いている。規模の大小はあっても庄屋の居宅も四方ブタである。香川県香川郡由佐村の由佐騰三家住宅は、戦国時代の由佐城跡にあり、世が世ならば大名にも成り上れた家であるが、この家も四方ブタである。また、高松市檀紙町御厩の小比賀政一家住宅も、棟に煙出用の櫓はあるが、やはり四方ブタである。もっともこの四方ブタは瀬戸内の平野部だけで土佐にはない。合戦があれば一人の家来に槍をもたせ具足に身を固め馬にのってでかけたという一領具足やその系統をひく百人衆郷土の家も、名主や庄屋の家とともに四方ブタではない。

それにくらべると愛媛県温泉郡浮穴村井門の豊島豊家住宅の八棟造は、特異なものである。このように、威風堂々として豪華な民家を四国ではみたことがない。古くから八棟造といわれ、規模も大きい。伝承によると江戸時代のはじめの慶安年間（一六四八―一六五一）に建てられたとのことであるが、今のところこれを裏づける確証はない。豊島家住宅には玄関、座敷、床、棚、書院はあるけれど、庄屋などという村役人の家ではない。ふつうには南豊島家といっていて、北豊島家の分家である。

屋敷の広さは九百九十二坪あり、練塀をめぐらし、西南の隅に門が開いている。オモヤとヒノリバをはさんで、今も馬屋と荒子《あらしこ》の小屋とがある。馬屋といい小屋といい、本瓦葺大壁造白壁のなかなか立派な建物である。この小屋には明治二十二年頃まで奉公人が住んでいた。もしかしたらこの八棟造は、四方ブタなどという類型が確立する以前の建物で、その頃は四国のあちこちに散見された建物かもしれない。豊島家住宅ではすでに六尺三寸の京間畳による畳割で、すでに近世民家の完成した建設技術を示しており、また意匠的にもすぐれた効果を示している。この建物の維持保守についてはは相当苦心を払われているようで、よく旧態を保っている。

6　剣山麓の農家（山村の民家）

一九五五メートルの剣山をとりかこむ徳島県三好郡祖谷《いや》村、美馬郡の一宇《いちう》村、麻植《おえ》郡の木屋平村、那賀郡の木頭村は、四国でも最も山ふかい地方である。しかしすでに寛政五年（一七九三）に讃岐国由佐村の浪士菊池武矩が『祖谷紀行』を著している。祖谷地方は今でこそ土讃線の池田よりバスで入れば容易にいけるが、古くは徳島本線の半田や貞光方面から水口峠、小島峠を越えて入らねばならなかった。すでに明治三十年のこの地方の調査報告によると、こんなことが書いてある。

「屋根はカヤ、ワラ、麦ワラでふき、馬乗《うまのり》という千木《ちぎ》を棟にのせ、畳を敷いているのはお寺と名主の家だけで、そのほかの家は板の間に筵をしいているばかりである。便所は家の前面中央に接しており、そのすぐ後の室で食事する。大小便の区別さえなく、たいへん不潔である」。

今から六十年まえとたいして変らないこうした民家は今もなお多くみられる。しかしそれより昔にはマタダチという掘立屋が多かったらしい。栗の木の根元を焼いて炭化させたものを地中三尺ほどいけこんで建てた。でも、掘立ではもちがよくないので、今のようなハシラダチになった。家から遠い焼畑（切替畑《きりかえ》）に建てる小屋はマタダチである。屋根はカヤで葺き、なかに炉を切り、ワラを敷く。どの集落も嶮しい斜面にあるので、建物の配置も室の間取もそれにふさわしいようになっている。斜面を切り崩し、石垣を築き、等高線に沿った奥行の少ない屋敷（ヤジという）がつくられる。建物によって屋敷をかこうような余裕はとてもないので、横に一列にオモヤ、ナヤ、牛小屋（土佐山では牛ダヤという）をならべる。隠居屋もその近くに設けられる。ソトニワ（ヒロニワ、カド、ツボともいう）の端にはハデという日干棚がつくられる。急峻な谷間の集落なら全国どこでもやっているやり方である。こうしたヤジに植えてはならない木としては、サンショ、ハナシバ、ユズノキがあった。

間取は名主とそれ以外の農民の住居とでは少し趣を異にする。たとえばかつては「土居」といわれた東祖谷村落合の喜多九操家住宅は明治四年に建てられたものであるが、間口八間、奥行四間半の建物にカミノマ、シモノマ、ヒロマ、オク、カマヤ等が二列に配されている。また石原憲治博士の『日本の農民建築』（一九三五）によれば、同じ村の大枝の喜多九平家は、宝暦十三年（一七六三）の建設と伝えられ、間口十間、奥行五間半の規模をもつ。こうしたいわば郷土格のお屋敷は、この喜多家を合せて徳善、阿佐、菅生、小野寺、有瀬、久保、西山の八軒があった。このような系譜の家は時代によってその数を異にしており、宝暦九年(一七五九)の『祖谷山旧記』によると最も古くは祖谷三十六名《みょう》といって三十六家あった。

喜多家住宅をみてもわかるように、その間取に祖谷らしさをみつけることはむしろ困難である。そのうえ六尺三寸の京間畳によって柱間をきめており、技術的にも平野部のそれとあまり変らない。棟束をコウヤ柱と称したり、地棟をアユミと称したりして呼び方に多少地方性があるけれど、特に特色のある構造を示しているわけではない。

これにたいして小農民の住居は好対照を示して、祖谷らしさ、剣山麓の民家らしさがうかがわれる。オモテ、ナカノマ、ウチが横に一列にならぶ。木頭村では室の名前が多少ちがって、カミデ、オモテ、オリマというが、一列にならぶことに変りない。一列にならべるのは屋敷の奥行がとれないからである。九州椎葉の民家や大和吉野の民家と同様である。

建物の三方が大壁にかこわれているのも、なるべくすき間風を少なくし、寒さを防ごうという考えからであろう。土佐山では家の背後をヤズマというが、ヤズマに山が迫っていては、開口部があっても役にたたない。オモテはどちらかというとハレの室である。神や仏が祀ってあり、仏壇の横にある柱をジュズカケ柱という。来客を接待するのはこの室であり、僧侶や気のいる客はこのオモテへコエンから直接に入った。この室に付属している押入をゲヤとかゲイとかいうのは、この部分が下屋になっているために、意味が転化したのであろうか。

ナカノマやウチやオリグチには狭い土間が付属している。土間が狭いのは広くする必要がないからである。この土間はニワグチともいい、ここにイモツボを掘っているところもある。更にこれらの室には二—三畳くらいの広さのネマが付属している。木頭では一番しもの室をインキョにしている場合がある。また土佐山では二畳くらいの狭いヘヤをインキョや次男夫婦のものにしていることもある。

イロリには自在鉤と金輪《かなわ》とが併用され、煙草の葉を干す時飛火を防ぐための火ブタをおく。祖谷ではイロリのまわりをカカザ（テイシュザ）、ムカイザ、カミザ、シモザというが、木頭ではマエザ、ウシロザ、カミザ、シモザという。「阿呆と坊主はカミザに坐れ」ということでもわかるように、カミザは他地方のヨコザに相当する。嫁がテイシュザに坐れるようになるのは、はじめての子ができて、一升マスに米を入れ、その上に杓子を二つおいて「世渡し」してからのことである。ふつうの家ではたとえザシキでも畳を敷かないで、ムシロを敷いた。また棟木と平行にねることを忌み嫌った。どうしても平行にねなければならない時は、「寝るぞうつ梁、頼むで垂木、夢見し給え、蝿のいいうし」と唱えた。

木頭村ではその多くは便所を別棟にしているが、祖谷では建物の前面にとりつけている。どの家にも建物の前面には切り縁があり、この中央部に接して竹簀子《すのこ》敷の小便所がある。小便所のなかは二つに仕切られ、一方は小便する場所であり、この下に直径一間くらいの桶が埋められ、他の一方は風呂がわりに行水を使う場所である。また野良仕事して帰ってきた時には、ここで足を洗う。竹簀子の間から汚れがすっかり流れおちるというわけである。しかし家前の便所では目ざわりであり、かつ不潔でもあるけれど、下肥をとるのに都合がよいし、雪のふった時には茶の間からも座敷からもすぐにいけて便利である。大便所はモングチをおりた石垣の下にあり、一見するとヒロニワに土を盛って張りだしたヤネのようにみえる。このヤネをヤマトという。高松市御厩の小比賀家住宅の長屋門は、簀子敷に土をおいた天井であるが、これもヤマトという。こうしてみると土をおいた上屋を一般にヤマトと称しているらしい。オトシ箱にはオトシ紙が入っている。紙の使えない時には蔭干しにした木の葉を使っていた。

「エイエイさつまとてさつま堺のやつしろに、大工の数さえ四十五人、弟子の数さえ七十五人、なかでとりわけ、いやあな大さま、大工棟梁と名を残す」（土佐山）。

これは新築の時大工をほめる歌である。それからユワタリ（家渡り）がある。この時最初にもちこまれるのは、土佐山では、オハライサマ、エビス大黒を祀るイズミ桶、そして炊事道具である。

7　阿波の藍屋

四国三郎といわれた吉野川の氾濫地帯が監作りの盛んな地方で、ここには藍屋が多い。氾濫によって醸成された土は、藍作りにふさわしい。その土地に藍作りがはじまったのは寛永年間（一六二四—一六四三）に徳島藩が播磨の田中与右衛門を招いてからのことである。藍をつくらない那賀・海部郡を南方《みなみかた》というのにたいして、吉野川流域の板野・名東・名西・麻植の各郡は、北方《きたかた》といわれていた。明治三十四年（一九〇一）に合成藍がドイツで工業化され、わが国に流入する明治末年頃までは、阿波藍はその名を全国に謳われ、藩主蜂須賀氏にとって石高二十五万石、藍五十万石といわれるほどのドル箱でもあった。

板野郡応神町古川の井上勝右衛門家住宅はこうした藍屋の一軒である。これらの建物は吉野川堤防造成のため、大正元年に現位置に移築されたが、それまでは玉師（藍玉製造業者）の株をもち、ネドコでスクモをつくり、藍玉にして、売買していた。こうした藍屋は、となりの藍住町にはことに多い。藍住町奥野の久次米健太郎家住宅などは、豪壮な藍屋の面影を今なおよく残している。藍屋はどの家もといっていいくらい、石垣の上に建物が築かれている。石垣の高さは一メートルから一メートル半くらいで、そう高くはないけれど、これは吉野川氾濫の際の被害をさけるためである。藍屋と氾濫と石垣とは三題噺のようにきってもきれない縁があったのである。屋敷にはオモヤのほかに門長屋、土蔵、ネドコ、ハナレ等をめぐらしている。オモヤの間取や正面だけをみるならば、瀬戸内の一般民家とほとんど変らない。田字型にオモテ、オク、ミセ、ナイショの室がある。ナイショはダイドコロともいい、ミセはミナミザともいう。ダイドコロはだいたい三段にわかれ、畳敷の上段は主人家族の、下にさがって番頭、最下段はチョキさんや女中の食事する場所であった。ウチニワには中二階が吊してある。この中二階はヒロシキといわれ、女中のネマであり、ここへ

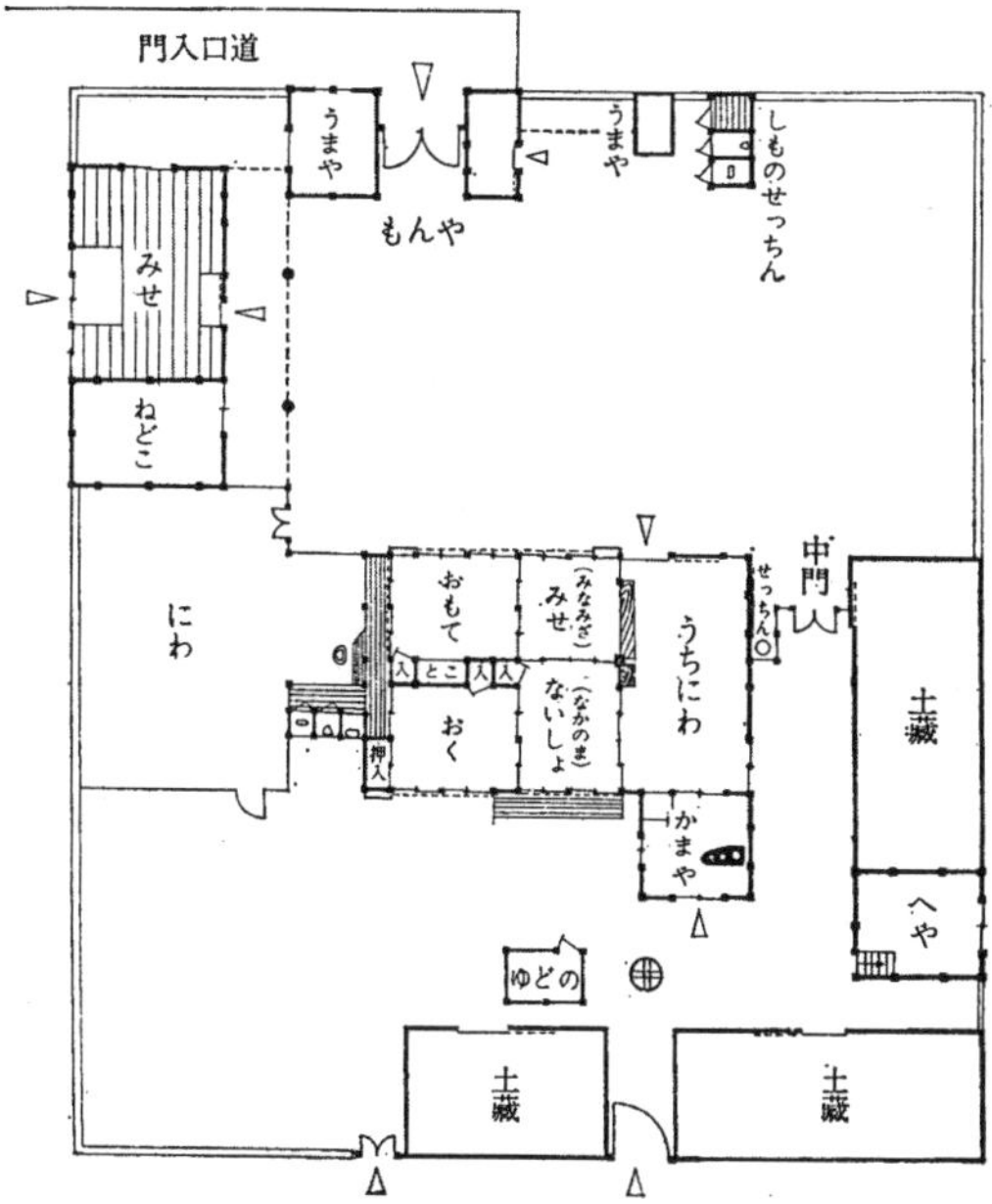

井上勝右衛門家住宅（建設年不詳）

の出入りには梯子が使われた。「阿波の北方、女の夜這い、男らくらくネマで待つ」。昔はこんな俚諺が行われていた。この俚諺にでてくる男は、門長屋にねていた。門長屋は屋敷への出入口であるとともに、マヤであり、番頭やチョキさんのネマだったのである。門長屋の近くに便所が設けられてあるのはこのためである。番頭さんにも棟梁、二番、三番などという階層があった。チョキさんはわかりやすくいえば丁稚であり、身分も低く、牛馬の世話もしなければならなかった。

藍屋の最も特徴とする建物はネドコである。たいていの農家は、葉藍のままで売るので、ネドコはいらない。葉藍からスクモをつくるのは、中農以上の農家で、この作業がネドコのなかで行われる。ネドコは床を張らない蔵造の建物である。窓も小さく二重扉になっている。床は砂礫、細砂、モミガラを埋め、その上に粘土が厚さ四—五寸に叩きこまれる。この土間の上に葉藍を積み重ね、水師が水を注いで醱酵させる。こうしてスクモができるまで三か月くらいかかる。藍玉は運搬しやすいようにこのスクモを木臼にいれて、木槌でつき固めたものである。徳島の新町川の川岸には、藍蔵があった。藍玉はここにあつめられ、京坂地方に送られていた。しかし戦災に焼かれて今はもう藍蔵は一棟も残っていない。

8　豪雨と台風に耐える民家

四国地方は名にし負う台風常襲地帯である。風の強さと雨の激しさとは、土佐海岸地方に特に著しい。この地方の民家は、早くからその対策を講じ、独自なカラーを生みだしてきた。

明治の天長節は必ず晴れたというが、四国では必ず雨がふるという日が言い伝えられている。七月一日の石槌山の山開きの日、高知市東北の志奈弥様の祭の日、高岡郡久礼町の八幡様の夏祭の日、旧暦八月十五日の中村市不破八幡様の祭に雨がふると、それから一か月あとの幡多郡山奈村山田の八幡様の祭にも必ず雨がふるという。このような風雨の暴威にたいし、民家は目漆喰、水切り瓦、石垣という形で抵抗してきた。材料でいえば無尽蔵ともいえる石灰と良質の粘土と石とを利用することであった。

目漆喰——まず屋根瓦には目漆喰する。目漆喰が効果的な役目を果すためには、屋根土から考慮しなければならない。屋根土には古い土は使わない。古い土はざらざらして粘りがないからである。新しい土——地方によっては山土を特に好む。屋根土をおいてから二か月もたつと相当乾くので、ここではじめて漆喰を屋根土の上にのせる。この漆喰は臼でついた練り漆喰で、粘りが強い。瀬戸内地方でも漆喰を使うが、こうした練り漆喰は使わない。

瓦はこの漆喰の上にのせられる。こうして瓦の目地に目漆喰をする。ケラバ、谷隅、棟、雀口等にはすべて白漆喰がぬりごめられる。屋根瓦の下に漆喰して震動に耐えるよう固定しておかないと、この目漆喰は効果を発揮しない。こうしておけば台風の風圧や震動に耐えるばかりでなく、線路に近いところなら汽車の震動にも耐えて瓦は「ヒサラナイ」。

水切り瓦——壁体の保護のためには、まず下見板が張られる。土佐ではどんな小さい家でも下見板を張る。そして壁には何段もの水切り瓦を純白の漆喰でとりつける。妻に水切り瓦を施した町屋や四周に水切り瓦をめぐらした建物は、安芸以外にも数多くみることができる。

石垣——今をさる約百年まえの慶応年間（一八六五—一八六七）に計画的な地割のもとに外泊《そとどまり》集落が建設された。この集落はとなりの中泊集落の枝村なのである。当時中泊集落の人たちは手弁当をもって外泊まで石垣積みに通った。北向きの谷を利用した半農半漁の新しい集落の石垣は、今もなお北西の豊後水道からくる季節風と毎年欠かさず襲ってくる台風を防いでいる。たしかにこの石垣は、城郭の石垣とともに、農民が営々として築いたわが国には珍しい石のモニュメントである。

このような分村によって建設された集落は、愛媛県の海岸地方に多い。寛文三年（一六六三）には津島町須下、翌四年には同町成浦、翌五年には同町平井、同八年には八幡浜市の真穴大島、元禄七年（一六九四）には御荘町中浦、同九年には西海町内泊、同十三年には竹ケ島、文政年間（一八一八―一八二九）には曲島、田之浜、天保年間（一八三〇―一八四三）には後浦、慶応年間（一八六五―一八六七）にはこの外泊のほかに麦ケ浦、大成川、小成川、樽見、明治十三年（一八八〇）には大浦、鰹網代の集落がある。このような防風のための石垣を土佐山ではツツミといっている。また高松市東北の女木島の東浦ではオーテといっている。高知県幡多郡山奈村に伝えられる夜泣石は、道ノ川の百姓が屋敷にめぐらした石垣の石にまつわる昔話に由来するものである。

9　拝志の大石つかい（野面石の乱積の名人）

このように南四国においては防風のための石垣が多く築かれた。石垣は「積む」といわないで、「築《つ》く」という方が多い。これらの石垣は農民が築くことも多いが、石工が築くことも多い。積み方からいうと野面《のづら》石（加工していない石）の乱積《らんづみ》である。こればかりではない。四国には石工の需要が多い。すでに旧藩時代から藩はいうにおよばず藩士や町人や百姓たちの公儀開作、家来開作、請負開作、自力開作が、海岸一帯に広く行われていた。沖の島々の花崗岩を利用して石垣で潮留めするのである。このほか塩田築立にも石垣が必要であった。山へゆけば棚田をつくるために石垣が必要であった。愛媛県八幡浜市あたりから南方にかけては、棚田は特に多い。今はいないけれど阿波の山奥の木頭村には、棚田を築きたてる石積屋がいた。

防風の石垣、干拓・塩田の石垣、棚田の石垣――これらに必要な石工の需要は莫大なものであったと考えてよいだろう。これらはすべて野面石の乱積である。野面石の乱積は、桃山時代のお城の石垣と同様と思えばよい。四国にはこうした莫大な需要と長い伝統があったからこそ、菅野《かんの》宇吉さんのような大石つかいが生れでたのであろう。

菅野さんは現在愛媛県温泉郡重信町上林の山中に住んでおられる。もう数え年で八十歳にもなられ、仕事は休んでおられる。菅野さんは乱積の大石つかいのわが国唯一の名人である。お城の石垣のような大石を築きたてられるのは菅野さんだけである。大石というのは二百貫以上の石をいう。大阪城の石は一万貫にも達するものがあるが、ふつうは一分石（六寸角、二貫）、二分石（一尺二寸角、十三貫）、三分石（一尺八寸角、二十四―三十貫）などという小さい石を使う。大石のむつかしいのは、一度すえたら積みなおしができないことである。正確にはできないわけではないけれど、大変むつかしい。そこでころがしながら運ぶ時のころがし方が重要なのである。一種の玉つきだと思えばよい。

石屋は石工と割子《わりこ》とにわけられる。石工は石を積む人であり、割子は山元で石を伐りだす人である。菅野さんは石工である。早くから「四国の大石つかい」、「温泉郡の大石つかい」、「拝志《はいし》の大石つかい」といわれていた。昭和二十三年には松山城の石垣を、二十九年には大阪城の石垣を、三十三年には高知城の石垣を積みなおされた。

菅野さんは仕事にでかける時は、セリ矢、マメ矢、ノミ、ゲンノ、金テコ、それにフイゴをもってでかける。フイゴは鍛冶屋の道具であるが、消耗の激しい道具をつくりなおすために必要である。

野面石の乱積の仕方には、ヌノヅキ、ヤマトガケ、オトシヅキ、ヤハズヅキ、備前ヅキ等がある。最も古く行われ最もありふれたツキ方（積み方）は、ヌノヅキである。たいていの城の石垣はこのツキ方である。

石の使い方によって積石、面戸石《めんどいし》、友飼石《ともかいいし》の区別がある。ヤマトガケやオトシヅキは比較的新しいツキ方で、江戸時代の中頃の元禄・享保（一六八八—一七三五）頃に考案されたものと伝承されている。備前ヅキは目地を全部つぶす積み方で、みた目に綺麗であるが、手間がかかり能率が上らないのであまり行われない。四国の城では高知城に一か所ある。

石を積む時、棚田などでは勾配をつけるとはかぎらないが、たいていは勾配をつける。勾配をつけることを、チョウハリをかけるという。特に城の石垣のような弓なりの勾配をつけることをモドリをかけるという。あとの場合、勾配は高さによって異なる。板のヤリカタで勾配の実寸模型をつくっておいて、それに合せて積んだらよさそうにみえるが、菅野さんは実際はそうしない。できあがりの勾配を頭のなかに入れておいて、勘でその時々の事情に応じて変えてゆく。もっともナワダルミなどといって、糸をたらす場合もないわけではない。なお勾配があまりゆるくなると石垣といわないで石張という。土木学会では、石垣の高さが上下端の積石の出の差の十倍になったところで区別している。棚田などではしないけれど、その他の石垣では、たいてい両端の石がいくらかあがっている。石垣をまったくの水平に積むと、両端がさがってみえて美しくないからである。このような水平のタルミをだすやり方にドカタチョウハリというのがある。その他石垣の長さ（間）に応じて一定のタルミ（寸）をだす方法もある。地盤のやわらかいところでは、幅の広い石を捨て石にしたり、下端の石をまえにだして積石の尻をさげておいたり、下に丸太を井桁に組んだりする。もっとも今ではコンクリートを流しこんでしまう。

石垣の裏側には比較的小さい石がつめこんである。この小さい石を栗石という。栗石に積石の尻がもたれると、摩擦抵抗が大きくなって、積石が安定する。また土は水をふくむと、土の粒子同志の摩擦が少なくなって、横にすべる。だから栗石があると水はけがよくなり、これがさけられるというわけである。いずれにしても積石は尻さえさがっていれば安定している。積石で大事なことは、店の小僧の羨ましがる尻の重さである。

西海路

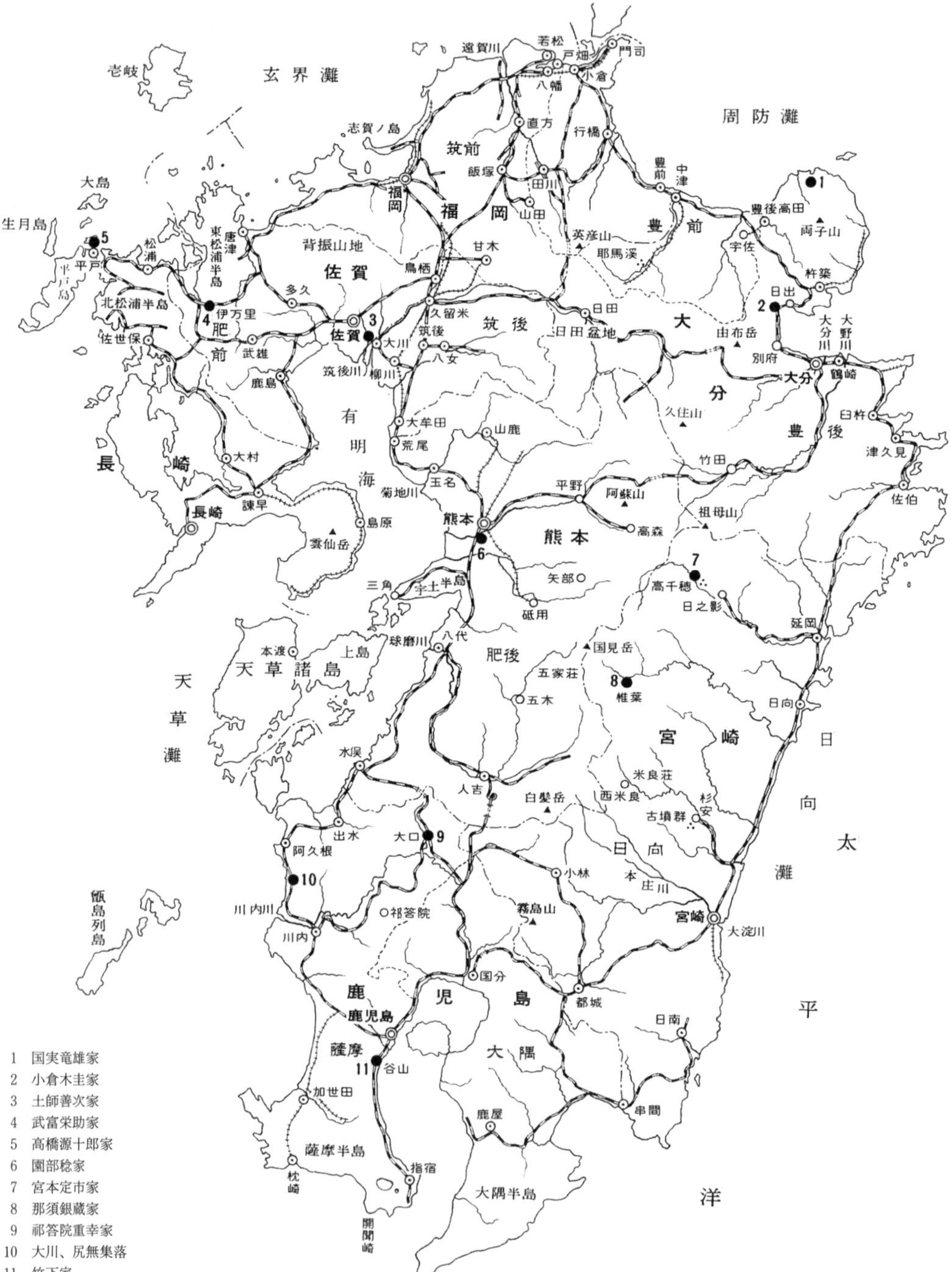

1　国実竜雄家
2　小倉木圭家
3　土師善次家
4　武富栄助家
5　高橋源十郎家
6　園部稔家
7　宮本定市家
8　那須銀蔵家
9　祁答院重幸家
10　大川、尻無集落
11　竹下家

備中国岡田村の人古河古松軒（一七二六―一八〇六）が九州各地へ旅行したのは天明三年（一七八三）の春から夏にかけてのことである。その旅行を記録した『西遊雑記』（七巻）によると、九州の民家は、上方筋《かみがた》のそれにくらべるとひどく劣ると書いてある。彼が「上々国の風土」といった筑後でさえ、「民家には、富饒と思われるような百姓のないのは不思議」という有様であった。豊後でも「在中に入りては、豪家と思しき百姓一家もなく、白壁なる土蔵など遠見せし事もなし。在中、山（に）分（け）入りては、草履・わらじもはかずして、外より帰りて洗うといふ事もなくて、其ままに座上にあがる事なり」であった。また日向でも「家居は一家として上方・中国筋に建（て）しやうのきれいなるは、在々においてはさらになき事にして、雪隠など家かげに建て、壁もなきとりはなしの厠《かわや》」であった。肥後の民家は薩州の民家よりすぐれてはいるが、それでも「一家として豪家も見へず」、阿蘇郡の民家にいたっては、「壁もなく、かやをかきつけた草葺家」であった。また豊後境の片股村では、「積雪七、八尺」にもおよぶ山村の民家であるためもあって、「夏でも蚊帳をつらず、大竃の下へ青草を入れ、家のなかをふすべて、打ち倒れ打ち倒れて、寝る有様で、戸もなければ壁もない」農家であった。そこで彼は、熊本藩の細川侯は名君ときいていたが、この民家をみると民の生活のほどが思いやられて、きくとみるとではこんなにもちがうものかと嘆いていた。

なにはともあれ、百八十年ほどまえの九州の民家は、上方筋の民家にくらべると劣っていたことは否定できない。こうした古松軒の記録のなかで、最も興味ふかいのは、佐賀藩の鎖国政策についての紹介記事である。

「この国（佐賀）に生れては、他国へでることはきわめて不自由で、出家や医師が学問のため京へ上ったり、このほか所用があって他国へでかけたりして、もしもおくれて、帰国しなければならない年にも帰らずに年限をすぎると、国法によって罰せられる」。そして古松軒は次のような例をあげている。「近年のことであるが、佐賀生れのなんとかいう儒者が、しばらく京へ上ってなかなか帰ってこなかったので、とうとう強制的に帰国を命ぜられ、あげくのはて国法にそむいたという理由で死刑に処せられてしまった」。だから佐賀の人たちは伊勢参りも出雲詣もできず、そのかわりに「天照大神をはじめとして海内に有名な神社を勧請したところがあり、国中の人はこの社中へ参詣して事をすます」ことになっていた。佐賀藩のこの政策は、なにも幕末にはじまったことではないらしい。明暦三年（一六五七）に歿した鍋島勝茂時代につくられた「鳥ノ子帳」によると、すでに他藩との婚姻を禁ずるとか、他国へ奉公するのを禁ずるとかいう禁令がある。だから佐賀藩の鎖国政策は、近世を通じて一貫して行われていたことになる。薩摩藩では安永（一七七二―一七八〇）頃に積極的に上方風を奨励し、他国人の入国を歓迎していたのとくらべると、大変なちがいである。

この事実は、九州民家の分布を考える上にきわめて暗示的な示唆をあたえるとともに、それぞれの地方の民家の性格を解釈する上の手がかりをあたえる。つまり九州民家のなかで佐賀藩領内の民家は、さまざまな点で、筑後、豊前、豊後、肥後、日向、薩摩地方の民家とはちがうのである。現在の佐賀県には、佐賀藩のほかに唐津藩の領地と対馬藩の飛地とがふくまれているが、異なるのは佐賀藩関係だけであり、特に佐賀平野の民家に著しい。

1　大工技術からみた分布

草葺屋根の勾配――九州の民家の実際の屋根勾配は必ずしも一定していないが、屋根勾配を考える基本的なやり方には、だいたい二通りある。ひとつは全国的に多いカネ勾配を基準とするものである。他のひとつは、「八寸の返り勾配」または「八寸のヨコテ」などといって、曲尺《かねじゃく》を八寸勾配にあてた時、強い方の勾配をとるものである。大工さんへの私のききこみの範囲内では両者ともみられ、さして顕著な地域的特徴はみられない。

内法高《うちのりだか》――九州全体にわたって多いのは、なんといっても五・七尺で、瀬戸内海沿岸諸国の民家の内法高と同様である。しかし古い民家、特別な階層の民家、山間部の民家では必ずしも一定していない。たとえば大分県別府市平道の小倉木圭家住宅は、庄屋の居宅で、奥座敷欄間下の敷居にある墨書きによると安永五年(一七七六)に建設されたもので、欄間は、天明元年(一七八一)頃大分城下大工町の某がつくったものであるが、玄関廻りの内法高は五・八尺である。また鹿児島県谷山市の郷士竹下(実春)家の住宅は明治十三年に建設されたものであるが、内法高はやはり五・八尺である。九州の屋根といわれる山中の宮崎県西臼杵郡高千穂町宮尾野《みおの》の宮本定市さんの住宅は江戸時代に建設されたものであるが、五・八三尺から六・三尺までさまざまである。同じ山奥の椎葉村の鶴富屋敷の内法高は五・八三尺である。これに反し甑島《こしき》の民家では内法高は低く、五・六五―五・七〇尺である。

このような例外は若干あるにしても、五・七尺の内法高が圧倒的に多い。もちろんこれら内法高寸法の一定化には、市場での既製品としての建具の生産と販売とに密接な関係がある。肥前国有田の人正司考棋が天保三年(一八三二)に著した『倹法富強録』によると、障子・襖の類は櫃・戸棚とともに京・大坂・広島より来入しており、近年は筑後榎津《えのづ》より来入しているとある。それゆえ、内法高が五・七尺に一定化する一因には、建具類を上方・中国筋から買入れていたこととふかい関係があったといえるだろう。したがってそういう既製品建具を使わない上等な建物とか、既製品のおよばない辺境・山間部の建物では自由な寸法をとることができるので、一定しなかったのだと考えることができる。

ここで榎津というのは、現在も建具・家具生産地として有名な福岡県三潴郡大川町の榎津のことで、文化・文政以後「大川指物」・「榎津物」として名がしれていた。筑後川の河口近くにあるこの町では、元来は原木を筑後川上流の山元から仰いでいたかもしれないが、特に生産量が多くなった明治以後では、杉については大分県日田地方と秋田県能代地方のものを、樅《もみ》については熊本県人吉、勝吉地方のものを多く使っている（『三潴郡誌』）。

番付――中国・四国地方と同様に、九州でも明治末年までは廻り番付が一般的であり、明治末年から大正初年にかけてはじめて組合せ番付が入ってきた。この間の事情は、年寄の大工さんからききとることができる。大分県杵築市の森末さんは、「一二三」の廻り番付を今でも使っているが、組み合せ番付をはじめて杵築にもちこんだのは請負の人であったとのことである。宮崎県延岡市の甲斐勝三郎さんの若い頃も同様で、このやり方では本屋柱は「一二三」、下屋柱は「イロハ」、屋根束は「いろは」の廻り番付であった。同じ宮崎県の高千穂町の飯干定策さんも「一二三」の廻り番付を使い、大正はじめの大火災後に大分からきた大工がはじめて組合せ番付を使った。佐賀市の中島朱男さんによっても本屋は「一二三」、下屋は「又一、又二、又三」の廻り番付で、やはり大正のはじめに組合せ番付を使う人がでてきた。長崎県平戸市の田口泉太郎さんの場合も同様で、明治末年までは「一二三」の廻り番付だけであった。

このように、廻り番付のあらわし方には地方によって多少の異同はあるが、明治末年まで廻り番付が一般的であったという点では、九州一円は同一であったと考えることができる。

畳寸法——しかし畳寸法となると、これは興味ふかい変化を示している。畳を敷かない住宅では、畳寸法に柱間を合せるなどということは、もちろんしない。しなくて当然である。宮崎県椎葉村の鶴富屋敷は江戸時代末期に建設されたものであると考えられるが、その実測寸法から判断すると、一定寸法の畳の存在を推定することはできない。鶴富屋敷の各室はすべて板敷であるから、当然ともいえよう。長崎県南高来郡千々岩《ちぢわ》町の橘一郎左衛門さんの住居は、棟札によると承応二年（一六五三）に上棟した釿《ちょうな》はつりの庄屋住宅であったが、昭和二十八年にとりこわされ、今はしるよしもない。まえにのべた安永五年（一七七六）の小倉木圭さんの家では、すでに六・三尺の畳に合せて柱間寸法をきめている。六・三尺の畳は、いわゆる京間畳で、九州一円にひろがっている。たったひとつの例外は佐賀藩領内の民家である。ここにおける畳の大きさはいくらか小さく六・二尺×三・一尺である。

2　藩政にしばられた佐賀間

この京間畳は東へは滋賀県のなかほど——町屋ではも少し東へひろまっているが、たいしてのびているとはいえない。これにくらべると、京間畳の西方へのひろがりは大きく、九州のはてまでのびていることになる。とにかく京間畳の西国への流行は圧倒的なものがある。この理由として上方筋と西国筋との文化の交流は古代よりひんぱんであったこととか、また江州以北の近世文化がいち早く確立したためそれ以上のびられなかったとか、そこにはいろいろな解釈があるだろうが、ここではふれない。

しかし例外的な地域が若干ある。それは今のべた佐賀藩領内と周防・安芸・土佐である。このうち土佐は多分に地理的な理由がある。嶮峻な脊梁山脈に隔絶された都に程遠い辺境の土佐では、それだけ上方との接触が困難で、文化の程度もおくれていたとしても当然なことである。しかし佐賀の場合には地理的な理由を考えることはできない。筑後国とは平野つづきであり、長崎から上方筋への通路でもある。その周辺の諸藩領内はすべて京間畳である。それであるのに佐賀藩領内だけは京間畳よりちょっと小さい。いくら封建時代で藩ごとの縄張が強固であったとしても、国替、転封、参勤交代、庶民の旅行、商取引、助郷等の交流を通じて、文化の交流もまた相当程度であるのが全国的な通例である。

だから佐賀藩領内の民家における特別な寸法（規格）の独立をみると、そこには政治的な統制と強圧があったとしか考えることができない。ここにおいて前書でのべた古河古松軒の言葉が思いだされる。つまり佐賀藩は近世を通じて極端な鎖国政策と収奪的な倹約政策をとっていた事実を。また、ふつうには規格の畳寸法が変れば、これと関係のある間といわれる常用材の実寸法も変る。しかし佐賀藩内では、他の九州諸地方と同様に十四尺だったらしい。少なくとも明治年間はそうであった。江戸時代についてはたしかめることはできなかったが。全国の通例では封建時代末期の常用尺は明治に入っても使われていたから、佐賀でもそうであったと考えてもよいだろう。十四尺材ならば六・三尺の畳を入れるにちょうどよい柱間がとれる。二間につきたった二寸節約してみたところで使いものにならない半端材が残るばかりで、けっして上手な二間材の使い方とはいえない。室が狭くなるだけ損というものである。この点を考えても、佐賀の六・二尺の畳は多分に政治的に強制された色彩が強い。

更に佐賀のいわゆる「クド造」構造法を考えると、その疑いをますますふかくする。なぜならこのクド造は、二間をこえない梁を組み合せて構成する構造法に特徴がある。江戸時代では一般に三間梁以上は使ってはならないという禁令があった。それをこのように複雑な屋根形式に伴う損耗の激しさを忍びながらも、二間梁を組み合せて比較的大きな住居をつくるというやり方は、けっして得なやり方ではない。つまりこれは、きびしい禁令下の合法的な脱法行為の所産ともみられぬこともない。

とにかく佐賀民家の特異な類型の成立が、佐賀鍋島藩の成立と関係あるとしたら、それは近世以後のことである。天正末年までは、佐賀（肥前）は、筑後とともに、鍋島氏の前領主竜造寺氏の支配下にあった。だから佐賀が一定の封建領主の支配下に封じこまれたのは、これ以後のことである。

なお佐賀民家の分布地域に重なって、肥前鳥居が分布している。肥前鳥居というのは、笠木の両端がまるく反り上っている鳥居のことで、中世末期にあらわれる。これは佐賀民家成立時期を考える上になんらかの手がかりをあたえるのかどうか、今はわからない。

3　三タニ七シギのクド造（肥前の民家）

佐賀の草葺民家の特徴はよく「クド造」にあるといわれる。クド造というのは、草屋根の棟が「コ」の字型になり、これがクドの構えに似ているからそういわれたものであろう。私のしっている範囲内ではクド造は土地の言葉でないらしい。民家研究者が、研究の便宜上、あとから名づけたものらしい。実際の民家をみると、コの字型もあれば、ロの字型もあり、H字型もあり、L字型もある。このようにさまざまな屋根形式があるけれど、この地方の人たちが理想と考えた基本的な屋根形式が別にある。これを「三タニ七シギ」という。この言葉は大工にもバショウ（屋根屋）にも使われる。タニというのは屋根の谷のことで、岩手県南部の曲屋《まがりや》ならホラという部分にあたり、入隅《いりすみ》のことである。シギというのは出隅《ですみ》のことである。この地方では軒の角をシギサキといって、体裁をととのえ、また強化するために、特別にヨシで葺く（この地方ではカヤ

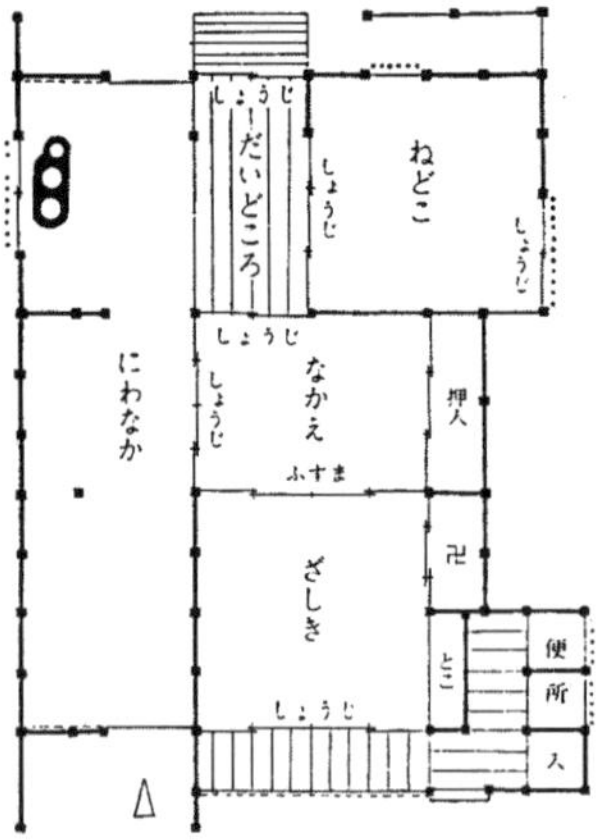

土師善次家住宅

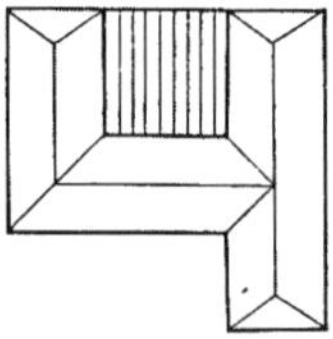
三タニ七シギの屋根伏（例）

は入手しにくく、麦ワラで葺く場合が多い)。つまり「三タニ七シギ」というのは、入隅三つで、出隅七つの建物をいう。実際には「三タニ七シギ」型の民家はあまりみあたらず、変形の方がはるかに多い。

棟がコの字型になっているものをクド棟という。この型は比較的多い。コの字型のふところになる部分をツボといい、このツボの部分は瓦葺である。この屋根伏は、一見すると平面形式と関係なくかけられているようだけれど、あとでのべるように実際には平面と密接な関係がある。この型の屋根に使われる瓦の量はそうたいして多くはないけれど、以前は瓦は高価だったので、瓦がはるかに少なくてすむジョウゴ棟形式が多く使われた。

ジョウゴ棟形式には屋根瓦は必要でない。外からみると寄棟屋根にみえる。しかし実際の棟はロの字型をしており、必然的に中央部にジョウゴのような谷ができる。もちろん雨水はそこへ溜る。この雨水は何かでうけなければ、室のなかへ雨もりがしてしまう。ふつうは、瓦製の樋でうける。この瓦樋をテイ瓦という。

勾配をつけた二本の丸太の上にこのテイ瓦をならべ、壁を貫いて外へつきだす。だからもちろんこのテイ瓦は室内からみえる。目ざわりといえば目ざわりである。戦国時代の京都の町屋のなかには、四方にめぐらした高塀（ウダツ）と屋根との間に溜る水を排水するため、外壁を通して樋がつきでていたが、このテイ瓦はそれと似た用途をもっている。福岡県三潴郡大塚村南清松の梯《てい》（永重）家は、梯瓦の独占的な製造元として古くからしられていたが、この梯瓦は佐賀民家とは関係ないらしく、主として寺院用であり、民家用としては耐寒瓦に使われ、山村農家へ販売された。

ジョウゴの谷口の大きさは、葺きたての屋根なら、人の手のやっと入るくらいの大きさである。しかしワラがすえてくると谷口は大きくなり、ワラクズが溜り、雨もりの原因になるので、時々さらえてやらねばならない。またロの字型の性格上、平面の輪郭が正方形の場合に、ジョウゴ谷が多い。なおL字型になったものはカギ棟といわれ、凹凸のない長方形のものはサオ棟といわれた。また棟の両端にはミンノス（耳）がついている。飾りである。棟にはカメ瓦という棟瓦がのっている。カメ瓦は主として神埼郡尾崎で生産される。形は円壔形を半割りにしたものである。

このように屋根形式はさまざまあるとしても、なによりの特徴は、この種の建物はすべて二間梁で構成されていることである。佐賀市北川副町光法の土師善次さんの住居は、四間半×六間半であるから、狭い側の四間半の方向に梁をかけるとすると、ふつうのやり方では梁の長さは三間半となる。しかしこの建物では、ネドコ―ニワナカ―ザシキにかけてコの字型に二間梁をかけるので、これ以上長い梁は必要でない。ナカエの奥半分とオシロミの部分をツボとして瓦屋根をかけている。場合によっては一間半梁を混在させていることもある。稀には二間半梁以上を使っていることもあるが、それは明治以後の新築・増改築の場合が多い。このジョウゴ谷は二間梁がロの字型にめぐらされたものであり、鍵屋はL字型にまわされたものである。このように二間梁が標準であるから、梁の大きさを誇ることもない。それに柱も細い。三・五—四寸の柱といえば、民家の柱としては細い方である。

それではなぜこのような造りができたのであろうか。谷の多いこの屋根は傷みやすく、またジョウゴ谷では建物のなかを排水樋が通る。このような不利・不便を忍んでも敢えてやっているからには、これには相当な理由があったものと思われる。考えられる理由として次のようなものがある。

a　風圧を弱めるため。梁間が大きくなると、それに応じて屋根面積が広くなり、棟高も上り、強風の影響をそれだけ大きくうける。だからこの造りでは風圧をそれだけへらしうるのは事実である。それにしても他の地方では、より大きな梁間でも台風にもちこたえているから十分な理由とすることはできない。

b　家相がよい。前説とともにこの説は農家や大工の間ではわりあい広く信ぜられている。

c　梁間制限の制約。封建時代では中期以降、梁間は通常三間までと制限されていた。そこでこれは二間梁を組み合せて大きな住居をつくった苦肉の策の結果であると考えるものである。

d　肥後の民家は近世初期では薩摩と同様に本屋と釜屋とが別棟になっていた。それが後に接して建てられるようになった。それと同様のことが肥前にもあった。ただ佐賀藩の政策もあって、二間以上の梁間に発展することがなかったのではないか。こうした屋根は建物の維持上不利だから、経済外的強制にあったと思われる。

佐賀藩領内の木材産地は、通常北山と称される脊振山脈と南方の鹿島地方だけである。しかもこれらの土地は花崗岩質で松の成育には適しているが、他の樹種には適していない。天和元年（一六八一）の佐賀名産をみても材木関係は何ひとつみあたらない。また藩としても徹底した倹約令を施行し、近世を通じて反米があり、他藩にくらべて税率は高かった。大隈重信が佐賀で評判がよくなかったのは、ひとつには江藤新平の乱の際、新平を見殺しにしたこともあるが、なによりも明治五年の地租改正の際、旧藩時代と変らぬ査定をしたからである。この地価の過大評価は、その後の県議会でもしばしば問題にされ、九州鉄道の用地を買収する際、福岡県では地券の一倍半で買収されたが、佐賀県では一倍でことたりた。

とにかく佐賀の民家をみると、そこには他藩にみざる政治的圧力の面影をみとめないわけにはゆかない。どちらかというと、こまっちゃくれた佐賀民家は、封建時代の民衆の抵抗の姿を造型で示したものといえるだろう。たしかに二間梁、細い柱、小さな畳、複雑な屋根は、それを象徴している。

4　釜屋と母屋を合せて二棟造（肥後の民家）

佐賀の民家と同じような屋根伏をもったものに肥後の民家がある。なかでも特徴的なのは、菊池郡・鹿本郡に特に多い二棟造、または二つの屋造である。

二棟造と佐賀民家との第一の共通点は、ともに二間梁を主体としていることである。しかし肥後では二棟の間に谷はできても、ツボはできないから、ツボの瓦屋根はない。谷の雨水は、木または瓦の受け樋で排水する。熊本市田迎町の園田稔さんの住居も二棟造といわれているが、実際は三棟で、一見するとクド造に似ている。しかしツボはない。この住居は、森鷗外の小説『阿部一族』の屋敷の近くにあり、明治十年（一八七七）の西南戦争に焼失その後に建設されたものである。ニワ―ゲンカン―ザシキ―ダイドコロにかけてコの字型に二間梁をかけ、その間の谷にV字型の木製の受け樋がおかれている。

明治頃まではこの二棟造は相当数あったようであるが、佐賀藩のようにこの形式が全地域を支配しているわけではない。藩内民家の棟形式、部材の名称、室の名前は、地域によって相当異なる。

草屋根の棟には肥後葺といわれる構造法が広く行われている。これは、まず棟に横竹をならべ、これをワラまたはカヤの束でおさえ、この束をさらにヒシャギ竹でおさえたものである。しかし阿蘇郡、上益城郡の方へゆくと、棟の上にウマ（カラス）がのせられ、各ウマはオドリ竹でつながれている。しかしこのウマは江戸時代にはなかったものらしく、石原憲治の『日本農民建築図集』をみても、阿蘇郡高森町付近のウマは、明治三十年頃にあらわれたものであると書かれている。高森は宮崎県高千穂への通路にあたり、一見すると、高千穂民家の長い自然木のウマを洗練されたもののようにみえるので、元来は高千穂民家の棟と同様で、それが変形したもののように思われるが、構造的には両者は明らかに区別できる。ひとくちにいえば阿蘇民家のウマは単なる飾りで、なくてもすむが、高千穂民家のウマは構造上不可欠なものである。だから現在の肥後民家の棟飾りには変化はあるが、近世にもそうであったとは必ずしもいえない。

しかし各部材の名称となると、地域によって相当変化がある。八代郡へいくと、梁の上に空梁（一種の牛梁）をおき、シユギ（一種の棟束）をたて棟木をうけ、ノボリ（斜材）を組む。しかし一般には合掌を組むだけというのが多い。モヤはホトリ（球磨郡）、ネズミ走り（八代郡）ともいう。棟のおさえ竹は、ヒシギ竹、イリコ竹ともいう。

平面構成は田字型が最も多いが、ザシキにあたる部分をアラケ（八代・球磨郡）ともいう。その奥の室はヘヤともいい、ナンドともいう。出入口からとりつきの室は、ナカザノオモテともいう。その奥の室はナカエ、ダイドコロ、茶の間ともいう。土間はドージ、ニワともいう。土間の奥の一部が板床になっている場合、デンジという。

このように熊本藩内の民家にはさまざまな類型があり、二棟造はその一部にすぎないとしたら、佐賀藩のような政治的な理由のためとは考えることはできない。この理由を探る適当な資料として、寛永十年（一六三三）の肥後藩の『人畜帳』があげられる。これによると、当時の肥後藩には相当数の名子層の存在がみとめられる。たとえば合志郡竹迫町の庄屋八郎左衛門の石高は三十一石三斗四升で、屋敷は八間×三十間、九間×十間の二つをもっており、その家族は二十一人であった。血縁家族はわずか七人にすぎず、他は名子家族八人、下人・下女四人、乳母二人であった。

建築的にみた場合の大きな特徴の第一は、現在民家とちがって名子主、名子層を問わず、本屋のほかに別棟の釜屋をもっていたことである。この点からみると、現在の薩摩・西南諸島の民家とよく似ている。もちろん名子層の住居のうちには本屋だけで、別棟の釜屋をもたないものもいるが、名子主、名子層を問わず別棟釜屋の存在は支配的な傾向である。明治十年の西南戦争に焼けた南田島村と上生村では、寛永十年から明治十年までの二百四十四年の間におきた変化の比較が可能である。第一の変化として別棟釜屋の消失をあげることができる。これは本屋と釜屋とを合して二棟造にしたためかもしれない。

熊本市堀川、黒石、麻生田にある旧細川藩の屯田兵舎と称される二棟造は、寛永十二―十三年（一六三五―一六三六）に建設されたものといわれているが、『人畜帳』との比較、構造・仕上げからみて、とうてい近世初期のものと考えることはできない。

5　近世初期の肥後の民家

実際には別棟になっていたのは釜屋だけではない。階層と用途に応じて小規模の建物群が屋敷内に散在していた。前記の八郎左衛門の屋敷は、記載の一間×一間を仮に一坪とすると三百三十坪になるが、実際にはもっと広かったであろうと思われる。この広い屋敷内には、二間×七間の本屋、三間×五間の座敷、二間

×三間の子供部屋、二間×二間の持仏堂、二間×五間の釜屋、二間×三間の馬屋、二間×三間の牛馬屋、二間×六間の蔵、二間×四間の香物蔵、二間×四間の灰屋があり、このほか隷農関係のものとして九尺×四間の下人部屋、二間×三間の名子家四棟、合計十五棟もの建物があった。文書に記載された一間×一間を一坪と仮定するならば、合せて建物の総面積は百二十二・五坪に達する。なお記載の数字を検討すると、一間の実際の長さは一定していなかったようにみえる。

本屋の規模は、合志郡上津久礼村の五郎左衛門の場合のように六間半×六間という例外的な大きさのものもあるが、最も多い本屋は二間×四間で、ついで二間×五間である。釜屋は本屋とほぼ同規模である。しかも梁行方向は、本屋・釜屋ともに二間が圧倒的に多い。この二点は、その後の二棟造への発展を考える上に、ひとつの示唆をあたえるものである。

本屋・釜屋以外の独立した各種建物を整理すると、だいたい次のようになる。座敷（オモテ、小座敷、ツボネ）、持仏堂（仏家、仏御座）、子供部屋（子のネマ、子のヘヤ、男子のヘヤ）、親の家（親のネマ、親のヘヤ、親のネヤ、親の本屋、親家、母のヘヤ）、オジの家（兄の家、弟のヘヤ）、部屋。

名子主の隷属する家族関係として、名子家（名子本屋、名子釜屋）、下人部屋（小都部屋、別当ヘヤ、別当家）、紺也部屋、ウバの家がある。付属屋関係としては、牛馬屋（牛屋、馬屋、庭馬屋）、蔵、稲蔵（稲屋）、香物蔵（香物屋）、灰屋、肥置屋、糠蔵、酒蔵等がある。このように階層的にも用途的にも分化した小建築が、明治十年までの三百四十四年の間に変化した形態的な特徴は次の通りである。釜屋、座敷、オモテ屋等が本屋にとりこまれ、それに応じて本屋の延坪を増大させ、時には鍵屋をも生みだしたこと。名子下人層の消失に対応して、隷農関係の建物がなくなったこと（実際には小作人とか水呑百姓の住居としてうけつがれたわけである）。二棟造、二階屋が新たにあらわれたこと——等である。

もしかしたら近世初期の佐賀の民家も、熊本県下と同様に小さな建物が散在していたのかもしれない。そして熊本県では二棟造ができたように、佐賀でもクド棟やジョウゴ棟ができたのかもしれない。

肥後では鋳た鍋釜でも「細川、細川、細川」と口でいえば光りだすといわれたほど、収奪はきびしかったが、民家をみると佐賀ほどの統制のきびしさはみられない。佐賀藩では武士にたいしては寛文十年（一六七〇）に「一、壱万石以上座敷間内梁三間之上不作之。台所ハ五間梁迄ハ不苦事。一、自今以降二階門可為停止事」（『小城藩士松田家文書』）があるが、民家に関するものは今のところみあたらない。これにたいし熊本藩では明和八年（一七七一）の禁令がみられる。これは、佐賀藩の民家は、禁令をだす必要のないほど禁令の枠内にあったが、熊本藩の民家では禁令破りのものが相当あったので禁令がだされたのだといえないこともない。

6　別棟の釜屋と郷士の住宅（薩摩の民家）

別棟の釜屋――薩摩民家の大きな特徴は、別棟釜屋の存在である。現在別棟釜屋の多く残っているのは、主として大隅半島・甑島等にすぎないが、以前はその他の地方にも多くあった。現存民家の主屋と釜屋との関係を分類すると次の通りになる。

a　主屋と釜屋が別棟。この場合、釜屋をオスエ・ナカエという。前章でのべた江戸時代初期の肥後民家がその例であり、西南諸島なら現在でも多くみられる。このほか、八丈島、四国祖谷、豊川、天竜川地方、千葉県中山等にあり、宮崎県高千穂も以前はそうであった。古いところでは岡山県新見庄の寛正年間（一四六〇―一四六五）の地頭方の代官の居宅（政所《まんどころ》）もそうであった。したがって今ではまったく忘れられている地方でも、昔は別棟の釜屋が相当あったのではないかと思われる。『民俗学辞典』によると、別棟の釜屋が設けられたのは「火の清浄を確保するため穢れある者をカマドに近よせないため」とある。しかし新見庄の政所の釜屋（台所といっていた）に下人がねていたから、その当時の家族構成――家内下人の存在とも関係あるのかもしれない。

b　主屋と釜屋とを近接して建て、屋根の谷間の雨水を樋でうける。肥後の二棟造と似ていて、フタツゼともいう。二棟をつなぐ板敷廊下をチノマということがある（肝属郡）。主屋と釜屋のつなぎ方は一定していなくて、横に平行にする場合もあるし、対角線上に前後させる場合もある。

c　ひとつの棟のなかに釜屋をとりこんでいる場合。阿久根市大川字中屋敷で長者といわれた奥平さんの住居も、かつては別棟の釜屋をもっていたが、今は主屋のなかで炊事が行われている。主屋それ自体は別棟釜屋時代のものとは変らない。出水郡の島々ではゲヤのことをカマヤというが、これは釜屋が主屋にとりこまれてゆく過程を示すものであろう。

郷士の住居――薩摩藩では農業を営む中世的な武士が、近世にも存在していた。彼等は外城といわれる国内各地に住んでいたので、はじめは外城衆中といわれていたが、安永九年（一七八〇）以降、今よぶように郷士と改められた。商人の住む地域が町、農民の住む地域が村、漁民の住む地域が浦といわれるのにたいし、郷士居住地域はフモト（麓・府本）と称されていた。

郷士住居の典型として現在県指定の文化財として、大口市里の祁答院《けとういん》重幸氏の住居が指定されている。郷士住居は技術的には他の民家と異なるところはないが、その身分上の性格からして平面構成がちがう。薩摩藩の騎馬士だった江田家住居（鹿児島市常盤町）では、門からの通路を主人・家族・使用人によって区別しているが、郷士住居ではそれほどはっきりしていない。

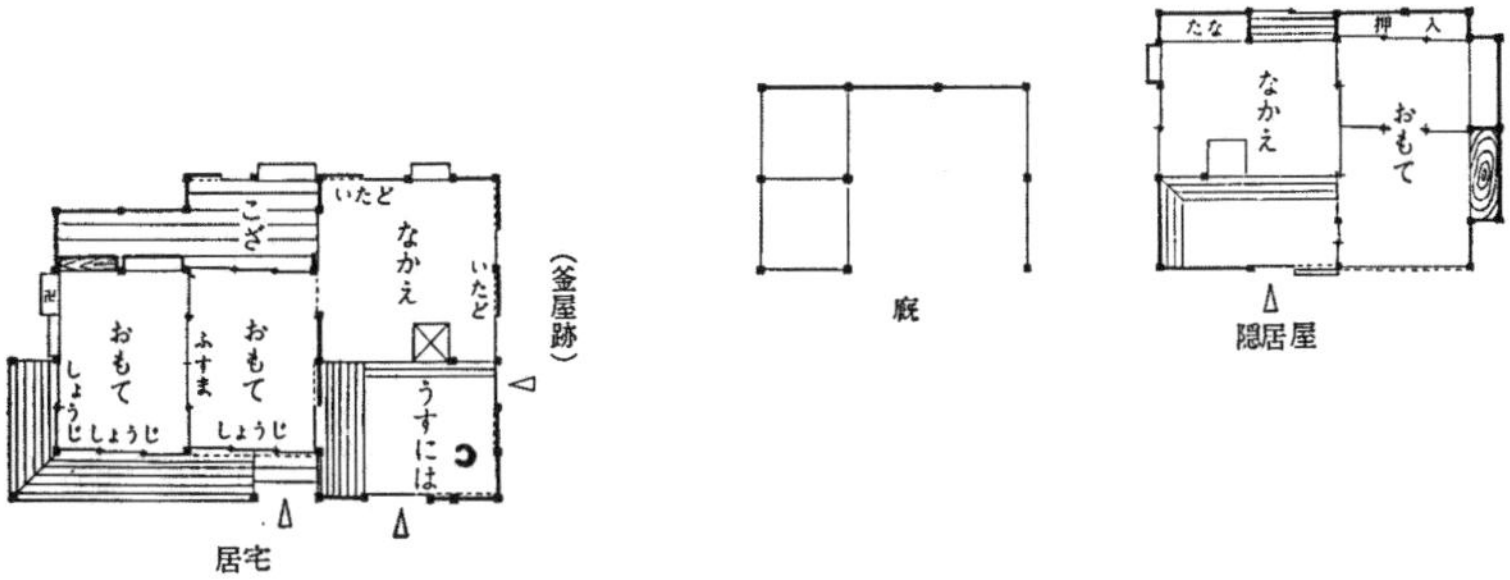

奥平ふみ家住宅（建設年不詳）

谷山市のフモトには明治十年の西南戦争に焼失後に再建された郷士の住居が多く残っているが、そのうちの一軒に竹下実春氏の住居がある。主屋は大きくわけてオモテとスエとにわけられる。オモテは田字型の座敷を主体として、床・棚・書院・縁および玄関が設けられる。スエより一段とユカが高く、女子は入れない。主人と客のための居室である。中世末期の宣教師の報告にもすでに薩摩における武士と男性の優先が極端であったことがのべられているが、この郷士住居はその考え方を造型化したものといえる。なお谷山フモトでは、道路をはさんで平面は対称的である。

このように郷士住居は、その地主的性格と相まって規模も大きいが、これにたいし一般農家は規模が小さい。ユカは他の地方の農家にくらべると相当に高く、二・八尺以上ある。これは白蟻と湿気を防ぐためといわれている。甑島では白蟻を防ぐため、柱や根太束と玉石との間に鯨の尾羽を一寸角くらいに切ってはさみこんでいる。

小規模な鹿児島の民家は、今でもキノコのようだとたとえられるが、百八十年まえからそうであったとみえて、天明三年（一七八三）の例の『西遊雑記』にもこう書いてある。「建て方は申し合せたように二間×三間の居り家で、大小もなく、屋敷構えにかこいもなく、ユカ下はうちぬきで、農具をさし入れて物置にしている。馬屋・牛屋には壁もなく、その入口には、大木を伐り倒してなかをぬいた餌入れがある」と。

7　高千穂・椎葉の民家（日向の民家）

高千穂は西臼杵郡に、椎葉は東臼杵郡に属し、ともに九州の屋根と称される分水嶺に散在する山村で、相似た形式を持っている。椎葉村の那須正敏さんの住居は鶴富屋敷といわれ、コザ、デエ、ツボネ、ウチネの各室が一列にならんでいる。室を横へ一列にならべた形式はどの山村にも多い平面形式である。高千穂もその例外ではなく、宮尾野の宮本定市さんの住居でも、ツボネ・オモテ・コゼンの三室が横一列にならんでいる。しかしこの家も復原すると、炊事用の今の土間はなく、そのかわりに別棟の釜屋があった。今でも分水嶺近くの熊本県上益城郡緑川村栗林の那須出雲さんの家には別棟の釜屋があり、古くは相当あったものであると思われる。

高千穂民家の外見の特徴は、長さが七尺から三間にもおよぶ自然木のウマ（ウマノリ、ウマンマタ）が棟に上っていることである。ウマには、栗ないしは樫を使う。住居のウマの数は奇数だが、ウマヤのウマは偶数である（『日向郷土資料』五号）。ウマはオン、メンにわかれ、オンの先を細くし、メンに角の穴をあけ、叉状に組んで、カミサシを通してとめる。棟には、岩松や百合を植えたけれど、虫がわくのでこの頃はやめている家が多い。合掌を組むとヤナカを渡し、これを八の緒とよばれる長さ八尋の縄でしばる。この縄は途中で切ることを禁じられ、普請見舞にもってゆかれることが多い。棟木をあげ、垂木を流すのは他の民家と同様である。垂木は棟木上で組まれ、三方竹でたがいにつながれている。あとはシモト竹とカヤによって棟包みをつくりあげ、針目に割竹の芯を入れたカヤで覆い、この上を七本竹でおさえる。叉状のウマで棟がぴったりおさえられるように棟包みの断面は三角形にする。これが同じ西臼杵郡でも四ケ荘へゆくと、棟は笄《こうがい》棟に仕上げられる。必然的に棟の形は丸みをおびるので八の字型のウマがのせられる。

この地方は一般に用材にめぐまれ、しかも自由に伐りだせたので、柱・梁ともに大材を用いる。棟木にミズシという木が喜ばれるのは、ミズシは水気が多くて燃えにくいといわれているからである。また軒の出をふかくするために敷桁をつきだして出桁をのせる。この出桁を雀桁という。大工の飯干定策さんの話によると、昔は枘《ほぞ》と枘穴とをヨキでつくりだしたとのことである。ノミの枘は一尺以上あったけれど、枘も枘穴

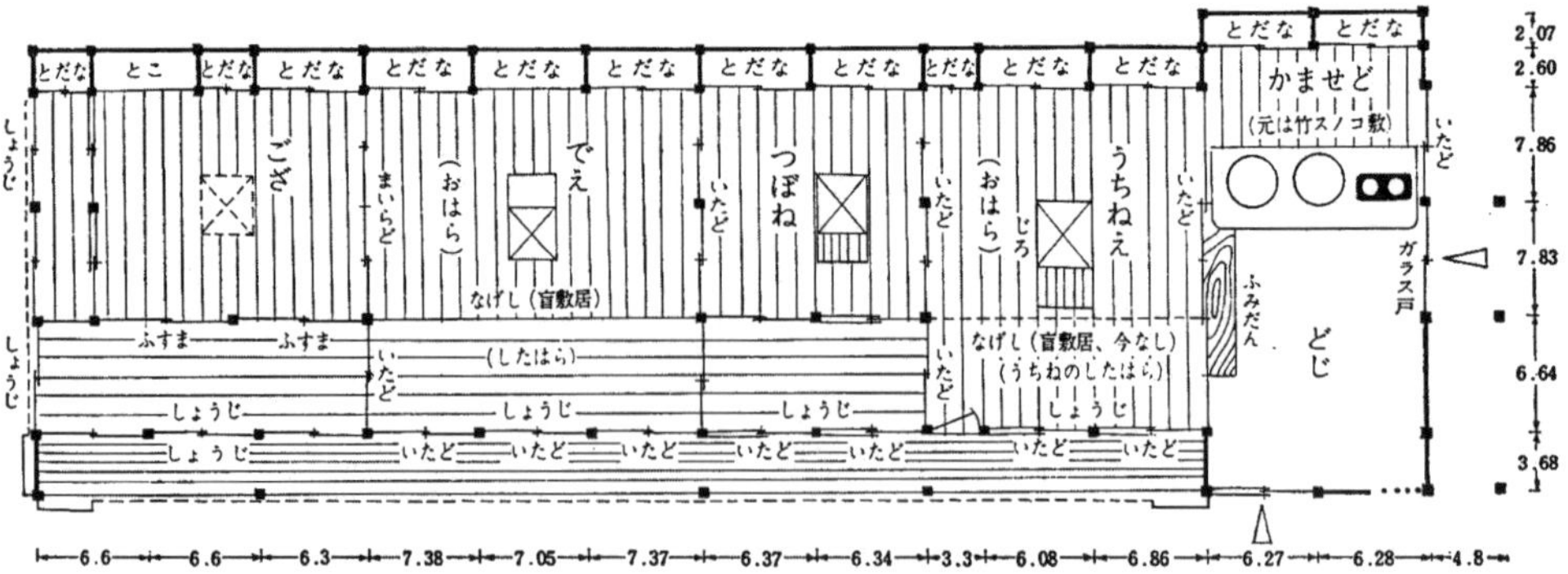

那須銀蔵家住宅（鶴富屋敷）（文政６年？建設）

も大きすぎたので、ヨキでつくられ、ノミで仕上げられた。ヨキでつくられたこの枘穴はなかに丸い窪みがあって、組んだあともユズ（融通）が大きくて、風の吹くたびにきしむので、うまくなかった。

鶴富屋敷では祭の時、御神体を迎え、神楽を行うのはデエであるが、高千穂民家では、オモテであった。デエもオモテもいわば主室で、「上り口」というのはこの主室への出入口をさす。ここには、元来は踏台として二間くらいの面をとった丸太をおくことが多かったが、今はたいてい板縁にしている。故小手川善次郎さんの『高千穂の民家』（ガリ版）によると、この出入口の建具は、大戸口の建具と同様に、鴨居から吊りさげてあったとのことである。宮本定市さんの住居の上り口をみると、胴差《どうざし》にドブ溝の付鴨居はあるが、下に敷居はない。この家もはじめは釣戸であったのかもしれない。

便所は上り口の左にあることが多かったが、宮本さんの家では右側のツボネのまえにあった。ふつうの便所では、腰三―四尺は板壁で上部は格子窓になっている。ふだんはこのオモテで仕事することも多く、その時はネコブクという二間四方のゴザを敷いた。

ツボネは二室にわかれていることが多いが、元来一室だったらしく、少し古い家や小住宅では一室である。今は二室にしている家が多い。前記の小手川さんの本によると、このツボネは、昔はぬりごめてあって窓のない真暗な室だったとのことである。隠居屋に使われることが多いので、ツボネといえば隠居屋の意味にも使われる。来客を通す室でもある。高千穂民家のコゼンは、他の地方の民家ならオマとかオイエに相当する。ここには灰石を切り合せた半間×一間のユルリがある。ユルリの一部に灰石が露出して、ここには径一・二尺ほどの水甕をおき、ハンズのフタをつける。これに接して、茶碗などをすすぐ竹簀子があり、洗い水は炉の下に流れこむ。この地方には昔は稲ワラの畳はなかった。ワラ畳が入ったのは日露戦争以後のことで、熊本県馬見原方面から移入された。それまではカヤ畳であった。マカヤをあんで畳表にし、マグサをあんで畳のトコにした。大きさは現在のより多少大き目で、ヘリはない。この上を歩くとガサガサと音がして、歩き心地も、今の畳よりよいものではなかった。

なおこの地方で礎石をすえた現在のような民家をヌキヤというが、この地方最初のヌキヤは三ケ所村宮の原の甲斐家の住宅で、二百年ほどまえに建てられたものと伝えられている。また台鉋が使われるようになったのは元禄以後、書院がつけられたのは安政以後とのことである（『高千穂の民家』）。戦後はなくなったけれど、麻のすき皮をはぎ水にさらすためのオコギ小屋があった。これは小さな溝をはさんで建てられる柱のないサス組だけの小屋である。いわば高千穂の天地根元造である。

8　町屋の移り変り

桃山時代から江戸時代のはじめにかけて、日向で銀山を経営し巨万の富を築いた府内（大分城下）の商人守田三弥（一五八三—一六四七）の住宅は、西鶴の小説にでてくるほどだから、相当に豪華なものであったろう。彼は京作りにしたということでもわかるように、九州の町屋一般に上方の影響が強いということができる。

しかしこうした町屋は例外に属し、今から二百年ほどまえまでは草葺の町屋が多く、土蔵造もほとんどなかったらしい。弘化（一八四四—一八四七）頃真木和泉が書いた『昔者物語』には「久留米城下でさえ昔は町屋も、表口にムシロを張っていたが、春林公が藩主の時代にはじめて戸板のある町屋ができて、これをみた藩主は珍しいことだから屋号にせよといった」という話がでている。また「屋根もたいていは杉皮葺で、ゴロタという小さな石を重しとして屋根の上にのせ、風を防いでいた。居蔵造《いぐら》という土蔵造があらわれたのは丑年（天保十二年か）火災以後のこと」であった。小倉城下もまたこれと似た有様で、『鵜の真似』の天保七年

(一八三六) の記録によると、「当城下も九十年まえまでは (つまり宝暦頃までは) 大かた草葺の町屋ばかりで、東魚屋町三丁目の西側に瓦葺の二階屋が三軒ならんで建った時は、私のおばあさんは珍しいのでわざわざみにいった」ほどであった。

瓦葺家のことを長崎県南高来郡地方ではクラエというが、千々岩町の橘一郎左衛門さんの隣家は六代まえに建てられた隠居所で、この地方最初のクラエであったと伝えられている。今の瓦屋はたいてい桟瓦葺であるが、古くは本瓦葺であった。

長崎県平戸の高橋源十郎さんの住居は、文化十三年 (一八一六) に対岸から分家した時に建設されたものらしいが、大島の大工が建てた。屋根瓦下に屋根土をおいてないのは、修理の際に埃がたって往来を害するから、町屋では禁ぜられていたためといわれている。棟木に達する大きな登り梁をかけて化粧にしているが、文化頃になればいかにもやりそうな壮大な構造法である。床が高いのは、床下で焔硝をつくっていたからである。

佐賀県伊万里市の武富さんの住宅は、伊万里では古い面影をよく残している一軒である。屋号を「ほりひち」といい、享保三年 (一七一八) 以来百目蠟 (長さ七寸、径一・三寸) をつくっていたが、享保十一年以後、両替屋・質屋をかね、今もその時代の蔵が堀端に残されている。ここは佐賀藩に属しているが、佐賀平野とは山をへだてた港町でもあったためか、六・二尺の畳を使ってはいない。茶の間が六・一尺の畳であるのを除くと、他はすべて六・三尺の畳を使っている。京都でバッタリショウギというのをここではバンコという。バンコとは縁台という意味らしい。また蔀戸はオロシ戸といわれている。

注目すべきは、宮崎県の海岸地方には梁のない建物が存在していたということである。石原憲治の『日本農民建築図集』をみると、高富町の石川浅吉さんの瓦葺土蔵屋は、柱の上端または桁にかかる梁はなく、サ

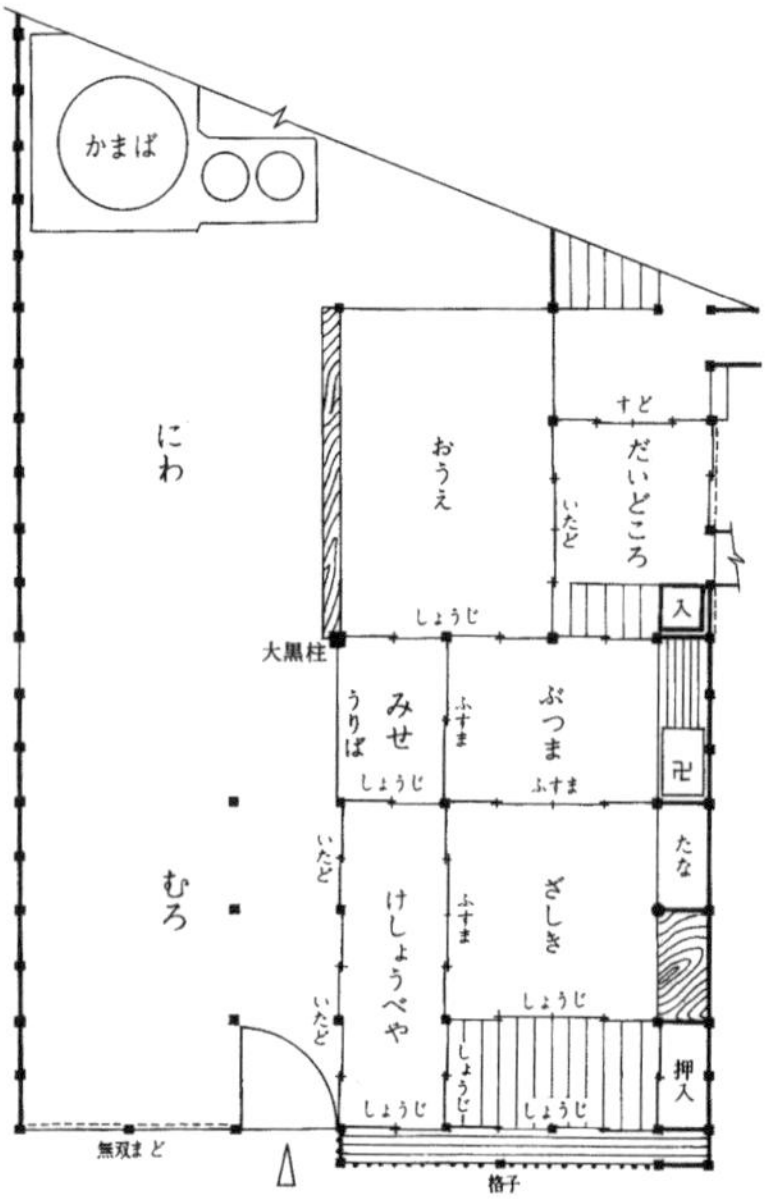

高橋源十郎家住宅（文化13年建設）

シ梁でつながれている。だからもちろんこの場合は、梁がまったくないとはいえない。

しかし宮大工の甲斐勝三郎さんが、大正六年にとりこわした延岡市柳沢町の小間物屋新貝徳次郎さんの蔵には、梁というものがまったくなかった。半間間隔に径一尺ほどの棟持柱をたて、これが棟木をうけていた。この棟木はウシといわれ、径五尺ほどの大材であった。太い垂木がウシの上部で叉状に組んで両側に流される。こういう構造法は、戦国時代の「洛中洛外図屏風」にでてくるから、中世の京都町屋にはあったものらしい。また土蔵造の蔵なら、全国に分布している。梁が水平にあると、頭や荷物がつかえるからである。登り梁にしても同じ効果があるから、こうして二階を広く使っている例は最も多い。素人が考えてもわかるように、この構造法では柱をつなぐ材がないので、側柱が外に開きやすく、不安定でうまくない。特に土台が沈下でもすると、大破の原因となる。

9 竹屋根・竹床・竹扉

竹は全国的に相当広く建物に使用されている。ヤナカ、垂木、棟竹、木舞竹、床柱やうちつけ格子はごくふつうの使い方である。北国では竹は育ちにくいから、竹の使用は少なくなる。雪国に檜皮葺《ひわだ》がないのは、檜皮をとめる竹釘が少なく、腐りやすいからだといわれている。しかし九州でも中部以南となると、竹はもっと広範囲に使われている。この場合使用される竹は主として苦竹《まだけ》と孟宗竹である。腐朽にたいする強さは、澱粉、粗蛋白質の含有量の少ないほど強いので、苦竹が最大で、孟宗竹は中位で、淡竹《はちく》は弱い方である。一年のうちでも澱粉、粗蛋白質の量は異なり、少ない季節に伐採した方がもちがよい。この意味では九月下旬から十一月頃の伐採が最適で、二―三月頃がこれにつぐ。「木六竹八」とよくいわれるが、これは木は陰暦六月、竹は陰暦八月に伐るのがよいという伝承を示すものである。平戸藩主松浦静山（一七五九―一八四二）の著わした『甲子夜話《かっしやわ》』では「木七竹八塀十郎」とある。竹の伐採期は変りないが、木は一か月おくれ、それに塀塗が加わっている点がちがう。

淡竹はチョウチンの骨、茶筅、竹籠などに適しているが、九州ではあまりみかけない。苦竹は岩手県以北を除き、どの地方にもあり用途も最も広く、縁、尺八、垂木、籠、垣、木舞、簾等に使われる。孟宗竹は元来中国江南地方のもので、元文元年（一七三六）に輸入されたものといわれ、それゆえ江南竹ということもある。床柱に使われる竹は孟宗竹であり、九州では広く屋根材料として使われている。これらの竹が、九州民家ではどの部分に使われているかをみると次の通りである。

屋根――孟宗竹、または苦竹の半割りにしたものを本瓦葺のように葺いたもので、高千穂ではカヤをもたない者は本屋屋根をも葺いた。しかしふつうには、庇屋根や付属屋の屋根に使われる。熊本市周辺地区の農村では竹屋根を今ほとんどみかけないが、明治十年の西南戦争による焼失家屋の取調帳によると、下屋部分だけが竹屋根のものが相当多くみられる。現在でも山間部へいけばまだみることができる。竹屋根は安あがりで葺きやすいのはいいけれど火事に燃えやすく、ヒゲ虫（イタ虫）がわき、この虫が人を刺すという欠点がある。

床板――製材機あらわれるまえに、木挽に板を挽してもらうと、賃金ならびに労働が大変だったので、竹簀子として根太の上にならべ、床板がわりとしている民家が多くあった。前記の高千穂の宮本さんの住居でも、最近まで、デエの一部は竹簀子の床であった。竹を単にならべただけではなく、縄でしばりつけ動かないようにしてあった。今はほとんどみられない。竹床ともいう。

扉――今はもう民家に竹扉をたてている例はみられないが、天明三年（一七八三）の『西遊雑記』によると、「肥後阿蘇郡の百姓家では、戸をたたいている家は稀で、竹の組戸をたてた土間住いの家が多い。草葺に竹の編戸だから、風流なようにみえるけれど、壁もなくカヤをかきつけている有様は、上方筋の乞食小屋のようである。また肥後の国では、町場町場の入口に竹の編戸がある。人に尋ねてみたら、これは昔から町のあるシルシにたてるものだという」と書いてある。

このほか竹は灯用にも使われ、竹アカシといわれていた。とにかくこのように封建時代の九州民家にとって、他の地方以上に竹は不可欠の資源のひとつであった。しかも他の地方の民家にみられないほど、竹の使用量が多い。より南方に位置する九州民家のひとつの特徴といえるだろう。

民家目録

最初の目録をこの本にのせたのが、昭和三十八年。その後とりこわされたり焼失したものがかなり出ました。そこでそれらは今回は省略しました。また他方では多くの方々の調査や私の体験によって知ることができた民家もあらわれました。そこでそれらを追加しました。

私はいつも思うのですが、ひとつの民家が立派であるためには、その地方にはそれを支える多くの優れた民家が必要であるようです。そういう意味でいえば、ここにあげてある民家は、あなた方が訪れる時のひとつの目標にすぎないともいえるでしょう。そして昔も今と同じように、立派な住居は立派な心で支えられているのです。

民家は博物館ではありません。そこでは生活が営まれています。あなたがあなたの生活をもっているように、その方もその方の生活をもっています。もちろんここで名をあげたのは、それらの民家は優れていて、それを創りそれを支えてきた人たちにたいして、尊敬の念を払うからにほかなりません。しかしそれは、見せて頂くことについて諒解があるという証拠ではありません。人が訪れれば、どの方も多少なりとも私生活は脅かされ、生活が犠牲になります。尊敬の念と誠実さは、言葉や行動であらわさなければ、相手に伝わりません。礼をつくし謙虚な気持で訪れて下さることを期待します。料金をとって公開されている民家はともかくも、その他の家では出来れば手紙・電話などで、前もって諒解をとっておかれることをお勧めします。

もし私に民家の心を代弁するのを許して頂けるならば、こう言いましょう。民家はいつも愛されていることを求めているとともに、知的な人からは思想をぶっつけられて対決することを求めています、と。

昭和四十七年十一月　　伊藤ていじ

北海道

旧屯田兵中隊本部	江別市野幌町	まさ板葺　明治二十
旧田中家住宅	小樽市北祝津町	にしん御殿　明治三十
旧猪俣家住宅	小樽市平磯	にしん御殿　明治年
石造倉庫群	小樽市港町	明治年
栗林徳光	室蘭市常盤町	明治末年
屯田兵村	室蘭市輪西	外に神社　火薬庫
弁天町の町屋	函館市弁天町	和洋折衷　明治年
太刀川綾子	函館市弁天町	店舗　明治年
旧三戸部家住宅	有珠郡伊達町開拓記念館敷地	入植農家　明治五
大磯町の町並	寿都郡寿都町	和洋折衷　明治中期
橋本家住宅	寿都郡歌棄町	にしん御殿　明治十三
旧島松駅逓所	千歳郡恵庭町島松沢	明治六　明治二十九増築
廻船問屋街	檜山郡江差町姥神町	網元の家など
中村準之助	檜山郡江差町	
松前の寺町	松前郡松前町	
泊の集落	古宇郡泊	
旧下余市運上家	余市郡余市町	
花田作三	留萌郡小平町	番屋

青森県

弘前の侍屋敷	弘前市塩分町、在府町	
弘前の寺町	弘前市茂森新町	
石戸谷佑一	弘前市港内岩井	直屋
石場清勝	弘前市亀甲町	御用商人　十八世紀
黒石の町並	黒石市仲町	
高橋完造	黒石市仲町	御用商人　宝暦年
四村六郎	八戸市沼館	
大森豊吉	三沢市根井	十九世紀
金石　華	北津軽郡板柳町三千石	茅葺　宝永末年
大川　豊	南津軽郡大光寺町大光寺	直屋
江渡熊五郎	三戸郡五戸町	郷士　天明頃
大久保与左衛門	三戸郡五戸町大森	肝煎　文化年
笠石正昭	上北郡十和田町	広間型　十八世紀

岩手県

旧中村家住宅	盛岡市南大通	
莫座九	盛岡市	
郷士の集落	江刺市	小梁川氏宅外
旧後藤家住宅	江刺市向山	移築
菅野助治	北上市口内町長洞	重文　享保十三
千葉哲雄	遠野市上綾織	曲屋　江戸末
伊藤広一	遠野市	江戸末
三十人組同心屋敷	花巻市桜町	六戸
鈴木幸子	水沢市直城	環濠　長屋門も
高野長英旧宅	水沢市	
郷士の集落	下閉伊郡豊間根村	
田鎖末之助	下閉伊郡岩泉町浅内	曲屋　十七世紀
古館勝右衛門	下閉伊郡川井村江	曲屋　十八世紀
工藤磯吉	紫波郡紫波町	曲屋　十八世紀
藤原　孝	紫波郡紫波町東長岡字細江田	曲屋
渡辺八重一	西磐井郡花泉町永井字角屋	
及川一彦	東磐井郡藤沢町西口	
小野寺　正	東磐井郡藤沢町保呂羽	十八世紀
小野寺豊穂	東磐井郡東山町	長根屋敷
親方・子方の集落	東磐井郡東山町岩下	

郷士の集落	東磐井郡川崎村	
小原忠八	和賀郡東和町	曲屋　十八世紀
秋田県		
奈良淳一郎	秋田市小泉上前	中門造
田中醤油屋	秋田市大町三丁目	
那波家住宅	秋田市大町三丁目	
鎌田順一	秋田市柳田	中門造　煤窓型
嵯峨　登	秋田市太平田長崎	両中門造　十八世紀
毛馬内の侍屋敷	鹿角郡毛馬内町	
大阿仁の集落	北秋田郡阿仁町根子	またぎの村
角館の侍屋敷	仙北郡角館町	
草彅　豊	仙北郡角館町西村	中門造　江戸末
小林武雄	仙北郡角館町	土蔵
大山家住宅	山本郡八竜町	中門造　せがい造
土田藤一郎	由利郡矢島町（もと直屋）	中門造　十七世紀
鈴木杢之助	雄勝郡羽後町（もと直屋）	中門造　十七世紀
山形県		
佐藤利右衛門	山形市十日町	店蔵　座敷蔵　天保五
中村喜兵衛	山形市十日町	店蔵
四山楼	山形市	座敷蔵
三浦屋	山形市	座敷蔵
福島屋	山形市	座敷蔵
丸谷の長谷川家	山形市	座敷蔵
長谷川家	山形市	座敷蔵
岸　櫃四郎	山形市二本沢漆房	
石井伊惣治	上山市十日町	
曾我部千治	上山市仲丁	侍屋敷
鈴木茂大夫	上山市軽井沢	侍屋敷
尾形宗一	上山市下生居	十七世紀
楢下宿	上山市楢井	宿場村
赤山宿	上山市赤山	宿場村
堀込四郎兵衛	寒河江市谷地	
渡辺半右衛門	寒河江市白岩	道者宿　慶応三
鎧屋誠一郎	酒田市	廻船問屋
山居倉庫	酒田市	
矢作　輝	新庄市萩野	中門造　十八世紀
旧渋谷家住宅	鶴岡市致道博物館内	田麦俣から移
八鍬利助	村山市袖崎町土生田	
栗林滝衛	米沢市片五十騎町	侍屋敷
米沢の郷士屋敷	米沢市通町	
新国栄吉	米沢市通町	郷士　中門造
新野小右衛門	西置賜郡白鷹町荒砥	明治三十四
鈴木善平	西置賜郡玉庭村湯田	正徳六?
平　万吉	東置賜郡川西町犬川田屋	名主
小国の城下町	西田川郡温海町小国	
柏倉久左衛門	東村山郡中山町岡	座敷蔵　仏蔵あり
佐竹信一	西村山郡朝日町	大庄屋　十八世紀
鈴木与五郎	西村山郡河北町溝延	
大石田の町並	北村山郡大石田町本町	
羽黒の宿坊	東田川郡羽黒町	
蛸井七十郎	東田川郡羽黒町黒川	中門造
佐藤金一	東田川郡羽黒町荒町	中門造　十九世紀
大沼作兵衛	東田川郡余目町大野	中門造
伊藤与惣左衛門	東田川郡櫛引町西片屋	中門造　一七六〇年代
有路慶喜	最上郡最上町堺田	芭蕉が訪れた民家
安食四市	最上郡戸沢村本郷	中門造　享保頃
宮城県		
洞口兵蔵	名取市大曲	

白石の家中屋敷	白石市後小路	
小関一郎	白石市後小路	家中屋敷　茅葺き
上戸沢宿	白石市上戸沢	山中七ヶ宿街道
手蒲宿	刈田郡七ヶ宿町	山中七ヶ宿街道
我妻信一	刈田郡蔵王町曲竹	神官
佐藤清人	刈田郡蔵王町丹田平沢	肝煎　十八世紀
村上久左衛門	刈田郡蔵王町丹田平沢	肝煎　十八世紀
柴生哲郎	加美郡小野田町	
佐藤鉄太郎	栗原郡金成町有壁	本陣
水主町	黒川郡松島町水主町	
松山の足軽町	志田郡松山町	
鹿島台の家中集落	志田郡鹿島台町	
手代木捨吉	柴田郡柴田町名生	
ひらゐや	柴田郡柴田町船岡	町屋
大場光輝	玉造郡鬼首村原	名主　長屋門あり
涌谷の家中町	遠田郡涌谷町日向丁	
登米の侍屋敷	登米郡登米町	
清野俊一	登米郡登米町上町	侍屋敷
片平繁人	登米郡登米町後小路	侍屋敷
鈴木政治	名取郡増田町下増田	正徳六？
相原　誠	名取郡岩沼町押分	大同屋敷
石垣彦左衛門	宮城郡宮城町赤生木	天明年間

福島県

鈴木長吉	福島市松川町	馬宿　十八世紀
横山敏彦	会津若松市滝沢町	本陣
上市萱の集落	いわき市	
三代宿	郡山市湖南町三代	
小田川宿	白河市小田川	
旗宿	白河市旗宿	
二本柳宿	安達郡安達町二本柳	
増子重三郎	安達郡本宮町高木	
小平宿	石川郡平田村小平	
滝原宿	岩瀬郡岩瀬村滝原	宿場村　流水あり
飛田徳有	久慈郡金砂郷村	曲屋
半沢家住宅	伊達郡桑折町内ノ馬場	江戸初
岡崎憲太郎	西白河郡矢吹町中り田	陣屋　後中門造
上小屋宿	西白河郡大信村上小屋	
代畑の集落	西白河郡中島村代畑	
八槻淳良	東白川郡棚分町八槻	神官
大内宿	南会津郡下郷町大内	
只浦初徳	南会津郡下郷町大内	旅籠屋　十九世紀
山内一八	南会津郡南郷村鴇巣	名主　中門造
五十嵐邦男	南会津郡只見町	
穴沢　清	耶麻郡猪苗代町渋谷	本陣
宮城不二男	耶麻郡山都村蓬莱字宝山	
慶徳周	耶麻郡塩川町四奈川字台	

茨城県

黒川沿いの曲屋集落	日立市及び常陸太田市の内	
坂野富貴子	水街道市大生郷	地主　十八世紀
太田守彦	笠間市片庭	別棟造
鈴木彦左衛門	稲敷郡東村幸田	
本橋佳代子	稲敷郡牛久町久野	大庄屋　十九世紀
湯原　広	稲敷郡阿見町若栗	名主　正徳年
下野宮宿	久慈郡大子町下野宮	
出村武雄	筑波郡筑波町東山	曲屋　宿屋
渡辺政雄	筑波郡筑波町東山	宿屋
八木下　茂	筑波郡筑波町東山	曲屋　宿屋

片岡平三	筑波郡筑波町上大島	二階建長屋門
矢口　誠	西茨城郡岩間町山根	曲屋
中村善次	西茨城郡岩間町泉	曲屋
中崎正徳	東茨城郡内原村鯉淵字宿	名主　元禄一
長岡宿	東茨城郡茨城町長岡	陸前浜街道
竪倉宿	東茨城郡美野里町竪倉	陸前浜街道
佐藤　進	那珂郡東海村竹瓦	曲屋　割座敷
仲田　実	那珂郡東海村竹瓦	曲屋
根本拡幹	那珂郡東海村竹瓦	酒屋　ひらや造
木内仁吉	那珂郡瓜連町中里	小庄屋　曲屋
飯村三五郎	那珂郡大宮町字留野上宿	曲屋
額田宿	那珂郡那珂町額田本郷	
前野七左衛門	新治郡新治村永井	名主　文化一
椎名晃一郎	新治郡出島村加茂	
志筑の城下	新治郡千代田村志筑	
小幡宿	新治郡八郷町小幡	
十三塚宿	新治郡八郷町十三塚	
大増宿	新治郡八郷町大増	
上増宿	新治郡八郷町上増	
高友河岸	新治郡八郷町	
佐久良東雄生家	新治郡八郷町	
秋葉光夫	結城郡石下町崎房	大庄屋　三太夫様
青木己義	猿島郡岩井町中矢作	

栃木県

小野口家住宅	宇都宮市田野町	
西根の石倉	宇都宮市徳次良町西根	
岩上善次	宇都宮市宝木字細谷	
渡辺重三郎	今市市手岡	石屋根
福地牧介	佐野市船津川	名主　文化五
塚田　綽	栃木市倭町	河岸の大塚
かどふぢ	沼田市	薬屋
荒井　壮	矢板市立足	庄屋　延宝三
大類周平	塩谷郡栗山村小穴	庄屋　神官
八木沢鬼八	塩谷郡栗山村野門	十九世紀
浜田庄司	芳賀郡益子町	
日下田　武	芳賀郡益子町	
羽石　進	芳賀郡茂木町林	元禄二
水沼俊法	芳賀郡芳賀町東高橋	名主　延亨三
戸村利貞	芳賀郡芳賀町芳志戸	曲屋　文政年
入野延也	芳賀郡市貝村赤羽	天保七頃
岡本　憲	河内郡河内町岡本	庄屋　曲屋　正徳三頃

群馬県

松下和重	前橋市青梨子町	養蚕農家
松下治太夫	前橋市青梨子町	名主　長屋門
彦部敏郎	桐生市広沢	十七世紀
安中の旧奉行宅	安中市	
安中宿	安中市	
東田政利	伊勢崎市東上宮町	十八世紀
関根甚左衛門	伊勢崎市柴	
桑原家住宅	吾妻郡中之条町	本陣
塚田国一郎	吾妻郡中之条町市域	養蚕農家
春原家住宅	吾妻郡吾妻町岩下	養蚕農家
大淵徳治郎	吾妻郡高山村尻高	明治三十頃
赤岩の集落	吾妻郡六合村赤岩	養蚕集落
湯本貞司	吾妻郡六合村赤岩	土蔵造り　享和三
坂本宿	碓氷郡松井田町坂本	
甘楽の侍屋敷	甘楽郡甘楽町	水路
白井宿	北群馬郡子持村白井	水路

掛川虎之助	群馬郡群馬町金子下宿	
大崎豊治	勢多郡宮城村柏倉	明治十五頃
阿久沢丞市郎	勢多郡宮城村市関	養蚕農家
須田和作	勢多郡赤城村深山	
茂木茂雄	勢多郡赤城村長井小川田	養蚕農家
萩原虎男	利根郡片品村戸倉	神楽口つき　明治二十頃

埼玉県

小松屋履物店	川越市元町	店蔵　寛政四
星野清次郎商店	川越市仲町	
亀谷（和菓子屋）	川越市仲町	店蔵
松崎商店	川越市仲町	店蔵
旧原田米穀店	川越市松江町	店蔵
まちかん金物店	川越市幸町	店蔵
亀屋（菓茶屋）	川越市幸町	店蔵
深善美術表具店	川越市幸町	店蔵
牛窪久之介	川越市大塚新田	
古市場の河岸場	川越市	
井上信太郎	飯能市東吾野	養蚕農家
須田家住宅	飯能市東吾野下平戸	養蚕農家
町田喜一	飯能市赤沢字久通谷	
黒谷の集落	秩父市	養蚕農家
野上町の集落	秩父市	養蚕農家
久保勝一	熊谷市佐谷田	十七世紀
岩殿宿	東松山市	岩殿観音参道
和井田　重	八潮市八条	名主　十八世紀
須永英雄	羽生市上新郷	脇本陣　十七世紀
清水義治	新座市大和田野趾	曲屋
柳瀬荘	入間郡大和田町柳瀬	東京国立博物館管理
斎藤慶治郎	入間郡鶴島町五味谷	平かぶと造
高麗明津	入間郡日高町新堀	神官　無住　十七世紀
平山小一郎	大里郡江南村樋春	十八世紀
中瀬宿の河岸場	大里郡豊里村中瀬	
松本木二	南埼玉郡菖蒲町台	名主　十八世紀
関口　浩	北葛飾郡杉戸町屏風	十八世紀
塙保己一旧宅	児玉郡児玉町	
三峰の社家村	秩父郡大滝村三峰	
宮川京一郎	秩父郡大滝村三峰	社家
中山与一	秩父郡大滝村三峰	社家
野口幸雄	秩父郡野上町上下郷	平かぶと造
山内歌子	比企郡吉見村久米田	名主　堀　長屋門
小高明義	比企郡吉見村江綱	名主　十八世紀
武藤昌蔵	比企郡都幾川村西平	福聚寺慈眼坊を称す

千葉県

松井英作	佐倉市臼井町	宿名主　十九世紀
佐原の町並	佐倉市佐原	
虎屋菓子店	佐原市	店蔵
中村屋乾物店	佐原市	店蔵　二階扉が看板
正文堂書店	佐原市	店蔵
伊能忠敬旧宅	佐原市	
高沢幸男	野田市柳沢	
飯田　健	館山市神戸字洲の宮	別棟造　弘化二
渡辺国司	館山市神戸字洲の宮	別棟造
林　孝一	旭市十日市場	大原幽学設計　弘化一
栗栖良平	香取郡干潟町宿内	大原幽学設計　嘉永四
宿内の集落	香取郡干潟町宿内	大原幽学設計
大原幽学旧宅	香取郡干潟町長部	
酒々井宿	印旛郡酒々井町	成田街道

渡辺包夫	夷隅郡大多喜町	嘉永年
鹿野山の宿場町	君津郡清和村鹿野山上	
石原宇平	東葛飾郡昭南町大井	明治二十頃
作田紋平	山武郡九十九里町	網元　別棟造

東京都

佃島の町並	中央区佃島	
大場家住宅	世田谷区世田谷	代官
高木嘉久	文京区本駒込	名主
長谷川武範	練馬区春日町	名主
宮本大蔵	練馬区高松町	
天明光秀	大田区鵜木	曲屋
野村継之丞	大田区馬込西	
河原久輝	大田区馬込西	
田島ちか	江戸川区春江町	名主
田島　衛	江戸川区鹿骨町	曲屋
石井善治	江戸川区鹿骨町	曲屋　安政三頃
出井恒吉	江戸川区鹿骨町	曲屋　旧木村家
木下正治	葛飾区猿町	
下嶋　浩	足立区中川	
神倉寿佐	町田市金井	名主
小川家住宅	小平市小川	十八世紀
宮寺家住宅	小平市小川	十八世紀
渓谷市場の家並	西多摩郡五日市町	梨の並木　釣瓶井戸
池谷秀夫	西多摩郡五日市町養沢	
吉野源次	西多摩郡檜原村上郷	
武田賢一	西多摩郡檜原村上川柴	
岡部忠次	西多摩郡檜原村大平	二重かぶと造
大久保五平	西多摩郡檜原村数馬	二重かぶと造
中村光則	西多摩郡檜原村数馬	二重かぶと造
沖山雲平	八丈島中之郷	高倉もあり
岡野与之助	八丈島中之郷尾越	
山下めゆ	八丈島中之郷	草木染の家

神奈川県

旧矢箆原家住宅	横浜市中区本牧三渓園	白川郷の合掌造
関　篤治	横浜市港北区勝田町	
男金規夫	横浜市港北区北山田町	鷹匠
高橋峰五郎	横浜市保土ヶ谷区白根町	
石井一三	鎌倉市関谷	十七世紀
旧伊藤酉造家住宅	川崎市金程	十七世紀
旧清宮一男家住宅	川崎市登戸富士東	十七世紀
飯草重治	川崎市栗木	廃屋
川辺長和	川崎市久地	
大木光義	川崎市菅生	角屋
日本民家園	川崎市登戸	川崎市立
二宮尊徳生家	小田原市栢山	
北村一平	秦野市堀下	貞享四
御師の村	秦野市丹沢山麓	
山口和彦	秦野市大倉	名主　嘉永四
石井達夫	津久井郡藤野町	名主
佐藤義一	津久井郡藤野町牧野川上	組頭　天保四頃
旧小原本陣	津久井郡相模湖町	甲州街道沿い
畑宿の町並	足柄下郡箱根町畑宿	箱根細工の木地屋

新潟県

高田の町並	上越市高田	
サフラン酒造	長岡市	土蔵こて絵
足軽長屋	新発田市諏訪町	八戸建　十九世紀
村上の侍屋敷	村上市	
西脇済三郎	小千谷市本町	ちぢみ問屋　明和七

関口栄吉	小千谷市岩沢	十九世紀
阿部武平	十日町市北新田	
小宮山寅三郎	十日町市四日町	
尾身月平	十日町市金本	
山田林松	十日町市下組	
目黒れん	北魚沼郡守門村須原	
湯沢の脇本陣	南魚沼郡湯沢町	板葺　二階建
富沢初男	南魚沼郡湯沢町二居	二居宿本陣　明治二
八木山の本陣	東蒲原郡津川町八木山	
渡辺清志	東蒲原郡上川村小手茂	
石田武哉	東蒲原郡上川村室谷	
五十嵐彦吉	東蒲原郡鹿瀬町実川	中門造　宝暦九
旧笹川家住宅	西蒲原郡味方村味方	役宅と居宅とからなる
旧市島家住宅	北蒲原郡豊浦天王	
伊藤文吉	中蒲原郡亀田町沢海	北方文化博物館
伊藤家住宅	西頸城郡能生町	廻船問屋　明治二十頃
渡辺光江	岩船郡関川村下関	天明八
出雲崎の漁師町	三島郡出雲崎町	
寺泊の漁師町	三島郡寺泊町	
小木の港町	佐渡郡小木町	
石塚清一	佐渡郡小木町宿根本	漁家　十九世紀
富山県		
旧森家住宅	富山市岩瀬町大町	倉敷レイヨン晏山寮
浮田総英	富山市太田南町	山代官
武田家住宅	高岡市太田	十村
砺波の散居集落	砺波市	
岩瀬慶一郎	東砺波郡上平村西赤尾	合掌造
江向幸次郎	東砺波郡上平村	合掌造　十八世紀
山田善治郎	東砺波郡上平村	合掌造　十七世紀
菅沼の集落	東砺波郡平村菅沼	合掌造
相倉の集落	東砺波郡平村相倉	合掌造
村上忠松	東砺波郡平村上梨	合掌造
羽馬家住宅	東砺波郡平村田向	合掌造
野原忠治	東砺波郡利賀村	合掌造
福光の町並	西砺波郡福光町	
佐伯家住宅	西砺波郡福岡町	一七六二移
大平の集落	下新川郡朝日町	山村
境の集落	下新川郡朝日町	妻入民家
嶋家住宅	婦負郡細入村猪谷	板屋根
村上光雄	婦負郡八尾町杉平	土座床　十七世紀
石川県		
長町の侍屋敷	金沢市長町	
菊池　彪	金沢市長町三番丁	漢学者稼堂翁旧宅　明治
薪家熊吉	金沢市長町二番丁	六百石佐藤家旧宅
中屋彦十郎	金沢市尾山町	薬店　町方宿老役
石黒伝六（福久屋）	金沢市尾張町	薬店　嘉永六頃
寺島家住宅	金沢市大手町	四百五十石　安永五頃
加藤豊子	金沢市古町	黒川良安の旧宅
北間楼	金沢市古寺町	文久二
太郎料理店	金沢市主計町	
福光屋	金沢市石引町	明治年
柄崎屋	金沢市扇町	酒造
金木家住宅	金沢市東山二丁目	もと質屋
東の茶屋町	金沢市東山一丁目	遊郭
金沢の御徒町	金沢市東山一丁目	
酒井家住宅	金沢市東山一丁目	酒造　十八世紀
末松次郎吉	金沢市春日町	種物屋　十九世紀

本岡家住宅	金沢市元町	肝煎　もと勝田家住宅
俵屋製飴所	金沢市浅野町	天保一頃
野坂　享	金沢市彦三町	二百石藩士の家
宮村家住宅	金沢市三社町	藩の茶坊主の家
直江家住宅	金沢市大野町	醬油醸造　文政八頃
観田家住宅	金沢市金石横町	廻船問屋
林家住宅	金沢市月浦町	お蔵番　明治四
亀田家住宅	金沢市南森本町	十村
江戸村	金沢市湯涌温泉	百万石文化圏
旧山川家住宅	金沢市竪町	質屋　酒屋
旧松下家住宅	金沢市泉新町	煮売り屋
長多伊三次	小松市寺町	十八世紀
米谷半平	小松市安宅	廻船問屋　文政五
北村安彦	小松市安宅	神主　町奉行の旧宅
旧春木家住宅	小松市新保	普門閣
永井新吉	加賀市山代温泉	温泉宿　十八世紀
旧本屋家住宅	加賀市今立町	十村　表千太郎氏住
宮本家住宅	加賀市橋立町	廻船問屋
久保家住宅	加賀市橋立町	廻船問屋
岡部幸雄	羽咋市志雄町荻谷	十村　濠あり
山口克人	羽咋市志雄町見砂	肝煎　十九世紀
池岡直義	七尾市花園町	明治年
柳浦家住宅	七尾市大泊町	
桜井家住宅	七尾市多根町	天平寺の鍵取り
桑原家住宅	七尾市佐々波町	十九世紀
旧刀禰家住宅	輪島市輪島崎	
海士町の集落	輪島市海士町	
時国　宏	輪島市町野町西時国	下時国　十八世紀
時国恒太郎	輪島市町野町南時国	上時国　天保二
角田家住宅	珠洲市狼煙町	
黒丸長次	珠洲市若山町上黒丸	
桜井喜兵衛	珠洲市上戸町	廻船問屋　明治二十
河村新右衛門	石川郡河内村	肝煎
喜多直次	石川郡野々市町本町	酒造　十九世紀
後藤家住宅	石川郡野々市町押野	十村
青木家住宅	石川郡松任町東町	薬店　鷹狩本陣
笠森家住宅	石川郡松任町笠間	肝煎
織田家住宅	石川郡松任町徳光	十村
長基健治	石川郡鶴来町本町	酒造
小倉湧助	石川郡白峰村桑島	庄屋　二階建土蔵造
杉原亀十郎	石川郡白峰村桑島	三階建土蔵造　元治一
山岸家住宅	石川郡白峰村白峰	大庄屋　三階建土蔵造
旧田村家住宅	鹿島郡鹿島町石動山	もと天平寺坊舎
三宅伊右衛門	鹿島郡鹿島町高畠	本陣
座主正盛	鹿島郡鹿島町藤瀬	十八世紀
岡田太郎	羽咋郡志賀町堀松	十村
平家住宅	羽咋郡志賀町字町	
雄谷市郎	羽咋郡高浜町福野	濠　土井
西家住宅	羽咋郡新保町	肝煎
喜多一二郎	羽咋郡押水町北川尻	十村　享保二
酒井家住宅	羽咋郡津幡町竹橋	肝煎　文政年
赤崎の集落	羽咋郡富来町赤崎	漁村
黒島の集落	鳳至郡門前町黒島	
角海家住宅	鳳至郡門前町黒島	廻船問屋
細木板東	鳳至郡穴水町曽良	
坂本三十次	鳳至郡穴水町曽良	十九世紀
泊家住宅	鳳至郡穴水町甲	大正九
諸橋家住宅	鳳至郡穴水町沖波	山廻代官　十九世紀

室木弥次郎	鳳至郡中島町	明治十八
春木盛正	能美郡新丸村新保	十九世紀

福井県

旧山下繁家住宅	敦賀市杉箸	十九世紀
小浜の侍屋敷	小浜市下竹原町及西津	
橋本誠一	大野市宝慶寺	庄屋
大野の大清水	大野市泉町	共同井戸
瓜生守邦	鯖江市水落町	神官　十七世紀
窪田彦左衛門	鯖江市東鯖江町	十八世紀
堀口敏喜	今立郡池田町稲荷	庄屋　十八世紀
山田小覚	今立郡池田町志津原	文政八頃
森田家住宅	坂井郡三国町	廻船問屋
坪川貞純	坂井郡丸岡町上竹田	十七世紀
今庄宿	南条郡今庄町	
旧石倉家住宅	南条郡南条町	鯖波本陣
岡　又蔵	遠敷郡名田庄村今井	
柏木七郎右衛門	丹生郡宮崎村小曽原	十八世紀

山梨県

石川恒吉	甲府市城東	店蔵
上野　正	山梨市東	十七世紀
高野みゆき	塩山市上於曽	甘草屋敷
広瀬　保	塩山市上萩原	居間は土座
星野　奇	大月市花咲	本陣
小林　茂	大月市初狩町	本陣
小俣　徳	北都留郡上野原町鶴島	
赤池政二	西八代郡下部町中屋敷	
門西美貞	西八代郡下部町奥湯	
小尾三千保	北巨摩郡長坂町柿平	
清水幸長	北巨摩郡長坂町下村	
平田長門	北巨摩郡小淵沢町松向	
浅川湖朗	北巨摩郡小淵沢町尾根	
宮沢一郎	北巨摩郡小淵沢町宮久保	
平島彦一	北巨摩郡須玉町	
平井礼二郎	北巨摩郡須玉町	

長野県

松代の侍屋敷	長野市松代町	土塀あり
宮本家住宅	長野市松代町	侍屋敷
上塩尻の集落	上田市上塩尻	蚕種村
伊勢山の集落	上田市伊勢山	養蚕農家
小山茶園鋪	小諸市	店蔵　大看板残る
横内秀雄	松本市中林	本棟造
上原　伝	松本市殿	本棟造
稲荷山の町並	更埴市稲荷山	
永井鹿之助	飯山市西大滝	中門造
高橋重治	飯山市大池	宝暦十二
堀内伸二	塩尻市堀内	本棟造
郷原宿	塩尻市郷原	善光寺街道の宿場
本山宿	塩尻市本山	中山道の宿場
旧竹村家住宅	駒ヶ根市内↑中沢大津渡	貞享一
明場家住宅	駒ヶ根市南割羽場下	代官
小池久雄	伊那市西町	
三沢良信	伊那市西町	問屋　十九世紀
柴　万太郎	伊那市山寺	名主　十八世紀
本海野宿	小県郡東部町本海野	水路あり
石和曾平	小県郡東部町本海野	神官　文化五頃
矢島憲三郎	小県郡東部町本海野	豪華な蚕室もあり
矢島高明	小県郡東部町本海野	明治十年代
矢島静衛	小県郡東部町本海野	旅籠屋

矢島次郎	小県郡東部町本海野	
小野貞雄	小県郡東部町本海野	
小野武雄	小県郡東部町本海野	
関　篤介	小県郡東部町本海野	旅籠屋
関　雅夫	小県郡東部町本海野	旅籠屋
所　誠	小県郡東部町本海野	旅籠屋
佐藤達夫	小県郡東部町本海野	旅籠屋
津軽屋	北佐久郡軽井沢町追分	升形茶屋
安川源内	北佐久郡小田井町小田井	本陣
安川　寛	北佐久郡小田井町小田井	上問屋
尾台員保	北佐久郡小田井町小田井	下問屋　荷蔵残る
望月宿	北佐久郡望月町	
芦田宿	北佐久郡立科町芦田	
土屋　伝	北佐久郡立科町芦田	本陣
佐々木嘉幸	南佐久郡八千穂村	
須田清次	南佐久郡八千穂村上畑	
蔦木宿	諏訪郡富士見町上蔦木	
戸隠中社の社家町	上水内郡戸隠村中社	
武井　磨	上水内郡戸隠村中社	宿坊
旧山田家住宅	下水内郡栄村	中門造　十九世紀
松田屋	上伊那郡高遠町	
小野宿	上伊那郡辰野町小野	
小野寿雄	上伊那郡辰野町小野	本棟造
御堂島五男	下伊那郡大鹿村下青木	安永二
松下胤実	下伊那郡大鹿村上青木	本棟造　文化九
降旗徳弥	東筑摩郡本郷村浅間	本棟造
木曽福島の町並	西筑摩郡木曽福島町	関所跡も含む
米屋	西筑摩郡木祖村藪原	旅籠屋
奈良井宿	西筑摩郡楢川村奈良井	
越後屋	西筑摩郡楢川村奈良井	旅籠屋
櫛屋	西筑摩郡楢川村奈良井	
漆畑の集落	西筑摩郡南木曽町	木地屋の集落
妻籠宿	西筑摩郡南木曽町妻籠	
馬籠宿	西筑摩郡山口村馬籠	
須原宿	西筑摩郡大桑村須原	
三岳の集落	西筑摩郡三岳村	板屋根
神田正和	西筑摩郡開田村西野	十七世紀
山本みつ	西筑摩郡開田村末川	
横沢栄一	北安曇郡白馬村嶺方	十九世紀
曾根原崇之	南安曇郡穂高町新屋	名主　十七世紀
中沢家住宅	南安曇郡三郷村下長尾	

岐阜県

玉井町の町並	岐阜市玉井町	美濃紙の問屋街
大橋勇次郎	大垣市浅草東町	明治二十年代
多治見の町並	多治見市本町	陶器の問屋街
加藤虎一	瑞浪市大湫町	旅籠屋　十八世紀
酒向秀太郎	美濃加茂市加治田	寛政七
林　由是	美濃加茂市太田町	脇本陣　十八世紀
井口康介	中津川市落合	本陣
上三之町の町並	高山市上三之町	
日下部礼一	高山市大新町	明治十二
吉島休兵衛	高山市大新町	明治四十
松本吉助	高山市上川原町	薬種商　十九世紀
旧田中家住宅	高山市冬頭町	板屋根　十八世紀
洲崎	高山市	精進料理屋
旧野首家住宅	高山市西之一色町飛騨民俗館	
飛騨民俗館	高山市西之一色町	

桑原権之助　養老郡上石津村一瀬　十八世紀
高木家住宅　養老郡上石津村多良　川代官
杉田誠平　養老郡牧田村牧田
高橋正明　揖斐郡久瀬村日坂　文化六
纐纈守武　加茂郡白川町黒川
広瀬英一郎　郡上郡八幡町橋本町
村井武雄　郡上郡八幡町山本町
若宮家住宅　郡上郡白鳥町長滝　神官　天明五
加藤悌三　益田郡金山町東沓部　元禄十五
旧大戸家住宅　益田郡下呂町→白川村　合掌造　天保三
渡辺久衛　吉城郡古川町一之町　酒屋
神岡の町並　吉城郡神岡町本町　高原川沿い
富田房吉　吉城郡神岡町杉山
常蓮寺庫裡　吉城郡神岡町吉田　元は民家
尾前万年青　吉城郡神岡町佐古
吉島一郎　吉城郡河合村角川　十八世紀
原家住宅　大野郡高根村日和田　馬親方
荒川家住宅　大野郡丹生川村　庄屋　宝暦五
三島喜一　大野郡荘川村一色　大庄屋　宝暦十三
矢篦原家住宅　大野郡荘川村　合掌造
大田家住宅　大野郡白川村　合掌造
旧遠山家住宅　大野郡白川村御母衣　民族館に転用
荻町の集落　大野郡白川村荻町

静岡県

滝波亀造　安部郡井川村　十七世紀
鈴木家住宅　賀茂郡下田町　十九世紀
松崎の民家　賀茂郡松崎町　なまこ壁
江川家住宅　田方郡韮山町　江川太郎左衛門生家
松城家住宅　田方郡戸田村　和洋折衷　明治八
太田家住宅　田方郡戸田村　座敷蔵もあり
蒲原宿　庵原郡蒲原町
由比宿　庵原郡由比町
森町の町並　周知郡森町
高木蔵三郎　磐田郡豊岡村匂坂　分棟型

愛知県

有松の町並　名古屋市緑区有松町
服部孫兵衛　名古屋市緑区有松町　井桁屋
佐地家住宅　名古屋市東区長塀町　十八世紀
赤坂宿　豊川市赤坂
大橋屋　豊川市赤坂　旅籠屋
御油宿　豊川市御油
芋屋（熊谷武主）　豊川市御油
四家の立場　稲沢市
西川俊治郎　新城市豊津　分棟型
木和田都嗣　南設楽郡作手村木和田　庄屋　十八世紀
村松義明　北設楽郡豊根村坂宇場平瀬
原田吉一　北設楽郡東栄町本郷上小田　分棟型
石黒泰一　羽生郡岩倉町東市場　庄屋　十八世紀

三重県

赤福　伊勢市中之町
岩戸屋　伊勢市
古市の町並　伊勢市古市町
麻吉　伊勢市古市町
万金胆本舗　伊勢市朝熊町
高橋真三　津市白塚　庄屋
一身田の寺内町　津市一身田

山本　一	桑名市西大	神主
松岡繁夫	四日市市日永	木綿問屋
松阪の町並	松坂市	
本居宣長旧宅	松坂市殿町	
国分勘兵衛	松坂市射和町	
石薬師宿	鈴鹿市石薬師	
亀山宿	亀山市亀山	
川戸亀郎	亀山市二丸	
加藤　栄	亀山市西丸	中間部屋
府中宿	上野市佐那具	
関宿	鈴鹿市関町	
尾崎耕三	鈴鹿市関町	
平田宿	阿山郡大山田村	
井上みさゑ	阿山郡阿山村槇山	
小林虎雄	志摩郡阿児町国府	
田畑捨雄	志摩郡磯部町夏草	
近藤助一	員弁郡北勢町阿下喜	
伊勢地宿	名賀郡青山町	
俵屋清右衛門	名賀郡青山町阿保	旅籠屋

滋賀県

坂本の里坊	大津市坂本本町	
堅田の集落	大津市堅田	
魚屋町の町並	彦根市魚屋町	
四十九町通の町並	彦根市四十九町	
安居喜七	彦根市金亀町	木俣屋敷
鳥居本宿	彦根市鳥居本町	
有川嘉秀	彦根市鳥居本町	漢方薬屋　宝暦五
中村元麻呂	彦根市観音堂筋町	侍屋敷　十九世紀
小西正黄	八百市市神田町	十八世紀
新町・池田町の町並	近江八幡市	近江商人
西川兵五郎	近江八幡市新町	
草津宿本陣	草津市草津町	
養老亭	草津市	
長浜の問屋街	長浜市朝日町	
集福寺の集落	伊香郡西浅井村集福寺	
辻　秀太郎	伊香郡西浅井村祝	庄屋
菅浦の集落	伊香郡西浅井村菅浦	
上田宇三郎	伊香郡西浅井村庄	
宮部重右衛門	伊香郡木之本町黒田大沢	
小山信治	伊香郡木之本町小山	
池富士太郎	東浅井郡浅井町七尾南池	
中村市右衛門	東浅井郡琵琶村八木浜	代官
もぐさ屋	坂田郡山東町柏原	
多賀の町並	犬上郡多賀町	多賀神社門前
大角弥右衛門	栗太郡栗東町六地蔵	漢方薬屋
金堂の集落	神崎郡五個荘町金堂	近江商人
日野の町並	蒲生郡日野町南大窪町ほか	近江商人
桝屋	甲賀郡水口町	旅籠屋
滝川重郎	甲賀郡甲賀町	享保二
洞　光吉	甲賀郡信楽町上朝宮	十八世紀
福島隆輔	甲賀郡石部町石部	庄屋　十九世紀

京都府

二条陣屋	京都市中京区大宮通御池	
宮脇売扇庵	京都市中京区六角通富小路	扇屋　慶応一頃
畑　源次	京都市中京区大宮通錦小路	

森島法衣店	京都市中京区油小路御池	
藤井源四郎	京都市中京区間之町御池	
井山吉良	京都市中京区富小路通姉小路	
信江基次	京都市中京区富小路通御池	
先斗町の町並	京都市中京区先斗町	茶屋街
西陣の町並	京都市上京区西陣、北野	
加藤武夫	京都市上京区寺の内堀川	つづれ織屋
奥谷修吉	京都市上京区天神道下立売	典医
川井清行	京都市上京区下立売西大路	
山中小兵衛	京都市上京区下立売智恵老院	
中里	京都市上京区七軒町	お茶屋
角屋	京都市下京区西新屋敷揚屋町	揚屋
祇園の茶屋街	京都市東山区祇園町	
一力	京都市東山区祇園町	お茶屋
富美代	京都市東山区	お茶屋
産寧坂の町並	京都市東山区	
広瀬淑彦	京都市東山区大和大路	
田中幾太郎	京都市東山区山科四宮堂後町	お茶屋
上賀茂の社家町	京都市北区上賀茂	
岩佐氏熈	京都市北区上賀茂	社家
山本俊顕	京都市北区上賀茂	社家
山植安之祐	京都市北区鷹峯堂の庭	
松野隆男	京都市北区鷹峯光悦寺近く	
岩鼻源治	京都市北区杉坂都町	納戸構残る
日下部左右衛門	京都市北区小野郷小野	
野路井盛之	京都市右京区嵯峨大覚寺門前町	
鳥居本の集落	京都市右京区鳥居本	鮎の宿
若松草瑤	京都市左京区大原井出町	
小林新太郎	京都市左京区大原草生町	享和二以前
伏見の町並	京都市伏見区京町その他	造り酒屋と酒蔵
山本家住宅	京都市伏見区上油掛町	酒屋
乾　武雄	京都市伏見区羽束市古川町	
平等院の門前町	宇治市	
多田九郎右衛門	向日市東段	油屋
勝竜寺の城下町	長岡市	
柳谷の門前町	長岡市	
亀岡の御旗町	亀岡市	御徒士町
福井孝治	亀岡市安町	享保九
竹岡　林	亀岡市本梅町東加舎	角屋
旧岡花家住宅	綾部市本宮町↑船井郡瑞穂町	
三浜の町並	舞鶴市三浜海岸	廻船問屋
三浜の舟小屋	舞鶴市三浜海岸	
徳永長太郎	舞鶴市三浜	庄屋　十八世紀
大浦の集落	舞鶴市大浦半島	
荒木俊太郎	舞鶴市岡田大川	社家　明和二
東一口の集落	久世郡御牧町東一口	漁村
山田賀誠	久世郡御牧町東一口	

八幡の遊郭	綴喜郡八幡町	
伊佐慎吾	綴喜郡八幡町上津屋	
平間荘太郎	綴喜郡井手町多賀	高塀造
岡村の集落	綴喜郡田辺町大住	
沢井公雄	綴喜郡田辺町大住	元文五
酬恩庵の門前村	綴喜郡田辺町	
草内の集落	綴喜郡田辺町	
上狛の集落	相楽郡山城町上狛	環濠
小林せつ	相楽郡山城町上狛	高塀造
鳥羽宿	船井郡八木町	
園部の町並	船井郡園部町	
井上の集落	船井郡丹波町元高屋村	
蕨の集落	船井郡丹波町	
吹上信太郎	北桑田郡京北町上黒田	
下平屋の集落	北桑田郡美山町下平屋	
小林親三	北桑田郡美山町下平屋	妻入　文政三
木戸庄太郎	北桑田郡美山町下平屋	
村田啓太郎	北桑田郡美山町島	
伊根の集落	与謝郡伊根町	漁村
蒲井の集落	熊野郡久美浜町蒲井	漁村
甲山の集落	熊野郡久美浜町甲山	漁村
吉岡　稔	熊野郡久美浜町長野	笹葺

奈良県

古梅園	奈良市椿井町	墨屋
高阪禎泰（新惣）	奈良市南魚屋北町	布屋
細川六兵衛	奈良市南城戸町	ろうそく屋　十八世紀
藤岡忠三郎	奈良市元興寺町	十八世紀
細田与一	奈良市北御門町	
破石の社家町	奈良市破石町	
井岡櫓清	奈良市高畑町	十八世紀
城東の侍屋敷	大和郡山市	
郡山の遊郭	大和郡山市	
菊屋	大和郡山市柳町	和菓子屋
稗田の集落	大和郡山市稗田町	環濠
今井寺内町	橿原市今井町	
今西一郎	橿原市今井町	八棟造　総年寄　慶安三
豊田敬高	橿原市今井町	八棟造　旧木屋の家
新堂屋	橿原市今井町	十八世紀
音村九郎	橿原市今井町	
旧米谷家住宅	橿原市今井町	
高木正次郎	橿原市今井町	
中橋政治	橿原市今井町	
上品寺屋	橿原市今井町	酒屋
中村勝久	御所市名柄長柄	十七世紀
栗山正一	五條市五条	もと大坂屋　慶長十三
岡村四郎兵衛	五條市野原町	代官
堀　栄三	吉野郡西吉野村和田	
西田敏一	吉野郡西吉野村鹿揚	
辻　鶴吉	吉野郡十津川村	享保十
旧丸太家住宅	吉野郡十津川村	
菊家	添上郡月瀬村	
中　則夫	生駒郡安堵村窪田	
村井好之助	北葛城郡新庄町道穂	
片岡彦左衛門	宇陀郡大宇陀町田原	
大宇陀の町並	宇陀郡大宇陀町	
山岡武雄	宇陀郡大宇陀町迫間	

和歌山県

嘉家作丁の侍屋敷	和歌山市嘉家作町	
太田　清	和歌山市嘉家作町	郷土　十九世紀
揖本重一	和歌山市禰宜	大庄屋　もと中筋家
雑賀崎の集落	和歌山市雑賀崎	漁村
田浦の集落	和歌山市田浦	漁村
小松原宿	御坊市小松原	
元町の町並	御坊市元町	寺内町
東町の町並	御坊市東町	寺内町
黒江の町並	海南市黒江町	漆器町
柳川平兵衛	海南市黒江町	大庄屋　文化年
戸津井の集落	日高郡由良町戸津井	漁村
塩津浦の集落	海草郡下津町塩津	漁村
谷山寅吉	海草郡下津町塩津	寛延二
粉河寺の門前町	那賀郡粉河町	
根来寺の門前町	那賀郡岩出町	
増田　鐘	那賀郡岩出町曽屋	大庄屋　宝永三
妹瀬武雄	那賀郡那賀町名手市場	地子頭　享保三
守安義雄	伊都郡かつらぎ町大畑	十七世紀
中谷伊太郎	伊都郡かつらぎ町大畑	十七世紀
河根宿	伊都郡九度山町河根	
花阪宿	伊都郡高屋町花阪	
神谷宿	伊都郡高屋町神谷	
近露の集落	西牟婁郡中辺路町	
高原の集落	西牟婁郡中辺路町	
土尻寿一	東牟婁郡那智勝浦町	

大阪府

春篁堂	大阪市東区今橋	
緒方洪庵旧宅（適塾）	大阪市東区北浜	大阪大学管理
山口家住宅	堺市錦之町東	十七世紀
梶　浩	茨木市道祖本	椿の本陣　享保六
芥川宿	高槻市	西国街道宿場町
枚方の旅籠町	枚方市岡本町、三矢町	京街道沿い
富田林の町並	富田林市本町、寺内町	
杉山好彦	富田林市	
旧山本盛太郎家住宅	河内長野市小深	
相宅家住宅	河内長野市天見	
北田騰造	交野市私部	代官
中小阪の集落	東大阪市	
三田　実	柏原市今町	明和五
田中静子	泉大津市助松	
岸和田の町並	岸和田市	
貝塚の寺内町	貝塚市	
貝塚の廻船問屋街	貝塚市北、西、中	
奥村ノブ子	泉佐野市樫井	十七世紀
吉村要治郎	羽曳野市島泉	大庄屋　十七世紀
塩野家住宅	羽曳野市広瀬	
民家集落	豊中市服部緑地	日本民家集落博物館
池田の町並	池田市栄町、本町	造り酒屋街
平島文太郎	泉南郡泉南町信達市場	
旧中家住宅	泉南郡熊取町五門	
古西　一	泉南郡熊取町久保	
降井家書院	泉南郡熊取町大久保	
竹内街道の集落	南河内郡太子町	
吉川甚之助	南河内郡狭山町半田	十八世紀

兵庫県

箱木　勇	神戸市兵庫区山田町衝原	千年家　室町時代

東本藤太郎	神戸市兵庫区有野町上唐櫃	宝暦七
東本文太郎	神戸市兵庫区有野町上唐櫃	元禄四
三木の町並	三木市	
粟生の町並	小野市粟生	
堀家住宅	竜野市日飼	
青山正俊	加西市殿原	
内藤　卓	加西郡北条町久満	
三木庸一	神崎郡福崎町田原辻川	大庄屋　元禄年
篠山の町並	多紀郡篠山町	侍屋敷と商家
小林宗和	多紀郡篠山町	侍屋敷　草葺長屋門
出石の町並	出石郡出石町材木町	
室津の町並	揖保郡御津町室津	
永富ゆきゑ	揖保郡揖保川町新在家	文政五
竹田宿	朝来郡和田山町	
関宮の民家群	養父郡関宮町	養蚕農家
古井徳治	穴粟郡安富町皆河	
平福宿	佐田郡佐田町	土蔵群　因幡街道
沼島の集落	三原郡南淡町沼島	漁村

鳥取県

鳥取の侍屋敷	鳥取市東町、江崎町、栗谷町	
西尾清則	鳥取市赤子田	大庄屋
倉吉の町並	倉吉市東仲町	
高田家住宅	倉吉市	酒屋
黒田信市	西伯郡大高村泉	元禄十五
中島清太郎	西伯郡大山町飯戸	
村上正明	西伯郡大和村中間	
橋津の集落	東伯郡羽合町橋津	藩倉と民家
尾崎弘恒	東伯郡羽合町宇野	庄屋　文政年
福田栄治	岩美郡国府町紙子谷	十七世紀
矢部孝治	八頭郡八東町用呂	十七世紀
三百田郁夫	八頭郡若桜町吉川	元禄十一
森田寿信	八頭郡郡家町大坪	宝暦年

島根県

松江の侍屋敷	松江市北堀町	
塩見家住宅	松江市北堀町	旧滝川家住宅
平田の町並	平田市本町	妻入町屋
木佐徳之助	平田市本町	本陣
錦織久蔵	平田市万田	
田中精一	安来市飯尾	天明三
沢津アヤ	江津市跡市	十九世紀
森　愛子	江津市都治本郷	
渡辺寿一	大田市大代町新屋	明和頃か
大森銀山の集落	大田市大森町	郷宿と町屋
小笠原久雄	大田市大国	文政一
美保関の町並	八束郡美保関町	
定秀幹夫	八束郡宍道町	
木幡吹月	八束郡宍道町	本陣
斐川の散居村	簸川郡斐川平野	
俵屋	簸川郡大社町	まんじゅう屋
千家住宅	簸川郡大社町	神官
山根政雄	簸川郡大社町修理免本郷	
矢利安市	簸川郡大社町日御碕	
佐々木家住宅	周吉郡西郷町釜	寛政頃
堀江太吉	飯石郡吉田村民谷	
田辺長右衛門	飯石郡吉田村	菅谷にたたらあり

森山茂樹	飯石郡頓原町花栗	
尾原省三	邑智郡邑智町簗瀬	享保以前
河上祐信	邑智郡国府町宇津井	慶安四か
梅津国介	美濃郡都茂村太神楽	
津和野の町並	鹿足郡津和野町	侍屋敷と土蔵
橋本家住宅	鹿足郡津和野町	酒屋
沢田茂利	仁多郡横田町亀ケ市	十八世紀
卜蔵運兵衛	仁多郡横田町竹崎	
川島　豪	仁多郡仁多町高尾	

岡山県

吉備津神社の門前町	岡山市吉備津	
足守の陣屋町	岡山市足守	
津山の侍町	津山市田町	
倉敷の町並	倉敷市新川町、前神町	
大原総一郎	倉敷市新川町	
小山収二	倉敷市前神町	十八世紀
旧砂糖問屋	倉敷市前神町	現在旅館くらしき
井上栄夫	倉敷市本町	十六～十七世紀
楠戸与平	倉敷市東町	はしまや　明治二十
大橋平右衛門	倉敷市阿知町	
梶谷堅一郎	倉敷市酒津	天明三か
野崎家住宅	倉敷市味野	庄屋　新座敷　長屋門
中村家住宅	総社市木広田	寛政年
宇藤木の集落	玉野市宇藤木	
大江寿満子	玉島市道口	十八世紀
高梁の侍屋敷	高梁市石火矢町	城下町
真鍋島の集落	笠岡市真鍋島本浦、岩坪	漁師町
大国　武	和気郡和気町尺所	八棟造　酒屋
万波憲治	和気郡和気町宿	大庄屋　十七世紀
広山和雄	苫田郡富村富東谷	庄屋兼神官
神坂家住宅	久米郡久米南町弓削	
黒田家住宅	御津郡賀茂川町小森	寛政五
岡崎家住宅	上房郡有漢町有津井	庄屋
矢掛宿の町並	小田郡矢掛町	山陽道
石井遵一郎	小田郡矢掛町夷町	本陣　座敷は元禄年間
高草洋太	小田郡矢掛町東町	脇本陣
福武憲夫	小田郡矢掛町横谷	庄屋
牛窓の町並	邑久郡牛窓町	港町
辻本店	真庭郡勝山町	
成羽の陣屋町	川上郡成羽町	
本倉家住宅	川上郡成羽町羽山	庄屋

広島県

鞆の遊女町	福山市鞆町	
保命酒本舗	福山市鞆町	
岩屋酢店	福山市鞆町	
照隅堂	三原市八幡字箒	照隅人日草堂
富田俊一	三原市東町	十八世紀
竹原の町並	竹原市上市、下市	
吉井耕一	竹原市竹原町	
草津の町並	広島市草津	
小泉来兵衛	広島市草津東町	酒屋
岩国の侍屋敷	岩国市	
三次の町並	三次市	
神辺宿	深安郡神辺町	
菅波堅次	深安郡神辺町川北	本陣　天保六
廉塾	深安郡神辺町	
三良坂の町並	双三郡三良坂町	
旛山角郎	双三郡三良坂町灰塚	十七～十八世紀

生田市の宿	高田郡三土里町生田市	
西条の町並	賀茂郡西条町本町	酒蔵群
旧島英三家住宅	賀茂郡西条町	
木原　静	賀茂郡高屋町白市	寛文五
江村家住宅	神石郡三和町上村	享保三
岡田家住宅	甲奴郡上下町矢野	寛政年
旧清水兼一家住宅	山県郡芸北町樽床	
千葉利之助	安芸郡海田市町	本陣
荒木実夫	比婆郡比和町森脇	十七〜十八世紀
堀江嘉隆	比婆郡高野町中門田字城山下	十七世紀
帝釈の町並	比婆郡東城町帝釈	
館町の町並	比婆郡東城町	準城下町
宮島の門前町	佐伯郡宮島町	厳島神社門前町
御手洗の町並	豊田郡豊町御手洗	大崎下島
若ゑびす屋	豊田郡豊町御手洗	現在御手洗会館
登能伝三	豊田郡豊浜村大浜	十九世紀

山口県

萩の町並	萩市	城下町
熊谷敦義	萩市魚谷町	
菊屋嘉十郎	萩市呉服町	
防府の町並	防府市中関本町	港町
長府の町並	下関市長府	城下町
宝積の町並	光市宝積	
柳井津の町並	柳井市	
河本初太郎	玖珂郡美和町	十七〜十八世紀

徳島県

高島の集落	鳴門市鳴門町高島	塩田従事者の集落
野沢秤店	鳴門市	
石井町の藍屋	名西郡石井町	
久次米健太郎	板野郡藍住町奥野	藍屋
井上牛五郎	板野郡応神町古川	藍屋
脇町の町並	美馬郡脇町中町	藍商人の土蔵
稲田の町並	美馬郡脇町	城下町
川島の町並	麻植郡川島町	城下町
喜多九平	三好郡東祖谷村大枝	宝暦十三
喜多　操	三好郡東祖谷村落合	明治四
岩本武馬	三好郡西祖谷山村重末	
常石チエ子	三好郡池田町湊川三縄	
川人儀一	三好郡池田町西山洞草	

香川県

小比賀政一	高松市壇紙町御厩	庄屋　十七〜十八世紀
木村孝治	高松市壇浦	
仏生山の町並	高松市仏生山町	法然寺門前町
小松家住宅	高松市仏生山町	
女木島の集落	高松市女木島	漁師町
室本の集落	観音寺市室本	
勤番所	丸亀市塩飽本島	
尾上梅太郎	丸亀市広島町立石	廻船問屋
由佐騰三	香川郡香川町由佐	
多度津の町並	仲多度郡多度津町	町屋と侍屋敷
武田　明	仲多度郡多度津町鶴橋	三蓋造
ゑびす屋	仲多度郡多度津町港ぎわ	旅館
見立の集落	仲多度郡多度津町見立	
西野商店	仲多度郡琴平町	酒屋
林茂家住宅	仲多度郡琴平町西山	旧宮司宅
阿波町の町並	仲多度郡琴平町阿波町	刃物屋
塩田　清	三豊郡仁尾町	

猪熊金寿	大川郡白鳥町本町	神官
平賀源内生家	大川郡志度町	
恵利克己	大川郡大川町新名	十七世紀
長尾寺の門前町	大川郡長尾町	
八代田四郎兵衛	小豆郡土庄町淵崎	
苗羽の町並	小豆郡内海町苗羽	醬油蔵

愛媛県

豊島　豊	松山市井門	八棟造
温泉本館	松山市道後温泉	共同浴場　明治二十七
味生の集落	松山市南斎院町仲屋	
大洲の町並	大洲市	城下町
梶田醬油店	大洲市	
油屋	大洲市	川魚料理屋
塩ノ町の町並	大洲市	城下町
新谷の町並	大洲市新谷	城下町
藤縄の集落	大洲市藤縄	
宇和島の町並	宇和島市	城下町
伊予市の町並	伊予市	
小野　栄	上浮穴郡久万町菅生	十七〜十八世紀
三浦敏夫	越智郡岩城村岩城島	大庄屋
保井野の集落	周桑郡丹原町	山村
八日市の町並	喜多郡内子町	
清水薬局	喜多郡長浜町	
竹葉醬油店	北宇和郡松野町松丸	
外泊の集落	南宇和郡西海町外泊	石垣の村

高知県

武市半平太生家	高知市仁井田	
浜田の泊屋	宿毛市山奈町芳奈	若者宿
安芸の町屋	安芸市	水切瓦をつけた町屋・土蔵
土居の侍屋敷	安芸市土居	
岩崎弥太郎生家	安芸市井ノ口	
室戸岬付近の集落	室戸市	防風壁
甲浦の町並	安芸郡東洋町	漁師町
山中秀樹	土佐郡本川村越裏門	十七世紀
伊東松島	土佐郡本川村桑瀬	
錦織家住宅	長岡郡介良村白水	
竹内　茂	幡多郡大正町	

福岡県

北原白秋生家	柳川市	
柳川の町並	柳川市	水路沿いの土蔵・町屋
秋月の町並	甘木市秋月町下秋月	城下町
戸波家住宅	甘木市秋月町秋月郷土館内	三百石馬廻組の侍屋敷
豊島秀利	甘木市秋月町下秋月	妻入り町屋
高崎　隆	甘木市秋月町下秋月	妻入り町屋
栗野友則	甘木市秋月町下秋月	妻入り町屋
八女の町屋	八女市東古松町、本町	仏壇作る家その他
高橋　務	八女市本町	十九世紀
高橋祐二	八女市本町	酒屋　十九世紀
牛島利七	八女郡立花町山崎	
松崎の町並	三井郡小郡町松崎	
山家の町並	筑紫郡筑紫野町山家	
内野の町並	嘉穂郡嘉穂町内野	
彦山の宿坊	田川郡添田町	
豊津の町並	京都郡豊津町	城下町

佐賀県

野中烏犀園	佐賀市	
武富栄助	伊万里市伊万里町今町	
袋　善六	多久市西多久町宿宇野間口	くど造　十八世紀
森永堂	小城郡小城町	小城羊かん
くど造の集落	小城郡芦刈町、杵島郡白石町福富町	
嘉村大作	神埼郡三ツ瀬村三ツ瀬山中	十七世紀
広滝勝太郎	神埼郡背振村広滝上	くど造　十八世紀
山口善吾	佐賀郡川副町大詫間	くど造　十八世紀
高岸鹿之助	佐賀郡大和町久留間	くど造
南川良原の集落	西松浦郡有田町南川良原	陶工の家
有祥堂	西松浦郡有田町	有田焼問屋

長崎県

大村の侍屋敷	大村市上小路、下小路	
野口家住宅	諫早市	野口弥太郎生家
島原の侍屋敷	島原市下新丁	
松崎才治	島原市安中町馬場丁	
高橋源十郎	平戸市新町	酒屋
福江の侍屋敷	福江市福江町	
小田鯛男	北松浦郡小値賀町笛吹	元禄前か
鳥山源作	北松浦郡生月町境目触下宿	十九世紀
太田敏治	東彼杵郡佐波見町尾郷	十八世紀
厳原の侍屋敷	下県郡厳原町今屋敷	
主藤長太郎	下県郡厳原町豆酘瀬	
豆酘瀬の群倉	下県郡厳原町豆酘瀬	
椎根の群倉	下県郡厳原町椎根	
鳥居　伝	上県郡峰村木坂	
山田富義	上県郡上対馬町豊	

熊本県

松花堂	熊本市	薬屋　明治年
園部　稔	熊本市田迎町	
牛深の町並	牛深市牛深	漁師町
渡辺精一郎	菊池市袈裟尾	別釜屋　十八世紀
永田　久	菊池郡七城村返田	別釜屋
御船の町並	上益城郡御船町	酒蔵
堂本　学	球磨郡五木村	
桑原　過	球磨郡錦町	曲屋　十九世紀
太田良穂	球磨郡多良木町	別棟造系統
菅　晃生	阿蘇郡一宮町坂梨	
境　亘	玉名郡玉東町	コの字型平面　十九世紀

大分県

日田の町並	日田市豆田町、川原町	
草野家住宅	日田市	油屋
中津の町並	中津市	
小手川酒造場	臼杵市	安政年
杵築の侍屋敷	杵築市北台	
竹田の侍屋敷	竹田市	
国実竜男	西国東郡香々地町上香々地	庄屋　十八世紀
三浦梅園旧宅	東国東郡安岐町	
高倉木圭	速見郡日出町平道	

宮崎県

飫肥の侍屋敷	日南市飫肥楠原	

那須正敏　東臼杵郡椎葉村下福良　鶴富屋敷　十九世紀
那須正己　東臼杵郡椎葉村小崎　十九世紀
旧椎葉家住宅　東臼杵郡椎葉村　十九世紀
藤田平雄　西臼杵郡五ヶ瀬町　天明七
黒木嘉民　西諸県郡高原町　別棟造　十九世紀

鹿児島県

両棒餅屋　鹿児島市
祁答院重幸　大口市里　郷士　別棟造　十八世紀
知覧の府本集落　川辺郡知覧町　郷士集落
山下瀬正　囎唹郡大崎町仮宿　嘉永六
甑島の納屋群　薩摩郡里村
折小野平庄衛門　薩摩郡宮之城町折小野　別棟造　十八世紀　廃屋
母間の集落　大島郡徳之島町
瀬利覚の集落　大島郡知名町瀬利覚沖永良部島
久保家住宅　大島郡知名町知名沖永良部島　別棟造
大和浜の群倉　大島郡大和村大和浜奄美大島　高倉

沖縄県

金城町の侍屋敷　那覇市金城町
中村　信　沖縄本島中城村
宮良家住宅　石垣島石垣市　十九世紀
波座間の集落　竹富島竹富町

あとがき

これは、美術出版社のおすすめで、前に出版された「日本の民家」全一〇巻の本文をまとめたものであります。前に概説を加え、本文にはかなりの改訂増補を加えました。各地方の民家を地方別に語っているのはもちろんのことでありますが、民家に関する基本事項も、それぞれ各地にわりふって説明してあります。

たとえば室町時代の民家から江戸時代の民家への一般的発展については、山陽路のなかで説きました。これは、その地方に千年家という室町時代の民家があり、室町時代の民家の記録（岡山県新見市郊外の民家）があるので、そこで説明するのがふさわしいと考えられたからであります。

なお私が、もう現存しない中世民家に数多くの頁をさいたのは、単に人々にしられていないからではなくして、近世民家形成の基盤は、百鬼夜行してきまった形をもつことができなかった動乱の時代——南北朝時代から戦国時代にいたる二五〇年の間に形成されたと考えるからであります。苦悩と貧苦と乱世の時代こそ、大事であり意味があったということを強調することは、けっして無駄ではないでしょう。

伊藤ていじ

解説

土本俊和

民家は生きてきた

本書を読み解く鍵はこの表題にある。このことばにより、伊藤ていじは読者に謎をかけた。なぜ、民家は生きていた、ではないのか。なぜ、民家は生きている、ではないのか。なぜ、民家は生きていく、ではないのか。一見すると、当時の論客の多くが用いようとした発想の逆転が「民家は生きてきた」ということばのなかにあるように見受けられる。しかし、このことばは、既成の事実判断や価値判断を逆さまに解釈しようとするような逆転の発想に基づく以上に、互いに対立する事実と価値を併せ持ちつつ、その対立を超えていく未来への方向性を模索しようとしている。

生きるということばが持つ正の価値を伴って捉えられる民家のなかの諸々の事柄のうち、継承されるべきことと切断されるべきことの差異を伊藤ていじは考察の鍵に据えていた。さらに、「生きてきた」という完了形を「民家」に添えることによって、継承されるべき点と切断されるべき点の双方が民家にあるということとを示した。つまり、「生きてきた」ということばに切断されるべき側面を含め、読者にそれを示そうとした。

『民家は生きてきた』が美術出版社から刊行されたのが一九六三（昭和三八）年であった。この刊行に先行して、伊藤ていじは二川幸夫による建築写真を伴って、『民家は生きてきた』の初出原稿となる『日本の民家』（美術出版社、一九五七～五九年）の解説を執筆していた。執筆されたその当時は、現代に比べるとはるかに、民家が実際に生きている状態にあったが、同時に、民家が生きていない状態も確実にはじまっていた。執筆当時の時代背景として、このような状態を民家に想定しつつ、継承されるべき側面と切断されるべき側面の例を『民家は生きてきた』から二つ取り上げてみよう。

＊

信州には他の地方よりもおそくまで中世的な隷農が残存していた。これらの隷農は松本平や佐久平では門屋《かどや》、伊那地方では被官といわれていた。ことに伊那の天竜川東の山間部では明治にいたるまでこうした親方――被官制度が残っていた。江戸時代はじめの慶安三年（一六五〇）に北安曇郡東小谷《おたり》中屋村では、本屋二十三世帯にたいし門屋は十九世帯もあった。複合家族の世帯が多いので夫婦単位で数えると本屋の住居に住む者四十五夫婦、門屋の住居に住む者二十七夫婦であった。実際にはこのほか一生結婚もさせてもらえない下男下女たちがいた。（本書一三五頁）

＊

門屋や被官が残っていたとされる地域は、今日、本棟造と呼ばれる民家が遺存している地域に重なっている。現在、この建築遺構の数多くを実測調査することができる。実測調査中にヒアリングを行えば、下男下女のいた居室を本棟造のなかに見いだすことができるだろう。しかし、「門屋の住居に住む者」に対応する建築遺構を見いだすことはままならないのではないか。おそらく、堅固に構築された本棟造という「本屋の住居」とは対照的に、「門屋の住居」はほぼことごとく取り壊されてしまったのであろう。この判断が正しければ、「門屋の住居」は過去完了形の民家といえる。

「門屋の住居」とは対照的に、現在、世界文化遺産として保存されている合掌造という民家がある。伊藤ていじは継承と断絶の双方を以下のように記している。

＊

いずれにしても白川郷の合掌造は封建制の重圧と山間僻地の低い生産力のもとに生れでた悲劇の民家形態ということができるだろう。合掌造はほろびなければならないし、またほろびさりつつある。重苦しい生活がくりかえされ、オジ・オバたちが逃亡しなければならなかった時代においては、たとえ憩いの日があったにせよ合掌造は憎しみと嘆きの象徴でもあったろう。しかし農民の高らかな凱歌があがる今日では、悲劇の合掌造も逞しい壮大な白川農民の記念碑として、高く位置づけることができるだろうし、また敬愛の心をもって保存しなければならないと思う。（本書一八六頁）

＊

「オジ・オバたち」とはどのような人たちであったのか。伊藤ていじは以下のように記す。

＊

こうした大家族のなかで結婚して同居できるのは家長夫婦と家長たるべき者としてのアニだけであった。それ以外の男子であるオジとそれ以外の女子であるオバとはヨバイによるナジミ婚がふつうであった。男たちはデエ、ウマヤ、ウスナワの上に設けられた中二階に分散してねたが、女たちはチョウダという窓のない密閉した寝室でねた。チョウダの入口の近くには家長夫婦がねた。もし

アニに嫁があれば家長夫婦はデエにねて、アニがチョウダを守った。（本書一八〇〜一八一頁）

伊藤ていじは、このような状態にあった人々を念頭におきながら、合掌造を、「ほろびなければならない」としつつ、「保存しなければならない」とした。「ほろびなければならない」理由が「封建制」にあり、「保存しなければならない」理由が「逞しい壮大な白川農民の記念碑」にあった。

＊

一方で、「封建制」に起因する「悲劇の民家形態」のうち、建築的な観点のみから合掌造の「民家形態」を評価したブルーノ・タウトのような建築家がいた（ブルーノ・タウト『日本の美の再発見』岩波書店、一九三九年）。他方で、建築的な観点からの評価をしりぞけて、「下級人民の向上発展」を中世後期京都に即して評価しようとした内藤湖南のような歴史家がいた（内藤湖南「応仁の乱について」『日本文化史研究（下）』講談社、一九七六年、一九二一年初出）。ブルーノ・タウトと内藤湖南は対照的であるが、伊藤ていじの立場は彼らのいずれとも異なる。伊藤ていじは、合掌造の「民家形態」に「悲劇」と「記念碑」との対立する二項目を見て、「ほろびなければならない」としつつ、「保存しなければならない」としていた。この二項目はそれぞれがひとつの「民家形態」のなかで両立することができない方向性を未来に示している。

伊藤ていじのこのような視点は『民家は生きてきた』にはじまったものではない。伊藤ていじの学問上の最大の業績が『中世住居史』（東京大学出版会、一九五八年）である。『中世住居史』は、『民家は生きてきた』に先行する著作であり、いまなお建築と都市を日本に即して歴史的に考察するうえで欠くことのできない大著である。

中世住居史

『中世住居史』にどのような記述が見られるのか。「中世住居史」という題目には「封建住居の成立」という副題が添えられており、「まえがき」には以下のことばが見られる。

＊

ここでとり扱っている時代は、主として応永年間から元禄時代までである。この時代は中世住居が崩壊して近世住居が形態的にも技術的にも確立してゆく時期であるが、この転換期の住居の性格を把握することは、現存在住居の基盤を理解するのに不可欠の要素であると考えられる。いわば現代住居において癌となっている封建的性格が、その当初においていかなる意味と性格をもって登場し、一般化したかについて述べるのが主要な目的である。（『中世住居史』第二版、一頁）

＊

「現代住居において癌となっている封建的性格」という表現が伊藤ていじの立場を鮮明に示す。しかし、この著作のなかで「封建的性格」は具体的に示されていない。

『中世住居史』には奈良に即した深い考察がある。その記述も奈良が最も多い。伊藤ていじは、この著作をまとめるに先立って、恩師の関野克から委任された奈良市民家調査を一九五〇年一二月から五一年一月にかけて実施し、「第二回奈良市民家調査研究報告」（『住宅研究』八号・九号合本、一九五五年）としてひとりで書き上げていた。この研究報告には、様々な研究方法が試みられているが、「封建的性格」を把握しようとする意志がはっきりしている。たとえば、「仮小屋居住」の項に以下の記述が見られる。

＊

同居も非住家居住もできない者が数多くあつた。彼等は仮小屋居住をしなければならなかつた。

それは、借家以下のあり方として仮小屋を自らの労働で建設しなければならなかつたことを意味した。大工にも頼めない者は、勿論土地をもつていなかつたし、借地権も土地も買うことはできなかつた。ここに於て「自己所有」にもあらず「借地」でもない別な土地占有形式が生れた。我我はともすれば民家における土地の占有形式を「自己所有地」と「借地」との二つに分けて考えがちである。法律的にはそれで一応の分類となるけれど、我我が住生活の問題を取扱う場合、この分類は不十分である。（『第二回奈良市民家調査研究報告』五一～五二頁）

＊

「仮小屋居住」のほとんどすべてが同和地区にかぎられている点を指摘し、『未解放部落の實証的研究』（奈良県民政労働部同和問題研究会、一九五三年）を参考文献として掲げるとともに、「深く謝意を表する」とした計九人の「芳名」に「奈良県同和問題研究所　吉村清太郎氏」を「まえがき」で掲げている。伊藤ていじは「封建的性格」を『第二回奈良市民家調査研究報告』で示していた。

＊

地割先行型と建物先行型

以上を踏まえつつ、伊藤ていじから筆者が受けた薫陶を以下に述べてみたい。この作業を通じて、伊藤ていじの輪郭を捉える。

伊藤ていじは、小規模な建造物の間口幅が狭い敷地のなかで広がっていくという現象がはじまる前提には、零細な地割形式と零細な土地所持の一体化がある、と以下に見るように『中世住居史』のなかで判断していた。

住居建設の単位が家主層単位である間は、地割形式はそのままでは住居に影響を与えることはない。なぜならば地割を自由にかえうる権利は原則的には処分権の一部として家主にあったと考えられるからである。（『中世住居史』第二版、一七七頁）

＊

つまり、間口の狭い敷地の形状が個々にあって、その個々の形状に対応した土地の所有が個々に進行していった過程を前提として、小規模な建造物が狭い間口規模にしたがって都市のなかで稠密に立地していく、と考えていた。その結果として、零細地割形式つまりマチヤにおいては、とくに狭い間口規模の敷地が個々に公に認められるとともに、その敷地割に対応した小規模な建物がたつようになる、としていた。

＊

土地条件の制約とは直接には屋敷間口いっぱいに住居が建設され、それ以上巾広く建設できない状態をさすものである。通常屋敷の奥行は長いので住居の建設を制約することはない。これが近世のように土地条件によって住居が制約されるためには、少くとも一住居あたりの規模の増大と、別家層の独立＝中小家主層の広汎な成立――これに伴う零細地割と零細土地所持との一体化をまたねばならないといえる。（『中世住居史』第二版、一七七～一七八頁）

＊

以上の観点を前提として、都市あるいは建築の成立過程を考察するならば、住居は独立した建物からはじまったと考えるしかない。この点からして、すでにこの前提には限界がある。伊藤ていじのこの前提を、いわば逆転の発想により、批判的に発展させたのが野口徹であった。野口徹の学位論文の一部をまとめた『中世京都の町屋』（東京大学出版会、一九八八年）から、この発想の内容を把握することができる。野口徹の発想は、土地の上物である建物の所有権が形成されたのち、その建物の所有権の区分に応じて、その下にある土地の区分が生じた、というものであった。伊藤ていじの前提を土地の形状が建物の形状を規定したものとしたばあい、野口徹の発想は建物の形状が土地の形状を規定したものとすることができる。

伊藤ていじと野口徹の両者による考察を受けて、筆者は、土地が建物を規定したばあいを地割先行型と定義し、逆に、建物が土地を規定したばあいを建物先行型と定義することで、土地の上に建物が立地していく過程を二つの類型に分けた。この論考は、『中世住居史』から『中世京都の町屋』をさらに発展させたもので、建物先行型を中心に拙著『中近世都市形態史論』（中央公論美術出版、二〇〇三年）として刊行することができた。『民家は生きてきた』のなかで繰り返し提出される「家主層の分解」という過程は、建物先行型という論理を得てはじめて、土地と建物に即して、合理的に説明され得る。

戦前派と戦後派

日本人による、日本の民家研究は、一九一六年の民家研究のグループ「白茅会」からはじまるとされている。稲垣栄三は『日本の近代建築［その成立過程］』（丸善、一九五九年、『稲垣栄三著作集 五 日本の近代建築―その成立過程―』中央公論美術出版、二〇〇九年所収）で初発の段階の民家研究に対して、「民家研究者は、農村住宅の改善をテーマとし、これに強い関心を抱きながら、実際的な活動は主として民俗学的な『採集』にとどまっていた」と記している。しかしながら、戦前の民家研究を見れば、この『民家は生きてきた』のような、日本の民家の全体を捉えようとした研究として石原憲治『日本農民建築』（全一六集、聚楽社、一九三四〜四二年）が戦前にあるし、日本の民家の形態を美的観点を伴なって精確に捉えようとした仕事として今和次郎の民家スケッチ（工学院大学所蔵）が戦前にある。これらなどは高く評価されなければならない。

稲垣栄三のこの指摘は、伊藤鄭爾・稲垣栄三・大河直躬・田中稔「民家研究の成果と課題」(『建築史研究二一号』彰国社、一九五五年)に基づく。「執筆の責任は、すべてについて四名が共同に負う」としつつ、「戦前の民家研究について」、「主要な経過」と「成果と欠陥」を記し、先学の問題意識や方法論を辛辣に批評している。

戦前と戦後の大きな分かれ目は、無論、一九四五年の夏にはじまった。戦前の建築史研究は、その方法と対象が国家神道に結びつくとともに植民主義に結びついていった。戦後の研究は、建築史研究も民家研究も、国家神道と植民地主義に結びついた学問的成果を退けた。というのも、戦前の建築史研究のうち戦時下の建築史研究が、棟持柱を持つ原始的な小屋としてあげつらわれた天地根元宮造と国家神道との関連性を強めていったとともに、東北アジア、東アジア、東南アジアへの研究と植民地主義との関連性を強めていったからである。とはいえ、天地根元宮造に対する姿勢やアジアの民家に対する姿勢は、初発の段階からそのような関連性が見られたのではなく、今和次郎の研究を回顧して推すことができるように、社会的改良への純粋な意志と純粋な知的欲求と純粋な芸術的希求とに裏打ちされていた。

先の報告「民家研究の成果と課題」を受けた「討論」が一九五五(昭和三〇)年に行われ、手書きで収録されている(「民家研究の成果と課題—日本建築学会昭和三〇年度春季—」(『建築史研究二一号別冊』彰国社、一九五五年)。これは、戦前と戦後の節目を示す、戦後に開かれた民家研究の「討論」であった。

この「討論」は、太田博太郎を「議長」としつつ、著名な研究者が数多く全国から集まっている。国家神道や植民地主義に立ち入っての発言は、この「討論」には見られない。

ここにも伊藤ていじの名が見られる。「議長」の太田博太郎は、「討論」の冒頭で研究者を「戦前派」と「戦后派」(戦後派)に二分した。これを受けて「戦前派」と自らを規定した藤島亥治郎は、戦前の民家研究の成果として、芸術的な面から入ったとし、建築構造から分析した功績を指摘した。芸術的側面と構造的側面に関する指摘は的確である。芸術的側面としては、今による民家スケッチを介しての建築的に積極的な民家への評価があり、構造的側面としては、棟持柱構造など、民家の架構を把握した成果がある。

伊藤ていじはこの「討論」で一回だけ発言しており、民家の概念規定と生産形態について以下のように述べている。

＊

私個人の意見ですが昭和一一年の国際建築の「日本民家」特集の中に、蔵田さんが民家を被支配階級の地方的な住居と述べております。私の考えでは地方的という言葉はない方がいいと思う。今の行政単位の町では、農民建築と限定すると、それをのりこえなければ農村建築そのものも理解できないから、地方的と云う言葉はない方がいい。この場合、民家の生産形態が被支配階級と支配階級との間では差異があるので、生産形態から民家を分類してもよいのではないかと思います。（「民家研究の成果と課題―日本建築学会昭和三〇年度春季大会専門別研究協議会（歴史の部）記録―」一四頁）

＊

そもそも「民家」は、この「討論」がなされた当時でもまだ、概念規定ばかりでなく研究対象も流動的であった。ここで伊藤ていじは被支配階級と支配階級の差異を建築生産の差異として捕捉しようとする意志を示した。この観点は『民家は生きてきた』のなかでヒアリングから得た知見などを敷衍しながら積極的に述べられている。

戦後の民家研究の主な潮流のひとつに、生産形態が民家と異なる寺社研究からの系譜がある。寺社は建築史学ではその概念もその対象も戦前から明確であった。寺社研究の要のひとつが法隆寺研究であった。太田博太郎、大岡実、浅野清は、法隆寺研究のあと、民家研究を共同で進めていき、のちに、東京大学、横浜国立大学、京都府立大学などから輩出される若手民家研究者を生んでいった。「戦后派」にあたる彼らに共通するのは、構造的側面に関していえば、棟持柱構造への言及を回避する点にあった。

戦前と戦後の差異は何か。戦前の民家研究は、日本列島以外の地域にも関心があり、棟持柱を含む建築構造の全貌に関心があった。戦後の民家研究は、日本列島のみに関心を限定し、棟持柱を持つ建築構造を考察の対象から退けた。戦後、国家神道と植民地主義とに結びついた戦時下の研究を否定したうえで、それを葬り去ろうとした意志の表れのひとつが日本列島のなかの棟持柱構造への言及をも回避する姿勢に繋がっていったといってよい（拙著『棟持柱祖形論』（中央公論美術出版、二〇一一年）。

実際、東北アジア、朝鮮半島、中国大陸、東南アジア、南海の諸島など、日本列島の外にある近隣の地域を研究しようとした形跡は、伊藤ていじにも見られない。この点は戦後に民家研究を牽引した若手研究者と同じである。対して、『中世住居史』や『民家は生きてきた』には棟持柱構造への言及が散見される。このように、伊藤ていじは棟持柱構造をことごとく避けているのではない。この点は戦後に民家研究を牽引した若手研究者と異なる。この異なるという伊藤ていじの位置が重要である。

デザイン・サーベイの応用

伊藤ていじが独自の道を歩むことができた理由は何か、あるいは、独自の道を歩まざるを得なかった理由は何か。それは戦後日本の民家研究を牽引した研究者集団のなかに伊藤ていじが深く組み入れられることがなかった点にあるだろう。この点に平行する一側面として注目したいのが、アメリカ合衆国で学び取り、日本で応用したデザイン・サーベイである。伊藤ていじは、一九六三年から六五年にかけて、アメリカ合衆国のワシントン大学建築・都市計画学部へ客員教授として赴任し、デザイン・サーベイを吸収した。

日本建築学会民家小委員会によって『民家調査基準1復原的調査および編年』が一九六三（昭和三八）年に作成された。一方で日本全国に共通する研究方法が確立され、他方で画一化された研究方法が流布されることになった。この調査は、文化財の指定も念頭においていたので、文化財におよばないような小規模な建造物などを調査対象そのものからはずしてしまうことがしばしばあった。この年に米国に赴任した伊藤ていじは、調査基準に則した全国の民家調査に関わることがなかった。むしろ、民家の復原方法に批判的であった。また、「第二回奈良市民家調査研究報告」以来の関心事であった「仮小屋居住」といった、仮設的なあるいは小規模な建物を考察の対象からはずすこともなかった。

デザイン・サーベイの具体的な応用としては、工学院大学伊藤研究室による倉敷川畔伝統的建造物群調査（一九七三〜七五年）や海野宿町並調査（一九七八年）があった。現在、重要伝統的建造物群保存地区（以下、重伝建地区）として名高い海野宿は伊藤ていじによる仕事のひとつである。簡潔にまとめられた報告書は、街道に面した両側の立面を精査し、その両面の保存を計画するなど、デザイン・サーベイの手法を採用するが、個々の民家に対して『民家調査基準1復原的調査および編年』を採用することがない。

一九八七年に海野宿が重伝建地区に選定されてから、街道に沿った町並みが美しく保存されてきた。しかし、一九九〇年代はじめにはすでに海野宿は街道の裏側の土地に新しい住宅がたてられはじめていた。その後、海野宿の文化財を見直す調査の一部を筆者が受け持つことになった。この調査では、とりわけ街道には面していない、裏側に立地した建物、あるいは、中庭にある建物を個々にひろうとともに、小規模な建物を積極的に取り上げていった。この仕事は、伊藤ていじが米国で学んだデザイン・サーベイの長所を継承しつつ、その短所を克服していくものであった。町並みをいわば線ではなく面として捉えていこうというあたりまえの観点を踏まえて、建造物群の全貌をオモテからばかりでなくウラからも見る視線で整備していこうと筆者は考えていた。この見直し調査の成果は『海野宿：海野宿見直し調査報告書』（東御市教育委員会、二〇一一年）としてまとめられた。

芸術的側面、思想的側面、学問的側面

以上、『中近世都市形態史論』『棟持柱祖形論』『海野宿』といった筆者が関わった文献に即して、伊藤ていじによる民家研究の輪郭を捉えた。

さて、民家研究は、今和次郎らが実測調査を開始したとされる一九一六（大正五）年からはじまるとするのが一般的である。これをさかのぼる一九〇〇年に、ドイツでは民家調査報告書が体系的に刊行されており、一世紀を経た今日、その一部が復刻されている。日本は、ドイツと比べてみれば、遅れて民家研究をはじめたものの、今和次郎や石原憲治など、情熱的な研究者の功績があって、今日、多大な成果が蓄積されている。

藤島亥治郎が戦前の民家研究の成果のひとつとして取り上げた芸術的側面は、伊藤ていじにとって、どうであったのか。民家の持つ建築的な特質を評価するのは、民家研究者に共通する側面である。伊藤ていじのばあい、その側面を積極的に表明した。たとえば、『民家は生きてきた』では、堺と京都を対比的に捉えることで、京都のマチヤの建築的な質を評価しようとしたし、飛驒高山の形成過程のなかから吉島家住宅の建築的な質を評価しようとした。『民家は生きてきた』が示そうとした芸術的側面は、二川幸夫が撮影した建築写真を伴うことによって、視覚的に表されることになった。と同時に、伊藤ていじにとって、視覚的な写真も芸術的側面にとどまらずに思想的側面に深く関わっていた。一九六三（昭和三八）年に刊行された『民家

は生きてきた』には「民家目録」がある。最初に「民家目録」が作成されてから九年後の一九七二（昭和四七）年の「民家目録」の前書きに以下のことばが添えられている。

もし私に民家の心を代弁するのを許して頂けるならば、こう言いましょう。民家はいつも愛されていることを求めているとともに、知的な人からは思想をぶっつけられて対決することを求めています、と。（本書三二九頁）

＊

芸術的側面や思想的側面からの挑戦を民家から受けた伊藤ていじにとって、そもそも学問的側面はどうであったか。「第二回奈良市民家調査研究報告」から『中世住居史』へ、『中世住居史』から『民家は生きてきた』へ、といった流れから明らかなように、学問的な成果を個々に踏まえていったうえで、本書『民家は生きてきた』が成り立っている。ただ、一部の読者は、参考文献が掲載されていない点に不満を感じるかもしれない。また、民家研究を専門とする読者は、数々の有意義な命題が提示されていると判断しつつも、それらを検証する手だてがどこに示されているのか、といった疑問を抱くかもしれない。学術図書として本書を位置づけたばあいの検証可能性は、本書のどこに保持されているのか。このことに答える前に、本書がどのような資料を踏まえているかを確認してみたい。

奈良に即して一例をあげてみよう。以下は、『中世住居史』に見られるもので、大和棟と呼ばれる民家の屋根の形状の歴史的背景を公事家葺《くじやぶき》に即して伊藤ていじが記したものである。

＊

こうした階層的な象徴であり技術的に優れた公事家葺が忘れさられてしまったことについては、農村における階層分化を考えないでは到底理解できない。本百姓が広汎に成立し、どの家もがかつての公事家と同等の地位を獲得し、公事家葺を実施してよい部落内の認容をうるに至り、公事家葺は一般化したのではないだろうか。したがって本百姓成立後の公事家葺は、どの家にもみられる葺き方である以上階層的象徴とはいえない。むしろ地域的・地方的特色というべきである。いまわれわれが知っている住居形式または形態の地域性は、階層分化の洗礼後――本百姓層の広汎な成立後に確立されたものではないだろうか。(『中世住居史』第二版、一六三頁)

＊

以上の記述は『民家は生きてきた』のなかの「クジヤ葺の地方色化」と重なる。このばあい、『中世住居史』ですでに行った考察を『民家は生きてきた』の論述が踏まえていることがわかる。具体的には、公事家を考察するにあたり、永島福太郎「公事家考――「家」を中心とする村落構造の一研究――」(『史学雑誌』六三―三、一九五四年)を参照している。このように、『民家は生きてきた』は、参考文献を明示していないものの、既往研究を確実に踏まえている。その既往研究には永島福太郎「公事家考」といった歴史学研究もある。歴史学的な資料には、永島「公事家考」のような学術論文のほかに、古文書と古書がある。伊藤ていじが扱った古文書として注目すべきものは現在の奈良町の史料である「大永五年御領内元興寺領地口銭帳」や「小五月銭納帳」がある。これらの史料は、「中世郷民の家族構成と家主層の分解」を示すものとして、伊藤ていじが『中世住居史』でなした分析的考察の核をなす。「小五月銭納帳」は『民家は生きてきた』でも言及されている。伊藤ていじは、史料として参照した古文書に要所要所で触れるほか、民家の実態を捕捉することのできる古書として近世の紀行文に積極的に触れている。

ヒアリングという手法

伊藤ていじが用いた資料には文献史学における古文書や古書のほかにヒアリングがある。一般に、建築学の調査研究は、実際に建物が立地する場所でのフィールド調査を含む。このフィールド調査で、建物の実態を具体的に実測するほか、建物を維持管理してきた所有者、とくに古老と了解される方々へヒアリングを行う。また、建物をつくりあげてきた職人へヒアリングを行うばあいもある。ヒアリングは、文献史料に即した歴史学、いわゆる文献史学の手法ではなく、民俗学の方法のひとつである。建築史学の方法として、ヒアリングを重視するのか、軽視するのか、一切無視するのか。歴史学としてよりアカデミックな内容を装いたければ、あるいは、建築のみに即した実証性のほうに基づきたければ、ヒアリングを軽視したり無視したりする姿勢に流れていくことになる。

伊藤ていじは、ヒアリングを取り入れ、自らもヒアリングを行い、それらを考察に含めた。伊藤ていじ自らによるヒアリングは、建築的な観点に即した、建物所有者や建築職人へのヒアリングであった。「民家の生産形態が被支配階級と支配階級との間では差異がある」という一九五五（昭和三〇）年の発言を受けるかのように伊藤ていじは、まずは建築遺構と文献史料を通じて、さらにはヒアリングを通じて、「生産形態から民家を分類してもよいのではないか」という点を確認しようとしていた。この観点は最晩年の網野善彦がいった「百姓的建築」に通じるものである（網野善彦「百姓と建築」、同『中世民衆の生業と技術』東京大学出版会、二〇〇一年）。

建築遺構を研究対象の主軸に据えつつ、文献学的史料や民俗学的なヒアリングのほか、絵画資料や考古学的発掘資料を扱った。これら諸々の資料から導いた知見を総合した一連の判断が『民家は生きてきた』に記されている。

生命体としての民家

これまで、『中世住居史』に記された論点は批判的に継承されてきた。今後は、『民家は生きてきた』に記された論点も批判的に継承されていく必要がある。まず、『民家は生きてきた』に記された諸資料の再検討から出発して、伊藤ていじの記した命題の妥当性が厳密な実証にどこまで耐え得るかを検証していく作業が求められる。

民家研究は建築史や都市史に関わる。これらは、現在、その一部が抽象化への道を歩みつつあり、その一部が実学の道を歩む。抽象化に向かうにせよ、実学を着実に歩むにせよ、民家にかぎらず、建築全般にとって大切にされなければならない観点は、建築が人々のいとなみとともに生きているという点にある。このいとなみは、ヒアリングを通じて、より深くより広く捕捉されるだろう。

先に触れた合掌造のばあい、伊藤ていじは、「封建制」を理由に「ほろびなければならない」とし、「逞しい壮大な白川農民の記念碑」を理由に「保存しなければならない」としていた。この表現は、「民家は生きてきた」ということばにぴったりかもしれない。とはいえ、「生きてきた」もののすべてではないにしても、そのなかの一部がその後も「生きていく」ばあいがあるだろう。できた民家に先行するいとなみがあり、そのいとなみが民家をかたちづくり、民家ができたあともそのいとなみが変容しつつも持続する。伊藤ていじは、たとえば合掌造のばあい、「記念碑」として「保存しなければならない」としても、「生きていく」べきいとなみについては、どう考えていたのか。「生きてきた」いとなみのなかに、「生きていく」べきいとなみは、全くないとしていたのか、あるいは、一部にあるとしていたのか。「現代住居において癌となっている封建的性格」という表現のなかで、比喩的にいえば、「現代住居」という「生きていく」べき生命体は、「民家」という「生きてきた」生命体の部分ではなくその全体と関わる。「癌となっている封建的性格」といった問題がもし「民家」にあるとすれば、それは「民家」という生命体の一部にとどまるはずである。
　できた建築に先行するいとなみができた建築とともにその後にどのように扱われるべきか、という点は今日なお有効な問いであろう。「民家は生きてきた」ということばは、伊藤ていじが読者にかけた謎である。このことばは、民家が我々に突きつけてくる思想性を我々がどう受け止めるか、という問題をあらためて提起している。

（つちもと・としかず／建築史家、信州大学教授）

補遺――『民家は生きてきた』の再刊と「伊藤鄭爾コレクション」について

伊藤先生の書斎に置かれていた研究資料一式を工学院大学図書館にお預かりしたのは二〇〇九（平成二一）年八月で、同年一〇月に四つ目の特別コレクションとして「伊藤鄭爾コレクション」が発足しました。その後二年半を経た今年の春、パナソニック汐留ミュージアムで開催された「今和次郎・採集講義」も終わりかけたころ、同館の大村理恵子学芸員より、二川幸夫さんの「日本の民家」写真展が開催できそうです、との話がありました。この機会に美術出版社より一九六三年に初版が出た『民家は生きてきた』を再刊したらというお話があり、関係者の皆様のご了解を得て再刊となりました。

「伊藤鄭爾コレクション」には、伊藤先生ご自身による『民家は生きてきた』の訂正用原本があり、朱筆と鉛筆書きによるメモで初版が埋め尽くされています。最新と思われる版は、一九七九年の一二版ですが、初版の朱筆のすべてが反映されてはいません。訂正によって行数が増えると当時は印刷に支障をきたしたためでしょうか、必要最小限の訂正に留められたようです。しかし、巻末の民家目録は、版を重ねるとともに情報が更新されています。初版で記されていた詳細な住所は次第に略記され、歳月を経るごとに取り壊される民家もリストから削除されていきました。

一方で、『伊藤ていじ 建築文化再見Ⅲ くらしとかたち』（淡交社、一九八三年）に『民家は生きてきた』の全文が収録されています。図版や目録などはなく、本文だけの掲載ですが、前述の朱筆の大部分が反映されております。そこで今回の再刊にあたっては、この淡交社版を本文の底本とし、そのほかの図版キャプションや巻末の目録は美術出版社の一二版に基づきました。

伊藤先生は二〇一〇（平成二二）年一月に亡くなられましたが、工学院大学の学長、理事長の重責を果たし、その間、都心型学園の中核となる新宿校地再開発を成功させ、一方、倉敷川畔町並調査、海野宿町並保存調査、群馬県温泉調査、山形蔵座敷調査などの調査研究と町並整備計画の作成を進めました。また、一九七五（昭和五〇）年からは文化庁・文化財保護審議会専門委員や第二調査会伝統的建造物群保存地区部会長を務め、文化財の保護にも尽くすなど多彩な活動を続けました。

収蔵した資料の整理は現在も進めていますが、その大略は次のとおりです。

伊藤鄭爾コレクション　収蔵資料
［自著本（和書、洋書）、エッセー、原稿、図表、地図、絵図・絵巻、建築図面ほか］
一　歴史年表　紀元前一〇〇年〜一九六〇年
二　奈良県民家調査（奈良市、橿原市今井町）
三　西洋・日本都市史研究
四　日本建築史研究
五　日本の民家・町屋研究

六　世界デザイン会議　日本紹介
七　アメリカ・ワシントン大学講義録　↑「日本デザイン論」
八　倉敷川畔町並調査、伝統的建造物保存計画
九　長野県海野宿町並調査
一〇　群馬県温泉調査（伊香保、草津・万座　他）
一一　山形県蔵座敷調査
一二　自著本・和書
一三　自著本・洋書
一四　エッセー集

二〇一二年一一月三〇日　　工学院大学図書館特別コレクション　荻原正三　大町知之

伊藤ていじ主要著書

『地球環境』／共著／ミサワホーム総合研究所出版制作室編／ミサワホーム総合研究所／2000
『建築家・休兵衛』／建築ライブラリー 11／建築資料研究社／2001
『ていじ手帳』／建築画報社／2012

『伊藤ていじ建築文化再見 I　伝統とかたち』／淡交社／1983
『伊藤ていじ建築文化再見 II　技法とかたち』／同上／1983
『伊藤ていじ建築文化再見 III　くらしとかたち』／同上／1983／『民家は生きてきた』（美術出版社、1963）本文のみ収録
『伊藤ていじ建築文化再見 IV　庭――三つのかたち』／同上／1984
『重要文化財吉島家住宅』／共著／畑亮夫写真／吉島忠男＋工房図／毎日新聞社／1984
『現代和風建築集 1　棟梁の時代 I』／岡本茂男写真／講談社／1984
『現代和風建築集 2　棟梁の時代 II』／同上／同上／1983
『現代和風建築集 4　現代の精華 I』／大橋富夫写真／同上／1984
『現代和風建築集 5　現代の精華 II』／同上／同上／1985
『現代和風建築集 7　民家の伝統』／岡本茂男写真／同上／1983
The gardens of Japan, Kodansha International, Tokyo, New York 1984／［仏訳］*Jardins du Japon*, Herscer, Paris 1984／［独訳］*Die Gärten Japans*／Köln／DuMont／1985
『聞き書・日本建築の手わざ 1　堂宮の職人』／監修／平凡社／1985
『聞き書・日本建築の手わざ 2　数寄屋の職人』／同上／同上／1985
『聞き書・日本建築の手わざ 3　家作の職人』／同上／同上／1985
『瓦――日本の町並みをつくるもの』／共著／INAX／1986
『京の庭――seasonal images in moss and stone』／山本建三写真／光村推古書院／1989
『建築への思索――INAX REPORT 100の視点』／共著／相原功写真／INAX／1992
Wabi sabi suki: the essence of Japanese beauty, Tanaka Ikko and Sesoko Tsune (co-editor), Mazda Motor Corp., Hiroshima, Japan 1992
『日本名建築写真選集 16　民家 1　町家』／解説／高井潔写真／杉本秀太郎エッセイ／新潮社／1993
『日本名建築写真選集 19　桂離宮』／解説／十文字美信写真／大和智エッセイ／同上／1993
『重源』／新潮社／1994
Gardens of the world: the art and practice of gardening, Penelope Hobhouse, Elvin McDonald (edit), Audrey Hepburn (foreword), Macmillan, New York／"Japanese gardens - an accretionary approach"／［邦訳］『Gardens of the world――オードリー・ヘプバーンが愛した世界の庭園』／マルモ出版／1995／「日本の庭園――足し算のアプローチ」

『日本の倉』／高井潔写真／淡交社／1973／［英訳］*Kura: design and tradition of the Japanese storehouse,* Charlse S. Terry (adaptation), Kodansha International, Tokyo 1973

『郷土の民家――写真集』／監修／家の光協会／1974

The rice cycle: the grain that created culture, Mitsukuni Yoshida (co-author), Tsune Sesoko (edit), JETRO, Tokyo 1974 / "The rice culture"

『日本の建築　カルチュア版 世界の美術 14』／世界文化社／1977

『カラー飛驒路の魅力』／細江光洋写真／淡交社／1978

『数寄屋建築施工集』／千宗室、中村外二共著／二川幸夫写真／同上／1978

『数寄屋――建築と庭園』／横山正文共著／恒成一訓写真／毎日新聞社／1979

The i-ro-ha of Japan: an alphabetical interpretation of Japanese concepts, Tsune Sesoko (edit), Kisho Kurokawa (foreword), Japanese Preparations Committee for IDCA, Tokyo 1979 / "The I-Ro-Ha of Japan"

『日本の民家』／二川幸夫企画・写真／A.D.A.Edita Tokyo／1980／［英訳］*Traditional Japanese houses,* Rizzoli, New York 1983／［仏独訳］*Maisons anciennes au Japon = Alte Häuser in Japan,* Office du Livre, Fribourg, Suisse 1983

『神と仏の庭』／日本の庭園 1／入江泰吉写真／講談社／1980

『民家の庭・坪庭』／日本の庭園 6／牧直視写真／同上／1980

『倉敷の町家』／山陽カラーシリーズ 4／中村昭夫写真／山陽新聞社／1980

『蔵』／川添登編／文芸春秋／1980／「都市の蔵」

『民家に学ぶ』／文化出版局／1982

『桂離宮』／新建築1982年7月臨時増刊号／伊藤ていじほか監修／新建築社／1982／単行本版1996。座談会は未収録／［英訳］*Katsura,* Shinkenchiku-sha, Tokyo 1983

『庭園――京の意匠』／山本建三写真／光村推古書院／1982

『谷間の花が見えなかった時――近代建築史の断絶を埋める松本與作の証言』／彰国社／1982

『現代住宅玄関廻り――豪華写真集』／共著／毎日新聞社／1982

『日本の屋根』／高井潔写真／叢文社／1982

『日本の技 3　東海・中京技の道――東海・中京』／森本敬司共編／集英社／1983

『日本の民家百選』／三井不動産広報室／1983／三井不動産株式会社創立四十周年記念出版（非売品）

『日本の美と文化――Art japanesque 11　書院と民家――間と礼の演出』／伊藤ていじほか編著／講談社／1983／「屋根からみた日本住宅史」

『日本デザイン論』／SD選書 5／鹿島研究所出版会／1966
『結界の美――古都のデザイン』／岩宮武二写真／淡交新社／1966
『日本の工匠』／SD選書 13／鹿島研究所出版会／1967
『灯火の美――古都のデザイン』／岩宮武二写真／淡交新社／1967
『数寄屋』／二川幸夫写真／同上／1967／［英訳］*The elegant Japanese house: traditional sukiya architecture*, J. Weatherhill, New York 1969
『いけばな』／日本の伝統 1／ドナルド・リチー共著／淡交新社／1967
『日本の都市空間』／磯崎新ほか共著／彰国社／1968
『仙洞御所　宮廷の庭 1』／三島由紀夫共著／岩宮武二写真／淡交新社／1968／限定版。普及版は『仙洞御所　カラー宮廷の庭』(1977)
『桂離宮　宮廷の庭 2』／井上靖共著／同上／同上／1968／限定版。普及版は『桂離宮　カラー宮廷の庭』(1977)
『修学院離宮　宮廷の庭 3』／大佛次郎共著／同上／同上／1968／限定版。普及版は『修学院離宮カラー宮廷の庭』(1977)
Imperial gardens of Japan: Sento Gosyo, Katsura, Shugaku-in, Takeji Iwamiya (photographs), Yukio Mishima, Yasushi Inoue, Jiro Osaragi (essays), Loraine Kuck (foreword), J. Weatherhill, New York 1970／『宮廷の庭』3巻（淡交新社、1968）の要約版。「Foreword (Loraine Kuck)」「Introduction (Teiji Itoh)」が新たに追加
『永富家の人びと』／今田哲夫共著／鹿島研究所出版会／1968
『日本の建築』／監修・解説／佐藤辰三写真／読売新聞社／1968
『現代の都市デザイン』／磯崎新ほか共著／彰国社／1969
『枯山水』／山本建三写真／淡交社／1970
『都市環境の演出――装置とテクスチュア』／監訳／ローレンス・ハルプリン著／彰国社／1970
『日本の庭』／岩宮武二写真／中央公論社／1971／［英訳］*The Japanese garden: an approach to nature*, Yale University Press, New Haven 1972
『新編宮廷の庭』／三島由紀夫、井上靖、大佛次郎共著／岩宮武二写真／淡交社／1971
『現代の数寄屋』／二川幸夫写真／同上／1971／［英訳］*The classic tradition in Japanese architecture: modern versions of the sukiya style*, Weatherhill, New York 1972
『日本の店構え――写真集』／宮本又次共著／高橋南勝写真／毎日新聞社／1971
『城――築城の技法と歴史』／読売新聞社／1973

伊藤ていじ主要著書

『日本の民家［1］大和・河内』／二川幸夫写真／美術出版社／1957
『日本の民家［2］高山・白川』／同上／同上／1958／第13回毎日出版文化賞受賞（1959）
『日本の民家［3］武蔵・両毛』／同上／同上／1958
『日本の民家［4］山陽路』／同上／同上／1958／第13回毎日出版文化賞受賞（1959）
『日本の民家［5］陸羽・岩代』／同上／同上／1958
『日本の民家［6］北陸路』／同上／同上／1959
『日本の民家［7］信州・甲州』／同上／同上／1958
『日本の民家［8］四国路』／同上／同上／1958
『日本の民家［9］西海路』／同上／同上／1959
『日本の民家［10］京・山城』／同上／同上／1959
『中世住居史――封建住居の成立』／東大学術叢書 14／伊藤鄭爾著／東京大学出版会／1958／昭和35年度日本建築学会賞（論文）受賞論文所収
『都市論・住宅問題』／建築学大系 2／伊藤鄭爾ほか著／彰国社／1960／伊藤鄭爾「都市史」
『現代建築愚作論――現代における都市と建築に関する考察』／八田利也著／同上／1961／八田利也は伊藤ていじ、磯崎新、川上秀光3人の共同ペンネーム
『日本建築の根』／二川幸夫写真／美術出版社／1962／［英訳］*The roots of Japanese architecture: a photographic quest,* Isamu Noguchi [foreword], Harper & Row, New York 1963
『日本の民家』／二川幸夫写真／美術出版社／1962／［英訳］*The essential Japanese house: craftsmanship, function, and style in town and country,* J. Weatherhill, Tokyo 1967
『民家は生きてきた』／美術出版社／1963／『日本の民家』全10巻の本文をまとめたもの
『城とその町』／吉田靖写真／淡交新社／1963
『民家』／日本の美術 21／平凡社／1965／［英訳］*Traditional domestic archtecture of Japan,* Weatherhill, New York 1972
『借景と坪庭――古都のデザイン』／葛西宗誠写真／淡交新社／1965／［英訳］*Space and illusion in the Japanese garden,* Weatherhill, New York 1973
『城――知恵と工夫の足跡』／読売新聞社／1965

西暦	和暦	年齢	事項
1992	平成4	70	工学院大学 名誉教授 文化庁 文化財保護審議会 委員
1997	平成9	75	財団法人文化財建造物保存技術協会 理事長（～1999年）
2010	平成22	88	1月31日、逝去

西暦	和暦	年齢	事項
1972	昭和47	50	工学院大学工学部建築学科教授（～1992年） 文化庁 集落町並保存対策研究協議会 委員
1973	昭和48	51	高山サマーセミナー（企画・事務局長、～1977年） 倉敷市教育委員会 倉敷川畔伝統的建造物群調査（工学院大学伊藤研究室、～1975年）
1975	昭和50	53	工学院大学 学長（～1985年） 文化庁　文化財保護審議会第二専門調査会伝統的建造物群保存地区部会 専門委員・部会長代理（～1982年） 文化庁 文化財保護審議会第一専門調査会歴史資料部会専門委員（～1992年）
1977	昭和52	55	文化庁 歴史的環境保全市街地整備計画調査会議 委員（～1978年）
1978	昭和53	56	学校法人工学院大学 理事長（～1979年） 長野県小県郡東部町教育委員会 海野宿町並調査（工学院大学伊藤研究室）
1980	昭和55	58	建設省 歴史的建造物群調査委員会 委員長（～1981年）
1981	昭和56	59	山形県教育委員会 山形県蔵座敷等調査（工学院大学伊藤研究室、～1982年） 倉敷市教育委員会 倉敷川畔伝統的建造物群保存基本計画調査（工学院大学伊藤研究室、～1982年）
1982	昭和57	60	文化庁 南木曽町妻籠宿・楢川村奈良井伝統的建造物群保存地区現地調査 文化庁 文化財保護審議会第二専門調査会伝統的建造物群保存地区部会 専門委員・部会長（～1992年）
1984	昭和59	62	国土庁 大都市地域高等教育・研究開発機能適正化調査研究委員会 委員
1985	昭和60	63	東京都新都庁舎設計競技審議会 委員・会長代理（～1986年）
1986	昭和61	64	学校法人工学院大学 常務理事（～1987年）
1989	平成元	67	財団法人文化財建造物保存技術協会 理事（～1997年）

伊藤ていじ年譜

西暦	和暦	年齢	事項
1922	大正11		1月11日、岐阜県安八郡北杭瀬村（現大垣市）に生まれる
1942	昭和17	20	第四高等学校理科甲類卒業
1945	昭和20	23	東京帝国大学第二工学部建築学科卒
1948	昭和23	26	東京大学第二工学部大学院退学 東京大学第二工学部 副手
1949	昭和24	27	東京大学 助手、第二工学部勤務（〜1962年）
1950	昭和25	28	東京大学生産技術研究所勤務 奈良市民家調査（〜1951年）
1956	昭和31	34	今井町調査（東京大学建築学科、〜1957年）
1959	昭和34	37	東京大学生産技術研究所 特別研究員（〜1965年） 『日本の民家』のうち「山陽路」「高山・白川」にて第13回毎日出版文化賞受賞
1960	昭和35	38	11日〜16日、世界デザイン会議（テキスト“Nature and Thought in Japanese Design”企画作成）
1961	昭和36	39	「日本民家史の研究（中世住居の研究）」にて昭和35年度日本建築学会賞（論文）受賞 東京大学より主論文題目「中世住居の研究」にて工学博士の学位を授与
1963	昭和38	41	ワシントン大学建築都市計画学部 客員教授（日本の環境デザイン講座担当、〜1965年）
1965	昭和40	43	東京大学退職 ワシントン大学アジア芸術センター・建築都市計画学部「日本の環境デザイン」調査（企画・引率） オレゴン大学金沢幸町デザインサーヴェイ（コーディネーション）

民家《みんか》は生《い》きてきた

二〇一三年二月一五日　第一刷発行

著者　伊藤《いとう》ていじ
発行者　鹿島光一
発行所　鹿島出版会
〒一〇四―〇〇二八　東京都中央区八重洲二―五―一四
電話〇三―六二〇二―五二〇〇　振替〇〇一六〇―二―一八〇八八三

造本・装幀　工藤強勝＋舟山貴士／デザイン実験室
DTP　エムツークリエイト
印刷　壮光舎印刷
製本　牧製本
表紙　吉島休兵衛家　撮影　田中一郎

ISBN 978-4-306-09422-2 C0052

本書の内容に関するご意見・ご感想は下記までお寄せ下さい。
URL:　http://www.kajima-publishing.co.jp/
e-mail:　info@kajima-publishing.co.jp